U1017257

推进我国体育强国建设与发展策略问题研究

——国家体育总局第三十八、三十九期干部进修班论文及课题成果汇编

国家体育总局干部培训中心　编

北京体育大学出版社

策划编辑：吴　珂
责任编辑：吴　珂
责任校对：田　露
版式设计：杨　俊

图书在版编目（CIP）数据

推进我国体育强国建设与发展策略问题研究：国家体育总局第三十八、三十九期干部进修班论文及课题成果汇编 / 国家体育总局干部培训中心编. -- 北京：北京体育大学出版社, 2021.4

ISBN 978-7-5644-3361-1

Ⅰ. ①推… Ⅱ. ①国… Ⅲ. ①体育事业－发展－中国－文集 Ⅳ. ①G812-53

中国版本图书馆CIP数据核字(2020)第154531号

推进我国体育强国建设与发展策略问题研究
TUIJIN WOGUO TIYU QIANGGUO JIANSHE YU
FAZHAN CELUE WENTI YANJIU　　**国家体育总局干部培训中心　编**

出版发行：北京体育大学出版社
地　　址：北京市海淀区农大南路1号院2号楼2层办公B-212
邮　　编：100084
网　　址：http：//cbs.bsu.edu.cn
发 行 部：010-62989320
邮 购 部：北京体育大学出版社读者服务部 010-62989432
印　　刷：唐山玺诚印务有限公司
开　　本：850 mm × 1168 mm　　1/32
成品尺寸：140 mm × 205 mm
印　　张：18
字　　数：441千字
版　　次：2021年4月第1版
印　　次：2021年4月第1次印刷
定　　价：120.00元

（本书如有印装质量问题，请与出版社联系调换）
版权所有 · 侵权必究

编 委 会

主　　任　杨树安

副 主 任　郭建军　曹卫东　李业武
　　　　　田志宏　杨新利

主　　编　夏伦好

编　　委　王　赟　赵正光　孙葆丽
　　　　　孙文新　郭　涛　廖雨霖
　　　　　陈可奇　刘学超　刘　洋

工作人员　王敏娜　刘亚娜

前　言

2017年4月11日至7月12日，中央党校中央国家机关分校国家体育总局第三十八期处级干部进修班在国家体育总局干部培训中心举行，有来自国家体育总局机关、直属单位共22个单位的27名学员参加了培训学习。2017年初，国家体育总局依托国家体育总局干部培训中心成立中共国家体育总局党校，6月28日，国家体育总局党校正式挂牌成立。2017年10月12日至2018年1月11日，中央党校中央国家机关分校国家体育总局第三十九期处级干部进修班暨国家体育总局党校第一期处级干部进修班举行，有来自国家体育总局机关、直属单位共27个单位的27名学员参加了培训学习。

在春秋两期进修班的学习中，学员们深入学习党的十八大及十八届三中、四中、五中、六中全会精神，深入学习贯彻习近平总书记系列重要讲话精神和治国理政新理念新思想新战略。秋季学期的学员还深入学习了党的十九大精神和习近平新时代中国特色社会主义思想、习近平总书记有关体育工作的重要论述，深入学习和研究我国体育改革和发展中的重大理论和现实问题，紧密围绕党中央关于中国特色社会主义经济建设、政治建设、文化建设、社会建设、生态文明建设和党的建设等方面的重大战略部署和重大决策，夯实了理论基础，拓展了世界眼光，培养了战略思维，加强了党性修养，增强了“四个意识”，坚定了“四个自信”，进一步提高了领导能力和水平。

学而不思则罔，思而不学则殆。学习期间，学员们将学习内容与自己的本职工作紧密结合，围绕推进我国体育强国建设与发展策略，对体育发展战略，体育服务保障工作，体育产业发展，体育文化、教育建设等方面进行了理论分析和对策研究，形成了观点鲜明、内容丰富、见解独到、对实际工作有参考价值的35篇个人论文和9篇研究课题论文。

为了促进学员研究成果的交流，并向有关决策部门提供咨询参考，我们汇编了本年度学员的研究成果。在收录的论文中，有的对内容做了适当压缩，有的对部分文字进行了修改，但均能够真实地反映学员们对我国体育改革实践的理论研究和经验总结。尽管其中有些观点还不成熟或有待商榷，但对我们进一步关注和研究此类问题，无疑有积极的启发意义和参考价值。

本书的编辑得到了国家体育总局、北京体育大学有关领导的关心、重视，还得到了北京体育大学出版社的大力支持，在此一并表示衷心感谢。

由于水平有限，书中不当之处敬请读者批评指正。

编委会

目 录

体育发展战略研究

体育服务保障工作研究

体育产业发展研究

体育文化、教育建设研究

小组课题成果

体　育
发展战略研究

东京奥运会网球项目备战策略的研究

国家体育总局网球运动管理中心　陈亚林

摘要： 通过对备战东京奥运会的形势及我国网球项目备战重点运动员的现状等方面进行分析，笔者认为我国备战东京奥运会面临的主要问题为：女子项目亟待突尖；男子项目亟待突破；以实现奥运争光为最高目标的管理手段亟待完善；围绕奥运目标实现的资源配置有效机制亟待完善。建议：贯彻备战指导思想、基本策略和基本原则；实施机制创新，构建"大国家队"人才培养新模式；强化组织领导，实现有效管理；围绕奥运目标，完善激励机制等。

关键词： 网球；东京奥运会；备战；策略

随着里约奥运会的结束，我国网球项目又步入了新一轮的奥运会备战周期。如何在新一轮的备战周期提升我国网球项目的竞技水平，在东京奥运会实现进一步的突破，为国争光，是当前我国网球最大的任务。基于此，本文对世界网球形势和我国备战运动员实力状况等因素进行了分析，以期为我国网球运动员备战2020年东京奥运会提供一定的备战策略参考。

一、网球项目备战2020年东京奥运会的形势分析

（一）世界网球运动发展趋势

从世界网球运动发展趋势来看，国际化、职业化、商业化越来越深刻地影响并推动着网球运动的快速发展，市场化推广不仅取得了成功，而且通过运作从各方汇聚了众多的高质量资源。网球带来的巨大利益驱动着更多的网球优秀人才加入职业网球运动，从而将职业竞技网球推向了一个前所未有的高度。传统网球强国在其雄厚的技术力量和完善的社会化人才培养机制的基础上，不断加大投入力度，力求保持和扩大优势；新生力量则借助后发优势，不断加快赶超的步伐。

1. 世界网坛竞争格局

传统的欧美网球强国依然处于“霸主”地位。男子方面，欧洲运动员占据绝对优势，近年来几乎包揽了四大公开赛和其他顶级赛事的冠亚军。近年来亚洲网球水平上升较快，有7人进入世界排名前100的行列，其中日本运动员锦织圭进入了世界排名前十，但亚洲网坛整体实力还不能与欧美强国全面抗衡。在中国男子网球运动员中排名最高的是张泽，目前的世界排名为第203位。女子方面，世界女单排名前十的运动员均来自不同国家，西班牙、波兰、捷克、德国、法国、罗马尼亚、克罗地亚和乌克兰的新生代年轻运动员竞技水平上升迅猛，比肩赶超，已对俄罗斯、美国等传统强国形成强大冲击，女子网坛呈现出新秀辈出、各领风骚的竞争格局。目前，亚洲女子网球运动员世界排名在前100位的共有10人，其中中国运动员5人，张帅为亚洲女子网球排名最高的运动员，目前世界排名为第32位。

2. 技战术发展的趋势

当今世界网球运动更加强调全面，推崇进攻型打法。全面的技术、平衡的攻守、多变的战术、强对抗中的稳定性、超强的体能、强大的心理能力以及极具个性的得分技术是现代高水平网球比赛获胜的重要因素。底线综合型打法已然成为男子网球运动员单打战术发展的主流方向；女子运动员打法向“男性化”发展成为女子网坛的主要发展趋势，这种打法对击球力量、击球速度和运动员身体能力都提出了更高的要求。更具攻击力的“双上网”型打法代表着世界男子双打的发展方向；以“一网一底”为基本站位的攻击型、变化型、综合型女子双打打法各领风骚，个体能力突出、配合默契、灵活善变的综合型打法将主导技战术发展方向。

3. 职业赛制及规则的变化

为吸引更多的高水平职业运动员参加高级别赛事，提高比赛的精彩程度，扩大比赛的社会影响力，深入发掘比赛的商业价值，国际女子网球协会（Women’s Tennis Association，WTA）、国际职业网球联合会（Association of Tennis Profceesionois，ATP）对职业赛制和规程实施了一系列的调整和改革——大幅度提高了赛事奖金，缩短了全年赛程，减少了比赛站数，推出了强制赛事规则，提高了入围高级别赛事的门槛，大幅度地增加了国际高级别赛事的排名分。男女赛制的一系列改革，使职业比赛的激励水平更高，吸引力更强，竞争更加激烈和残酷，极大地增加了低排位运动员打入国际高级别比赛的难度，提升世界排名的难度显著增加；“单打优先”的原则在规则中得到了进一步强化，部分职业赛事的双打入围条件更加强调单打排名，双打比赛“无占先制”的实行，吸引了更多的优秀单打运动员加入双打比赛，提高了双打比赛的竞赛难度。

4. 奥运会的竞争态势

随着奥运会影响力的不断提升，越来越多的世界顶尖职业运动员加入了奥运会网球比赛的竞争行列。以里约奥运会网球项目为例，在女子单打方面，世界排名前10位的运动员中有8人参赛，排名11～20位的运动员中有8人参赛，高排位参赛运动员参赛率为80%；男子方面，排名前10位的运动员全部参加了双打比赛，排名11～20位的也有7人参赛，高排位运动员参赛率达到了85%，超越伦敦奥运会的80%，达历届之最。

据统计，历届奥运会男女单打前3名除里约奥运会女子单打冠军之外均被世界排名前10位的运动员获得（里约奥运会女子单打冠军由排名第37位的波多黎各运动员普伊格获得），双打前3名也均被单打排名前10位的运动员或双打排名前10位的组合或长期固定配对并以双打为主要参赛方式的双人合计排名前30位左右的配对组合获得。另外，国际网联正在积极与国际职业网球组织协商，争取最大限度地增加奥运会网球比赛职业排名分。如这一措施得以实现，必将使奥运会比赛的激励水平更高，吸引力更强，竞争更加激烈和残酷。可见，奥运会的竞赛难度将空前加大，面临的形势将更加严峻。

（二）奥运会网球项目入围规则

东京奥运会网球比赛的竞赛规程尚未出台，据了解，入围资格产生的原则办法不会发生大的变化，世界排名仍是获得入围资格的核心条件，单打参赛资格的获得将会对双打和混合双打资格的获得产生直接的影响。混合双打项目的参赛者极有可能在已获得奥运会单打、双打参赛资格的运动员中依据排名的高低产生。所以，入围奥运会网球比赛混合双打项目的门槛比获得单打、双打参赛资格的门槛还要高。

（三）我国备战重点运动员实力现状

从备战队伍的实力状况看，男子方面，男子单打在里约周期打破了沉寂了15年的历史最高单打排名纪录，国际职业网球联合会排名最高达到第145位，实现了入围大满贯的参赛目标，但距实现奥运会参赛目标还有相当大的差距。我国男子网球仍处于职业网球的入门阶段，整体实力和水平远远落后于欧美乃至亚洲先进国家和地区。以里约奥运会男子入围选手排名为例，直接取得男子单打参赛资格的运动员的最低排名为第72位，双打两名球员合计排名在90位以前。目前，我国选手单打的最高排名为第203位（张泽），双打最高排名为第96位（公茂鑫）。针对目前我国男子网球选手的排名情况，想要力争实现东京奥运会入围参赛的目标，形势非常严峻，难度相当大。女子方面，经过多年的努力，女子网球的整体实力得到了提升，在亚洲处于领先地位，但尚未完全具备与世界顶尖选手抗衡的实力。以彭帅、张帅为代表的老一代运动员，虽在世界大赛中偶有亮点，但竞技实力与状态不能持续稳定在高水平，同时随着年龄的增长，身体机能和伤病因素的影响愈加明显，她们保持竞技能力和水平的难度将进一步加大；以王蔷、郑赛赛为代表的新生代运动员经过多年职业赛事的洗礼以及里约奥运会的锤炼逐步走向成熟，但是她们的实力和竞技水平与世界新生代优秀选手相比，还存在着明显差距，仍需进一步提升。

二、网球项目备战2020年东京奥运会面临的主要问题

（一）女子项目亟待突尖

女子网球是备战东京奥运会重点项目，目前我国备战重点运

动员的世界排名和竞技实力距离实现东京奥运会为国争光的参赛目标还有相当大的差距。因此，本周期内全力打造出更具国际竞争力的优秀顶尖职业选手是我们完成东京奥运会参赛任务的前提和基础。

（二）男子项目亟待突破

我国男子网球项目的竞技水平长期徘徊不前，虽然近年来个别男子选手的世界排名有所突破，但距离奥运会入围的排名要求还有很大的差距。因此，本周期男子网球如何恶补“短板”，实现跨越性的提高，打造出能进入世界排名前100位的优秀选手，进而接近或达到奥运会入围目标，是男子网球在东京奥运会周期面临的重大挑战。

（三）以实现奥运争光为最高目标的管理手段亟待完善

面对高度国际化、职业化、商业化、个性化的网球运动，现行管理机制和手段在操作层面上尚未更有效地实现职业目标与奥运目标的和谐统一。

（四）围绕奥运目标实现的资源配置有效机制亟待完善

高度职业化的网球运动员的培养过程需要巨大的资金投入，在现有资金投入能力的条件下，平衡好男子项目与女子项目、优秀选手与后备选手的必要投入保障仍有困难。相关经费使用未能做到“精准投入”，未能实现使用效益的最大化。

三、网球项目备战2020年东京奥运会的对策

（一）聚合资源，打造个体高水平训练保障团队

现代运动训练是一个系统性的工程，为了实现对优秀运动员的最佳保障，国家体育总局网球运动管理中心（以下简称“中心”）将继续与运动员培养的相关利益方合作，建立联合投入保障机制，在世界范围内吸纳优秀教练员人才，根据每个运动员个体发展的需要，为运动员个体打造具有国际水准的训练保障团队。同时，中心将进一步加大资源整合与投入的力度，进一步强化康复、营养、医疗、信息等高水平资源平台的建设，为个体训练团队提供优质的公共性资源保障服务。

（二）深入研究项目规律，有效提升训练的科学化水平

从微观、内在和动态的层面深入探索网球运动的专项特征，把握和顺应世界网球运动发展的潮流和趋势，不断加强对网球项目的制胜规律、选赛规律和运动训练规律的再认识，并力求在新的认知起点上，针对盲点、疑点和瓶颈问题，继续学习，继续探究，打破现有认知层面的制约，找准突破点，努力实现训练层面的创新，提高训练的科学化水平。

（三）强化组织领导，实现有效管理

为满足新周期“大国家队”建设要求，适应管理对象从体制内扩展到体制外的改变，实现管理关系由单一的行政指令型关系转化为行政与市场相互配合的多元关系，管理目标从以训练为核心的单级目标转变为“训练、运作、保障”平行并列的多级目标，管理内容从传统的训练要素扩展到资金运作、经纪行为、商

业活动等方面的新变化，中心进一步加强对备战工作的组织领导，明确责任主体，厘清管理层次，实施契约管理，构建符合项目特点的新型管理机制，切实提高备战工作的管理服务水平。

（四）创新机制，构建“大国家队”人才培养新模式

充分发挥体制和市场两方面的优势，改变过去单一国家投入的体制，围绕优秀运动员的培养，在更大范围、更深层次调动和汇集多方资源，形成以国家为主导，地方（俱乐部）、社会、企业、家庭等各方参与的多元投入的新机制。中心集中资金加大对承担东京奥运会任务的女子重点项目和重点人员的投入，对男子项目及优秀后备运动员采取以社会投入为主体、以中心奖励性投入为补充的方式，在最大程度上满足不同层次优秀运动员对培养经费和资源的需要。

（五）优化队伍结构，厘清培养层次

以最有利于国家队建设、最有利于完成东京奥运会为国争光任务为目标，打破传统定式，拓宽人才发现和选拔的途径，制定《国家队运动员选拔标准和办法》，面向社会，在更大的范围内选拔优秀人才。依据备战2020年东京奥运会以及2024年巴黎奥运会的需要，将国家队运动员分为“备战东京奥运会重点运动员”和“优秀后备运动员”两个层次，以保障国家任务的完成和网球项目的可持续发展。

（六）贯彻备战基本策略、指导思想和基本原则

基本策略：以女子项目为备战重点，强化女子双打项目作为东京奥运会参赛目标的核心地位；做强单打，优化双打。男子项目突出重点，单打开路，双打跟进；实现突破，提振信心。

在训练的总体思想上，建立以技术为核心，以专项体能为基础，以灵活、快速、多变为特点，以发球、接发球、步法结构等关键技术为切入点，以战术合理运用、关键分和机会球的把握为突破口的指导思想，打造以快为主、快重并举、节奏清晰、攻防兼备、特长突出、作风硬朗的我国网球运动员技战术风格。

在训练总体原则的把握上，坚持以训练负荷为杠杆，以长期训练负荷走势为主线，以协调和技术训练为先导，以技术和素质训练的平衡发展为重点的训练原则。在训练操作过程中，着力使长期得不到解决的技术顽症和制约因素实现进一步突破，用开放的思维，敢于实践，勇于试验。

（七）围绕奥运目标，完善激励机制

围绕备战2020年东京奥运会以及网球国家队建设的要求，本着突出重点、分级投入、有效激励的原则，最大限度地激发和调动运动员的内在驱动力以及相关利益方的积极性，调整利益关系，使国家队运动员的个体特征资源的所有权、管理权、开发权、收益权归运动员主体投入方及运动员共同所有。同时国家队运动员参加职业赛事所获奖金由其主体投入方或运动员个人进行分配。中心不参与运动员个体特征资源商业开发收益及职业赛事奖金的分配。尤其对备战重点项目——女子双打，要专门研究并制定东京奥运会备战激励政策，最大限度地满足女子双打项目在经费投入、资源保障等方面的需要。

参考文献

[1] 陈正.职业网球赛制变化和奥运会网球设项变化对我国的影响及应对措施[J].武汉体育学院学报，2012，46（1）：91-94.

[2] 刘巍，付甲.近十年中国网球竞技实力提升的实证分析[J].广州体育学院学报，2013，36（6）：73-76，109.

[3] 陈正.中国女网北京奥运会参赛形势及对策分析[J].成都体育学院学报，2008，34（6）：45–48.
[4] 蒋宏伟.试论中国网球从“专业化”向职业化的转变[J].南京体育学院学报，2011，25（3）：1–6.
[5] 陈小平.当代运动训练热点问题研究：理论与实践亟待解决的问题[M].北京：北京体育大学出版社，2005.

体育强国建设中我国体操发展策略的研究

国家体育总局体操运动管理中心　冯玉娟

摘要： 体育事业在中国特色社会主义新时代建设中承担的历史使命越来越重大。全面深化体育改革，加快推进体育强国建设，成为今后体育工作的重要任务。积极顺应改革大势，推进体操项目在奥运争光、全面健身、产业发展、文化建设等方面的全面、协调发展，是当前体操项目面临的严峻挑战。我国体操事业的发展与进步要以改革为新动力，打造新的体操发展模式：一要以奥运会等国际大赛备战工作为抓手，稳定、巩固、提升竞技体操实力；二要创新体操人才培养新模式，坚持并完善“举国体制”，鼓励、吸收社会力量参与体操发展全过程；三要深入挖掘体操项目的多元化功能和综合社会价值，积极发挥“体操促进人的全面发展”的功能，为全民健康做好服务，同时探索体操产业发展，加强体操文化建设；四要做好体操行业标准体系建设，如运动员等级标准体系建设、竞赛体系建设、教练员等级体系建设等。

关键词： 体育强国建设；体育改革；体操；发展策略

随着党和国家事业发生历史性变革和取得各项伟大成就，体育事业也迎来了全新的发展时代。在决胜全面建成小康社会的关键时期，习近平新时代中国特色社会主义思想为我国经济社会发展明确了新的历史方位。体育事业在全面建成小康社会、基本实现社会主义现代化、建设社会主义现代化强国中承担的历史使命更加明确和重要，责任更加重大。

习近平总书记在2017年2月视察2022年北京冬奥会筹办工作时指出，“少年强中国强，体育强中国强”，这既是对体育战线巨大的鼓舞，也是沉甸甸的政治嘱托。党的十九大报告提出：“广泛开展全民健身活动，加快推进体育强国建设，筹办好北京冬奥会、冬残奥会。”我们必须不断加深理解“体育强中国强”的丰富内涵和党的十九大提出的任务，深入思考、精心谋划好2020年、2035年、2050年的中国体育发展目标。当前我国体育正处于全面深化改革阶段，扎实做好全民健身、奥运备战等重点工作，激发体育系统和全社会“大体育”的活力，加快推进体育强国建设，成为今后体育工作的重要任务。

积极顺应改革大势，及早谋划发展大局，是体操项目发展的当务之急。体操作为中国军团历届奥运会争金夺银的重要项目，从短期看，我们既面临备战2020年东京奥运会的严峻挑战，又将面临体育改革，尤其是协会实体化改革之初的各种困难、艰辛。从中长期看，努力适应发展新常态、新要求，推进协会在实体化后逐渐趋向正常、顺畅、有效地运转，并在新的管理体制中重塑体操发展体系，完成好2024年、2028年及后续各届奥运会的备战、参赛任务。适应新时代体育发展要求，协调推进体操在竞技体育、全民健身、产业发展、文化建设等方面的发展，处理好改革、发展和稳定的关系，为建设体育强国做出新的贡献，成为摆在我们面前的一项重要任务。

一、我国体操发展状况

（一）竞技体操发展迅速，成绩辉煌

自国家体操队1953年建队至今，中国竞技体操在奥运会、世界锦标赛、世界杯总决赛上共获得了140枚金牌，其中包括26枚奥运会金牌；培养了74名世界冠军，其中包括25名奥运冠军，这一成绩充分反映了中国竞技体操从无到有、从弱到强的发展历程。从1984年首次参加奥运会到2016年里约奥运会之前，我国竞技体操保持着每届奥运会均有金牌的骄人纪录。然而，这一珍贵纪录随着里约奥运会体操项目无金牌入账成绩的产生戛然而止。我国竞技体操面临“从零开始”的全新挑战。在2017年的世界体操锦标赛上，中国以“3金1银2铜”的成绩重回金牌榜首位。

（二）大众体操发展严重滞后

体操的广义内涵和运动属性决定了其包括竞技体操和大众体操两个部分。竞技体操的发展目标是通过精英体操在国际竞技舞台争创优异运动成绩；而大众体操是面向学龄前幼儿、各级学校学生和社会各类人群，以普及体操、强身健体为发展目标的。二者之间应互为联系，相互促进。

然而，在体操项目的长期发展过程中，我国对大众体操的推广普及缺乏实质性的重视和投入，导致目前我国学校、社会两个领域中体操项目的开展严重不足。2016年，国务院办公厅印发了《关于强化学校体育促进学生身心健康全面发展的意见》，其中明确提出：要“建立大中小学体育课程衔接体系”，要“积极推进田径、游泳、体操等基础项目及冰雪运动等特色项目”。但受传统观念、场地、器材、师资等因素的制约，真正将体操列入体育课课程的中小学校并不多。据不完全统计，中国目前开展体操项目的高等学校虽然有近百所，但总体规模不大，教学和训练任务单一。近年来，社会上逐渐兴起了体操俱乐部，但数量稀少，教学上多以快乐体操活动为主，以体操后备人才培养为目的或能与之有效衔接的寥寥无几。

总之，我国体操项目在国际赛场所获成绩基本是通过精英体操获得的，即在没有广大群众直接参与的情况下，靠“举国体制”获得。竞技体操与大众体操是割裂的，二者发展严重不协调。

二、我国体操发展面临的形势和挑战

（一）备战东京奥运会的形势异常严峻

全力备战2020年东京奥运会是我们正在进行的一项重要工作。2017年世界体操锦标赛上，中国以“3金1银2铜”的成绩重回金牌榜首位，但每一个金牌获得者的成绩都未与其他人拉开太大的差距，本周期后三年的运动成绩存在太多不确定性。展望东京奥运会，形势非常严峻。

1. 中日将形成全面对抗和竞争

日本作为传统的体操强国之一，近年来一直在国际赛场与我国激烈较量。东京申奥成功后，日本明显加大了对体操的投入，早早开展大规模选拔和长年集训。形成坚实的梯队建设，并聘请俄罗斯等体操强国的教练帮助队伍备战。

2017年世界体操锦标赛中，中日男子体操以2：2的金牌数打成平手。日本女队首次在世界体操锦标赛中获得金牌，实现了历史突破，中日女子体操金牌数以1：1战平。中日体操之争从亚洲扩大到世界舞台。

目前来看，中日体操夺金点在东京奥运会上高度重叠，体操项目每一枚金牌之争都将是白热化的，体操将成为两国体操团队对抗、较量的重点和焦点。

2. 美国女子体操实力强劲，欧洲竞争力快速提升

十多年来，美国女子体操在重大国际比赛中将半数金牌收入囊中，始终保持领先地位。近年来，欧洲体操逐渐复苏，俄罗斯、英国、荷兰、乌克兰、比利时、意大利等国家的体操水平不断提升，形成了多方激烈竞争的格局。

3. 2020年东京奥运资格选拔体系和团体赛制发生重大变化

进入新的奥运周期，国际体操联合会（以下简称“国际体联”）对2020年东京奥运会的资格选拔体系和团体决赛的赛制进行了全新的调整，这为2020年东京奥运会的资格获得和成绩取得带来了不确定性。

变化一：2020年东京奥运会的参赛人员由5人改为“4+2”人，即4名团体运动员加2名个人运动员，个人运动员不可以参加团体比赛，成绩不计入团体总分。

变化二：团体决赛由原来的“5–3–3”赛制改为“4–3–3”赛制，即每支队伍可派4人参赛，每个项目3名运动员上场，成绩全部计入团体成绩。

东京奥运周期，中国体操队对备战工作提出了更高的要求。一是参加团体比赛的运动员要更加全面，且在全面的基础上要有突出单项，竞技状态要更加稳定，团体的排兵布阵要更加智慧，才有可能赢得团体赛。二是由于单项选手获取决赛资格的要求降低，奥运赛场高水平的单项选手将大幅度增加，但像中国这样的体操大国，单项决赛的选手数量将减少，单项夺金难度明显增加。

目前，新的奥运资格选拔体系还不够完善，国际体联内部意见不甚统一，操作细则还没有出台，“4–3–3”的团体新赛制到2020年东京奥运会才会执行，目前我们对资格选拔体系和团体赛制的研究尚处于初级阶段。因此，如何在现有人才储备的基础上，统筹安排好训练、参赛任务，争取争金点数量最大化，是备战工作的重中之重。

4. 中国男队优势不明显，女队冒尖选手不多

中国体操男队经过上个周期初步完成了新老交替。目前，队伍较为齐整，年龄结构较为合理。虽然我们在团体、全能和部分单项上有一定实力，但水平相当的竞争对手众多，我们的优势不够明显。体操是人为评分项目，在实力相当的情况下要比现场发挥，同等发挥的情况下金牌归属依然难以料定。

从女子体操运动员成才规律看，2016年里约奥运会的大部分女运动员坚持到2020年东京奥运会的可能性较小。国家队于2017年11月选拔了一批年轻选手作为2020年东京奥运会的重要备战力量。要在短短两年多时间内把这批运动员培养成在奥运赛场有争金夺银的技术实力和较为丰富的国际大赛经验的优秀选手，任务十分艰巨。

（二）长期制约体操发展的薄弱环节和突出问题仍然存在

（1）体操项目发展基础薄弱。目前，全国有22个省（区、市）开展体操项目；参加各级各类体操训练的人数为七八千人；在国家体育总局注册的体操运动员有近两千人；各省（区、市）优秀运动队在役人数为五六百人。总体来说，体操发展规模很小。

（2）传统的“举国体制”人才培养模式受到冲击。近年来各级各类体育运动学校、体操学校不断被关停或兼并，对传统的三级训练网络造成了较大的冲击；传统体育运动学校招生十分困难，运动员（尤其是业余体育运动学校层面的运动员）出路艰难；后备人才的合理、自由流动不通畅。这些都严重制约着体操的发展。

（3）青少年体操活动少而单一，没有适合社会大众参与的丰富多彩、形式多样的体操活动；体操比赛很少，难以满足青少年运动员成长的需要；比赛要求过高，奖牌设置过少，普通的青少年体操爱好者、学生很难、很少参与其中。

（4）全国体操教练员队伍处于新老交替阶段，年轻教练员在科学化管理、训练方面的能力亟待提高。

（5）多数基层训练单位的训练条件较为艰苦，教练员待遇较低，工作思想不稳定，缺乏工作积极性；业余训练的教练员整体育人素养仍需提高，育人理念需更新。

（6）体操发展方式较为粗放，运动员淘汰率较高。被淘汰的运动员的出路或退路选择面比较小，体操发展质量和人才培养效益亟待提高。

（三）体操发展在体育强国建设中面临严峻挑战

以往体操工作的重心更多的是向以奥运会为代表的国际大赛倾斜，对促进体操的全面、协调发展的重视、投入不够，不仅不能较好地满足人民群众日益增长的体育需求，而且存在与新时代体育改革要求、体育强国目标实现不相适应的问题。

（1）体操的社会化水平不高，群众基础薄弱，社会力量发展滞后，参与体操发展的学校、俱乐部、企业等较少。

（2）体操的发展环境较为封闭，调动社会力量参与体操发展的政策、措施滞后。

（3）体操在全民健身服务中发挥的作用有限。

（4）体操文化没有被很好地挖掘、整理并弘扬。

（5）体操产业规模较小。

三、对我国体操事业发展的建议

中国特色社会主义进入新时代，体育进入全面深化改革时期，这为我国体操事业的发展与进步带来了前所未有的活力和动力。我们要紧跟时代要求和改革步伐，更新理念，拓宽视野，坚定不移地深化改革，让改革成为推动体操发展的新动力，把改革红利转化为奥运会等世界大赛成绩的提升和体操在全民健身、体育文化、体育产业等方面的有力推进，以新的体操发展模式，在新的起点上实现我国体操全面、协调、可持续的发展。

（一）以奥运会等国际大赛的备战工作为抓手，稳定、巩固、提升竞技体操实力

在竞技体育领域有所作为是体育强国建设的重要组成部分。因此，作为奥运项目中心（协会），当前的重要任务是始终保持稳定的竞技水平并不断提升竞争力，在国际赛场创造优异成绩。面对2020年东京奥运会、2024年巴黎奥运会，我们要从以下六个方面开展工作。

1. 加强国际交流

加大“走出去，请进来”的力度，加强与高水平国家和地区同行，如美国女子体操队、欧洲各国女子体操队、日本男子体操队的交流与合作，通过共同训练、观摩比赛等形式，学习、借鉴其先进的经验和理念，与中国独有的、有效的训练方法和手段互为补充，进一步提高国家队教练员的执教水平。发挥国家队的龙头作用，正确引领全国技术发展方向，不断提升全国体操教学水平。进一步加强对评分规则的研究和科学利用。积极参加国际比赛，改变过去“练多赛少”，国际裁判界对我国了解较少，运动员缺乏比赛经验，对规则的领会、执行不到位的被动局面。同时，邀请国际官员来华解读规则，指导规则运用。

2. 充分发挥科技助力作用，提高科学训练水平

中国体操在过去积累了丰富的训练、备战经验，这些经验一直在传承中不断发展、完善。随着体操器材的不断改良，近年

来体操的技术发展迅速。我们要紧跟国际发展潮流不掉队，争取领先地位，必须要在继承的基础上，立足创新，充分利用科技助力，引进高科技仪器设备和高水平科技人才，在训练监控、体能训练及恢复、技术分析、运动防护、伤病防治、运动康复、信息搜集等多领域开展科技创新，帮助队伍进一步提高科学化训练水平和效益。

3. 加强国家队思想政治教育工作

若想取得优异的成绩，除了竞技水平要领先，还要做好运动队的思想政治工作，让思想政治工作成为制胜法宝之一。打造一支思想过硬、作风优良、纪律严明、技术先进、能打硬仗的队伍，在思想政治工作中要解决好以下四个问题。

一是运动队为谁而练、为谁而战的问题。在当前的社会条件下，运动员如果只为自己，不为国家，是难以承接国家使命的，也难以在奥运会等国际赛场上有大的作为。新时代的国家队必须将国家利益作为最高目标，在这个前提下兼顾个人利益的实现，任何个人利益超越国家利益的行为都会对一个团队的战斗力、凝聚力产生不良影响。国家队必须要树立符合国家队这一平台要求和时代要求的理想信念、价值观、人生观、训练观和参赛观。

二是思想政治工作重要性的问题。思想政治工作与技战术训练同等重要，要把对运动员的精神、意志、作风等的锤炼融入日常的训练、比赛和生活，潜移默化地实现“内化于心、外化于行、知行合一”的目标。

三是运动队思想政治工作核心对象的问题。思想政治工作要以运动员为主体，以党支部为先锋队。要充分发挥党员运动员和教练员的战斗堡垒作用，让他们关键时刻冲得出来、挺得上去。要严格管理明星运动员、成绩好的运动员，使他们拥有积极向上的正能量，在队伍中起到正面的示范作用。

四是新时代思想政治工作方法的问题。要研究新的社会经济条件下“90后”“00后”的成长背景和思想特点，找到符合他们实际情况的方法。新时代的运动员思维活跃，获取信息的渠道多，我们的工作方法必须不断创新，通过营造活跃、积极、向上的氛围，采用形式多样、寓教于乐的工作方法和教育形式，吸引他们发自内心地参与、接受思想政治教育，在教育过程中引导运动员将自身价值的实现、个人利益的获取与为国争光联系在一起，形成上下同心协力的局面。

4. 充分研究奥运资格选拔体系和团体赛制

2020年东京奥运会资格选拔从2018年开始，我们要进一步加强对选拔体系的研究，争取实现满额参赛、以最强阵容参赛的目标。

5. 完善国家队良性竞争机制

全面执行新的“国家体操队选拔和组建办法”，吸引全国最优秀的人才进入国家队，进一步完善国家队的管理和考核机制，形成良性、健康的竞争环境，激发国家队队员的备战热情，提高备战质量和效益。

6. 做好东京“后奥运时代”后备人才培养工作

一要建立国家体操队定期接收省（区、市）优秀后备人才轮训制度，发挥国家队的技术优势，通过帮扶带动各省（区、市）体操技术水平的提高，提高后备人才成才率。二要通过训练营、培训班等活动，加强对省（区、市）和基层教练员的培训和对运动员的指导。三要发挥全国竞赛的杠杆作用，制定特定规程和特定规则，引导全国技术发展方向，保持后备人才的数量稳定，提高后备人才的质量。四要做好跨界跨项选材工作。跨界跨项选材是“举国体制”的有力抓手，是超常规储备和培养体育人才的重要举措。要以开放的姿态，把国内外优秀人才选进国家队；要超常规展开训练，组建超常规团队，聘请国内外顶级教练，解决技术上的“瓶颈”、体能训练的不足和伤病防治等难点问题。五要将培养逐渐兴起的社会力量中的教练员、运动员等纳入我们的工作范围，对他们予以业务指导和扶持。

（二）创新体操人才培养新模式

1. 坚持并完善“举国体制”

中华人民共和国成立以来，我国竞技体育人才始终坚持以“举国体制”为主的培养模式，选拔培养了一大批优秀运动员，在国际赛场上取得了丰硕的运动成绩，奠定了体育大国的地位。尽管随着我国经济社会的不断发展，当前这一传统体制出现了部分不适应体育快速发展的环节和问题，但“举国体制”仍是当前和未来我国体育管理体制中的重要人才培养模式，我们要在坚持、继承的基础上不断改进、完善，使之继续发挥中流砥柱的作用。今后一段时间，按照“传统体育运动学校—省（区、市）队—国家队”这个输送渠道培养运动员依然是中国体操的主要发展方式。

目前，备战2020年东京奥运会的适龄选手绝大部分已经在国家队中了，备战2024年巴黎奥运会的适龄选手分布在国家队和省（区、市）队中，备战2028年洛杉机奥运会的适龄选手主要集中在省（区、市）和基层体育运动学校。要通过定期到国家队轮训、组织训练营、派驻专家进行技术辅导等多种形式，稳定和巩固2024年巴黎奥运会和2028年洛杉机奥运会可用人才的数量和质量。

今后我们要进一步加大对省（区、市）队、体育运动学校的支持力度，引导和鼓励传统体育运动学校、体操学校积极转变传统观念，探索适应经济社会发展新要求的新发展道路、新发展方式，积极与优质教育资源整合，积极向全社会开放，发挥在训练硬件、技术教学上的优势，为学校、社会力量开展体操活动积极提供帮助。

2. 鼓励、吸收社会力量参与体操发展全过程

2017年12月，国家体育总局、教育部联合制定并印发了《关于加强竞技体育后备人才培养工作的指导意见》（以下简称《指导意见》）。《指导意见》指出，社会力量是竞技体育后备人才培养的重要组成部分。要引导和支持社会力量参与竞技体育后备人才培养工作，鼓励兴办多种形式的青少年体育训练机构。这是首次明确提出推动社会力量参与竞技体育后备人才培养工作，是对竞技体育后备人才培养模式的重大创新，是探索竞技体育后备人才培养新路径的重要举措，是对“举国体制”培养模式的有益和必要补充，开辟了一条新的后备人才培养渠道。

打破传统的体操壁垒，打造向全社会开放的发展大格局，吸收一切有益于、致力于我国体操发展的社会有益力量参与体操发展全过程，成为今后的发展趋势和工作方向。我们除了加强以“举国体制”贯穿体育运动学校—省（区、市）队—国家队的这条主线，还要大力开发两条新线来加强后备人才培养工作。

一是动员和鼓励社会力量通过联办、合办等方式创办青少年体操俱乐部，开拓青少年体操后备人才培养的新路径，使其成为普及体操，继而兼顾后备人才培养的重要补充。目前有部分社会力量兴办的体操俱乐部，以快乐体操普及为主，尚未与竞技体操形成有序衔接。我们要鼓励、帮助快乐体操俱乐部在普及的基础上进一步做大做强，在普及体操技能的同时，引导它们提高目标定位——选拔出有天赋的孩子，引导他们向高水平后备人才发展。此外，鼓励、扶持社会力量建立以培养高水平后备人才为主要目标的体操俱乐部。2017年全国体育局长会议上，国家体育总局明确提出，要推进地方体育总会改革、单项体育协会改革、运动队管理体制改革、选拔机制改革，要加强竞技体育后备人才培养和科学选材工作。这一信息也预示着各省（区、市）体操的发展将逐步与社会融合。

二是把学校体操的推广普及作为下一步工作的突破口。学校是庞大的体育人才宝库，加强与教育系统的合作必须下大力气。我们要积极研究、制定学校体操发展规划，为学校开发适合青少年的体操课程，为给爱好体操的学生参与体操锻炼和训练提供场所，予以技术指导，帮助学校培训体操教学技能，吸纳学校参加各级体操比赛。

探索新时代的“体教结合”模式，一定要突破传统观念，创造新型训练体制，方能解决体操发展基础薄弱、后备人才短缺等问题。要发挥体操作为“体育之父”的全面培养身体素质的作用，帮助学校加强培养体质优良、身心健全的新时代学生。促进学校体育工作“运动技能全面普及，天赋运动员自然涌现”，形成“教体不分家，共同为国家”，体教共同培养、合作共赢的新局面，促使体育、教育都形成可持续、健康的良性循环。

总之，未来要逐步建立起一个新型的体操发展“四级模式”：第一层级是国家队；第二层级是各省（区、市）体操队；第三层级是未来逐渐发展起来的业余体育运动学校、高水平体操俱乐部和学校高水平运动队；第四层级是校园体操（体操课、体操社团等）和快乐体操俱乐部。通过递进式的体操后备人才梯队，促进我国体操的可持续发展。

（三）深入挖掘体操多元化功能和综合社会价值，推进其全面发展

伴随着国家经济、社会的快速发展，体育潜在的功能被不断挖掘。体育在原有的发展基础上，与拉动经济增长、促进全民健康、坚定文化自信等有了进一步的密切联系，体育要为“满足美好生活需要”“解决不平衡、不充分的发展”做出应有的贡献。因此，体操要紧跟国家发展要求，深入挖掘自身潜在的多元化功

能和综合社会价值。

1. 积极发挥“体操促进人的全面发展”的功能，落实《“健康中国2030”规划纲要》，为全民健康做好服务

《“健康中国2030”规划纲要》从国家战略层面统筹解决关系全民健康的重大和长远问题。其中第六章“提高全民身体素质”明确提出，要完善全民健身公共服务体系，广泛开展全民健身运动，促进重点人群体育活动。这是体育系统的光荣使命，也为体操进一步推广、普及、进入全民生活创造了条件。

长期以来，体操由于普及不够，没有成为全民健身的运动方式之一，没有对促进全民健康发挥应有的作用。一个项目是否能够普及，不仅在于这个项目本身的属性，而且在于人们对这个项目的认识和重视程度，以及为开展这项活动所付出的努力。要让体操回归本来的属性，首先要从管理层面改变认识，加大投入。我们必须改变传统观念，拓展工作内容，努力推进大众体操的开展。把制定大众体操发展规划，研究推广、普及大众体操举措放在重要的工作位置。美国体操、日本体操、欧洲各国体操的成功经验都证明，大众体操既可以促进全民健康水平，也可为高水平竞技体操提供更好的保障。

2. 完善体操产业发展规划

在国家体育产业统计分类中，体育产业被分为11个大类。目前体操产业范围基本涉及11类，但受发展规模限制，产业总量很小。其中近一半的分类，如管理活动、竞赛表演、场馆服务、培训与教育等，多以计划经济为主导，在传统体育管理体制下开展，规模十分有限，类型非常单一。在市场经济作用下，中国企业在与国外企业的竞争中还处于劣势，如体操服装、训练比赛器材、训练辅助器材，产品的质量仍需提升，丰富性也需加强。国内市场多以国外进口为主，国内生产为辅，因而制约了我国体操产业的发展。

与美国兴盛的体操产业相比，我国的体操产业还处于“洼地”，一直被忽视，一直未开发。要发展体操产业，必须要在产业现状调研、国际比较的基础上完善产业发展规划，要与竞技体操、大众体操发展规划相结合。产业发展规划一要明确产业发展的工作机制，动员全国各级体操协会组建体操产业联盟；二要构建完整的体操赛事体系，涵盖人才培养四个层级和竞技体操、大众体操两个领域；三要推进以消费为导向的业余运动员分级；四要制定体操的各种行业标准，做好行业服务；五是以各类体操赛事为平台，加强资源营销，丰富体操消费内涵。

3. 加强体操文化建设

党的十九大报告指出，文化是一个国家、一个民族的灵魂。文化兴国运兴，文化强民族强。过去60多年中国体操取得的骄人成绩的背后，有着深厚的体操文化在支撑，但是目前体操文化中蕴含的思想观念、人文精神、道德规范、精神风貌、价值取向等还没有得到系统的挖掘、整理、传承。我们应使体操文化成为引领发展的精神动力，植根于体操发展的全过程和全部活动中，影响每一个参与体操、走进体操的民众。新时代加强体操文化建设，要从以下四个方面着手。

一是系统总结我国竞技体操发展60多年的历史，挖掘中国竞技体操深厚的文化底蕴和优良的作风传统，在竞技体操领域内传承并发扬，向大众体操领域辐射。

二是对我国竞技体操取得的成绩进行深入分析，重点是对竞技体操发展规律、高水平人才培养方式、制胜规律等诸多已形成的具有中国特色的成功经验进行系统总结、深刻提炼，在继承的基础上不断创新，指导竞技体操在更高的起点上不断提升实力。

三是加强对国外体操发展的研究。我国的体操文化更多积淀在竞技体操领域，在大众体操领域由于缺少实践积累，这个层面的文化明显缺失。要加强对体操普及度高、推广好的国家的研究和学习，借鉴其成功经验，结合我国大众体操推广、普及的实践活动，逐步形成自己的大众体操文化。

四是将比赛、训练营、夏（冬）令营、文化论坛、学术研讨、体操运动员深入学校和俱乐部等活动作为传播载体，发挥体操奥运冠军、世界冠军的明星效应，让他们成为引领、践行、传承、弘扬体操文化的推广大使。

（四）做好体操行业标准体系建设，引导体操规范、有序发展

（1）要打通业余和专业之间的阻隔，使两者有机衔接，建立多形式、多层次、多年龄、多群体参与的运动员等级标准体系。

（2）建立与运动员等级标准对应的竞赛体系。目前，有全国性的快乐体操比赛，竞技体操全国少年、青年、成年级别比赛，全国体育院校体操比赛。这些比赛虽然都在国家体育总局体操运动管理中心的主导下开展，但各成一派，不成体系。下一步我们要将其有机衔接起来，将学校体操、社会体操和竞技体操打通，使之形成一以贯之、互通互促的竞赛体系。

（3）建立与上述体系相对应的人员（教练员、裁判员等）、场地、器材、活动（训练、培训等）的标准体系。通过行业标准的制定，重塑发展体系，吸收体操兴趣爱好者、体操锻炼人群、启蒙训练、基础训练、中级训练和高级训练人群进入同一个标准体系，满足不同层面体操参与者的训练参赛、展现体操特长、实现体操梦想等需求。新体系要充分发挥体操在促进全民健身、培育体操产业、弘扬体操文化等方面的积极作用。以高层面、小规模的竞技体操带动低层面、较大规模的大众体操，以基

础广泛的大众体操反哺高、精、尖的竞技体操，促进竞技体操与大众体操的深度融合和协调发展。

四、结论

通过对当前国家发展大势、我国体育发展面临的形势和任务，以及我国体操发展状况、形势的剖析，新时代背景下我国体操发展应采取以下模式：积极适应新时代体育发展要求，在坚持“举国体制”的基础上，创新四级人才培养模式，吸收一切社会力量参与体操事业，不断巩固和提升竞技体操的竞争实力，完成好奥运争光任务；以改革为动力，全面推进体操在全民健身、文化建设、产业发展等方面的协调发展。在新的起点上，实现我国体操全面、协调、可持续发展，为建设体育强国做出新的贡献。

参考文献

[1] 国务院办公厅.关于强化学校体育促进学生身心健康全面发展的意见[J].中华人民共和国国务院公报，2016（14）：37–40.

[2] 国家体育总局，教育部.关于加强竞技体育后备人才培养工作的指导意见[N].中国体育报，2017–12–06（05）.

[3] 中共中央，国务院.“健康中国2030”规划纲要[J].中华人民共和国国务院公报，2016（32）：5–20.

[4] 商景玉，化洪斌，冯勇.体操运动特点的再讨论[J].菏泽师专学报，1992（4）：8–10.

我国自行车职业队现状分析

国家体育总局自行车击剑运动管理中心　牛洪涛

摘要：自行车项目是职业化程度非常高的一项运动，国外高水平自行车职业队运营模式非常成熟，影响力很大。截止到目前，在国际自行车联盟（Union Cycliste Internationale，UCI）注册的各类自行车职业队共有414支。我国于2005年成立第一支公路自行车职业队“马可波罗自行车队”，实现了从无到有，现在已经成立了包括公路、场地自行车在内的13支自行车职业队。对我国自行车职业队现状进行分析，对于进一步推动国内自行车职业化发展，提高我国自行车运动的国际竞争力具有较强的现实意义。

关键词：自行车；职业队；现状分析

自行车项目是职业化程度非常高的一项运动。我国于2005年成立了第一支公路自行车职业队“马可波罗自行车队”，实现了从无到有，现在已经成立包括公路、场地自行车在内的13支自行车职业队。经过12年的发展，国内自行车职业化有了很大的进步，但是还存在很多的问题和不足。笔者从事自行车运动管理工作多年，希望通过本次研究，找出国内自行车职业队发展的短板，进一步推动国内自行车职业化发展，进一步提高我国自行车运动的国际竞争力。

一、自行车职业队发展概述

自行车运动起源于19世纪的欧洲，首次有记载的自行车比赛是1868年在巴黎举行的，1896年第1届奥林匹克运动会（以下简称“奥运会”）中就设有自行车项目，可以说自行车运动是开展得最早的体育运动项目之一。随后，自行车项目不断扩展，从公路自行车一个分项逐步发展成场地自行车、公路自行车、山地自行车和小轮车4个奥运会分项，共22个小项。

（一）自行车商业性比赛

始于1903年的环法自行车比赛到现在已经连续举办了103届，是最成功的自行车商业性赛事之一，该赛事现在已经跨出法国，进入英国、比利时和西班牙，比赛时间23天，比赛距离超过3500公里。后来，欧洲出现了“环意大利”“环西班牙”等越来越多的高水平商业性自行车赛事。国内最早的商业性自行车赛事是从1996年开始的“环南中国海自行车赛”和随后的“青藏高原自行车拉力赛”。2002年后，国内高水平自行车赛事逐年增多，影响不断扩大，“环青海湖国际公路自行车赛”“环海南岛国际公路自行车赛”“环中国国际公路自行车赛”“环太湖国际公路自行车赛”等，每年在国内举办的高水平公路自行车商业性赛事有10场左右。

（二）国际自行车职业队概况

自行车职业队是在自行车运动的基础上，以职业自行车运动员为生产者，向社会提供相关自行车服务（产品）的具有独立法人资格的体育组织形式。自行车职业队一般包括在国际自行车联盟注册的运动员、付款代理、赞助商及其他与付款人和（或）赞助商签约并长期为队伍工作的人（行政人员、领队、教练、医务人员、机械师等）。

随着商业性比赛的不断增加，自行车商业队（职业队）开始出现，截至目前，已经发展成为包括自行车4个分项的国际自行车联盟商业车队的队伍共414支。其中，公路自行车和山地自行车是职业化程度最高的两个项目；场地自行车虽然是自行车项目最大的一个分项，奥运会上设有12枚金牌，但是职业化水平不高；小轮车项目于2008年第一次进入奥运会，发展较晚，2017年才出现在国际自行车联盟注册的职业队。

（三）国内自行车职业队概况

我国自行车职业队发展较晚，于2005年成立了我国第一支公路自行车职业队“马可波罗自行车队”，实现了自行车职业化的从无到有，2017年在国际自行车联盟注册的包括公路、场地自行车在内的自行车职业队有13支。可以说，经过12年的发展，国内自行车职业化有了很大的进步。为了加快国内自行车职业队的发展，规范队伍管理，中国自行车运动协会在2010年出台了《中国自行车运动协会关于自行车职业队管理暂行规定》，并于2015年出台了《中国自行车运动协会关于国内自行车职业队管理办法》。

二、国际、国内自行车职业队现状分析

自行车运动起源于欧洲，自行车职业队最早也是在欧洲出现的，现在80%以上的职业队都集中在欧洲各国，而且全世界高水平自行车赛事也大部分集中在欧洲。可以说，欧洲自行车运动代表着自行车项目的发展趋势。从2009年至今，我国自行车职业队得到了快速发展。笔者对2009年和2017年在国际自行车联盟注册的各类自行车职业队进行了统计，通过比较了解这段时间我国和

其他部分国家自行车职业队发展的概况。

（一）国际、国内公路自行车职业队现状

公路自行车是职业化程度最高的自行车项目，在国际自行车联盟注册的职业队数量最多，分类最齐全。公路自行车职业队分为男子公路自行车职业队和女子公路自行车职业队，其中男子公路自行车职业队按照级别由高到低又分为国际自行车联盟顶级职业队、洲际职业队和洲际队三种。国际自行车联盟顶级职业队和洲际职业队的数量每年都保持在20支左右，代表着国际最高水平。

1. 国际自行车联盟公路自行车顶级职业队数量统计（表1、表2）

表1　2009年国际自行车联盟公路自行车顶级职业队数量

国家	西班牙	美国	法国	比利时	意大利	英国	丹麦	德国	俄罗斯	荷兰	哈萨克斯坦
数量	3	3	2	2	2	1	1	1	1	1	1

表2　2017年国际自行车联盟公路自行车顶级职业队数量

国家	美国	比利时	法国	德国	意大利	英国	西班牙	澳大利亚	南非	阿联酋	巴林	荷兰	哈萨克斯坦
数量	3	2	2	2	1	1	1	1	1	1	1	1	1

从表1可以看出，2009年，国际自行车联盟公路自行车顶级职业队美国有3支，欧洲各国共14支，亚洲只有1支。从表2可以看出，2017年，国际自行车联盟公路自行车顶级职业队美国有3支，欧洲各国共有10支，亚洲各国共计有3支，南非和澳大利亚各有1支。

2. 国际自行车联盟公路自行车洲际职业队数量统计（表3、表4）

表3　2009年国际自行车联盟公路自行车洲际职业队数量

国家	法国	意大利	爱尔兰	荷兰	比利时	西班牙	英国	美国	波兰	瑞士
数量	3	3	3	2	2	2	1	1	1	1

表4　2017年国际自行车联盟公路自行车洲际职业队数量

国家	意大利	比利时	法国	美国	巴西	以色列	波兰	俄罗斯	荷兰	哥伦比亚	西班牙	爱尔兰
数量	4	4	4	2	1	1	1	1	1	1	1	1

从表3可以看出，2009年，国际自行车联盟公路自行车洲际职业队美国有1支，其余的18支分布于欧洲各国；从表4可以看出，2017年，国际自行车联盟公路自行车洲际职业队美国有2支，欧洲各国共有17支，以色列、巴西和哥伦比亚各1支。

3. 国际自行车联盟公路自行车洲际队数量统计（表5、表6）

表5　2009年国际自行车联盟公路自行车洲际队数量

洲际	欧洲	美洲	亚洲（中国）	大洋洲	非洲
数量	87	13	16（5）	5	1

表6　2017年国际自行车联盟公路自行车洲际队数量

洲际	欧洲	美洲	亚洲（中国）	大洋洲	非洲
数量	91	31	46（11）	3	2

从表5可以看出，2009年在国际自行车联盟注册的公路自行车洲际队欧洲有87支，亚洲有16支，美洲有13支，大洋洲有5支，非洲有1支，其中中国有5支。从表6可以看出，2017年在国际自行车联盟注册的公路自行车洲际队欧洲有91支，亚洲有46支，美洲有31支，大洋洲有3支，非洲有2支，其中中国增加到了11支。

4. 国际自行车联盟女子公路自行车职业队数量统计（表7、表8）

表7　2009年国际自行车联盟女子公路自行车职业队数量

国家及地区	意大利	比利时	西班牙	荷兰	法国	德国	奥地利	立陶宛	挪威	南非	俄罗斯	美国	瑞典	中国香港
数量	6	3	3	3	2	2	1	1	1	1	1	1	1	1

表8　2017年国际自行车联盟女子公路自行车职业队数量

国家及地区	美国	意大利	比利时	荷兰	德国	英国	西班牙	哈萨克斯坦	斯洛文尼亚	澳大利亚	加拿大	泰国	阿尔巴尼亚	法国	挪威	丹麦	白俄罗斯	中国香港
数量	9	8	4	4	2	2	1	1	1	1	1	1	1	1	1	1	1	1

从表7可以看出，2009年在国际自行车联盟注册的27支女子公路自行车职业队中欧洲国家有24支，美国、南非各1支，中国香港有1支。从表8可以看出，2017年国际自行车联盟女子公路自行车职业队已发展到41支，其中欧洲国家有27支，美国有9支，澳大利亚、泰国、哈萨克斯坦、加拿大各1支，中国香港有1支。

（二）国际、国内场地自行车职业队现状

场地自行车虽然是自行车项目中包含小项最多的项目，但是由于比赛在场馆举行，受众太少，所以职业化程度一直不高，国际自行车联盟场地自行车职业队一直维持在30支左右。

2009年在国际自行车联盟注册的31支场地自行车职业队中美国有6支，澳大利亚有2支，亚洲国家共有8支，欧洲国家共有15支。2017年在国际自行车联盟注册的23支场地自行车职业队中欧洲国家共有13支，亚洲国家共有10支，其中中国有2支。

（三）国际、国内山地自行车职业队现状

山地自行车运动全球职业化程度很高。2017年以前，所有职业队都在一个级别，从2017年开始，国际自行车联盟将山地自行车职业队分为级别较高的山地自行车精英职业队和级别较低的山地自行车洲际队（表9~表11）。

表9　2009年国际自行车联盟山地自行车职业队数量

国家	法国	意大利	美国	德国	瑞士	西班牙	比利时	捷克	英国	挪威	奥地利	荷兰	波兰	斯洛文尼亚	希腊	匈牙利	爱尔兰	乌克兰	澳大利亚
数量	15	14	12	11	9	7	6	6	5	5	4	4	2	2	1	1	1	1	1

表10　2017年国际自行车联盟山地自行车精英职业队数量

国家	英国	瑞士	德国	美国	法国	西班牙	荷兰	意大利	新西兰	波兰	奥地利
数量	5	3	4	4	4	2	2	1	1	1	1

表11　2017年国际自行车联盟山地自行车洲际队数量

洲际及国家	欧洲	美国	亚洲	大洋洲	非洲
数量	93	12	2	2	1

从表9可以看出，2009年在107支山地自行车职业队中，没有亚洲队伍，除了美国有12支和澳大利亚有1支外，其余的全部在欧洲各国。从表10和表11可以看出，无论是精英职业队还是洲际队，大部分仍然集中在美国和欧洲各国，但是在亚洲、非洲和大洋洲，山地自行车洲际队也慢慢开始出现。我国曾在2015年和2016年在国际自行车联盟注册过一支山地自行车职业队——江苏神鹰碳纤维职业队，但是该队伍2017赛季没有继续注册。

（四）国际、国内小轮车职业队现状

小轮车项目于2008年第一次进入奥运会，发展较晚。从2017年开始，国际自行车联盟开始注册小轮车职业队。目前只有厄瓜多尔和荷兰各成立了一支职业队。

三、我国自行车职业化取得的主要成绩

（一）实现了自行车职业队的从无到有

我国于2005年成立了第一支公路自行车职业队，实现了职业队的从无到有。国内很多优秀的公路自行车运动员加入该队，代表该队参加了一系列国际赛事，让国内自行车界对自行车职业队有了初步的认识。从2006年开始，国内优秀公路自行车运动员李富玉、金龙、计成、韩峰、王美银、姜治慧先后加入过国外顶级公路自行车职业队，代表队伍参加各种高水平商业赛事，他们不

仅锻炼了自己，提升了自己的综合能力，而且对高水平职业队的运作有了一定的认识，李富玉、韩峰在退役后各自成立了公路自行车职业队，取得了很好的效果。截止到2016年，在国际自行车联盟注册的国内自行车职业队包括公路自行车洲际队12支、场地自行车职业队3支、山地自行车职业队1支。

（二）职业队成为我国自行车项目备战奥运会的有益补充

东京奥运会的自行车项目包含 4 个分项，22块奥运金牌，各分项发展不平衡。要想全面发展自行车 4 个分项，获取更多的奥运会资格，并在奥运会上取得好成绩，我们现有的人员、经费等都需增加，管理水平也要提升。我们可以通过让自行车项目的部分优秀运动员加入职业队，代表职业队参加国际比赛，获取奥运会参赛资格。这就可以节省更多的人力、财力，保障我国重点项目备战奥运会并获取更好的成绩。

2008年北京奥运会，我国女子公路自行车队通过捷安特女子职业队获得了满额3个公路自行车参赛资格。2008年男子公路自行车个人赛的参赛资格也是李富玉通过代表美国探索频道职业队比赛获得的。国际自行车联盟自行车世界杯赛每支国家队参赛都受参赛总人数的限制，我国女子短距离项目是备战重点，但是受名额限制，有些运动员没有机会参加世界杯比赛。国际自行车联盟规定，每个国家除了国家队外还可以派职业队参赛。为了解决运动员参赛名额限制的问题，2016年里约奥运会备战周期，361度有限公司（中国）成立了“中国361”场地自行车职业队，这为我国自行车项目在2016年实现奥运会金牌零的突破提供了保障。

（三）给国内运动员提供更多的参加高水平国际比赛的机会

根据国际自行车联盟规定，在国际自行车联盟注册的各种职业队可以参加除单项世锦赛、亚锦赛及亚运会、奥运会等综合性体育赛事外的一切赛事，而且运动员在比赛中获取的积分可以作为该运动员所在国家的奥运会积分。

成立职业队前，国内很多运动员每年除了参加全国冠军赛和锦标赛外，参加其他高水平比赛的机会很少，国家队外事经费优先保证重点项目出国比赛、训练，能出国参加国际比赛的运动员数量有限。国内部分职业队会出国参加世界杯赛及各种商业性比赛，国内举办的高水平国际比赛也越来越多，国内运动员可以通过职业队的方式参加，运动员参加比赛的机会大大增加。

（四）提升了国内自行车运动水平的整体发展

运动员加入职业队，将更好地调动他们训练、比赛的积极性、主动性。

根据国际自行车联盟规定，职业队应给加入该队的运动员发放工资，运动员在比赛中获得的奖金归运动员所有。而且国际自行车联盟为了保护职业队运动员的利益，还规定了不同级别职业队运动员每年的最低收入。运动员参加国际比赛，一方面可以获得国际积分为奥运会服务；另一方面，如果获得好成绩可以获得高额的奖金和工资，这极大地激发了他们训练、比赛的主动性和积极性。

（五）国内自行车职业队竞争力日益提高，管理日趋成熟

虽然现在国内大部分自行车职业队管理水平还有待提高，

队伍竞争力还有待进一步提升，但是我们也应该看到，通过12年的发展，国内自行车职业队已经有了很大的进步。一是随着对职业队认知的不断深入，管理部门对职业队相关规定有了更清晰的认识，管理比以前更加规范。二是一批加入国外顶级职业队的运动员回国带来了新的理念，有些自己成立了自行车职业队，带动了国内职业队管理的规范化。三是在国内举办的高水平国际赛事中，国内运动员的竞技水平有了很大的提升，很多在国内举办的高水平赛事的领奖台上经常出现国内运动员的身影，有些职业队在国外举办的高水平赛事中也经常取得好成绩。

四、我国自行车职业队发展中存在的不足

（1）虽然近几年在国际自行车联盟注册的职业队数量增长很快，加入国外职业队的运动员数量也在增加，但是我国现在的职业队都是低级别的队伍，还没有公路自行车顶级职业队、洲际职业队和山地自行车精英职业队。由于队伍级别较低，我国现在的职业队很难有机会参加国际最高水平的商业性自行车赛事。

（2）近几年，国内公路自行车和场地自行车职业队得到了快速发展，但是没有在国际自行车联盟注册的山地自行车和小轮车职业队。国内曾经于2015年、2016年在国际自行车联盟注册过一支山地自行车职业队，但是2017年没有继续注册，主要原因是国内甚至亚洲高水平的山地自行车赛事很少，运动员要想参加高水平比赛必须到欧美，这就造成了队伍参赛很少，赞助商看不到成立职业队给他们带来的回报。

（3）队伍目标不明确，参加国际比赛少。国内职业队成立之初大多依托省、区、市的自行车队，他们的主要参赛目标为参加国内举办的高水平国际赛事，通过这种方式锻炼队伍，为备战全运会服务。有些队伍的成立是由于该省连续多年举办高水平自

行车赛事，希望本土能有一支队伍参赛，从而起到更好的宣传效果。随着国内近几年成立的职业队数量的增加，在国内举办的高水平国际赛事也不能保证每支队伍每场比赛都能参加，中国自行车协会按照国内职业队的积分排名优先保证积分高的队伍参赛。另外，由于各职业队缺乏和国外赛事组织联系的专业人才，造成了有些职业队每年参加比赛的数量有限。

（4）管理不够规范和职业化程度不高。国内大多数自行车职业队从成立到现在大多依靠各省、区、市的自行车管理机构，逐步向商业化方向发展。可以说，这种方式保证了国内职业队数量近几年的快速发展，解决了职业队资金短缺这一后顾之忧，但是导致队伍还是按照以前省、区、市专业队的管理、训练模式发展，职业化水平较低。

五、我国自行车职业队发展对策

（一）进一步提高国内职业队的职业化水平

国内职业队应该在现有基础上，培养队伍需要的各种专业人才，尤其是精通职业队管理规定、市场营销、对外沟通的人才，特别是与国外赛事机构和国际自行车联盟沟通的专业人才，进一步提高职业化水平。

（二）进一步增加国内自行车职业队的数量，提高竞争力

国内场地自行车职业队无论是从数量还是从竞争力来说应该都是很有潜力的。要力争近几年成立男子公路自行车顶级职业队或洲际职业队这样的高水平队伍；力争尽快成立国内女子公路自行车职业队、山地自行车职业队和小轮车职业队。

（三）进一步加大国内职业队的商业化运作

自行车职业队首先是商业化运作，因为公路自行车顶级职业队和洲际职业队需要大量资金支撑队伍的日常运转，如果商业化程度不够，没有大的赞助商介入，即使成立了这样的队伍也很难维持。队伍首先应该注重平时的包装和宣传，其次应该争取参加各种高水平赛事并力争在比赛中取得好的成绩。要做到这一点，队伍就要有中长期的规划，设定中长期目标，制订详细的年度参赛和训练计划，逐步提高商业化水平。

六、结论

第一，随着自行车商业性比赛的增加，自行车职业队首先在欧洲出现，现在高水平商业性赛事主要集中在欧洲，高水平职业队也主要在欧洲。

第二，国内自行车职业队从2005年开始发展，最近几年得到了快速发展。

第三，国内自行车职业队的发展为国内自行车项目奥运会备战提供了有益的补充；给国内自行车运动员提供了更多的参加高水平比赛的机会；推动了国内自行车运动水平的整体提高。

第四，国内自行车职业队发展也存在一些不足之处：国内自行车职业队数量有了快速增加，但是没有高水平职业队；国内还没有山地自行车和小轮车两个项目的职业队；国内自行车队目标不够明确，参加国际比赛的机会少；管理不够规范，职业化程度不高。

第五，国内自行车职业队发展的几点建议：进一步提高国内自行车职业化水平；进一步增加国内自行车职业队的数量，提高竞争力；进一步加大国内自行车职业队的商业化运作水平。

体育服务
保障工作研究

“互联网+”时代冬季运动管理中心下属企业人力资源管理的对策研究

国家体育总局冬季运动管理中心　王东红

摘要：随着时代的进步、经济的快速发展，互联网技术已普遍运用于各行各业，传统的人力资源管理模式已不能满足现代社会的发展需求，需要利用互联网思维，对人力资源管理进行变革，从而构建适应“互联网+”环境的人力资源管理体系。冬季运动管理中心是国家体育总局下属的事业单位，它承载着为国家争得金牌的重任，同时其下属的比赛馆、综合训练馆、滑冰馆、首体宾馆等部门也要运用经营的方式为中心创造利润，为职工争取更大的利益。本文以人力资源管理为研究对象，进行理论知识阐述，剖析传统管理的缺陷，探讨在当今“互联网+”时代新的发展策略，为冬季运动管理中心下属企业的人事工作提供指导。

关键词：冬运中心；人力资源管理；“互联网+”；对策研究

当今经济快速发展，互联网技术已普遍运用到各行各业。国家体育总局冬季运动管理中心（以下简称“冬运中心”）虽然是事业单位，但下属的比赛馆、综合训练馆、滑冰馆、首体宾馆等部门（以下简称“下属企业”）有着经营管理的职能，属于半企业化管理，所以对场馆的管理不能完全按照事业单位的人事工作进行，尤其是首体宾馆，它既不是场馆，又不像正式的企业单位，所以，它的人力资源管理就更为重要。与此同时，这些下属企业也将迎接互联网带来的机遇和挑战。针对面临的困境，笔者提出了一些革新传统人力资源管理的建议。

一、人力资源管理和“互联网+”的含义

（一）人力资源管理的定义、作用及内容

人力资源管理的定义：人力资源管理是指在一定的工作范围内，所有的劳动者和具有一定劳动能力的人所具备劳动能力的总和。也可以说，是在社会不断进步以及经济的快速发展进程中，能够有效地推动整个社会和经济发展的，具有一定智慧及劳动能力的人的总和。

人力资源管理的主要作用：为了满足单位的中长期发展目标的需要，采取招聘员工、员工培训、员工考核和激励员工等方式，为单位招聘一些优秀的人才，合理配置，激发员工的工作热情，为单位创造更大的利益和更多的价值。因此，单位要想更好地长期发展，人力资源工作就必须做好，人力资源就要不断地配置和优化。

人力资源工作主要内容：员工招聘和员工选拔、员工培训与员工开发、薪酬及绩效管理等。

（二）“互联网+”的基本含义及特点

1．“互联网+”的基本含义

“互联网+”就是“互联网+各个传统行业”，“互联网+”的战略就是利用互联网的平台、利用信息技术，把互联网和包括传统行业在内的各行业结合起来，在新的领域创造一种新的生态。实践结果表明，互联网思维推动了经济形态的发展，提升了

社会经济的生命力。网络平台的广阔发展为更好地改革、发展和创新提供了舞台。

2. “互联网+”的特点

一是跨界融合。当今“互联网+”的技术与传统行业结合，在不同行业之间实现了一定程度上的跨界融合，可以用一些“互联网+”的技术，实现创新及与合作伙伴的融合。

二是重构结构体系。当今“互联网+”的主要特点是跨界融合，现有结构体系被打乱，重构了企业结构和文化结构，同时也重构了经济结构和社会结构，扩大了企业的发展视野，为企业提供了创新型发展模式。

三是创新包容。随着不断发展壮大和不断更新的“互联网+”时代的到来，包容性也充分地表现了出来，不仅在人性的尊重上有充分的体现，而且在对人创造性的尊重上也有充分的体现。

二、冬运中心下属企业人力资源管理面临的困境

冬运中心下属企业的岗位包括服务、保洁、电工、制冷工、维修工、管道工、场地管理、保安等，近几年经过不断改革和创新，特别是2015年起有些岗位实行了大物业管理以来，管理方面的问题相对减少了，但是有些岗位是大物业管理不能解决的，特别是一些技术层面的岗位。再加上近几年在招聘上遇到了一些问题，许多职业技术院校都是定点培养人才，有些技术岗位如制冷专业，职业技术院校根本就不再开设这样的专业，即使开设了也是家用空调和中央空调的制冷专业，与我们所需要的制冷专业方面的人才完全不是一回事，所以冬运中心只能招聘一些临时人员进行培养。2015年7月31日，北京携手张家口申办2022年冬奥会成功以后，制冷专业的人才就显得尤为紧俏，在市场竞争激烈

的情况下，这方面的人才就成为各个室内冰场争抢的人才，特别是一些专业的退休人员，更是这边退休那边即刻上岗。另外，由于管理方面的问题，招聘来的员工的积极性调动不起来，人才流失较为严重，我们也成了其他冰场的“培训基地”。截至2017年5月，招聘编制外员工共计54人，其中比赛馆4人，综合训练馆5人，滑冰馆18人，首体宾馆27人。

（一）陈旧的人才管理理念

冬运中心的下属企业是没有完全实行企业化管理的经营实体，尤其是首体宾馆，虽然是实实在在的企业，但1998年开业以来就只是进行简单的人力资源管理，没有形成人力资源管理体系，人才管理的理念也很陈旧，员工干好干坏一个样，根本调动不了员工的工作积极性，同时在许多方面也受事业单位管理的束缚。

其实在冬运中心下属企业的发展进程中，企业开始并没有对人才的管理予以重视，主要是由于社会上有比较充裕的劳动力，寻找符合要求的人才也比较容易，所以下属企业对人才进行简单的管理就可以满足冬运中心发展的需求，为冬运中心实现盈利。因此，在很长的时间内，冬运中心下属企业的人才管理只是停留在员工的招聘、员工的薪酬、员工的配置等方面，员工培训制度建设不完善，员工潜力的挖掘、能力的培养更没有被很好地重视；另外，企业对员工的激励、奖励机制缺乏，调动不了员工的工作积极性。

（二）落后的人才管理模式

在当今“互联网+”时代环境下，冬运中心下属企业传统的人才管理模式主要有以下三个方面的不足。

1. 人才招聘的方式存在缺陷

以前，冬运中心通过投放电视广告和报纸广告、参加招聘会、联系职业学校及散发一些招聘人员的广告等传统方式发布招聘信息。信息只能在非常有限的范围内传播，且速度慢。由于这些招聘方式的成本较高，也使得人才招聘的选择范围受限。目前，冬运中心下属企业的招聘方式更是传统的熟人介绍，职工子女以及子女的同学、朋友之间的相互介绍等，没有针对下属企业岗位的专业需求招聘人员，而是无论有无专业知识，只要招来人即可。

2. 员工培训方式落后

目前，冬运中心对员工进行培训的主要方式还是聘请专家进行一些专题讲座，或者是由老职工进行“传、帮、带”。由于受某些因素的限制（时间、地点等），参与培训的员工人数也受到了限制，培训的效果不是很好。冬运中心对下属企业员工真正的业务培训是从2016年正式起步的，还没有形成培训体系。针对各个岗位技能的专题讲座也是少之又少，其根本原因还是人力资源管理部门及各单位领导没有足够的重视。

3. 绩效管理方面经验欠缺

在人才管理中，最重要的环节是绩效管理。对员工个人的发展来说，能够提高员工对工作的满意度，调动员工在工作中的热情和积极性，促使员工提供优质工作的，才是公平公正的绩效管理。冬运中心的人事管理部门在对下属企业员工绩效管理方面还没有更好的经验，同时对同行业、同岗位的绩效管理知识了解不足，因此，还没有实行绩效管理。

（三）不畅的人才管理体系

冬运中心的下属企业在人才管理中，对人才的价值还没能予以真实、全面的认识，尤其是对专业人才的发展和专业人才的劳动没能给予充分、正确且全面的尊重。粗放式的管理体系、倾斜的压迫式的控制，都给人一种不公正的认识，在人才管理上更是缺乏监管和监督，因此造成人才与人才之间的不满并产生矛盾；

在管理者和被管理者之间也会产生相互否定的问题，人才管理的效能随之降低。

（四）不足的人才管理创新

由于在人才管理过程中没能结合当今的“互联网+”时代特点，只是强调让员工付出，导致冬运中心下属企业的员工对工作没有热情，员工对自己本应有的职业发展的美好愿望也被这种管理模式过度索取和过度消耗了，因此形成了冬运中心下属企业的低效率产出和员工职业倦怠的现象，主要表现在对客人的服务不够热情、周到。这种挖掘人才的潜力的做法是简单的，更是片面的，如果再不进行人才管理的创新就不能真正地调动员工的积极性，在人才管理方面也难以创新和提高，员工工作积极性的变革基础就不能在管理工作中找到，员工对冬运中心下属企业的主人翁意识就会变得消极。人才管理的要求不能让员工全面接受，那么对管理体系的优化也就难以实现，人才管理系统上的创新和支持也会失去，就会导致被动的发展局面。

三、“互联网+”环境下冬运中心下属企业人才管理的策略

（一）改变传统的人才管理思维，构建新型的人才管理理念

作为冬运中心的人才管理者，要想下属企业在经济市场站稳脚跟，就要加快改变传统的人才管理思维模式，在新形势下要构建以下新型的人才管理理念。

（1）要进一步认识人才的重要性。互联网时代，资本和人才的关系发生了颠覆性的变化。过去，人才为资本服务，人才给

资本打工；现今，资本为人才服务，资本为人才创造平台，资本才能增值。人才是资产，不只是成本。

（2）互联网上大量的人才快速流动的信息，扩大了人才对工作机会的选择余地，加速了人才流动。因网络招聘具有招聘领域宽、招聘渠道广、招聘成本低、无地域限制、服务期较长等优势，迅速成为招聘的主流方式。

（二）转变人才管理方式，充分应用“互联网+”思维

作为冬运中心的人才管理者，要转变人才管理方式，就要充分利用“互联网+”的思维进行人才管理。

1. 员工招聘方面

与传统的招聘方式相比较，我们现在要利用“互联网+”时代的微信公众号、微博及QQ等网络传播途径来宣传招聘信息，其优点是传播的范围更为广泛，且不受时间的限制、不受地点的约束，同时也能够根据我们对各个岗位的需求在更大更广的范围内寻找专业人才，使人才招聘工作既提高质量，也提高速度，还可为单位节约成本。

2. 员工培训方面

我们可以根据不同岗位的不同特点，设计出适合冬运中心各岗位需求的培训课程，在可以利用的互联网平台上构建冬运中心下属企业内部的培训平台，同时可以根据各个下属企业的不同特点和岗位需求安排网络培训课程，员工可根据自己的时间有针对性地学习，还可以根据需要，选择学习自己感兴趣及对事业发展有帮助的课程，对学习过程中遇到的困难，可以随时在网络上搜索，以减少自己学习的压力和阻力。自己安排时间、选择课程不但可以提高员工学习的积极性，也可以增强企业培训的效果。

3. 绩效管理方面

要建立冬运中心下属企业的绩效评估系统，应用“互联网+”思维，制定适合下属企业特点的绩效评估办法，搜集员工工作信息，为其发展提供针对性意见。

（三）用“互联网+”的创新做好人才管理

（1）在当今“互联网+”时代的大环境下，冬运中心人事管理部门首先要加强对人才管理理念的改革和人才管理模式的创新，充分了解和学习互联网知识，为全面实施人才管理做更多、更好、更切合实际的服务，为冬运中心的发展提供更高效、更有价值的人才管理。

（2）人才管理工作在“互联网+”时代更要着眼于其特点，充分发挥“互联网+”时代向外拓展的特点，更加倡导改革与创新，将员工满意作为人才管理的重要趋向，改进和创新管理机制，为冬运中心经济的稳步提升提供更大的支持。

（3）当今“互联网+”时代，人才管理就是要立足于其本身的特点，发挥其功能，将人才管理的重点放在员工的个人发展上，肯定员工在工作中的表现和创造的价值，将员工的收入水平与服务对象满意度真正整合起来，建立人才管理的新机制。

（四）人才管理数据库的构建

人才管理的方法有许多种，但在当今“互联网+”时代的环境下，我们要充分利用互联网对员工的信息进行广泛的搜集和全面的记录，并对其产生的大数据进行分析，通过这些大数据来预测员工对下属企业的要求，以此作为依据制定出适合下属企业发展的招聘要求，再通过这些数据分析出员工的特点，制订出符合员工需求的培养计划等。同时建立人才数据库，对现有员工的信息进行全面搜集并挖掘出潜在的、有价值的人才，为冬运中心下属企业今后的人才需求提供更好的保障。

四、结语

综上所述，“互联网 +”既给我们带来了机遇，也带来了一定的挑战，在竞争愈演愈烈的当下，正确处理“互联网 +”与人力资源管理的联系是冬运中心稳定市场地位的有效途径。我们将继续根据服务对象的要求，不断转变人才管理理念，创新人才管理方式，利用“互联网 +”模式，解决人力资源管理过程中出现的问题，提高人力资源管理效率，使冬运中心在激烈的竞争中脱颖而出，稳定冬运中心在场馆经营竞争中的地位，促进冬运中心经济的稳定发展。

参考文献

[1] 裴岚，李月霜，陈菲.“互联网+”时代机场人力资源管理新思考[J].综合运输，2015.37（11）：26–31，134.
[2] 王国英.“互联网+”下中国制造企业人力资源管理的创新思维[J].武汉冶金管理干部学院学报，2015（4）：14–16.
[3] 相琼颖. 互联网+时代下的企业人力资源管理新趋势初探[J].经济师，2016（4）：239–240.
[4] 任金晶，戴矽妍，龚伍军.“互联网+”环境下的企业人力资源管理创新研究[J]. 中国市场，2016（9）：46–47.
[5] 王淑蕊.“互联网+”时代企业人力资源管理模式的转变与创新[J].福建质量管理，2016（5）：28–29.
[6] 杨紫桂.“互联网+”时代下企业人力资源管理新思考[J].智富时代，2016（11）：125.

大型群众性活动安全保卫工作探析
——以首都体育馆为例

国家体育总局冬季运动管理中心　周　波

摘要：本文以首都体育馆为例，运用文献分析法、调查法、逻辑分析法，系统分析了大型群众性活动安全保卫工作所面临的安全形势，归纳总结出影响安全保卫工作的主要因素，如活动现场发生群死群伤的威胁随时存在、主办方和场地出租方对大型活动安全保卫工作的认识和重视程度不够、专业化的安全风险评估不够、部门之间的定位不清、观众安全意识欠缺、应急预案的制订和现场处置缺乏科学性的安排等。并在借鉴国内外安保经验的基础上，提出首都体育馆举办大型活动安全保卫工作的基本要求和策略，如加强组织领导；加强管理，明确各部门“战时”职责；不断细化、完善应急预案；严密社会面巡逻防控，做好反恐防暴、打防管控工作；整治交通秩序，做好消防工作；加强安全宣传，强化安全意识等，以提升大型群众性活动安保工作水平。

关键词：大型群众性活动；安全保卫；策略

我国近年来举办的各类大型群众性活动的数量和规模都在急剧增长，规格和档次也越来越高。北京市大型群众性活动保持平均每年500余项2000余场次，首都体育馆每年举办大型群众性活动的天数始终维持在260天左右，处于高位运行状态。大型群众性活动的安全保卫工作所面临的形势也越来越严峻。

大型群众性活动安全保卫工作，不仅关系到活动是否能够正常进行，而且事关政府形象、经济发展和社会秩序稳定的大局。如何改进大型群众性活动安全保卫工作策略，适应形势发展的需要，已成为当前摆在主办方、承办方、场地出租方、安保等部门面前的一个重要课题。

一、相关概念、分类与特点

（一）群众性与大型群众性活动

1. 群众性的概念

所谓群众性，是指法人或者其他组织举办的活动，是面向社会公众的，而不是面向单位内部的。

2. 大型群众性活动的概念

大型群众性活动，通常是指由单位（社团）主办或政府组织，在特定时间内，面向社会临时占用或者租用公共场所举办的，由不特定的多数人参加的公共活动。

根据首都体育馆的具体情况，本文的“大型群众性活动”是指法人或者其他组织举办的每场次活动有1000人以上参加的面向社会公众的群众性活动。

3. 大型群众性活动的分类

（1）按内容划分，大型群众性活动分为文艺演出、体育比赛、展览展销、招聘会、庙会、灯会、游园会等。

（2）以活动性质划分，可分为政府行为类活动、商业行为类活动、文艺行为类活动、体育行为类活动、群众行为类活动等。

（3）以参与者参与方式划分，可分为观众活动和参与者活动。

（4）以活动场所划分，可分为开放空间的大型群众性活动和封闭空间的大型群众性活动。

4. 大型群众性活动的特点

大型群众性活动因其规模和影响而具有以下特点：社会传播性广泛；参与人数众多，在一定的时间内高度集中，且参与者的个人素质与活动的性质密切相关；参与人员复杂，涉及社会各个层面。

（二）大型群众性活动安全保卫

1. 大型群众性活动安全保卫的概念

大型群众性活动安全保卫，就是保障大型群众性活动安全的工作和过程，涉及防止恐怖袭击，维护公共秩序，保卫重要人物的安全，防止打架滋事，处置突发危机，保证运动员和工作人员的人身安全、通信设备和传媒的安全等众多方面。

2. 大型群众性活动的安全保卫的分类

（1）从区域的角度讲，可以分为场内安全与场外安全。

①场内安全，即以保障活动场所为界，为保障场所内观众、设施等的安全进行的工作。

②场外安全，即为保障场外主要交通运输沿线，活动场所周边区域，大型群众性活动场外的群众集会、狂欢、庆典场所，其他观众集中的地点等区域的安全而进行的工作。

（2）从时间的角度讲，大型群众性活动安全可分为大型群众性活动前期准备阶段、活动期间的实施阶段和活动后的总结阶段等。

二、我国大型群众性活动安全保卫工作的影响因素

（一）社会不安定因素

当前，我国既处于“黄金发展期”，又处在“矛盾凸显期”，境内外敌对势力、敌对分子、个别人员利用大型群众性活动现场人多、影响大等特点表达个人诉求、发泄情绪、制造事端，这些潜在的不安定因素都将直接威胁大型群众性活动的安全。

（二）城市的特殊性和场馆的设备陈旧为活动安全保卫工作带来了较大的难度

各地举办大型群众性活动往往选择在人群聚集、车流量高、公共场所集中的地方，而这些地方大多道路狭窄、场馆设施落后，一旦发生突发事件将给处置工作带来很大的困难。如首都体育馆活动外区（大院外），因地铁施工使原本较为宽敞的疏散空间变得狭小；场地观众区疏散口两侧较小；后区疏散口附近是演出调控台，遇有突发事件肯定会影响疏散。

为筹办2008年北京奥运会，首都体育馆于2006年11月开始进行全面改造。改造后的首都体育馆，安防监控、消防设施设备、应急照明、应急广播、安全出口等均符合相关法律、法规、技术标准的规定，但是时隔十余年，首都体育馆的设备设施仍需进一步更新和改善。

（三）活动现场发生群死群伤的威胁随时存在

由于大型群众性活动组织工作复杂、周期较长，客观不确定因素多，加之一些活动参与者安全意识不强，缺乏紧急避险、安全疏散、自救互救等基本的安全知识，安保工作中的任何微小疏

漏都可能引发安全事故。近年来，在世界范围内，发生过多起大型群众性活动群死群伤事故。

首都体育馆通常作为场地出租方，开展的大型群众性活动主要有文艺演出、体育比赛、人才交流会、公司年会、展览展销会等。遇到火爆活动，如知名歌星演唱会，就会有假工作证、假演出票大量出现，加重了本已非常严峻的治安形势；活动区域的舞台越来越“高大上”，临时用电量显著增加，使用易燃材料的现象时有发生；重点工种，如电工、架子工的管理比较薄弱，存在无证操作的现象；火爆演出的观众多数为年轻女孩子，安全培训少，安全意识不强。受这些因素影响，一旦突发公共安全事件，后果不堪设想。

（四）主办方、承办方等单位对活动安全认识不足

目前，大型群众性活动的主办方、承办方等单位对活动安全普遍认识不足，存在重经济效益与活动成效、轻安全管理的思想。很多主办方、承办单位和场地单位安全意识不强，存在侥幸心理，工作中不讲科学，不顾标准，凭经验行事，产生重大安全隐患。例如，2012年2月17日晚8时10分许，在重庆奥林匹克体育中心举办的王菲巡回演唱会重庆站发生观众座位垮塌事故，造成70多名观众受伤，其中多人骨折，演唱会临时取消。据事后调查，主办方为承办王菲巡回演唱会投入超千万元，为收回投资成本，在原有的观众席增加座位，导致观众席座位过于密集，超过承重能力而发生垮塌。主办方、承办方追求经济利益无可厚非，但必须是在保证安全的前提下，如果没有安全，任何经济利益都无从谈起。

三、对做好大型群众性活动安保工作的建议

为了做好大型群众性活动的安保工作，应做好打防管控工

作，创造良好治安环境；严密社会层面的巡逻防控，做好反恐防暴工作；管控危险要素，从源头保证安全；推进安保工作社会化等；还应根据各单位实际情况，采取可操作性强、针对性强、切实高效的措施。

（一）加强组织领导

一项大型群众性活动的举行，不是首都体育馆内部一个部门或几个部门的事情，也不是首都体育馆一个单位的事情。故做好大型群众性活动的安保工作，首先应加强组织领导，建立职责明确、规范有序、分工协作、信息共享、反应迅速、处置有效的工作机制。

对外，建立以公安为主的消防、交通、安监、市政、卫生、城管、主承办方共同参与的突发事件社会综合应急体系。公安机关依照法定职责对大型群众性活动安全工作进行指导检查和监督。将主导的大型群众性活动安全保卫工作转化为由主承办单位负责的、多个组织或单位依照协议和职责共同做好的安全保卫工作。

对内，成立首都体育馆大型群众性活动安全保卫指挥部。指挥部负责举行大型群众性活动和突发公共事件时的应急指挥，下设办公室、保卫部、后勤保障部、基建维修部、活动场馆部等部门。

（二）加强管理，明确各部门“战时”职责

举行大型群众性活动时，各部门需职责分明。

（1）指挥部办公室设在保卫部，负责指挥部的日常工作运转。

（2）办公室主要负责举行大型群众性活动时与国家体育总局各部门之间的协调、联络工作。如在突发公共事件时，就国家体育总局冬季运动管理中心领导对安全工作的指示上传下达；发

生个人上访或群体上访时，应及时协调、处理、解决，并上报指挥部，防止事态扩大。

（3）保卫部主要负责首都体育馆举行大型群众性活动时与公安局分局、公安消防支队及其他部门的工作协调；按照指挥部的指示，指挥和协调安全保卫工作、突发公共事件的应急处置工作；活动时负责院内治安巡逻、车辆的管理，确保机动车、非机动车不发生被盗事件；按照指挥部命令，锁闭需封闭的大门；负责突发公共事件应急预案的演练工作；在发生踩踏、火灾、爆炸、破坏、看台倒塌等事故时，迅速与公安分局、公安消防支队及国家体育总局保卫处取得联系并通报情况，及时组织力量赶到事故发生地组织灭火或抢救，及时疏散外围无关的围观人员、车辆等，设置场外警戒线，阻止无关人员进入，保证场馆及周边道路畅通，指挥车辆有序疏散。

（4）基建维修部主要负责举行大型群众性活动时的能源保障工作，确保水、暖、电安全运转；遇突发公共事件时，协调供电、通信、卫生、公共事业、自来水公司等有关单位迅速派人到现场，做好恢复供水、供电、通信的工作。

（5）后勤保障部主要负责医疗、救援等后勤保障和救治工作。

（6）活动场馆部主要负责馆内的安全检查，保证馆内各项安全设施完好有效。检查中如发现安全隐患应及时解决，做好记录并及时报告安保指挥部，由保卫部门合理安排力量控制场馆的门口、通道、看台等，在场馆的所有入口安放防爆安检器和X光机、安检门、手持安检器，做好安检工作。及时维持秩序并疏导观众有序入场、离场。严格施行现场检查，对承办方在活动期间搭建的舞台、看台等临时建筑物和使用的照明、音响等用电设备都要进行严格检查，对在检查中发现的安全隐患及时提出整改意见，防止安全问题的发生。

（7）以公安为主的其他部门各司其职、各负其责，按照自己的分工做好本部门的安全保卫工作。

（三）不断细化、完善应急预案

目前，首都体育馆根据《首都体育馆安全保卫工作方案》及《首都体育馆大型群众性活动安全保卫工作方案》，制订了相关的安全预案。但为了应对复杂多变的情况，应进一步细化、不断完善处理突发事件的应急预案，明确各种突发状况下可采取的应急处置措施，使之更具可操作性，更贴近实战。

首都体育馆举办大型群众性活动时发生的突发公共事件的处置工作必须遵循“统一领导、分级负责、条块结合、以块为主”的原则，坚持教育疏导为主，严格区分事件性质，正确运用法律武器，讲究方法和策略。

（1）发生突发公共事件时，各部门要在现场指挥部的统一指挥下，各司其职，迅速参与清场、封场、秩序维护及其他救援、处置工作。

（2）活动进行时如发生静坐请愿、堵塞交通、集会演讲和反动宣传等事件时，现场工作人员应立即将情况通报安保指挥部。保卫部门和公安机关应立即制止事态发展，并分工合作，维持好现场秩序，劝阻参与事件人员自行离开。

（3）活动进行时，体育馆如发生爆炸案件，现场工作人员要迅速报警并通知保卫部及相关部门，设置警戒范围，保护中心现场，阻止无关人员进入现场，防止涉案嫌疑人趁机逃脱。

（4）现场残留爆炸物品时，应立即疏散场馆内或爆炸区域外的人员，设置禁行区。面对爆炸恐吓案件，要立即调集专门力量，在有关区域设置警戒线，并配合公安机关进行彻底检查。及时将情况报告现场指挥部，通报大型活动主办单位，疏散有关区域内人员。确认无爆炸物或爆炸隐患已排除之后，撤除警戒线，由主办单位通知疏散人员返回。

（5）活动进行时，体育馆如发生犯罪嫌疑人持凶器劫持人质或枪击等事件，要立即报警并迅速上报保卫部。同时，将无关人员疏散到安全地带，将受伤人员送医院抢救治疗。

（6）活动进行时，体育馆如发生火灾、看台倒塌等事故，各部门应按照预案要求和分工，及时赶到事故发生地，组织灭火或抢救。根据事故危害的程度，调集或调派救援人员。封闭现场，维护现场治安及交通秩序，疏散群众。划分警戒控制区域，避免烟、气熏呛，房屋倒塌或人员拥挤引起的人员伤亡。

（7）活动进行中如发生停电、停水等突发事件，基建维修部人员要迅速联系供电、供水等单位，及时排除故障，迅速恢复场馆内正常供水、供电。

（四）严密社会层面的巡逻防控，做好反恐防暴、打防管控工作

首都体育馆举办的大型群众性活动中，精彩的体育赛事和热门歌星的演唱会通常会吸引众多观众，同时也会带来各种隐患。因此，应加强管控，采取有效措施做好防控工作。

一是在活动举办之前，提前开展治安打击整治专项行动，充分发挥社会层面打防管控工作的效能，对制作假工作证、假演出票、高价倒票等行为进行有效打击，形成对违法犯罪持续严打的高压态势。

二是在大型群众性活动举办期间，组织开展公安、保安联勤武装巡逻，进一步完善网格化巡防，形成对社会层面全时空有效控制，切实提高反恐防暴能力。

三是建立黑名单制度，加强对重点人员的管控、排查，从源头保证安全。

（五）整治交通秩序，做好消防工作

首都体育馆活动外区（大院外）由于北京市修建白石新桥、地铁4号线等工程，使原本较为宽敞的疏散空间变得狭小，举行大型群众性活动时，局部、临时拥堵的现象更加严重，形成较大的安全隐患。故应进一步充分挖掘现有道路潜力，完善交通基础设施，改善道路的通行能力；积极开展交通安全整治工作，强化交通管理，提高快速疏堵反应能力，为大型群众性活动交通安全奠定基础。同时，应协调公安消防部门根据平时掌握的情况，加强对首都体育馆的消防安全检查，备足消防力量随时准备处置意外火情。

（六）加强安全宣传，强化安全意识

通过利用新闻媒介、在体育馆设立宣传栏、组织安全知识竞赛等举措，积极开展对公众的宣传教育工作，宣传大型群众性活动的安全法规和安全避险常识，努力使活动的主办单位、承办单位，特别是地方政府及相关部门的领导，增强安全意识，对大型群众性活动的安全保卫工作给予支持，同时实现广大群众从“要我安全”到“我要安全”的转变。

四、结语

近年来，随着经济的迅猛发展，人民群众生活水平不断提高，物质文化需求日趋增长，我国举办的游园、节日庆典、庙会、灯会、展销会、博览会等大型群众性活动场次、到场观众数量逐年递增，由此产生的安全和现场秩序问题日渐凸显，安全保卫压力日益增大。大型群众性活动安全保卫工作对于我们来说，还是一个崭新的、充满挑战的课题，完善和优化大型群众性活动安保策略之路任重而道远。

围绕大型群众性活动安全保卫工作，我们必须立足我国实际，认真总结，积极借鉴、学习国内外先进经验做法，坚持贯彻落实“承办者负责、政府监管”原则，推进大型群众性活动安全保卫工作向规范化、精细化、专业化和社会化方向发展。进一步提高思想认识，增强责任意识，开展社会综合治理，实施动态管理，以面保点，提高社会整体环境秩序。努力实现“安保规范化、安保精细化、安保专业化、安保社会化”目标，真正走出一条适合我国国情的大型群众性活动安保之路，确保各类大型群众性活动安全顺利举办，为构建社会主义和谐社会再立新功。

参考文献

[1] 周正.大型群众性活动安全保卫工作实务研究——以上海市黄浦区为例[J].公安研究，2014（5）：87-93.

[2] 刘斌.北京市大型群众性活动安全保卫对策研究[D].长春：东北师范大学，2014.

[3] 朱景汉.大型群众性活动安全管理工作存在问题及解决思路[J].广州市公安管理干部学院学报，2013（3）：33-36.

[4] 陈薇.浅谈如何做好大型群众性活动安全保卫工作[J].黑龙江科技信息，2010（36）：140.

关于建立我国拳击裁判员信用评估体系的若干问题

国家体育总局拳击跆拳道运动管理中心　岳　岩

拳击项目1986年在我国正式恢复以来，取得了长足的进步。在2008年北京奥运会上，中国拳击队获得2枚金牌、1枚银牌和1枚铜牌的好成绩，震惊了世界；2012年伦敦奥运会上，邹市明蝉联金牌；2016年里约奥运会上，中国拳击队获得1枚银牌和3枚铜牌。可以说，中国拳击已经成为世界拳击发展的一支中坚力量。与此同时，国内拳击项目的普及和推广进一步加强，所有省市均成立了专业拳击队，每年都组织全国、省级、市级比赛。国内拳击竞赛市场快速发展，更多的国内外企业和组织积极关注和支持拳击运动，各种赛事如雨后春笋般涌现，中国拳击协会年度拳王争霸赛已成为优秀拳击运动员梦寐以求的展示舞台。拳击在中国的发展呈现出欣欣向荣的景象。

然而，拳击属于打分记点项目，人为因素明显，在历史上和全球范围内都出现过运动员、媒体、公众质疑比赛结果的现象。如果裁判员不能做到客观准确地判罚，尤其是不能完全站在公正的角度进行判罚，对运动员和项目本身都会产生负面影响。作为行业管理部门，国家体育总局拳击跆拳道运动管理中心，虽然一直致力于对裁判员的培训和管理，但是由于裁判员来自各个省市，并由各参赛单位推荐，在重大比赛时，各单位对成绩的渴望以及裁判员本土意识的存在，会对个别场次结果的客观性判罚产生影响。经过多年的实践总结，国家体育总局拳击跆拳道运动管理中心已经在国内建立了一整套相对行之有效的裁判员培训、选拔、考核及注册管理办法，基本保障了比赛的顺利进行。但是，再完善的制度也无法阻止个别裁判员在比赛中铤而走险，也无法确保每个裁判员都公正公平地对待比赛判罚。因此，在制度之外，研究和探讨裁判员信用评估的建立，进而丰富和完善裁判员评估机制，最终形成有效的项目竞赛综合治理机制是必要的。

一、信用的概念及作用

（一）信用的概念

信用是能够履行诺言而取得的信任，是长时间积累的信任和诚信度。信用是一种社会关系，只有在人与人交往的过程中才能产生、存在和发展。信用是道德的组成部分，还是一种行为艺术，是一种人人可以尝试与自我管理的行为管理模式。

（二）信用的特征

社会性特征：信用只在人与人的交往中存在，是以相互间的信任为前提和基础的，是一种社会关系，具有社会性特征。

伦理性特征：信用属于伦理学范畴，体现为一种约束人们行为的道德准则。信用不仅是一种社会关系，也不单是一种交易方式，它更是人类社会的一种价值观。

文化性特征：信用是需要意识形态、道德标准及个人的价值观来约束的，不能完全依靠法律、法规、制度和条例等，因此其具有文化性特征。

（三）信用的作用

1. 有助于完善治理结构和治理机制

从主观层面来看，信用源于人们内心的观念和意识，因此，必须实行他律与己律相结合的治理结构和机制。也就是说，仅靠制度保障还不够，还必须让诚实守信的观念深入人心，从而使守信履约成为大多数人的自觉行动。要深刻认识和接受这个道理，重视信用自律机制的建立，首先需要消除“制度万能说”的不良影响，破除对制度的盲目迷信。实际上，任何制度，无论怎样健全、完善，其作用依然是有限的，难免存在局限性。法律本身也需要以道德作为基础，而道德中包含诚实守信的观念与规范。法律及其他一切经济、政治和文化教育制度都需要忠诚、信守承诺的机构和人员去制定、推广和执行，只有这样才能完善治理结构，进而发挥应有的效力。

2. 有助于提高信用等级和道德修养

社会生活中的信用可分为侠义性、功利性和本原性三种类型。

侠义性信用强调信用的动机在于多交朋友、多得人缘、多争名位、多拉关系，也指讲义气，肯冒险助人。侠义性信用往往带有很大的不确定性，甚至夹杂着造假行为。因此，这是一种低层次的信用。

功利性信用强调讲信用的目的在于赢得更多的利润，是把信用作为谋取尽可能多的利益的手段。这种手段性、工具性信用必定隐含着失信的根源，更有可能背信弃义去追求不义之财。因此功利性信用也是不可靠的，有很大的局限性，还只是中等层次的信用。

本原性信用则是强调信用的根本是重视所从事事业的生存之道，重视从业者的为人之道。这就要求人们在现实生活和工作中诚实守信，自觉地讲究信用。谨守信用，既利他，又利己，是双赢上策；如果有意失信，则既损人，又害己，是双输下策。因此，本原性信用才是最高层次的信用，也是我们最需要的信用。

但是，要把侠义性、功利性信用提升到本原性信用的高度，需有深厚的信用文化底蕴，要以信用信仰作为思想基础与行动指南，信奉“信用至上”的原则。因此，提高本源性信用水平，是提高道德修养的重要途径和必要组成，也是提高从业人员素质、为项目发展提供动力的重要环节。

3. 有助于促进社会进步，提高社会文明

信用建设需要一定的社会环境和氛围。营造这种良好的环境和氛围，是促进社会进步、提高社会文明的重要举措。只有大力建设和弘扬信用文化，使政府、企业、社会组织和全体国民具有比较丰富的信用知识、较强的信用意识，才能形成正确的社会风气和舆论导向，形成“守信光荣、失信可耻”的道德氛围。同时，信用建设有助于破除陈旧和错误的观念，引导和帮助人们建立起正确的信用观念，普遍提高社会道德水平。

二、信用对体育工作的要求

2014年6月，国务院印发《社会信用体系建设规划纲要（2014—2020 年）》（以下简称《规划纲要》）。为明确工作分工，全面贯彻落实《规划纲要》，加快推进我国社会信用体系建设，经社会信用体系建设部际联席会议同意，提出了各项工作任务分工。

国家体育总局按照国务院的统一要求，全面启动了体育信用体系建设工作，成立了工作领导小组和三个课题组，制定了《国家体育总局推进社会信用体系建设工作方案》（以下简称《工作方案》）。根据《工作方案》，推进体育信用体系建设工作将按照国务院要求分阶段推进并逐步完善。2016年年底之前的主要工作是制定职业体育从业人员诚信从业准则，制定职业体育从业人员、职业体育俱乐部和中介企业信用等级的第三方评估制度，初步建立相关信用信息的采集、记录和整理系统，制定相关信用信息在参加或举办职业体育赛事、职业体育准入、转会等方面运用的具体措施。

国家深化改革的总体目标是由社会治理取代社会管理，从单一化管理向多极化治理过渡。“十三五”规划纲要要求加强和创新社会治理，完善社会信用体系建设。在社会治理方面，党的十九大报告提出，要打造共建、共治、共享的社会治理格局。加强社会治理制度建设，完善党委领导、政府负责、社会协同、公众参与、法制保障的社会治理体系，提高社会治理社会化、法治化、智能化、专业化水平。当前我国社会的主要矛盾已转变为人民日益增长的美好生活需要和不平衡、不充分的发展之间的矛盾。人民日益增长的美好生活需要，已不仅对物质文化生活提出了更高的要求，而且在民主、法治、公平、正义、安全、环境等方面的要求也日益增长。这对党和国家提出了许多新要求，也对体育体制改革提出了更高的要求。

当前，体育改革要求我们由旧有的国家行政管理方式向协会社团管理方式转变。随之而来的是拳击项目裁判员今后的隶属单位也将由各省（区、市）体育局转变为各地方拳击协会，甚至可能变为中国拳击协会的个人会员。在改革的大趋势下，拳击项目的裁判员管理也要随之发生变革，引入多极化的监督和评估机制丰富和完善现有的管理制度势在必行。因此，在借鉴和分析以往成功的经验、失败的教训的基础上，探讨和建立裁判员信用评估机制，建立第三方独立评估机构，不仅可以从裁判员选派的源头上更加准确客观地选拔出思想过硬、业务精良的裁判员，而且可以通过信用评估机制，对出现颠覆性判罚结果的裁判员进行有效评估，甚至将其裁判生涯一票否决，更好地营造风清气正的竞赛氛围。

三、信用评估机制对拳击裁判员管理的重要性

（一）国内拳击裁判员评估及管理的现状和问题

裁判员管理是拳击竞赛工作的一大核心，为不断完善拳击裁判员评估和管理的制度建设，明确实际工作中的各个细节，国家体育总局拳击跆拳道运动管理中心（以下简称“拳跆中心”）以《中国拳击协会裁判员管理办法》《中国拳击协会裁判员选派与监督工作实施细则》《全国拳击竞赛申诉的有关规定》等文件为基础，建立了较为科学合理的管理和评估体系。做到赛前选派、赛中测评和赛后奖惩都有章可循，打造了较为公平、公正的竞赛平台。

1. 目前国内拳击裁判员的基本情况

2013年，在国际拳击联合会（以下简称“国际拳联”）大幅修改拳击项目的竞赛和技术规则后，拳跆中心连续组织了十余次全国范围内的裁判员培训。2014年起，每年邀请国际拳联裁判员委员会副主席等专家来华授课，并按照总局的要求成立了中国拳击协会裁判员委员会（以下简称“裁判委员会”）。目前，在中国拳击协会注册的国家级以上裁判员共124人，其中国际级47人，国家级77人；从事的行业分布为各省（区、市）体育系统及体育院校83人，普通大专院校25人，其他行业11人，退休人员5人。在中国拳击协会备案的一级裁判员有259人。

相对而言，拳击项目在国内属于小众项目，普及率较低，从业人数较少。目前，国内优秀裁判员均在各参赛单位分管拳击项目中心或在运动队中担任职务，有相对较多的时间和机会接触拳击技术、战术训练，因此具有较强的业务能力。而与运动队没有直接关

系的裁判员因较少直接接触拳击训练，对技术、战术运用很难做到深入研究和深刻感受，面对复杂比赛时不易做出准确判断。

2. 目前国内裁判员的选拔和监督机制

拳击项目全国比赛严格按照国家体育总局、中国拳击协会的相关要求对裁判员进行培训和选拔。拳跆中心于2015年制定了《中国拳击协会裁判员选派与监督工作实施细则》，规定由裁判委员会负责开展裁判员考核管理，赛事裁判员选调、工作评估、学习研讨、日常交流等各项工作。裁判员选派须遵循择优、回避、均衡、就近的原则。由各单位按照年度赛事计划于赛前两个月提交推荐裁判员名单，裁判委员会常委会对推荐名单进行审核和补充后报中国拳击协会批准，经中国拳击协会官方网站公示后正式下发比赛工作通知。

对于裁判员监督工作，中国拳击协会也有明确的规定。每次比赛前由裁判委员会根据比赛报名情况、裁判员的实际水平等拟定裁判员回避大名单，标定裁判员需要回避的单位和场次。赛时成立赛风赛纪监督组，负责监督裁判委员会及裁判员工作程序，并接受各参赛单位反映的相关问题。每场比赛前由双方运动队代表在编排长的监督下抽取临场裁判员，重要比赛则由赛风赛纪监督组对抽签全过程进行录像采集。比赛时由裁判委员会成员对台上裁判员和台下评判员进行评估，记录每一位裁判员的执裁情况，并形成仲裁评估决议。当裁判员出现问题时，裁判委员会根据《中国拳击协会裁判员管理办法》进行警告、停赛甚至降级等相应处理。

3. 目前国内裁判员管理工作存在的问题

（1）裁判员选派工作矛盾集中。按照国家体育总局相关规定，重要比赛的裁判员必须首先由各参赛单位推荐。在确定推荐人选的过程中，各单位并非完全从业务能力、思想素质等角度考虑，而是主观上代表了本单位的利益诉求和承担一定的比赛任务，存在明显的指向性，对裁判员选派工作的基础造成了不好的影响。

（2）裁判员回避关系复杂。目前，我国拳击项目共有双重注册运动员359人，38个参赛单位中有30个单位存在运动员交流情况。部分运动队交流范围达到5~7个不同单位。当这些运动队同场比赛时，有10~12个单位的裁判员需要回避，导致临场备选裁判人数较少。同时，受限于拳击项目的小众化，存在一些无法掌握的如启蒙教练之类的复杂关系，对回避工作也产生了较大影响。

（3）新规则加大评估难度。国际拳联近几年一直在对规则进行修订，在其裁判员委员会内部也存在观点和理解的不统一的情况。老规则“打点制”评分方式，裁判员只依据看到的得点拳数量即可判断输赢，评估仲裁也可以直观地对比赛结果进行监督，而新规则“十分制”强调的是依据三个评判标准综合判定胜负。这一变化容易造成裁判员在判罚过程中有一定的主观性，易出现不一致、存有争议的判罚，同时也加大了评估仲裁对裁判员进行客观评估的难度。

（二）信用评估机制对拳击裁判员管理的重要性

1. 提倡依法治赛的同时，可以丰富“以德执裁”的客观标准

根据国家体育总局的规定和要求，结合拳击项目的特点和实际，这些年来陆续制定和完善了拳击裁判员队伍的管理制度，初步形成了一套行之有效且适合中国拳击运动发展的竞赛管理体系，保证了我国拳击运动员在公平、公开、公正的环境下健康有序地进行比赛，并将国家体育总局提出的“国内练兵、一致对外”和“出成绩、出人才、出经验”的国内竞赛宗旨落到实处。实践证明，通过制度能够较好地对裁判员的选拔、培养、提高以及处罚加以规范。制度建设是项目系统化建设和模式化管理的重

要手段，也是加强法制化建设、学习和落实党的路线、政策和方针的重要举措。为此，根据国家体育总局的要求，结合目前国内拳击竞赛的实际情况，参照其他项目的成功经验，出台了一系列文件，以此来进一步加强管理，实现依法治赛。

裁判员是拳台上的法官，法官是依据法律进行裁决的人，是公正的象征。在拳击比赛中，法是竞赛的规则，裁判法和规程是国家体育总局制定的各种规章制度。作为裁判员，必须准确掌握规则，严格按照规则办事。与此同时，我们积极倡导裁判员“以德执裁”。“以德执裁”突出的是“德”，德，即道德、德行，讲的是操守和品行，是人们共同生活及行为的准则和规范，体现的是信用。“内外之称，在心为德，施之为行”，因此只有恪守信用，有正确的人生观、价值观，才能做出正确的裁决。“人非圣贤，孰能无过”，我们无法要求每名裁判员都完全具备最佳的业务水平，并在工作中做到零失误，但如果思想上的失误表现在工作中，失去了基本的信用，是绝不能容忍的。做好“以德执裁”，最重要的是做到自律，只有心中始终摆正正义的天平，增强自我约束力和自我行为控制力，才能做出客观准确的判罚。

因此，我们更要始终把对裁判员队伍的精神文明建设和裁判员的职业道德、诚信准则的教育作为一项重要工作来抓，并常抓不懈，使德育工作切实成为裁判员队伍建设的强大武器，提高每个人的信用，真正实现“以德执裁”的目标。

2. 可对现有裁判员管理办法进行补充和完善，更好地形成“群防群治”的良好局面

经过多年的实践探索，目前形成的裁判员管理制度、办法等已经成为日常裁判员管理的重要依据。但要努力适应社会管理向社会治理的转变，必须认真分析目前管理工作的不足之处，引入新的机制和方法。在项目协会实体化的改革过程中，在原有裁判员管理办法的基础上，增加信用评估机制，是提高治理水平，形成“群防群治”良好治理局面的举措之一。

比赛判罚结果评估后，对出现错误或重大失误的裁判员，除根据裁判员管理办法进行相应的处理，还要进行信用评估。确实出现与裁判员等级或实际水平不相符的判罚结果，则降低裁判员的信用等级；严重的，可以直接取消裁判员的工作资格，进而影响裁判员今后的等级和选拔。信用评估将作为裁判员评估的重要组成部分，同时评估结果也将作为各级裁判员遴选的重要依据。

3. 可以成为拳击裁判员从入行到参加重大比赛选拔和惩处的依据

当前我们的裁判员选拔和培养的程序为：地市体育部门推荐裁判员参加省级培训和比赛，获得一级裁判员称号；省（区、市）体育局推荐一级裁判员参加全国培训和比赛，考核合格获得国家级裁判员称号。全国比赛的裁判员选拔，由各省（区、市）进行推荐，经裁判委员会同意、中国拳击协会认可方可参加。程序看似严谨，但作为推荐主体，各级体育主管部门都没有建立十分严格的信用体系。换言之，裁判员从跨入门槛开始，虽有素质要求，但却很难建立信用评价标准和体系。裁判员平时工作学习中缺乏诚信记录的收集，在关键比赛中，就很难保证裁判员对底线的把控。

四、建立拳击裁判员信用评估机制的具体建议

（一）拳击裁判员准入信用的标准及信息采集

1. 国家级、省级、地市级比赛裁判员信用指标的收集与分级管理

（1）信用评价体系标准的组成：地市级比赛评估记录、省市级比赛评估记录、全国比赛评估记录、各级考试评估记录、本单位年度考核情况、受奖惩情况等，这些均可作为裁判员信用评估的标准。

（2）将信用标准纳入裁判员的年度注册信息，并进行认真审核、分级。

（3）每年根据裁判员的工作表现及考核情况，对其信用进行重新评定，实行动态管理。

2. 将诚信记录作为晋升国家级裁判员的重要标准之一

不能完整提供各种诚信标准和记录的裁判员，或经审核诚信记录不符合要求的裁判员，均不得晋升为国家级裁判员。从信用记录良好和综合评估较好的裁判员中选拔并推荐参加国际级裁判员的考核。

3. 明确推荐单位的责任

对于不负责任、推荐无诚信的裁判员的单位，或该单位裁判员在比赛中出现严重错误，导致信用评级达不到要求的，可取消该单位半年、一年甚至四年推荐拳击裁判员参加全国比赛工作的权利。

（二）大力开展诚信宣传和诚信教育

1. 将诚信宣传作为项目管理的重要工作之一，并使之常态化

要弘扬诚信对人的重要性。诚信不仅体现在自己身上，还体现在人与人之间，得到别人的信任，就是在别人心目中有存在的价值；对事业负责，就是对事业的忠诚与坚守。一个人最大的破产是信用的破产，守信得人心，德行天下才能厚德载物。

要把诚信宣传工作纳入裁判员队伍管理工作，在每次裁判员培训工作和比赛工作中落到实处，成为裁判员的必修课之一。

2. 将诚信教育纳入裁判员培训考核和日常管理的组成部分

在大力宣传诚信的基础上，增加诚信教育的考核内容，借鉴好干部的标准，在裁判员选拔过程中，也要体现“德为先”的用人标准。一个裁判员的业务水平再高，如果诚信不过关，也不会被选拔任用。

（三）设立第三方评估机构，定期抽取各级比赛录像进行重新评估

在目前裁判员委员会对裁判员自我管理的前提下，建立第三方专业评估机构，机构人员由国内外专家、国内中立教练员、运动员代表和资深专业媒体记者等组成。其主要职责是：

（1）受中国拳击协会委托，对国内拳击比赛的判罚结果拥有重新评估权；

（2）定期抽取部分年度全国性比赛录像，进行评估审议；

（3）接受部分省（区、市）级比赛的评估审议申请；

（4）评估结束后，对裁判员信用进行定级；

（5）信用定级结果对中国拳击协会负责，并作为中国拳击协会选拔裁判员的重要依据。

第三方评估机构的评估，不改变已经成立的比赛结果。但评估结果对相关裁判员的信用等级产生直接影响，甚至影响裁判员的终身任用。同时，对相关推荐单位，依据评估结果做出相应的处罚。

五、结论

信用评估机制的建立是对原有拳击裁判员培训、选拔、比赛、赛后评估等各项工作制度的丰富和完善。建立第三方独立评估机构、实现独立评估和裁判员信用评级，可以在原有裁判员管理办法的基础上，更加准确客观地评价比赛结果，还原事实真相，最终达到拳击裁判员管理向综合治理的转变，打造共建、共治、共享的社会治理格局。为行业管理部门（尤其是项目协会实体化后）更好地维护拳击竞赛环境，搭建公平、公正的竞赛平台，为拳击项目更好地发展提供思路和借鉴。

关于做好新时代离退休人员服务工作的若干问题

——以冬季运动管理中心为例

国家体育总局冬季运动管理中心　宋爱军

摘要：国家体育总局冬季运动管理中心离退休人员是中国冬季运动发展的贡献者和奠基人，是中国冰雪事业发展的功臣，也是中国体育事业的宝贵财富，是维护改革、发展、稳定大局的重要因素，因此如何更好地做好新时代离退休人员的服务工作，使老同志能发挥余热，安度晚年，有更多的获得感、满足感，是需要高度关注的课题。

关键词：离退休人员；服务

党的十九大对新时代我国社会主要矛盾的阐述，具有鲜明的时代特征。经过40余年的改革开放，我国已成为世界第二大经济体，在许多方面都已进入了世界前列，离退休人员的生活水平在这样一个背景下也有了较大幅度的提升，基本需求得到了有效保障。国家体育总局冬季运动管理中心（以下简称“冬运中心”）离退休人员近几年逐步增多，服务需求也由原来的组织出游活动、过节慰问等简单需求，转化为追求更个性化的物质生活需求和精神生活需求，满足老同志们对美好生活的新需求成为我们服务离退休人员的全新课题。

一、我国离退休人员社会老龄化状况

人口老龄化问题是世界各国都会面临的问题，随着这一问题的日益严重，许多国家都开始探讨其解决途径。作为当今世界人口最多，也是最早进入并迅速走向老龄化严重阶段的发展中国家，中国的人口老龄化具有速度快、达到水平高及地区分布极不均衡等特点，与发达国家“先富后老”比较，我国形成“未富先老”的态势，因而老龄化对经济发展的制约就格外引人瞩目。中国人口老龄化问题有历史和制度的原因，关系着社会生产和经济的发展，更关乎社会稳定大局。

根据国家统计局发布的数据，2016年我国60周岁及以上人口共23 086万人，占总人口的16.70%。其中，65周岁及以上人口15 003万人，占总人口的10.80%。

由图1可知，从2012年到2016年，老年人口从1.94亿人增长到约2.31亿人，而老年人口占总人口的比重也从14.30%增长到16.70%，增长速度较快。

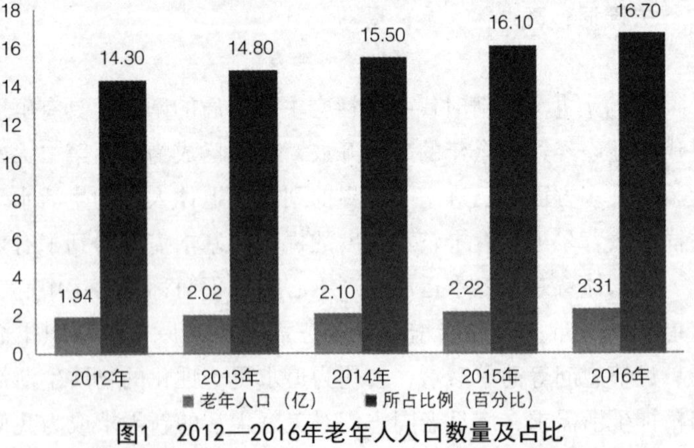

图1　2012—2016年老年人人口数量及占比

二、目前冬运中心离退休人员情况和存在问题

（一）冬运中心离退休人员情况

冬运中心现有离退休人员297人，分别为：离休干部6人，退休干部110人，退休工勤人员181人。其中90岁以上2人，80~90岁22人，70~79岁63人，60~69岁159人，50~59岁51人；离退休党员133人。离退休人员大部分居住分散，距离冬运中心远近不一，居住地分布在北京11个区。

（二）离退休人员服务存在问题

1. 离退休党支部对党建工作重视不够、机制不健全等原因导致部分离退休党员党性观念淡薄，大局意识差

首先是受部门成立晚且不是冬运中心主流业务部门等因素的影响，忽视了离退休党支部、党组织建设，对离退休党支部党建工作的重要性认识不够，服务上仅仅满足于带领老同志出去“转一转、看一看”“玩一玩、乐一乐”，组织一些简单的文体活动等。没有真正把离退休党建工作列入重要议事日程，发挥不出离退休党支部战斗堡垒作用，造成部分老党员组织生活不健全，党性观念逐渐淡薄。其次是部分离退休党员在离开原工作岗位后，产生了“退休万事休”的思想，放松了自身的政治学习、党性修养和思想改造，看待问题和处理问题不再从大局出发、从党的利益出发，而是仅从个人利益出发，如有的老同志在补交党费等问题上甚至有不满情绪。

2. 服务难度增大，信息收集、更新困难，时效性差

由于住房制度改革，离退休人员由集中居住在单位宿舍小区向分散居住大幅度转变，也给离退休人员服务工作带来较大难度。更新、收集离退休人员信息，基本靠离退休人员或者其家属

主动告知，导致离退休人员信息更新困难、不及时。全冬运中心离退休人员297人，不仅居住分散，且年龄跨度大，工作年代、工作岗位、工作环境各不相同，原职务级别也有差异，他们对问题的看法也存在很大不同，各方面的需求也会有所不同，有想出游的，有想参加体育运动的，有想在家不出门活动的，有想参加社会公益的，有想参加组织生活的……各种需求，众口难调，为他们提供服务的难度不断增大。

3. 服务不到位、活动不丰富、工作创新不够

受离退休人员多、工作人员少、工作人员时间精力有限等因素的影响，存在着工作开展不到位、不深入，工作不及时等问题，有些活动想做，但由于人少、力不从心、担心出现问题等无法做，致使一些离退休人员产生失落感。离退休人员已进入老年，身体状况各异，普遍存在社会活动圈子缩小、生活单一枯燥的现象，他们很希望能有丰富多彩的活动，并在活动中陶冶情趣，充实和填补由退休带来的情感真空。总之，由于各种因素，他们的愿望容易被忽视，时间一久思想上产生孤独感，更容易与单位和组织关系渐行渐远。

三、做好离退休人员服务工作的对策和建议

（一）加强党建工作，充分发挥离退休党支部战斗堡垒作用

以点带面，通过开展深入细致的思想政治工作，正确引导离退休人员认识和理解社会发展给离退休群体带来的变化，理顺他们的思想情绪，解开他们的思想疙瘩，这是新时代赋予离退休服务工作的新要求。

1. 加强政治思想工作，逐步提高离退休人员素质

在新的历史时期，要使离退休人员的思想适应新时代、新形势的要求，就需要有计划地组织他们进行学习，不断更新知识。根据冬运中心离退休人员居住分散、文化水平不同等特点和实际情况，采取灵活多样的方法和形式。首先，充分发挥离退休党支部的作用；其次，充分发挥老干部活动室的作用，举办学习辅导班、读书班、政治理论讲座、谈心活动，活跃离退休人员的政治文化生活。

在新时代发展中国特色社会主义的伟大事业中，要使离退休党员干部不忘初心，做到“政治坚定，思想常新，理想永存”，就要坚持教育和引导他们不断提高政治理论水平，组织他们学习马列主义，掌握新时代中国特色社会主义思想的精神实质和科学内涵，使离退休党员站在理论高度去观察分析各种社会现象和复杂问题，提高辨别是非的能力，在思想上、政治上同党中央保持一致，自觉抵制异端学说的侵蚀，保持健康向上、乐观进取的精神状态。

加强对离退休党员干部的思想政治工作，使他们在精神上、生活情趣上、品性修养上得到提高，能够正确对待得失和个人与组织的关系，自觉做到与党同心，为国分忧，为和谐稳定做贡献。

2. 不断加强离退休党支部建设，充分发挥离退休党支部战斗堡垒作用

离退休党支部是党联系离退休党员干部的桥梁和纽带，是贯彻落实党的路线方针政策的组织基础和战斗堡垒。加强离退休党支部建设，对稳定离退休人员队伍，维护改革、发展、稳定的大局，保证各项工作任务的完成，能起到重要作用。在改革和发展市场经济面前，在发展中国特色社会主义面前，离退休党员干部

都需要再学习、再提高，需要继续加强党性修养，加强理想信念的教育。

老同志从工作岗位上退下来，社会、工作、生活环境都发生了很大变化，政治活动明显减少，生活圈子在缩小，他们向往集体活动和社会交往，所以要充分发挥离退休党支部在交流思想、互相关心、互相帮助方面的作用，使老同志退休不退党。同时针对老同志的不同特点，建立健全离退休党支部的组织生活会制度、政治学习制度和民主生活制度，为离退休党员开展自我学习、自我教育、自我提高提供良好环境。开展一些有益活动，活跃老同志的政治生活，增强党员凝聚力，并带动离退休群众。

3. 全面落实两项待遇，强化在生活上、政治上关心离退休人员的意识

离退休人员服务部门全面落实老干部政治、生活待遇。要真情关心老干部、真心理解老干部、真诚帮助老干部，多为老干部做好事、办实事、解难事，尤其要为在高龄、高发病的“双高期”生活上有特殊困难的老同志解决燃眉之急，努力让他们过一个幸福、有尊严的晚年，是每一个从业人员应该谨记的原则。

要增强服务意识，服务不仅包括生活上的关心照顾，更包括政治上的关心爱护。目前，已有很多离退休人员进入了“双高期”，需要对他们多加关心、爱护和帮助。要结合工作实际，坚持求真务实，深入调查研究，切实了解和掌握离退休人员工作的实际情况，及时向上级部门反映情况、汇报工作、提出建议，及时解决离退休人员工作中的重要问题。要坚持一切从实际出发，促进离退休人员“两项待遇”的落实。牢固树立为离退休人员服务的观念，不断强化对离退休人员的感情意识，满腔热情地为离退休人员服务。

（二）整合社会资源，大胆尝试“走出去、请进来”的模式，不断创新工作方式方法

以老干部活动室为依托，组织离退休人员开展丰富多彩的活动。活动室要由离退休服务人员和离退休人员共同管理，发挥作用，凝聚老同志，努力把它办成离退休人员学习、娱乐、议事、活动为一体的离退休人员之家。积极组织离退休人员组建各种爱好小组开展各种活动，比如钓鱼小组、太极拳小组、书法绘画小组、徒步小组、棋牌小组、健身舞蹈小组等，形成人人有组织、人人有爱好的良好环境。

随着离退休人员人数的不断增长，需要联系沟通不同居住地的社区委员会、居委会、街道办事处等社会资源，逐步形成“就近学习、就近活动、就近发挥作用、就近得到关心照顾”的社区服务离退休人员服务工作，解决居住分布广、不宜组织活动等问题，促使因活动场所分布不均衡与大量分散居住的离退休人员日益增长的物质文化需求之间的矛盾能够得到效缓解。

（三）在离退休人员服务工作中加强信息技术的推广

利用网络，优化离退休人员服务体系。随着离退休人员不断增多，单纯依靠过去的手工操作管理模式已经不能满足离退休人员服务工作的新要求。因此，需要建立离退休人员信息化网络，更快捷、方便、切实地为离退休人员提供服务。离退休人员信息化网络系统主要应包括以下几项内容：离退休人员的基本信息、离退休党员信息、离退休干部信息、离退休管理机构信息、离退休人员活动开展及健康状况等数据。

通过培训，丰富离退休人员精神生活。职工离退休以后，往往社会交流比较少，很少参加集体活动，时常会产生空虚感、孤

独感和失落感，通过计算机网络、手机微信可以为离退休人员提供丰富多样的精神生活。离退休人员管理部门可以为离退休人员开设计算机网络课程，对离退休人员进行计算机和网络基本操作知识的集中培训，使他们掌握计算机基本操作技能，引导他们通过计算机网络、手机微信等介质，开展各种各样的活动，如通过网络与儿孙、老朋友及老同事进行视频聊天等，丰富他们的精神生活。

单位离退休人员服务部门可以建立离退休人员工作网站，离退休人员论坛和QQ群、微信群等交流平台，通过网站、手机自媒体加强对各项政策信息的宣传，使离退休人员及时、快速、方便地了解到单位的信息及动态。离退休人员论坛和QQ群、微信群等交流平台，使他们足不出户就能参与单位事业发展的讨论，为事业发展献计献策，让他们感觉自己退而不休，有存在感，仍是单位的一分子。还可以对离退休人员开放远程教育培训系统、手机自媒体，为离退休人员提供一个汇集多种优秀信息资源的数据库，让离退休人员能够根据自身的情况和兴趣自行学习。

（四）不断加强管理，构建“以人为本”的服务体系。

离退休人员已经进入老年阶段，行动有所不便，在离退休人员服务管理中实行信息化管理，可以将离退休人员的信息数据化，为离退休人员提供更大便利。通过使用计算机网络技术、手机微信自媒体技术，离退休服务人员可以及时地了解离退休人员的生活、健康动态，从而可以根据他们的情况提升服务质量。如发现离退休人员存在某些困难或者问题时，可以更积极、及时、快速地为他们提供服务。

党的十九大报告指出，中国特色社会主义已经进入新时代，我国社会主要矛盾也已经转化为人民日益增长的美好生活需要和不平衡不充分的发展之间的矛盾。这一新矛盾的提出蕴含着解决目标的途径，为我们的工作指明了方向，明确了重点。目前，中国已经进入了老龄社会，新时代的离退休管理服务工作是一项复杂的工作，政策性强、涉及面广。离退休管理服务工作，关系着党和人民群众的关系，关系到国家经济发展和社会稳定大局。做好离退休人员服务工作，不仅是广大离退休人员的迫切要求，也是新时代赋予广大离退休服务工作者的光荣使命。

参考文献

[1] 张力，车畅.浅析如何完善离退休人员基础信息数据，提升离退休管理工作[J].中国科技博览，2016（2）：321.

[2] 黄毅，佟晓光.中国人口老龄化现状分析[J].中国老年学杂志，2012，32（21）：4853-4855.

加强科研院所货币资金管理研究

国家体育总局体育科学研究所　赵春燕

摘要：货币资金具有流动性强、不记名、不挂失的特点，属于风险性很高的资产。科研院所作为货币资金收支较为频繁的单位，应加强其内部控制管理，否则不仅会影响科研院所正常的运营，还会使国有资产无端遭受损失，甚至发生违纪违法行为。因此，加强科研院所货币资金管理工作至关重要。本文从科研院所货币资金管理存在的问题入手，探究产生问题的原因，并提出解决建议。

关键词：科研院所；货币资金；管理；问题

货币资金在法人实体中运行，相当于人体的血脉，贯穿全局、深入末梢、提供能量。它流动性强、涉及面广、必不可缺、脆弱而易受攻击。作为公益性、以财政资金为主、从事科学研究的科研院所，其货币资金使用较为频繁，如果其管理出现诸如资金使用不当，资金丢失、挪用、滥用、贪污及侵占等问题，不仅会影响科研院所的正常运营，还关乎国有资产的安全。因而，科研院所在其日常运营管理过程中，必须加强货币内部控制，及时发现货币资金存在的问题并加以解决，从而提高货币资金的使用效率，进而促进其实现战略目标。

一、科研院所货币资金管理的重要意义

（一）党和国家对于加强管理、拒腐防变、从严治党的要求

党的十八大以来，党和国家非常重视党建工作，反复强调把权力关进制度的笼子里，在全党形成不敢腐、不能腐、不想腐的长效机制。

1. 党的十八大报告要求

2012年，党的十八大报告中明确指出，新形势下，党面临的执政考验是长期的、复杂的、严峻的，精神懈怠危险、能力不足危险、脱离群众危险、消极腐败危险更加尖锐地摆在全党面前。不断提高党的领导水平和执政水平、提高拒腐防变和抵御风险的能力，是党巩固执政地位、实现执政使命必须做好的重大课题。反腐倡廉必须常抓不懈，拒腐防变必须警钟长鸣。加强执政党的建设，才能保障国家长治久安。而仅仅制定政策法规制度，在执行层面上往往缺乏强制性，因此梳理业务流程，加强内控管理，成为当务之急。

2. 党的十八届四中全会要求

2014年，党的十八届四中全会明确提出，对财政资金分配使用、国有资产监管、政府投资、政府采购、公共资源转让、公共工程建设等权力集中的部门和岗位实行分事行权、分岗设权、分级授权，定期轮岗，强化内部流程控制。财政部也陆续下发《行政事业单位内部控制规范（试行）》《关于全面推进行政事业单位内部控制建设的指导意见》等文件，要求行政事业单位建立内部控制管理体系。因此，科研单位必须加强内部自身管理，制定行之有效的、符合单位实际情况的内控制度，以此加强廉政风险防控机制的建设，保证财务收支的真实、合法、效益，维护国有

资产的安全。

3. 党的十八届六中全会要求

党的十八届六中全会提出，建设廉洁政治，坚决反对腐败，是加强和规范党内政治生活的重要任务。必须筑牢拒腐防变的思想防线和制度防线，着力构建不敢腐、不能腐、不想腐的体制机制。廉洁从政，需要从管理机制上做文章。好的内控制度，能让坏人不做坏事；差的内控制度，能让好人做坏事。因此，科研单位要重视资金管理，在流程再造上下功夫，制度设计严谨高效，对腐败的监督要坚持无禁区、全覆盖、零容忍，绝不允许有腐败分子的藏身之地。

（二）货币资金在财务管理中的重要性

（1）科研院所的货币资金一部分来源于财政拨款，一部分出自课题经费，可以说在很大程度上是纳税人的钱，理应受纳税人的监督。因此，管好、用好财政性资金是科研院所义不容辞的责任和义务。

（2）货币资金流动性强，隐蔽性高，监管难度大，对经办人员的诱惑也是赤裸裸的，因此容易出现漏洞和徇私舞弊等问题。保障资金安全完整、规范有效地使用，建立健全货币资金的内部控制制度至关重要。

（3）资金活动影响单位运作管理的全过程。科研院所的资金活动与运营管理过程息息相关，科学研究、日常运转均依赖资金的支持。任何一笔业务，任何一项工作，没有资金的支持将无以为继。如果资金链出现缺口或者流动性发生问题，单位将“供血”不足，面临生死考验，由此可知资金流转的重要性。管理好资金，是让单位血脉通达、能量充足的首要保证。

二、科研院所在货币资金管理中存在的问题

货币资金包括库存现金、银行存款、其他货币资金三个方面。由于科研院所属于事业单位性质，其货币资金业务以库存现金及银行存款为主。因此，本文从库存现金及银行存款两个方面来分析货币资金收支管理中存在的问题。

（一）库存现金方面存在的问题

（1）收费不打印票据，造成账外账、小金库现象屡禁不止。科研院所视业务不同，会有各种收费项目，如举办会议培训、出售书籍讲义、科技合作研发、科研成果转化等均会带来收入。如果收取的是现金，且不开具正规票据，则很容易形成账外账、小金库，成为单位的一个隐秘收入来源。这就为个别人、个别部门欺上瞒下、私设小金库、挥霍公款大开方便之门，给贪污腐败的不法分子留下可乘之机。

（2）少列收款、多列支出。出纳人员、收款人员在汇总现金收款时，有意将收款合计金额变小，或是有意多列支出，用虚假发票冲账，人为造成现金的溢余，从而中饱私囊，造成管理上的盲区。

（3）现金不送存银行，私自支配。出纳未按照银行库存现金余额的规定将每日现金余额存入银行，而是别有用心地存放在自己的保险柜里，积沙成塔。没有会计或财务主管的有效监督，出纳可以私自动用库存现金以供个人之需。如萍乡市安源区检察院查处的一起挪用公款案，李建军在萍乡市卫生学校总务处任校产管理员兼财务助理期间，利用收取学校各项学费的便利，挪用公款20万元用于认购基金牟取私利。

（4）以不合理发票列支报销。单位职工以虚假发票报销，

套取现金，或者以虚假合同、虚假事由借领现金，把公款据为己有，满足一己私利。例如，某单位科研人员虚开了几十张飞机票行程单，以出差为名到财务处报销，套取现金数万元，而本人实则一直在当地，根本就没有去过外地。

（5）随着时代发展、科技创新，计算机在财务工作中得到普及。计算机与旧式的财务记账簿不同，在账簿上改账会留下痕迹，而在计算机上修改凭证则不会留下痕迹，于是会计电算化给会计信息的真实性和安全性带来威胁，对财务信息档案的保管和涉密提出挑战。新技术的运用给会计人员徇私舞弊提供了机会。

（二）银行存款方面的问题

（1）私自提现，私开支票套取财物。财务人员利用掌管支票及相关银行印鉴的机会，私自到开户银行提取现金，或者通过私自开具转账支票给相关单位，套取财物，窃为己有，如出纳在月初办理大额提现业务，满足一己私利，到月末现金盘点时再将现金补齐。如果监管不力，这样的问题就很容易发生且不易被察觉。

（2）涂改、伪造银行对账单。在我国目前金融体系较为发达的时代，开户银行的对账单可以非常清晰且客观地反映科研院所的日常收支业务。而一些科研院所的出纳或是会计人员为了掩盖其侵占货币资金的不法行为，涂改或伪造银行对账单，以达到混淆视听、掩人耳目的目的。

（3）财务人员利用职权擅自签发支票、汇票等票据转款给其他单位，导致本单位资金被其他单位非法使用，从而为不法分子牟取私利。 例如，2015年应聘到南昌市一家国有建筑公司的会计，利用职务之便将公款打入自己注册的公司账户，共侵占资金104万余元。

（4）财务人员可以利用单位印章开设其他账户，编造理由让付款方将钱款打入自己私设的账户，然后在查账或者月末对账时再将资金转入单位公账，以赚取存款利息，甚至挪用资金。例如，2009年宜新石材公司高岭土经营部出纳江某利用职务之便，通过系统漏洞使多笔收款变成一笔收款，转入个人户头，侵吞、骗取单位公款126万元，具有较高的隐蔽性。

三、科研院所货币资金问题存在的原因

由于科研院所属于学术性、技术性要求较高的专业单位，其日常工作中更多关注的是科研攻关、学术成果等，往往忽视货币资金的内部控制，使得少数科研院所的货币资金管理财务风险频发。货币资金内部控制问题看似是小事，如果处理不得当，则会因小失大。

（一）管理意识淡薄

单位高层领导对财务风险管理的重视程度直接决定了单位货币资金的管理水平。火车跑得快，必须车头带，一个单位的发展，取决于领导的态度和决定。领导不重视，工作就得不到人力、财力、物力的支持，也得不到各部门的联动配合。没有投入何谈产出，没有建设何谈成效，没有领导的重视与部署，财务管理就难以得到加强，那么财务产生风险漏洞的概率也会大大增加。

（二）管理存在瑕疵

从现实来看，部分科研院所为了应对货币资金内部控制中存在的问题，也建立了一些内部控制制度，但制度的相关内容不能与现代科研院所业务的发展及外部客观环境的变化相适应。同时，有些科研院所虽然也建立健全了相关内部控制制度，但没有

与之配套的实施措施；或是制度措施健全了，执行起来却大相径庭，使得货币资金内部控制制度成为一纸空文，给科研院所的货币资金管理工作带来很大障碍。

（三）岗位设置不合理

一些科研院所出于对人力成本的考虑，对本单位财务部门的岗位设置非常精简，只设置会计和出纳两个岗位，甚至出纳都由其他人员兼职，忽视了不相容岗位相分离的原则。会计人员一般会忙于财务部门的日常事务，有时还要处理领导交办的其他临时性事务，从而疏于对出纳岗位的监管，形成出纳人员负责收款、现金缴存银行、支票的开具、银行印鉴管理及定期同银行对账等全套的货币资金业务。在缺乏分工和监管的环境下，没有职业道德的财务人员就会被金钱所诱惑，钻管理的漏洞，乘可乘之机。

（四）人为因素导致

科学管理是人的管理，而人是管理成败的核心。单位的一切业务都是由人来完成的，而人不是机器，不会绝对服从。每个人因为年龄、学历、经历的不同，会具备自己的思想、认识、判断力，甚至在不同的时间、地点、环境下，同一个人也会有不同的判断，导致不同的结果，而这些情况往往灵活多变，无法预知。另外，人的主观因素也可能导致决策的失误，如理解力差、经验不足、粗心大意、生病、情绪低落等。更为普遍的是，一些领导重业务、轻管理，缺乏科学的管理理念和专业知识，认为增加财务人力会占用单位编制，搞内控是复杂了办事流程，因此轻视内控、忽视管理，从而导致了内部控制失败。

（五）监督机制不完善

在货币资金管理过程中，仅靠提高内部控制意识、健全内部控制制度是远远不够的，还需要建立起完善的监督机制。然而，一些科研院所出于人力资源成本的考虑，有意无意地压缩了内部审计、纪检监察等机构的编制，造成监督机构要么势单力薄，要么职责由其他岗位兼任，使得监督机构形同虚设。同时，监督部门在进行内部审计及监察时，仅局限于对会计账簿的审核，而对于党建工作、人力资源调配、关联企业交易、控制流程设计等都难有实质性的深入审核，使得科研院所货币资金的内部控制管理得不到有效监督。

四、解决货币资金存在问题的建议

针对科研院所货币资金管理中遇到的诸多问题，就如何使货币资金控制良好、运行稳定，本文提出以下建议。

（一）从人为因素着手

人是事业发展的根本，是工作的原动力。孙中山曾说过，“治国经邦，人才为急。”为了科研院所内部货币资金的良好控制，必须关注人的因素。

1. 完善人员录用、选拔机制

科研院所招聘员工，考虑专业技能的同时，应该加倍关注人品和职业道德。财务岗位直接与钱打交道，如果一个人的人品有问题，容易被金钱诱惑，那么在管理疏漏有机可乘时，这种人就会为了利益铤而走险。正如马克思所说，如果有100%的利润，资本家们会铤而走险；如果有200%的利润，资本家们会藐视法律；如果有300%的利润，那么资本家们便会践踏世间的一切。录用这种人，对单位来说，就像埋了定时炸弹，早晚会引爆。所以科研院所应该严格把关财务部门的人员录用与提拔，选用德才兼备、具备良好职业道德的人员从事风险岗位，为单位的健康发展打好基础。

2. 建立有效的奖惩机制

有效的激励政策会使科研院所员工增加对单位的认同感和归属感，有助于吸引人才，留住人才，保证关键岗位的稳定性。目前，大多数单位采用的是物质激励手段，以奖金和实物奖励为主。但是随着人们生活水平的逐步提高，物质需求已基本得到满足。因此，按照马斯洛的需求层次理论，人们在满足物质欲望后，更关注心理需求，即尊重和自我实现。相对于更高的薪酬，工作得到认可，获得荣誉、名誉，提升学术地位，会有效地激励科研工作者的积极性。因此，精神激励和物质激励相结合的办法，可以获得更好的效果。如给杰出贡献人员奖励假期或者旅游、颁发荣誉证书、提供配套优惠政策等。与此相反，单位也要建立相应的惩罚措施，对不良行为进行惩罚。奖惩分明，才能奖勤罚懒。

3. 加强人员培训教育

在货币资金管理方面，工作人员的业务技能和道德操守同样重要，缺一不可。因此，完善的培训体制必不可少。人员教育培训应包括两部分：品格培训是为了提高工作人员的道德品质，提升职业素养，唤起财务人员高度的责任感、使命感和自律意识，拒腐蚀永不沾，淡定面对金钱的诱惑；技能培训使工作人员能够对内部货币资金控制了然于心，熟练掌握，避免出现因不懂规章制度、粗心大意而造成的内部控制失败的情况。

（二）从具体业务入手

科研院所除了加强人的管理，还应对各种业务流程进行控制。这样双管齐下、管控结合、各司其职，科研院所的运行才能更加稳健，达到事半功倍的效果。

1. 加大对资金使用中的流程管理，减少闲置资金

科研院所内部资金存在于预算、拨款、资金支付、绩效评价的各个环节，具体表现为现金、银行存款、票据、存货等形式。科研院所要对各种形式的资金进行严格管控，确保能够充分利用各种资金，调动闲置资金，保持稳健且高效的资金链，及时发现资金使用问题并加以改正。

2. 明确职责分工，不相容的岗位要分离

科研院所内部资金控制失效，有一个风险度高却不易察觉的原因是内部串通舞弊，包括财务部门内部人员串通舞弊，财务部门与其他部门的工作人员串通舞弊，或者领导授意或伙同财务人员舞弊。例如，2010年上饶市师范学院出纳夏晓英等三名财务人员，因沉迷“六合彩”，铤而走险打起了公款的主意。三人集体挪用公款600余万元购买“六合彩”，最终全部输光，受到法律的制裁。鉴于串通舞弊的发生，科研院所应健全岗位责任制度和管理规章制度，确保不相容岗位相分离，彼此制约。如管理票据的人不应该持有印章，管理支票的人不能承担银行对账，管理现金的人不得保管财务凭证等。坚决制止财务部门人员混乱、职责不清、一人身兼数职或大权独揽的情况出现。

3. 加强资金使用的审批控制流程

制度的刚性约束力需要流程来保障执行。制度对应岗位，而流程负责运行，即制度管人，流程管事。科研院所内部审批想达到预期的效果，就要加强内部资金使用的流程管理，用固化的流程将制度落实到位。资金流动过程完善、相关审批手续健全，尤其是资金支付时，更要履行必要的签字手续，提供充足的报销依据。同时资金付出后还应关注使用情况，进行绩效评价。总之，资金运转的全过程都应在朗朗乾坤之下，让货币在阳光下运行。

4. 加强印章和票据的保管

印章和票据相伴，就等于隐性的货币。如果某人可以随意动用印章和票据，那就意味着这个人可以随意调用整个单位的资金，且手段的隐蔽性高，不易被察觉。所以印章和票据也应视同资金管理。其一是票据和印章必须分别存放，出具支票和盖章，需经双人负责；其二是要确保印章和票据的保管环境，设置防盗门、防盗窗、监控设施、报警系统等，以防被盗。

5. 实施定期轮岗制度

定期轮岗，应该成为常态化的制度。这样不仅能够遏制专权独揽，还可以起到工作人员业务全面提升、互相体谅、设身处地为他人着想、推进团队建设的效果，形成协调配合并相互制约的工作态势。在风险高、诱惑大的财务部门，为了堵塞漏洞、预防舞弊，科研院所应制定定期轮岗、强制休假的制度，从而保护员工，也保障科研事业平稳运行。

6. 加强纪检审计监督

纪检监察和内外部审计是单位内部控制监督的重要组成部分。党的十八大报告中也指出，健全纪检监察体制，完善派驻机构统一管理，更好地发挥巡视制度监督作用。审计，尤其是外部审计，对科研院所具有独特的疗效，第三方的判断更加客观和独立，且权威性较高，能够帮助科研院所发现“病症”，对症下药，解决问题。

综上所述，科研院所在对内部货币资金进行管理时，应找准症结，采取低成本、高效率的方式进行合理控制。不可否认，随着经济的发展和改革的深入，科研院所可能会出现一些新情况、新问题，这就要求管理人员不断对内部控制进行评价，优化流程，指出设计缺陷和执行障碍，不断予以完善。总之，应加强学习，深入思考，积极研究，持续改进，科研院所要努力寻找最有利于本单位发展的货币资金管理之路。

五、总结

科研院所作为社会上的一个特殊组织，既要担负起公益性的重任，又要顾全自身经济效益的增长，这些都需要有坚强的货币资金流作为后盾。因此，科研院所在货币资金的管理上，应该投入精力，未雨绸缪，发现风险点，采取相应的解决对策，从而保障货币资金稳健有序地运行。

参考文献

[1] 苏丹. 我国企业内部货币资金控制存在的问题与解决思路[J]. 管理工程师，2016，21（4）：25–28.
[2] 张沛. 事业单位财务管理中的内部控制研究[J].财会学习，2017（10）：16–17.
[3] 肖惠敏. 事业单位货币资金内部控制探讨[J].甘肃科技，2016，32（15）：77–78.
[4] 白雪迪，张庆龙. 行政事业单位内部控制规范、问题与建议[J].中国内部审计，2013（8）：20–24.

秦皇岛训练基地纪检监察工作研究

国家体育总局秦皇岛训练基地　王建莹

摘要：党的十八大召开以来，中央在党风廉政建设工作中逐步形成了党委负主体责任、纪委负监督责任的格局。中央提出纪检监察工作实现“三转”，即“转职能、转方式、转作风”的要求。因此，体育领域内基层单位的纪检监察工作人员，应认真贯彻和落实中央党风廉政建设和反腐败精神，持续深化“三转”，结合工作实际，不断总结经验，明确职责定位，聚集中心任务，强化监督执纪问责，将责任落实到位。党的十八大后，纪检监察体制改革，在监督对象、监督领域、监督方式等方面都实行了新举措。在反腐新常态下，基层纪检监察工作需要摸索适合本单位实际的纪检监察工作模式。

关键词：体育基地；纪检监察；基层反腐

党的十八大以来，以习近平同志为核心的党中央，从坚持和发展中国特色社会主义的全局出发，作出“四个全面”战略布局，并围绕全面从严治党，提出党风廉政建设和反腐败斗争的一系列新思想、新观点、新精神和新要求。党风廉政建设工作逐步形成了党委负主体责任、纪委负监督责任的格局。

国家体育总局秦皇岛训练基地（以下简称“基地”）认真学习贯彻习近平总书记系列重要讲话精神，落实党的十八大、十八届历次全会精神及国家体育总局的各项决策部署，把深入推进反腐倡廉建设、落实全面从严治党的要求当作重大政治责任、政治任务来抓。践行全面从严治党新要求，严明纪律和规矩，坚定不移反腐败，努力在基地营造风清气正的发展氛围。

基地的纪检监察工作，在党委的正确领导下，坚持标本兼治、综合治理、惩防并举、注重预防的方针，坚持关口前移，紧紧抓住重要环节、重点岗位易发生腐败的节点，不断加大宣传教育和监督检查力度，为单位的发展保驾护航。

也应看到，基地纪检监察工作依然面临严峻的复杂形势。一是在中央重拳反腐形势下，各领域腐败蔓延的势头以压倒性态势得到有效遏制，“不敢腐”的目标已经初步实现；“不想腐”的堤坝尚在构筑，“不能腐”的体制机制正在构建，腐败问题和腐败现象仍然不同程度地存在，基层纪检监察工作面临考验。二是体育领域加大反腐惩治力度，致力于体制机制改革，但滋生腐败的土壤尚未铲除，体育系统内部违纪、违法行为仍然多发，这在一定程度上容易与基层单位产生“空气融合”和辐射作用。

从根本上解决问题，贯彻落实好党中央、国务院的决策部署，关键是要从源头上、系统上、制度上建立在新形势下适合本单位的科学有效的防治腐败机制。

一、基地纪检监察工作现状

（一）历史发展概况

始建于1973年的基地（中国足球学校），是国家体育总局（以下简称“总局”）在京外的直属事业单位，是专门为国家队等驻训队伍提供训练、运动康复、文化教育和后勤保障服务的综合性训练基地，现有在职职工123人。基地的纪检监察工作，2004年以前，一直由纪委委员兼职；2004年，基地出于事业发展需要，在中层领导干部岗位设置专职纪检监察员，负责单位内部纪检监察和审计工作，与政工部合署办公；2007年，基地机构调整后，专职纪检监察员与办公室合署办公；2011年，基地成立党委办公室，专职纪检监察员职能并入党委办公室，保持至今。

（二）专职纪检监察工作定位

多年来，基地一直保持风清气正的政治生态环境，内部运行管理规范，没有发生过党员领导干部违规违纪案件。基地的纪检监察管理机制是纪检监察和审计合署办公，在日常工作中，既突出纪律检查和行政监察职能，又做好以审计为抓手的经济监督检查。基地纪检监察始终把反腐倡廉建设作为工作重点来抓，不断强化和创新自身内部监督和预防腐败机制。

（三）纪检监察工作开展情况

围绕基地中心开展工作，主要业务内容有宣传教育工作、日常监督检查工作、专项审计工作。

1. 宣传教育工作

抓住反腐倡廉这个工作重点，本着教育为先、警示在前的原则，采取一系列宣传教育措施，坚持日常教育和关键节点教育相结合，利用基地办公平台、大屏幕等媒介手段，组织集体学习，将工作面拓宽到支部，对干部职工进行廉政风险警示提醒，及时了解中央反腐动向；在此基础上，重点加大对中层领导干部的警示提醒工作，在中层领导干部范围内，有选择地学习反腐教育典型案例。通过不间断的宣传教育、反复强化，使干部职工的廉洁自律意识入脑入心，促使每一位领导干部廉洁自律的底线得到强化。

2. 日常监督检查工作

纪监审工作，行使基地内部纪检监察审计职责，是基地内控管理机制的重要组成部分。工作中，以国家相关政策、法律法规为出发点和落脚点，对基地的热点、重点工作进行跟踪和关注，及时发现和纠正不符合国家法律法规及基地规章制度的现象，查漏补缺，促进基地依法依规行政，筑牢风险防线。党的十八大召开以后，中央的反腐力度空前，手段升级，基地认真贯彻落实中央精神，不断加大力度，使反腐倡廉建设达到新高度。作为反腐建设机制中的重要角色，纪监审工作在基地整体运行中覆盖了对包括人事纪律、财务管理、基建维修、物资采购、对外开放等职能的监督检查。其中，对基建维修、物资采购等涉及“三重一大”事项的监督检查更是占了日常工作的较大比重，全过程跟踪审计了新建和维修改造等工程建设项目，包括新建田径场看台项目、新建技巧滑雪夏训场地项目、新建网球馆项目、新建运动员公寓项目、运动员公寓平改坡改造项目、办公楼维修改造项目等，以及每年大大小小的零星维修改造项目。遵照国家相关法律法规和规范，对基建维修、物资采购、财务管理、人事管理、对外接待等业务文件进行审核，文件审核量平均每年不少于400份，审核过程中严格把关，及时提出合理化意见和建议，为基地规范、合理、科学高效地运营起到保驾护航的作用。

3. 专项审计工作

切实履行日常监督检查工作的同时，2012年，基地实施了内控制度，执行专项审计，实现了纪监审工作模式的新突破。以审计为手段，把专项审计作为突破口，认真查找经济运行中出现的疏漏错弊，提出审计建议及整改意见。2013年到2016年，又先后实施了物资管理专项检查、赞助物资专项审计以及零星维修资金使用情况专项审计。通过专项审计，促进基地加大了在费用报销、物资采购及管理、车辆管理、赛事酬金等多方面的管理力度，促使单位出台《物资管理暂行办法》《竞赛接待管理办法》等多项规章制度，重新修订了《财务支出管理办法》《采购管理办法》等已有制度。专项审计对基地的廉政风险防控建设起到了良好的助推作用，并取得了切实的成效。

二、基地纪检监察工作存在的问题及难点

（一）管理体制对单位开展纪检监察工作的影响

1. 目前基地党组织与秦皇岛市和国家体育总局的关系

与秦皇岛市的关系：基地党组织为属地管理，管理部门为秦皇岛市直属机关工委、市直属机关纪工委，对基地党委在发展党员、部分退休党员的党组织管理、布置和检查各类主题活动、党建工作开展情况的指导和监督检查、党费收缴等方面业务进行管理。

与总局的关系：基地是总局直属京外事业单位，贯彻与执行总局党组在党建工作上布置的各项工作任务；贯彻与落实总局党组、直属机关党委以及中纪委驻总局纪检组、直属机关纪委布置的各项主题活动；人、财、物管辖权在总局；接受总局的业务培训与指导；参加总局党组组织与召集的各项会议，参加总局直属机关党委、直属机关纪委的部分工作会议。

2. 领导体制产生的影响

作为总局直属京外单位，实行党组织属地管理，使基地更好地融入秦皇岛市，加深了和地方的互动，增加了与地方的交流与合作，同时促进了总局和秦皇岛市的关系。但也能看到，双重领导管理体制不可避免地带来了一定的弊端：一是谁主管、谁协管的界限不清晰，对基地的管理谁为主、谁是辅不明确；二是领导职责无明确的界定，在实际工作中可能出现管理职能重叠或职能空缺的现象。

3. 总局系统纪检监察体系尚不够健全

通过对基地党组织管理体制现状分析不难看出，基地目前的管理虽属双重管理，但主要还是依靠总局。一是总局是基地的“大本营”，在党组织的建设上，人、财、物都需要总局的把控和支持；二是总局是国务院直属单位，执行中央政令的速度可能会先于秦皇岛市，并有更高标准和更严格的执行规范；三是总局对于基地的政令具有体育领域的专业性和政策针对性。

归属于总局管理的纪检监察工作，实效没有得到充分发挥，有以下几个原因。

（1）纪检监察体系不够健全。总局的大部分直属单位没有设置单独的纪检监察机构，兼职多、专职少，有的单位甚至没有专职纪检干部，在总局系统内部没有形成系统的监督网络，难以形成监督合力。

（2）总局纪检监察体制改革后对直属单位的垂直管理尚待完善与加强。党的十八大前，驻总局纪检组监察局负责管理和指导直属单位开展纪检监察业务工作；党的十八大后，总局直属机关纪委成立，各直属单位的业务管理和指导工作随之转移。现直属机关纪委工作人员2人，任务量大，人员配置不足，难以有效地完成对系统内各直属单位的管理和业务指导工作。

（3）“后改革时代”的纪检监察机制不能明确。20世纪的体育体制改革形成了政、事、社、企“四位一体”的组织关系。国家层面表现为总局、中国奥委会、中华全国体育总会三位一体；运动项目管理中心层面表现为社团法人的协会与事业单位的中心、协会与中心投资的企业合一，形成了亦官、亦民、亦商的独特身份，伴之而来的是“权力过分集中”等原因导致的体育领域行业不正之风和腐败滋生蔓延。

目前，总局党组正在实施全面深化改革的战略，体育领域各运动项目协会实体化、社会化改革正在逐步推进，现已有足球协会、篮球协会、排球协会、滑冰协会、冰球协会、马术协会、击剑协会、高尔夫球协会等，在协会实体化改革中陆续先行。

改革中及未来改革后的体育领域反腐倡廉的机制建设，势必随着体育系统的体制改革而生成适应新体制、机制要求的新的纪检监察机制。如何发展、走向是什么，均需要纪检人在实践中不断摸索。

（二）制约基地纪检监察机制发展的内部环境与纪检监察建设自身存在的问题

1.“两个责任”的“责”尚需进一步明确

（1）需进一步解决思想认识上的问题。仍然在一定程度、一定范围存在党风廉政建设和反腐败工作“党委领导、纪委负责”“应由纪委全面负责”的主观意识；仍然存在个别干部党风廉政建设主责意识淡薄，存在业务工作和党风廉政建设“两张皮”的误区。思想认识不到位是影响和阻碍两个责任落实的根源性问题。

（2）“责任定位”需进一步明确。“两个责任”的规定，实际上是明确认定党委和纪委两个治理主体要承担党风廉政建设责任制的职能、权力和责任。基地党委认真贯彻落实中央“两个责任”的精神，但党委主体责任和纪委监督责任的责任内容需进一步清晰，进一步明确双方的“责任田”，界定党委和纪委各自的责任，并将责任各自归位，以促使各自责任到位。

2. 同级监督制约机制尚未完善

基地纪委实行双重领导体制，接受总局纪检监察机关领导的同时，接受同级党委的领导，并且以同级党委领导为主。在横向为主的双重领导机制下，纪检监察部门的权威性和独立性不够，难免出现纪检监察部门不敢、不愿和不能有效对自己的上级党委和同级部门进行监督的现象。

3. 纪检监察队伍力量薄弱

（1）人员配备不足。从基地纪检监察历史发展来看，基地在2004年以前的纪检监察工作是纪委委员兼职做，2004年配备了专职纪检监察员，从2004年至今专职人员配备一直是一人，纪委委员均为兼职。基地每年业务量很大，承办各种集训赛事活动、基建维修专项、零星维修项目、日常采购项目。专职纪检监察对大额资金使用、重大经济活动、重要事项的开展都要进行监督，工作量大，分身乏术，工作难以抓得实和严。

（2）“三转”尚未到位。基地纪检监察部门在实际工作中，同时履行纪检监察和审计两个职能。多年来已形成注重宣传教育，注重对重大事项的“事前预防、事中控制和事后检查”的工作理念，为了更好地对基地纪检监察工作进行分析和研究，首先对基地2011年至2016年纪检监察的工作情况进行一个全面梳理。通过对开展情况进行分析发现，基地纪检监察工作范围广、任务量大、业务触角直达基层。从近几年来纪检监察职能行使的效果来看，收效显著，作为反腐“防火墙”及“屏障功能”参与基地的具体事务，尤其对大额事项支出、基建维修、重大经济项目，事前、事中、事后做到全过程跟踪，很大程度上避免了疏漏错弊，有效地预防了腐败事件的发生。在历次国家审计署和总局财审中心审计，以及总局巡视组对基地进行巡视的过程中，均没有发现重大违规违纪现象。

但通过分析也不难发现，一是基地在“两责”的落实上没有完全到位，纪检监察部门承担了很多本应由责任主体承担的任务，履行了不该履行的职责，出现越位现象；二是专职纪检监察人员在人力资源有限的情况下虽承担了过多的业务量，但目标不够明确，发散有余，聚焦欠缺，“转职能、转方式、转作风”没有落实到位，在一定程度上“种了人家的田，荒了自己的地”。

（3）存在“最后一公里”痛点。基层纪检监察工作普遍存在一个工作难点，即做了大量的形式多样的宣传教育工作，有现成的规章制度可执行，执行过程也做到了提醒，但仍不能很好地达到预期效果。实际工作中，出了各种各样的问题，除了执行部门、执行人的主观因素外，因客观因素导致问题出现的也不在少数。所谓“客观”，有思想根源不重视的原因；有法律法规、规章制度学习不够，“吃”得不够深、不够透的原因；也有存在侥幸心理以为能“得过且过”“瞒天过海”的原因。有些干部有时存在不满情绪，认为纪检管得多、规矩多、条条框框多、束缚多。等到上级单位来审计了、来检查了，甚至出了问题才明白：“原来是这样”“我过去不知道”。基层纪检监察工作，很大程度上解决了上级单位来审计、来检查前先自我“号脉”“治病”的问题。而基层纪检监察工作，在预期效果与实际效果之间总是存在“最后一公里”痛点，这个痛点，需要一辆“共享单车”来解决。

三、改进基地纪检监察管理机制，发掘解决难点路径，止痛“最后一公里”

打造健康绿色基地，净化廉洁生态环境，构建不敢腐、不能腐、不想腐的反腐倡廉长效机制是秦皇岛训练基地反腐倡廉建设的目标与任务。

（一）源头治理，找准纪检监察整治和预防腐败的发力点

1. 体制、机制源头治理

体育系统需尽快建立“全系统反腐”工作模式和“系统化”反腐的有效途径，形成“上下联动、共同发力、齐抓共治”的全系统反腐局面。通过加强顶层系统设计，调动、利用

和整合各种反腐力量，形成多系统、多部门、多环节协调配合，法治、德治有机统一的工作模式，提高反腐工作的科学性和有效性。改革领导体制，加强上级纪委对下级纪委的领导权，注重实行垂直领导。

2. 把加强教育作为治理的着力点和切入点

教育是转变内因、防止思想腐化变质、实现治本的必要途径，必须驰而不息地加强理想信念、思想道德、党规法纪、利益观和廉政文化等方面的教育。一是结合实际工作的特点，创新宣传教育方式和手段，既有整体系统教育，又有从部门、支部、党小组、工会出发的多角度教育，重复渗透，让干部群众感觉到反腐倡廉建设就在自己身边；二是注重监督执纪“四种形态”的运用，尤其是对第一种形态、第二种形态的普遍应用，让“红红脸、出出汗”成为常态，及时警示，随时点醒，从而增强干部群众遵规守纪的意识，筑牢思想道德防线。

（二）加强制度建设，把权力关进制度的笼子

应该看到，有关监督机制和制度的缺失、缺陷和低效是体育行业不正之风和腐败滋生蔓延的根源，根治体育腐败，必须制度先行，建立和完善法律法规和制度体系，提高制度执行力，增强制度的刚性约束力。“把权力关进制度的笼子”，为形成“不敢腐的惩戒机制、不能腐的防范机制、不易腐的保障机制”提供制度保障。

2015年，基地按照中央及总局的部署，明确“两个责任”，在党风廉政建设上，党委负主体责任，纪委负监督责任。基地为落实党委主体责任，对经济范围内支出项目实施支出流程管理制度，发布支出项目流程图，支出流程管理工作开始实施。之后，为推进落实纪委监督责任，纪检监察工作人员通过平铺纪监审在支出流程中的监督检查内容，细化监督检查措施，制作了纪监审

监督检查流程图。这使纪委的监督责任在支出流程中得到落实和体现，同时使监督检查工作在实施过程中有了可操作的依据。

支出流程管理制度的出台，是基地在制度建设上的创新，使支出项目在实际操作中有了可执行的规范。项目支出实施过程抽调相关部门工作人员组成采购小组，小组每位成员都是采购人，人人都有发言权，采购过程透明公开，采购结果小组共同商议确定。

目前，基地经过前期对内部所有规章制度进行梳理，进行了新一轮制度修订工作。

腐败的产生和制度不健全有极大关系，私欲膨胀、权力滥用，都与监督和管理制度的缺失、缺陷和无效分不开。惩治和预防腐败要依靠制度，需要借助制度的约束和导向作用来保证权力在廉洁、务实、高效的轨道上运行，预防腐败的发生。

（三）改进和创新监督方式，落实纪检监察监督责任

基地纪检监察工作由于多年形成的工作惯性，在业务工作开展过程中经常和业务部门共同参与，职责范围不断拓展，工作内容不断增多，承担了本应由业务部门承担的责任，致使自身出现了缺位、越位、错位现象。2017年初，基地按照中央和总局落实“两个责任”的要求，党委负主体责任、纪委负监督责任，创新纪检监察工作机制，完善工作制度，努力探索新的监督检查办法和渠道。加强纪检监察专责监督，突出纪检监察工作作风，改进和创新监督方式，使纪检监察工作进一步制度化、规范化，实现中央对纪检监察工作的“三转”（转职能、转方式、转作风）要求。研究和探索新形势下适应基地工作实际的纪检监察工作模式，将监督重心由参与监督转移到对监督的再监督，从监督各部

门具体的业务中脱离出来，把工作的切入点转变为督促领导干部和有关责任部门依法依规履行职责，转变为对承担监管职能情况的监督检查。强调“再监督”，强化“对监督者实施再监督”，逐步实现从“过程监督”向“结果监督”、从“四面出击”向“定点突破”的转变，做到“术业有专攻”。

纪检监察工作是一项长期、艰巨、复杂的工作，基层纪检监察工作开展得好，能有效减少违规、违纪、违法行为的发生。在中央重拳反腐的形势下，惩治和预防腐败，要靠教育、靠制度、靠监督。要围绕中心工作，结合本单位工作性质、工作特点，不断完善监督制约机制，灵活运用监督手段，创新工作方式，更好地发挥纪检监察的监督检查作用。

深入贯彻全面从严治党
努力做好新时代纪检工作

国家体育总局国家奥林匹克体育中心　赵　平

摘要： 党的十九大对新时代党的建设作出战略部署，要求坚持和加强党的领导，坚定不移推进全面从严治党，持续深入开展党风廉政建设和反腐败斗争。在此历史背景之下，如何将近年来党中央关于党风廉政建设和反腐败工作的众多重大部署落实到基层单位的纪检工作中，解决制度落实的“最后一公里”问题，显得尤为迫切。本文拟在新时代建设体育强国视域下，着眼于保障国家奥林匹克体育中心八年事业发展规划，围绕实现奥体中心“六个基地”“两个中心”“一个公园”建设目标，积极主动创新工作思路和方法，对奥体中心纪检工作现状、存在问题进行分析，提出建议，努力开创奥体中心纪检工作新局面。

关键词： 纪检；两个责任；基层延伸；自身建设

党的十九大对新时代党的建设作出战略部署，要求坚持和加强党的领导，坚定不移地推进全面从严治党，持续深入开展党风廉政建设和反腐败斗争。随着社会环境变化和经济条件发展，社会意识和思想观念多样多变，对党员干部思想产生了深刻影响，做好新时代纪检工作面临着诸多问题和挑战。在此历史背景之下，如何将近年来党中央关于党风廉政建设和反腐败工作的众多重大部署落实到基层单位的纪检工作中，解决制度落实的“最后一公里”问题，显得尤为迫切。

本文试图在新时代建设体育强国视域下，着眼于保障国家奥林匹克体育中心（以下简称“奥体中心”）“八年事业发展规划”，围绕实现奥体中心“六个基地”“两个中心”“一个公园”建设目标，积极主动地创新工作思路方法，努力开创奥体中心纪检监察工作新局面。

一、新时代纪检工作的地位和作用

（一）提高站位，将纪检工作放在大局下谋划

理解全面从严治党，完善党“总揽全局，协调各方”的体制机制，必须站在“五位一体”总体布局的高度，将其纳入“四个全面”战略布局框架。党的十九大报告明确指出，当前，反腐败斗争形势依然严峻复杂，巩固压倒性态势、夺取压倒性胜利的决心必须坚如磐石。要坚持无禁区、全覆盖、零容忍，坚持重遏制、强高压、长震慑，坚持受贿行贿一起查，坚决防止党内形成利益集团，这对纪检工作提出了更高和更新的要求。

特别是做新时代体育行业的纪检工作，还必须在思想上、政治上、行动上高度统一到党中央特别是习近平总书记近年关于体育工作系列重要讲话和指示精神上来，从实现“两个一百年”奋斗目标、中华民族伟大复兴“中国梦”的战略高度思考，从加强体育提高人民身体素质和健康水平、促进人的全面发展，丰富人民精神文化生活、推动经济社会发展等多元价值功能认识上来把握。体育纪检工作必须提高政治站位，服务大局，这一点是做好体育纪检工作的重要因素。

（二）党的十九大对纪检工作提出的新要求

做好新时代纪检工作的前提是认真学习领会党的十九大精神实质。党的十九大报告提出的“全面从严治党永远在路上”“持之以恒正风肃纪”“夺取反腐败斗争压倒性胜利”，充分体现了党对反腐败斗争形势的清醒认识和反腐败的坚定决心，是做好新时期反腐败工作的根本遵循。新时代承载新使命，新使命召唤新担当，要全面认识“新成就”、深刻理解“新时代”、认真学好“新理论”、始终牢记“新使命”、豪迈踏上“新征程”。要明确目标任务，以党的十九大精神引领纪检监察工作，坚决把思想和行动统一到党的十九大精神上来，把智慧和力量凝聚到落实党的十九大提出的各项任务上来，推动全面从严治党向纵深发展。

习近平总书记在党的十九大报告中指出，只有以反腐败永远在路上的坚忍和执着，深化标本兼治，保证干部清正、政府清廉、政治清明，才能跳出历史周期律，确保党和国家长治久安。新时代反腐要求纪检部门忠诚履行党章赋予的职责，严肃党内政治生活，把维护政治纪律和政治规矩作为执纪监督问责的首要任务，及时发现各类违反纪律的苗头性、倾向性问题，坚决纠正和查处“上有政策、下有对策，有令不行、有禁不止”的行为，确保政令畅通。

习近平总书记在党的十九大报告中还指出，“人民群众反对什么、痛恨什么，我们就要坚决防范和纠正什么”“人民群众最痛恨腐败现象，腐败是我们党面临的最大威胁”“当前，反腐败斗争形势依然严峻复杂，巩固压倒性态势、夺取压倒性胜利的决心必须坚如磐石”。纪检部门要坚持惩腐肃贪力度不减、尺度不松，运用好监督执纪“四种形态”，以反腐败工作的实绩实效促风气好转、生态净化。持之以恒地正风肃纪，继续整治“四风”，巩固拓展落实中央八项规定精神的成果。加强对权力运行的制约和监督，加大巡察力度，直指群众身边的腐败问题。按照国家监察体制改革要求，用法治的思维和方式开展反腐败工作，强化不敢腐的震慑，扎牢不能腐的“笼子”，增强不想腐的自觉。

二、奥体中心纪检工作现状、主要经验及问题分析

（一）奥体中心纪检工作概况

近年来，奥体中心纪委紧密围绕中央和国家体育总局的部署和要求，结合奥体中心“八年事业发展规划”面临的新形势、新任务，以改革创新精神扎实推进奥体中心党风廉政建设各项工作，充分履行纪委监督、执纪、问责责任，努力使纪检监察工作服务于奥体中心的和谐、稳定与发展的大局，在工作中努力做到“三个结合”，即落实巡视整改任务与新形势、新常态下体育行业深化改革相结合，与奥体中心驻训保障、全民健身和产业经营工作相结合，与党风廉政建设和改进工作作风相结合，注重抓早抓小，以“奥体精神”为引领，寓学习、教育、宣传于丰富的活动当中，为奥体中心可持续发展提供了政治和纪律保证。

（二）奥体中心纪检工作主要做法及经验

1. 做好顶层设计，夯实“两个责任”

奥体中心纪委牵头制定下发《奥体中心落实党风廉政建设主体责任实施方案》和《奥体中心党风廉政建设责任分工》相关文件，从落实党风廉政建设党委的主体责任，纪委的监督责任的重大意义、主要内容、责任主体和具体措施等方面，对落实党风廉政建设工作进行具体部署，建立了一级抓一级、层层抓落实的责任体系。奥体中心领导班子和党委及各部门，严格落实党风廉政

建设工作和其他业务工作“一岗双责”，树立谁主管、谁负责、谁是第一责任人的主责意识，做到压力层层传递，责任层层落实，工作层层到位。

2. 注重思想教育、做好思想引领

奥体中心纪委寓学习、教育、宣传于党风廉政建设中，进一步增强了党员干部责任意识、规矩意识，严格纪律、守住底线，筑牢思想防线。党员干部能够深入领会中央精神及国家体育总局各项要求，加强行动自觉，将落实党风廉政建设和反腐败工作的相关规定要求内化于心、外显于行。全体干部职工能自觉参与廉政风险防控工作，主动查找风险点。通过召开会议、下发文件资料、设置宣传栏等形式，对廉政风险防控的重要性、主要措施及如何开展风险防控工作等方面进行宣传。

3. 注重专题教育与日常教育相结合

按照中央及国家体育总局对党建工作和反腐倡廉工作的部署和要求，近年来，奥体中心每年围绕一个主题，在全体党员干部中开展专题教育活动。在开展专题教育活动的同时，坚持做好日常教育，利用早班会（每周例会）、部门例会、党员干部会、全体职工大会等多种形式，寓教育于活动之中（升国旗、集体健身走、集体文体活动等），结合奥体中心的实际，及时传达、学习中央及国家体育总局关于党建工作的相关文件精神和要求。

4. 建立健全各项规章制度并不断完善，以规范工作行为

奥体中心结合工作实际，针对容易发生问题的重点工作和关键环节，加大宣传教育力度，制定相关制度，使各项工作有章可循、有据可依。在制度执行过程中，注意发现并针对问题进行修改完善，使之更加符合奥体中心实际，更能有效地推动和指导工作的开展。

5. 抓住关键领域，注重制度落实情况监督检查

制度的生命在于执行，而执行的关键在于检验。奥体中心能够对各项规章制度采取日常监督与定期检查相结合的方式进行执行落实的监督检查，及时提出并帮助纠正执行过程中存在的问题，确保制度准确完整并有效落实，突出制度刚性，达到规范程序、促进工作的目的。

6. 有针对性地突破重点难点工作

如国家体育总局巡视整改期间，奥体中心纪委针对经营和赛事开发工作进行了专项治理。一是规范经营行为，加强对承租单位的监管，包括完善相关制度，开展房屋出租出借情况专项清查工作，完善合同制式范本，重新核定出租房屋面积，对招租过程上网公示、全程公开等；二是加强赛事商务活动管理，对赞助商选定、标识产品、纪念品售卖和场地广告等制定具体的管理办法，加强监管；三是严格赞助物资管理，包括完善相关规定，严格赞助物资出入库管理制度，落实物资使用审批程序。此类专项治理确保了纪委工作的针对性和实操性，对矛盾问题"各个击破"，收到良好的工作效果。

（三）奥体中心纪检工作的主要问题及原因分析

1."三转"难度大，难以聚焦主责主业

奥体中心纪委的监督责任边界尚没有完全界定清晰，"三转"（转职能、转方式、转作风）仍未到位，导致工作发散有余、聚焦不足，监督实效不强，工作存在缺位、越位、错位现象。有混淆责任主体和监督主体界限的现象，监督变代替、牵头当包办，存在越位问题。在一些重大问题、难题的解决上，纪检部门常常被推到第一线，甚至全程参与，有时候甚至直接履行职能部门主体职责，业务存在错位问题。

2. 自身建设仍有薄弱环节

奥体中心纪委工作的管理制度和运行流程还存在操作性不强、规范性不够等问题，且人员配置不完备。奥体中心设立的纪检监察审计室，只是相对独立办公，并不是真正意义上的一个机构，承担奥体中心纪委日常工作职能，纪委书记和纪委委员主要由班子成员和职能处室主要负责人兼任，难以最有效地履职，有时会把精力主要放在分管的其他业务工作上，在一定程度上会影响主业聚焦和主责履行。纪检监察队伍整体上存在业务能力不足的问题，缺乏实际措施和管用办法，思维方式、工作方式、业务水平不能完全适应新时代要求。

3. 信访渠道有待拓展，对线索分析研判不够

奥体中心纪委自收举报信件较少，信访来源主要是驻国家体育总局纪检组、国家体育总局机关纪委批转办理。以2016年为例，奥体中心根据《总局直属机关纪委关于加强和规范案件管理工作的通知》，办理了由驻国家体育总局纪检组、国家体育总局直属机关纪委批转的三封举报件。信件中反映了一些奥体中心管理中存在的问题，但由于数量有限，针对信访反映线索进行剖析，举一反三，改进工作薄弱环节不够。

4. 监督责任向基层延伸不够

奥体中心有“7+1”个场馆，“2+1”个公司（两个全资公司、一个有限责任公司），较多的场馆设施需要大量场馆运营管理人才，公司的顺利运营，也需要大批懂管理、懂经营的复合型人才，一些廉政风险点相对集中在了场馆、公司。驻国家体育总局纪检组文件《关于奥体中心专项巡视反馈意见》指出：监察审计部门忙于合同审核、经济审计等日常监督工作，对如何有效组织开展监督执纪工作调研不够，对重点领域、关键环节的监督制约机制不健全，特别是对场馆、公司等的经营活动的监督检查不经常、不及时。目前来看，奥体中心纪委工作向基层单位延伸不够，基层单位主体责任落实不到位，基层单位未设立专职纪检员，监督力量缺乏，基层党支部设的纪检委员队伍力量并未有效整合。

三、对做好新时代奥体中心纪检工作的建议

党的十九大确定了“广泛开展全民健身活动，加快推进体育强国建设，筹办好北京冬奥会、冬残奥会”这体育方面的三大任务，按照中央部署，体育正处于大发展、大变革的时代，发展以人民为中心的体育，广泛开展全民健身活动，提高全民族健康水平，让体育成为满足人民日益增长的美好生活需要的重要手段已经成为当前体育工作的重要内容。

奥体中心纪委作为纪检战线的一员，也是体育战线上的一员，应找准定位，按照奥体中心“八年事业发展规划”，围绕中心工作，努力为完成“六个基地”“两个中心”“一个公园”的目标任务，为奥体中心持续健康稳定发展保驾护航。

（一）进一步落实“三转”

厘清监督责任界限，健全责任体系。明确纪委是从事党内监督的专门机关，纪委的职责就是监督、执纪、问责，要聚焦主责主业，把真正管住纪律作为深化“三转”的方向，把“四种形态”要求落实到纪检具体工作中，既要严惩腐败，减少存量，遏制增量，也要驰而不息地纠“四风”。

（二）建立健全落实纪委监督责任的保障机制

强化党委的组织领导，落实纪委监督责任的组织保障；落实纪委监督责任的制度保障；加强奥体中心纪检组织和队伍自身建设，逐步探索配备基层党组织纪检员队伍，实现监督全覆盖，有效整合纪检委员队伍力量，定期开展业务培训，强化队伍履职能力。层层落实两个责任，推动各级党组织落实主体责任；强化纪委主责主业，将监督、执纪、问责具体化；加强对基层单位工作的再检查、再监督。

（三）进一步畅通信访渠道，加强信访案件工作研判

实现电、信、网全覆盖，畅通信访渠道，发掘有价值的信访举报线索，加强有关工作研判。将纪检工作向基层延伸，多调研，多了解实际情况，严格按照国家体育总局及奥体中心相关制度规定，加强对基层单位党风廉政建设各项制度落实的监督检查力度。加强重点工作、关键环节的监督检查力度，确保各项工作依法依规进行。推动“两个为主”的落实，使其具体化、程序化、制度化，制定实行向上级纪委报告线索处置和案件查办情况的具体制度。

（四）将监督责任向基层进一步延伸

创新监督方式，完善监督机制。要从思维方式转变、工作策略转变和工作方法转变三个方面改进和创新监督方式。一是探索建立奥体中心内部巡察工作机制，将全面从严治党向基层延伸，推进基层主体责任落实；二是拟定落实党风廉政建设责任制检查考核办法，划定考核标准框架，结合年度工作，每年更新考核方案。

体育训练基地预算绩效管理工作分析

国家体育总局训练局　王陆洋

摘要：预算绩效管理作为预算管理的重要组成部分，是提升预算能力的重要工作。作为国家体育总局系统预算绩效管理的基层单位，体育训练基地绩效管理水平的高低直接影响着国家体育总局的预算绩效管理水平和预算能力。本文通过分析预算绩效管理工作的相关概念、发展脉络、情况、重要作用及体育训练基地预算绩效管理工作目前存在的问题，提出改进预算绩效管理工作的相关建议。

关键词：体育训练基地；预算绩效管理

党的十八届三中全会通过的《中共中央关于全面深化改革若干重大问题的决定》指出，全面深化改革的总目标是完善和发展中国特色社会主义制度，推进国家治理体系和治理能力现代化。推进国家治理体系和治理能力现代化被认为是“工业现代化、农业现代化、国防现代化、科学技术现代化”后的第五个现代化，重要性不言而喻。作为实现宏观调控的重要手段，现代预算制度是国家治理体系的基础，预算能力是国家治理能力的重要部分。预算绩效管理作为预算管理的重要组成部分，是提升预算能力的重要工作。

体育训练基地是国家体育总局直属事业单位非常重要的组成部分。作为体育系统绩效管理的基层单位，其绩效管理水平的高低直接影响着国家体育总局的绩效管理水平和预算能力。因此，体育训练基地的预算绩效管理工作值得研究。

一、预算绩效管理工作基本概述

（一）预算绩效管理工作的相关概念

预算绩效管理是将绩效管理理念和绩效管理方法贯穿预算编制、执行、监督全过程，并实现与预算管理有机融合的一种预算管理模式。预算绩效管理包括绩效目标管理、绩效运行监控、绩效评价实施、绩效评价结果反馈和应用四个环节。

1. 绩效目标管理

预算绩效管理的基础是绩效目标管理。绩效目标是预算资金在一定期限内预期达到的产出和效果，是建设项目库、编制部门预算、实施绩效监控、开展绩效评价等的重要基础和依据。按照预算支出的范围和内容划分，包括基本支出绩效目标、项目支出绩效目标和部门（单位）整体支出绩效目标。按照时效性，包括中长期绩效目标和年度绩效目标。

2. 绩效运行监控

绩效运行监控是预算绩效管理的重要环节，是根据设定的绩效目标对资金运行及绩效目标的预期实现程度开展的控制和管理活动，包括绩效运行自控和绩效运行监控。

3. 绩效评价实施

绩效评价实施是预算绩效管理的核心，是根据设定的绩效目标，运用科学合理的绩效评价指标、评价标准和评价方法，对支出的经济性、效率性和效益性进行客观、公正的评价。

4. 绩效评价结果反馈和应用

绩效评价结果应用是预算绩效管理的根本，是预算部门和被评价单位等通过多种方式充分运用绩效评价结果，并将其转化为提高预算资金使用绩效具体行为的活动。

（二）预算绩效管理工作发展脉络

从国家层面来说，2003年我国的绩效管理改革正式开始。党的十六届三中全会提出“建立预算绩效评价体系”，从此，财政部开始了探索预算绩效管理的进程。制度方面，财政部先后印发了《中央级教科文部门项目绩效考评管理办法》《中央级行政经费项目支出绩效考评管理办法（试行）》《财政支出绩效评价管理暂行办法》《中央政府投资项目预算绩效评价管理办法》等制度。在完善制度的同时，财政部还相继对中央级行政经费支出、投资项目支出、科教文卫等项目开展了绩效评价试点。

2011年在广州召开的第一次全国预算绩效管理工作会议首次提出了全过程预算绩效管理要求。会后发布的《关于推进预算绩效管理的指导意见》中，明确提出要推进预算绩效管理，要将绩效理念融入预算管理全过程，使之与预算编制、预算执行、预算监督一起成为预算管理的有机组成部分，逐步建立“预算编制有目标、预算执行有监控、预算完成有评价、评价结果有反馈、反馈结果有应用”的预算绩效管理机制。2012年，财政部印发《预算绩效管理工作规划（2012—2015年）》，明确了“十二五”预算绩效管理工作的整体目标、主要任务、重点工作等内容，我国的预算绩效管理工作开始深入发展。

党的十八大提出的“提高政府公信力和执行力，推进政府绩效管理”的新精神更是使我国的预算绩效管理工作进入新的发展阶段。2013年，财政部印发《预算绩效评价共性指标体系框架》；2015年，财政部印发了《预算绩效管理工作考核办法》

《中央部门预算绩效目标管理办法》《关于加强中央部门预算评审工作的通知》《关于充分发挥预算评审中心职能作用 切实加强预算管理的通知》等一系列文件。

（三）国家体育总局系统预算绩效管理工作情况

在财政部的示范下，国家体育总局也相继开展了一系列预算绩效管理相关工作。2014年，国家体育总局发布了《体育总局关于财务管理和审计中心承担总局预算绩效管理有关工作的通知》，将国家体育总局预算绩效管理有关工作交由财务管理和审计中心（以下简称“财务中心”）承担，进一步理顺国家体育总局预算绩效管理工作关系。2015年，国家体育总局同时印发了《国家体育总局预算绩效管理工作规程（试行）》《国家体育总局预算绩效管理办法（试行）》两个制度文件，明确了国家体育总局预算绩效管理工作的职责分工，规范了国家体育总局系统预算绩效管理工作程序，从而提高了国家体育总局预算绩效管理工作的规范化和科学化水平。

国家体育总局预算绩效管理工作由绩效管理部门（经济司和财务中心）、项目主管部门（具有主管项目职能的国家体育总局机关各司局，即业务司局）和项目执行单位和部门（国家体育总局机关各司局和各直属事业单位）共同完成。体育训练基地作为项目执行单位，其预算绩效管理工作由项目负责部门和财务部门共同完成。

目前，国家体育总局各司局以及直属事业单位所采用的项目支出绩效目标共分为训练类、竞赛类、国际交流类、运动员保障类、教育培训类、体育活动类、设备购置类、场馆运行类、体育设施建设维修类、科学技术类、兴奋剂检测类、管理和改革类、非奥经费类、其他类共14个大类。训练基地单位涉及的项目支出绩效目标主要是设备购置类、场馆运行类、体育设施建设维修类，个别单位会涉及体育活动类、科学技术类、教育培训类等，暂时不需要设定基本支出的绩效目标和单位整体支出的绩效目标。

预算执行中，体育训练基地单位的项目负责部门及财务部门围绕所设定的项目支出绩效目标，对绩效目标实现程度和预算执行情况进行自行监控。国家体育总局绩效管理部门通过调查取证、实地核查以及绩效运行信息采集等方式开展绩效运行监控。

目前，体育训练基地单位绩效评价实施主体分为单位自评和绩效管理部门评价。年度预算执行结束后，项目负责部门对预算项目支出情况进行绩效自评，由财务部门汇总后报送业务司局和财务中心。财务中心对纳入总局绩效评价范围的项目和单位，开展绩效评价工作，形成绩效评价报告，最终上报财政部。

绩效评价工作结束后，体育训练基地的绩效评价结果由财务中心反馈。

（四）预算绩效管理工作的重要作用

1. 提高体育训练基地资金管理效率

体育训练基地推进预算绩效管理工作，注重体育训练基地提供服务保障工作的成本和质量，强调专项资金的效益。构筑富有体育行业特点的预算绩效目标体系，可以发挥预算绩效的约束力，有效规范开支。通过预算绩效监控可以综合把握单位预算运转情况，以便为单位决策提供可靠的信息依据。通过绩效评价实施可以推进优化资源配置，提高体育专项资金管理效率。

2. 加强体育训练基地内部控制

预算绩效管理强调预算支出的责任和效率，推进预算绩效管理，有利于提升预算管理水平，提高公共服务质量、优化公共资源配置、节约公共支出成本。这和体育训练基地内部控制的目标是契合的。做好预算绩效管理工作有利于体育训练基地内部控制目标的实现。

预算绩效管理是全过程的管理模式，强调将绩效管理理念和管理方法贯穿预算管理的各个环节，这一点和内部控制的全面性原则是一致的。做好预算绩效管理工作可以使预算活动这种重要经济活动的内部控制更好地实现。

预算绩效管理强调体育训练基地的主体责任，要求全员参与实施，也就是由项目负责部门和财务部门共同完成绩效管理的全部事项。这一点和内部控制全员参与的方式是相同的。做好预算绩效管理工作可以在一定程度上保证内部控制的执行结果。

预算绩效管理可以根据绩效评价结果及时挖掘出在项目执行过程中内部控制制度可能存在的问题，进而有针对性地进行更正，使得体育训练基地的内部控制不断完善。

3. 提高体育训练基地治理能力

体育训练基地的治理能力主要体现在利用财政资金和现有场馆设施，既保障竞技体育发展，又促进群众体育发展。改善预算绩效管理工作和提升训练基地治理能力的价值导向是一致的，那就是改变低效、失效的运行方式，提高资金使用效益，这二者是相辅相成、互相促进的。科学有效的预算绩效管理工作对提高体育训练基地治理能力具有正向的、直接的推动作用。

科学有效的预算绩效管理体系可以使体育训练基地明确努力方向，促进各项政策的落实；可以作为干部考核制度的一部分，不仅可以激发干部的主动性、积极性和创造性，还可以有效评价干部的工作成果；有助于加强干部的成本意识，提高效益，从而使社会效益达到最大化。

二、体育训练基地预算绩效管理工作存在的问题

目前，体育训练基地开展预算绩效管理工作时间较短，虽然取得了一些成效，但在推进预算绩效管理工作中还是存在一些问题和不足。

（一）对预算绩效管理工作认识不足

目前，体育训练基地对预算绩效管理工作认识不足，预算绩效管理理念还需要加强。项目负责部门通常认为预算绩效管理工作是财务部门的工作，与自己没有太大关系，完成上级单位对预算绩效工作的规定动作只是为了申请经费，没有真正认识到预算绩效管理工作的现实意义，对预算绩效管理工作的重要性认识不够。财务人员对预算绩效管理工作的认识比较僵化，对预算绩效管理工作的作用感受不深，更多的是单纯工作量的加大，对预算绩效管理工作的积极性不高。

（二）预算绩效评价体系有待完善

体育训练基地预算绩效评价指标基本上采用国家体育总局统一的预算绩效评价指标，针对本单位特点的个性化评价指标较少或者几乎没有。设定的指标值没有历史数据支撑，评价结果难免缺乏科学性。特别是采用分级分档打分的形式填报的指标，不同分数代表的不同状态不明确，人为因素影响较大，这也在一定程度上造成了不同单位的同一指标缺乏可比性的现象。

另外，预算绩效是在上一年度编制“一上”“二上”预算时对下一预算年度项目进行编制，而项目负责部门的工作计划常常是在预算年度之初，这种时间上的不同步导致情况发生变化，也会影响预算绩效目标的科学性和可预见性。

（三）绩效运行监控没有充分发挥作用

预算支出执行过程中，财务部门侧重于监控资金支出进度，而项目负责部门对预期绩效目标实现程度与绩效目标发生偏离的关注较少，导致单位绩效运行自控效果有限。目前绩效管理部门在第三季度有一次统一的绩效运行监控，很多项目已经执行完毕或者进程过半，倘若已经与原定的绩效目标发生偏离，则来不及纠正或无法纠正。

（四）预算绩效评价结果运用不足

目前，体育训练基地预算绩效评价结果实际应用不足。虽然绩效管理部门组织专家对预算绩效评价结果进行评审，但对结果不好的单位没有健全的惩戒制度，没有切实有效的问责措施。同时，对单位如何将评价结果应用到日后的工作中也缺乏相关的具体规定，导致出现评价结束评价结果无人理会的现象。

三、做好体育训练基地预算绩效管理工作的建议

为了更好地发挥预算绩效管理应有的作用，实现预算绩效管理工作目标，针对目前存在的问题，笔者建议可从以下几个方面着手。

（一）深化预算绩效管理思想

体育训练基地可以采用内部学习、聘请专家等形式，开展预算绩效管理培训，将培训落实到各个层次，不仅要提升财务人员对预算绩效管理的认识，还需要单位领导和项目负责部门掌握预算绩效管理的相关知识，增强全员预算绩效意识。

（二）健全预算绩效评价体系

目前，体育训练基地采用的绩效评价指标体系仍然需要进一步细化。对于定性的以分级分档打分形式表述的指标要进一步明确不同分数所代表的状态或程度，增加其可衡量性。

体育训练基地可以利用互联网等先进技术，建立较为完善的信息数据库，以便对预算支出进行详细分析，进而使设定的预算绩效指标更加科学化，可操作性更强。

（三）强化预算绩效监控机制

预算绩效监控机制若要确实发挥效用，必须将单位绩效运行自控和绩效管理部门绩效运行监控都调动起来发挥作用。在单位绩效运行自控方面，财务部门除了监控资金支出进度外，还要协助项目负责部门定期或不定期地对项目执行情况进行总结，对最后执行结果进行预测，并与原定绩效目标进行比对，发现问题及时予以纠正。绩效管理部门在单位自控的基础上，增加监控的次数或频率，发挥及时发现问题和风险的作用，督促单位采取有效措施纠正，确保绩效目标的实现。

（四）完善预算绩效评价结果运用

体育训练基地一是要根据年度预算绩效评价结果，找出根据，分析原因，对于评价结果不理想的项目要寻找改进对策，对于评价结果理想的项目要推广经验；二是将绩效评价结果与以往数据对比，不断总结、完善相关制度，完善管理措施，提高工作水平；三是要根据评价结果不断调整、修正指标体系；四是要建立绩效评价结果与年度预算安排相结合、与干部考核相结合的问责制度体系，增强项目负责部门的支出责任，提高责任意识。

参考文献

[1] 徐森.浅析体育事业单位预算绩效管理[J].财经界（学术版），2013（18）：72–73.

国家体育总局政府采购工作的主要问题与对策研究

国家体育总局财务管理和审计中心　关　方

摘要：在社会经济改革及转型过程中，我国的财政体制也与时俱进地发生着变化。其中，财政管理重点工作由收入管理向支出管理转变，无疑使我国的财政管理水平驶入了高速发展的“快车道”，而部门预算、政府采购、国库集中支付则成为引领财政支出管理体制改革的“三驾马车”。政府采购制度作为政府公共支出管理的重要制度，对强化财政职能、预防和遏制腐败、加强宏观经济调控起到了重要作用，对我国政治、经济和环境等方面都具有深远的影响，发挥着越来越重要的作用。随着政府采购的逐步深入推广和规模的迅速扩大，国家体育总局的政府采购开始出现一些问题，如预算不全面、采购不规范、对国产品牌保护不力等。本文力图从政府采购制度的发展历程及意义，国家体育总局系统开展政府采购工作的现状及成效，日常工作中存在的问题及分析、对策及建议，对今后工作的几点思考等方面，针对国家体育总局系统在政府采购中存在的问题，在具体操作层面上提出了一些对策建议，以便进一步促进并完善国家体育总局的政府采购工作。

关键词：国家体育总局；政府采购；问题分析；对策研究

国家体育总局每年的政府采购规模都在3亿元以上，采购主体包括机关本级及42个事业单位，采购范围涉及货物、工程、服务各领域。科学、严谨、高效地开展政府采购工作不仅可以从源头上促进各单位廉政建设，而且在采购过程中还能提高资金的使用效率及采购工作的效率，最终利用有限的财政资金更好地服务体育事业，为实现体育强国梦和中华民族伟大复兴的“中国梦”，发挥体育人应尽的职责。

一、我国政府采购发展历程及意义

我国政府采购法律制度体系：全国人大及其常委会、国务院、地方人大、国务院部门和地方政府。

1996年，我国率先在上海、深圳等地进行政府采购制度改革试点，探索经验。1999年，在京中央国家机关进行政府采购制度改革试点。2002年6月29日，全国人大审议通过了《中华人民共和国政府采购法》（以下简称《政府采购法》），并于2003年1月1日正式实施，这奠定了政府采购的法律基础；政府采购范围扩大到货物类、工程类和服务类，政府采购工作有法可依，而且有法必依了；2015年3月1日正式颁布实施的《政府采购法实施条例》，从问题导向出发，加强了政府采购的规范性和可操作性，对长期困扰我们的问题进行了明确规定，与政府采购工作的现实要求高度契合。

回顾我国政府采购制度改革发展历程，政府采购制度从1996年开始试点，经过20余年的发展，实现了从制度探索、地方试点、全面推行到法制化管理几个阶段的历史性跨越，取得了显著成绩。

（一）遏制腐败行为，促进了廉政建设

制定政府采购制度起初并不是财政部门提出的，而是由中纪

委从廉政制度建设角度考虑提出的。《政府采购法》的实施，为政府采购活动促进廉政建设提供了保证，使得各级政府在实施政府采购廉政功能时有了直接的依据。

（二）节约财政资金，提高了资金使用效率

近年来，随着各部门对政府采购工作重视程度的提高和对政府采购工作监管力度的加大，政府采购工作逐步纳入制度化、法制化、规范化轨道；从采购方式的选择到审批程序的执行，在完成政府采购活动的前提下，节约了财政资金。

（三）强调政府职能，增强了宏观调控能力

政府采购制度具有多重的公共意义，宏观调控是其重要职能之一。在扶植中小企业、采购节能环保产品、优先采购国货原则等方面都有明确规定和规范的操作程序。

（四）规范采购制度，促进了财政制度改革

部门预算改革、实行国库集中支付制度和推行规范化的政府采购制度作为财政支出管理体制的三个主要组成部分和核心内容，互为条件，相辅相成，只有齐头并进，财政支出管理体制改革才能达到预期的效果。部门预算制度是基础，政府采购和国库集中支付制度是措施和手段。特别是政府采购制度的推行，对部门预算编制的科学性、合理性、完整性提出了更高的要求，为国库集中支付提供了保障。

二、国家体育总局系统开展政府采购工作的成效

国家体育总局2005年实施政府采购制度以来，制度建设不断

完善，逐步扩大采购范围，采购规模逐年增长，采购行为逐步规范，监督管理日益加强，政府采购工作取得了较好的成果，保障了体育事业的发展。

（一）健全制度建设，夯实政府采购基础

完善规章制度是政府采购科学化、精细化管理的前提。多年来，国家体育总局严格执行政府采购法律法规，结合工作实际，于2005年制定了《国家体育总局政府采购管理实施办法》，明确和规范了职责分工、采购资金、采购对象、采购方式、组织形式、实施程序、主体责任等内容；2011年又印发了《关于进一步加强政府采购管理工作的通知》，对国家体育总局系统采购进口产品和变更采购方式做了明确规定；2012年，建立国家体育总局系统专家库，共有22个单位报送技术专家239名、法律专家17名。随着新一轮奥运周期的开始，各单位的专家有了较大变化，计划开始重新进行专家备案申请工作。

（二）完善机构设置，搭建主体责任框架

国家体育总局系统通过多年努力，形成了“管采分离、机构分设、相互制约”的工作机制，明确经济司负责政府采购的宏观主管工作；财务管理和审计中心（以下简称“财务中心”）负责政府采购的具体管理工作，包括起草国家体育总局系统政府采购制度，审核、汇总、上报政府采购计划，政府采购政策咨询、宣传和相关人员培训，处理采购过程中的质疑等事宜；体育器材装备中心（以下简称“装备中心”）接受委托负责项目的采购工作。各单位作为采购主体，根据工作计划确定采购需求上报财务中心审核。

（三）扩大采购规模，坚持公开招标采购

国家体育总局系统的采购金额为2010年1.32亿元、2011年2.13亿元、2012年3.07亿元、2013年3.03亿元、2014年3.56亿元、2015年3.27亿元、2016年4.17亿元，可以看出采购规模保持稳定并逐年扩大。

公开招标采购金额从2010年的0.62亿元增加至2016年的2.61亿元，增加了3.2倍。

三、问题及分析

政府采购活动包括确定采购需求、编制采购预算、上报采购计划、提出采购申请、批复采购申请、组织采购活动、签订采购合同、拨付采购经费等一系列环节，环环相扣，需要多部门配合才能完成好此项工作，目前还未形成有机的闭环。

（一）缺乏对政策的深入了解，内控制度不完善

由于多数单位未制定相应的政府采购管理制度、内部控制制度和政府采购流程，虽然单位各部门人员都知道货物、服务、工程采购应按政府采购程序执行，但对具体政府采购政策和程序都不是很清楚，具体反映在政府采购资金性质、范围、方式、要求等方面。

《政府采购法实施条例》中规定：财政性资金是指纳入预算管理的资金。换言之，单位从事经营活动取得的资金，只要纳入本单位预算管理，也属于财政性资金。

政府采购范围：集中采购和部门集中采购目录范围以内或目录范围以外、采购金额超过100万元的货物和服务的采购活动都应属于政府采购范围，除此之外不属于政府采购范围，单位可根据本单位的规定自行采购。

（二）单位内部管理不规范

政府采购工作包括采购需求的制订、政府采购预算的编制、政府采购预算的执行及采购预算的考核等方面内容。

（1）科学合理地制订采购需求是做好政府采购工作的基础，多数单位没有做到根据工作或训练计划、现有资产存量情况，经过中心领导、各职能部门、财务部门、资产管理部门综合平衡，统一制订本单位本年度政府采购需求。

（2）在编制年度政府采购预算时，按照以往采购金额或预计需要金额编报预算，业务部门与财务部门沟通不畅，出现漏编政府采购预算或货物、服务采购预算混淆的情况。只有科学合理地编制采购预算，强调预算的约束力和执行力，才能从源头上监管政府采购活动，提高资金使用效率和政府采购的工作效率。

（3）报送的采购计划和采购申请质量未达到财政部门规定的要求，反复修改论证资料，甚至有的单位在采购申报环节还在改变采购计划。

（4）对已批复的采购计划，有时未及时向采购代理单位提供所采购货物或服务的技术参数，导致采购无法按期进行，影响采购环节的执行。

（5）各单位政府采购人员水平参差不齐，有的人员责任心不强，对采购管理制度、技术问题、操作流程等存在理解不到位的情况，不仅影响采购工作效率，而且容易出现违规操作的问题。财务中心转发的国家有关文件有时未及时送达政府采购人员，客观上造成政府采购人员学习不够、政策理解把握不到位的现状。

（三）政府采购与预算执行之间的衔接不畅

政府采购工作需要多部门协调配合，主要由采购单位申报采购计划、财务中心审核、装备中心等采购。其中，采购进口产品和变更采购方式的，必须报财政部审批，单一来源方式采购还需在中国政府采购网上进行公示，无质疑后才能报财政部审批，因此，有很多因素制约着预算执行。

（1）主观因素：未提前制订详细的采购需求；采购计划上报不及时；已报的采购计划不明确，反复修改计划；进口产品和变更采购方式的论证意见不科学、不充分，需要反复修改；采购产品的技术参数不及时确定，影响采购进度。

（2）客观因素：采购活动受到企业投诉，处理质疑延长了采购时间；采购活动经历招标、废标或流标，需要多次履行审批程序；批量采购项目采购时间较长。

（3）采购环节结束后未及时付清货款，影响预算执行进度。

（四）进口产品采购计划性不强

由于没有全盘考虑采购需求，进口产品采购计划多数是到要用时才提出采购申请，甚至个别单位采购一种产品上报一次，缺乏计划性。进口产品和变更采购方式的采购程序复杂，财政部有很严格的审批手续，审批时间不好把控，有很多不确定因素影响采购活动的顺利按期完成。

采购单位是采购活动的主体，应对全年预算进行细致研究，充分做好全盘计划，对队伍提出的需求进行整合，提前做好各种准备和市场调研，不能以队伍亟须或加快预算执行为借口，不履行政府采购程序。

（五）采购计划及执行情况统计数据不准确

有的业务部门政府采购活动开始前或完成后未及时将采购情况与政府采购管理部门沟通，未全部在政府采购计划系统中申报，造成计划和执行情况信息统计数据不全的情况。有些单位货物和服务类政府采购计划由政府采购管理部门报送，工程类采购计划则由基建管理部门负责报送，没有形成统一归口管理。

四、对策及建议

（一）建立政府采购内部控制制度并加强监管力度

国家体育总局系统各单位要结合本单位的工作特点，根据《行政事业单位内部控制基本规范》的要求，制定内控监督机制，对政府采购各项工作、各个环节设置风险防控点，主动防范思想道德风险、制度机制风险、岗位职责风险。对采购人员行为、制度机制落实、权力运用过程进行动态监控，及时发现问题，避免腐败行为的发生。

将政府采购检查纳入日常财务检查和审计范围，形成政府采购管理与纪检监察审计的协同监管机制，增强监管力度和实效。

（二）完善本单位的政府采购管理工作

（1）科学完整地编制政府采购需求和政府采购预算、采购计划，做到统一部门、归口管理。各单位应做到所有政府采购范围内的采购活动（纸质文件、财政部政府采购系统）均由政府采购管理部门统一归总、上报，以便其掌握本单位政府采购预算、计划、执行的整体情况。采购计划由本单位的政府采购管理部门统一向财务中心提出采购申请。

（2）对业务部门提出的采购需求，本单位内部应先进行审核和论证，保证按相关部门要求提供资料，结合内控制度按照各岗位职责，高效开展本单位的政府采购工作。

（3）政府采购岗位和人员相对稳定。各单位要从整体工作角度考虑，保持政府采购岗位和业务人员相对稳定，及时将财务中心下发的有关政府采购文件送达政府采购人员手中，使其了解政策，为本单位出谋划策，以利于本单位政府采购工作的开展。

（4）充分发挥各单位政府采购人员的作用。政府采购政策非常多，原则性很强，对政府采购工作人员从责任心、政策把握水平、学习能力到沟通能力都有较高的要求，岗位虽轻但责任重大，一旦出现问题往往是第一责任人。因此，一方面，单位要重视政府采购工作以及本单位相关人员的培养；另一方面，从事政府采购业务的人员要不断增强自身素质，在本单位起到政府采购政策宣传员、监督员的作用。

（三）重视政府采购预算执行的流程

提前制订科学、完整的采购需求；及时上报采购计划；及时确定采购产品的技术参数；合理确定采购方式，避免同一个采购项目经历公开招标、废标或流标，需要多次履行审批程序，或在采购过程中受到企业投诉，延长采购时间。

（四）加强政府采购的计划性

提前做好申报采购计划的前期论证工作。政府采购程序复杂、每个审批环节都必不可少，每个信息点都要审核，工作量大、质量要求高，这就要求各单位应尽量将工作往前赶，实行“错峰申报”，不要等到用时再提出采购申请。履行程序是需要工作时间的，提前做好采购的前期准备工作非常重要，特别是采购进口产品和单一来源产品，要做到项目需求明确，论证意见充分，条理清晰，理由合理，具有说服力，经得起社会的监督，减少反复修改资料或受到质疑情况的发生，提高工作效率。

（五）全口径编制上报政府采购计划和执行情况

政府采购包括货物、工程、服务三部分，申请采购国产产品时应先在财政部“采购计划管理系统”上填报计划，再报送纸质版采购申请；采购进口产品时在得到财务中心审核文件后，在财政部“采购计划管理系统”上按要求填报计划。在采购活动结束后及时将执行情况录入财政部“采购计划管理系统”，确保统计信息完整。

五、未来的工作重点

（一）不断完善政府采购规章制度的建设

1. 全面贯彻落实《政府采购法实施条例》

《政府采购法实施条例》自2015年3月1日起施行。其进一步促进了政府采购的规范化、法制化，构建了规范透明、公平竞争、监督到位、严格问责的政府采购工作机制，在程序上细化和完善了《政府采购法》。

2. 修订《国家体育总局政府采购管理实施办法》

结合《政府采购法实施条例》，根据相关的规章制度，修订《国家体育总局政府采购管理实施办法》，确保国家体育总局政府采购工作有法可依，有章可循。

3. 适时制定《体育总局系统进口产品采购管理办法》

拟从申报材料的上报时间、项目需求、申请理由、功能用途、进口与国产产品技术参数对比、专家论证、审核上报等方面进行详细规定。本办法适用于各单位使用财政性资金采购进口产品和设备的活动。

（二）明确采购人的主体责任

以《政府采购法实施条例》《政府信息公开条例》为依据，明确采购单位在采购需求制订、履约情况验收、内控制度建设、政策功能落实、采购信息公开五个方面的主体责任，加大对采购单位的监督力度，确保采购单位科学采购、廉洁采购、透明采购。

（三）全面推行进口产品“集中论证、统一批复”工作

该项工作包括各单位申报、财务中心整理汇总、专家论证、审核上报、财政部审核批复、装备中心采购执行六个环节。对各采购单位需求普遍、采购次数多的进口产品（同一品目或类别的货物或服务），财务中心集中组织专业人员论证，并集中向财政部提出申请，经财政部统一批复后各采购单位编制采购计划，进行采购。

（四）着力进行政府购买服务的管理

政府购买服务，是指通过发挥市场机制作用，把政府直接提供的一部分公共服务事项以及政府履职所需服务事项，按照一定的方式和程序，交由具备条件的社会力量和事业单位承担，并由政府根据合同约定向其支付费用。

首先，政府购买服务属于政府采购范围，执行政府采购的相关政策和程序。服务采购的范围大于政府购买服务。

其次，政府购买服务的主体是各级行政机关和具有行政管理职能的事业单位。不具有行政管理职能的事业单位不能作为政府购买服务的主体，却可以承接政府购买服务。公益一类事业单位既不属于政府购买服务的主体，也不属于承接主体，公益二类事业单位可以作为政府购买服务的承接主体。2020年之前，凡是公益二类事业单位承担且适宜由社会力量提供的服务事项，应当将财政拨款改为政府购买服务，积极推进采用竞争择优方式向事业单位购买服务，逐步减少向公益二类事业单位直接委托的购买服务事项。

最后，购买主体应当按要求填报购买服务项目表，并将列入集中采购目录或采购限额标准以上的政府购买服务项目同时反映在政府采购预算中，与部门预算一并报送财政部门审核。由公益二类事业单位承担且适宜由社会力量提供的服务事项，应当纳入政府购买服务指导性目录，根据条件逐步推行政府购买服务。

（五）全面推动政府采购信息公开工作

公开范围及主体：采购项目信息（采购人或采购代理机构）、监管处罚信息（财政部门）。

公开渠道：中国政府采购网及《中国财经报》《中国政府采购》等。

政府采购项目信息的公开内容：公开招标公告、资格预审公告、竞争性谈判公告、竞争性磋商公告、询价公告、采购预算、中标结果、采购文件、更正事项、采购合同、终止公告、单一来源公示、政府购买公共服务项目等。

六、结论

根据国务院于2015年颁布的《政府采购法实施条例》、财政部对政府采购工作的新要求，在总结日常工作中遇到的问题并进行梳理的基础上，本文提出具有前瞻性和指导性的建议。今后，我们将进一步做好政府采购政策的宣传，规范政府采购工作的管理，以期快速、高效地完成国家体育总局系统政府采购工作。

训练局后勤服务社会化改革分析

国家体育总局训练局　魏灵敏

摘要：近些年，竞技体育训练的科学化、专业化、系统化发展，对体育训练基地的后勤保障服务提出了越来越高的要求，而全民健身战略的开展，又给体育训练基地的保障工作带来了双重的压力。毋庸讳言的是，体育训练基地的后勤服务改革发展并没有跟上需求的发展变化，早期社会化淘汰了瓦、木、油等维修工种，这种初期的社会化雏形并没有带给我们更多警醒。随着人员退休潮的到来，后勤服务专业人员紧张的状况开始显现，而专业人员（主要是技术工人）的引进缺乏政策渠道，人才市场供给也存在一定难度，社会化改革的脚步已经到来。

体育训练基地后勤服务社会化，是深化体育事业发展改革的大势所趋。因此，不仅需要我们解放思想，实事求是，在充分调查研究的基础上稳步推进训练基地社会化改革，实现管理方式的平稳过渡，还要及时对出现的问题和困难进行研究分析，准确应对改革中出现的新问题，摸索出可持续发展的管理服务模式。

关键词：体育；训练基地；社会化

2008年北京奥运会以来，我国的体育训练基地如雨后春笋般建立起来，为竞技体育和全民健身的发展提供了良好的硬件基础。基地的良好运行，离不开后勤服务工作，如何使基地后勤服务管理工作跟上竞技体育科学化、专业化、系统化发展的步伐，适应经济社会新常态下全民健身运动的发展要求，是我们体育训练基地工作者需要考虑的问题。当前，随着社会工作专业分工越来越细，各种工作社会化的发展趋势相继呈现，体育训练基地后勤服务工作也到了社会化改革的“十字路口”。本文通过对训练局后勤服务社会化改革的分析思考，为体育训练基地的后勤服务工作提供一些借鉴。

一、训练局后勤服务工作面临的现状和困境

训练局始建于1951年，其前身是于1951年11月决定成立的中央体训班，随着1953年中央体育学院的成立，训练局经历了“中央体育学院竞技指导科”“国家体委运动员训练局”等多次变革，1997年更名为国家体育总局训练局，其基本职能也由管理运动队转变为服务运动队。

曾经很长一段时间，训练局作为“中国竞技体育的大本营”“中国奥运军团的大本营”，被世人誉为“世界冠军的摇篮”，在今天深化体育事业改革的新形势下，训练局要维持贺龙元帅说的“出人才、出成绩、出经验”的地位，还需要训练局人的不懈努力。

（一）训练局职能机构对后勤服务要求与人力资源现状的矛盾

1. 训练局的基本职能

训练局的基本职能是为国家队提供训练条件和后勤保障工作，促进体育事业发展。具体包括：

（1）负责为有关国家队提供训练场地；

（2）负责为有关国家队提供膳食、生活住宿、交通、康复

医疗等服务；

（3）负责为有关国家队运动员提供初等教育、中等教育及其他教育培训；

（4）利用相关设施和条件，为有关国家队提供科研服务；

（5）协助有关运动项目管理中心做好国家队运动员政治思想教育及相关管理工作；

（6）依法使用各种形式的固定资产并保值增值；

（7）国家体育总局交办的其他事项。

2. 训练局的机构设置

训练局设有14个处室：局办公室、党委办公室、人事处、财务处、保卫处、离退休干部处、场馆管理处、运动队综合服务处、膳食处、体能康复中心、基建维修处、行政处、运动学校、事业发展处。

3. 人员组成和人力资源情况

截至2017年初，训练局有正式员工251人（其中管理人员135人、工人81人、专业技术人员35人），编外人员132人，离退休人员431人，服务社会化人员190人。

人员学历结构方面，随着近年来不断招聘各专业的大学生等高学历人才，以及不断加强广大干部职工的业余学习和在职学习，目前，训练局干部职工的学历水平不断提高，涵盖工程、科学研究、卫生技术、教学、经济、会计、体育七种专业的人才。2017年，训练局正式员工中，有博士研究生学历2人，硕士研究生学历19人，本科学历107人，专科学历65人，高中及以下学历58人。管理人员135人中，有博士研究生学历1人，硕士研究生学历13人，本科学历72人，专科学历28人，高中及以下学历21人。

年龄结构方面，35岁及以下73人，36~40岁15人，41~45岁23人，46~50岁32人，51~55岁54人，56~59岁54人。

管理人员的年龄结构为中年管理群体较少，青年管理群体较多，中年管理群体的大部分为训练局的中层骨干力量，青年管理群体则作为后备力量，管理人员的年龄结构符合人才队伍发展规律；专业技术人员的年龄结构为35岁以下占绝对比重，尚未形成健康合理的以老带新、老中青三代相结合的年龄结构。工勤人员的年龄结构为大龄职工较多，老龄化严重，未来5年将有大量职工退休，故在工勤人员中形成良好的技术团队和培养现有中青年人才迫在眉睫。总体来看，50~59岁人员占比重最大，其次为35岁及以下人员，但35岁以上各年龄段人员呈递增趋势，中间年龄人员比重较小，大龄员工比重过大，“两头大、中间小”的不合理结构尚未彻底改变。

退休人员方面，未来5年，训练局将退休77人，其中管理人员38人，专业技术人员5人，工勤人员34人。除专业技术人员外，管理人员和工勤人员的退休人数总体呈下降趋势，工勤退休人员中高级工人占绝大多数。

（二）训练局驻训队伍新常态对后勤服务工作提出了更高要求

根据国家体育总局项目布局安排，训练局作为训练基地目前承担着我国夏季奥运会10个项目13支国家队的训练保障服务任务。中编办和国家体育总局批准的运动队编制为1281人，现训练局实际驻训运动员和教练员人数保持在800多人。

训练局在承担13支国家队训练生活服务保障的同时，还要保证国有资产的保值增值和近1000名在职职工、离退休职工收入的稳步增长，任务比较繁重，而相对应的是人员严重老龄化带来的人才短缺现象逐步凸显。2002年，开始将安全保卫工作委托给专业的保安公司；2008年，开始将运动员公寓、场馆的保洁委托给物业公司。自此，训练局的部分后勤服务工作逐步开始社会化。

2010年，日常维修工作开始实行社会化。

（三）训练局基地设施规模与后勤服务人力保障之间的矛盾

日常维修及能源系统设备运行保障工作社会化面临困境。一方面，基地规模比较大，所服务的运动队比较多，使得基地设施的日常维修工作比较重，能源系统保障所需专业技术工人数量比较大；另一方面，专业技术工人逐年退休，却得不到有效补充。只有协调处理好这两方面的矛盾，才能确保基地后勤服务工作社会化平稳过渡。

训练局总占地面积18.81万平方米，基地设施总建筑面积19.94万平方米。分东、西两个院，两院相距1.7千米，运动队乘坐班车往返东、西院。

1. 基地设施情况

东院训练区共有训练场馆12座，其中国家队专项训练场馆10座，为10个夏季奥运项目13支国家队提供日常训练场所。西院生活区共有2座公寓、1个运动员餐厅，为运动队提供住宿、餐饮等基本生活保障；在南、北网球馆附房分别设有运动员学校和运动员康复中心，为运动队提供文化学习和运动康复等服务保障。

2. 基地能源保障设施及人员现状

训练局基地能源保障工作由基建维修处负责，主要工作包括自来水、生活热水（包括地热水）、排水（含雨水、污水）、供电、采暖（含锅炉采暖、市政热力采暖、泳池加温）、空调、天然气、通信共八大系统及其他设备设施（如电梯、房屋维修等）的运行维护、日常维修等。目前，需要按规定执行24小时运行值班的系统站点有供电、采暖、空调及生活热水，西院南、北公寓高层供水为无人值守，其余站点主要分布在西院总配电室、西院空调冷站、西院换热站（含生活热水）、东院总配电室、东院东区空调冷站、东院西区空调冷站（含地热水）、大锅炉房、12楼锅炉房，共需运行值班人员52人。

训练局能源系统设备运行值班及日常维修工作一直由训练局的职工（包括正式工和合同工）承担。随着人员老龄化和退休减员，2010年，维修运行处开始进行社会化改革，将不适宜高龄工人执行的日常维修工作委托给社会企业承担，将原来负责瓦、木、油维修的人员通过培训转岗为空调、采暖的运行值班人员，同时，利用空调和采暖季节不同，实行了空调和采暖冬、夏季转岗，进一步缩减了值班人员数量。这一举措极大地缓解了因退休减员造成的人员不足的矛盾，也为训练局社会化改革之路进行了有益的尝试。

随着退休人员进一步增多，值班岗位缺岗情况也逐步出现，自2014年开始，采暖、电力等值班岗位相继出现缺岗情况，只能采取返聘退休人员和合并值班（电力）等方式临时解决人力不足问题，到2017年底，值班缺岗人数达32人，临时方法已经无法保证值班需要了。

二、训练局社会化改革的深入探索

为加强训练局基建维修和设备运行管理工作，推动运行维修社会化改革，2014年4月2日开始，由训练局领导任组长、基建维修处相关同志任组员的调研小组，分别对国家体育总局直属单位自行车击剑运动管理中心、射击射箭运动管理中心进行了为期两天的调研。调研期间，通过座谈研讨的形式，调研小组分别与两个基地就基建维修管理模式、人员配置、社会化管理等方面进行了深入探讨。

（一）调研情况

1. 自行车击剑运动管理中心的情况

自行车击剑运动管理中心共有两个园区（老山园区和现代五项园区），总占地面积44.4公顷，建筑面积10万平方米。自行车击剑运动管理中心内设17个处室，现有正式编制170人，其中场馆部21人，主要承担体育事业管理、竞赛、国家队训练保障、全民健身功能、国际交流等职责。

2. 射击射箭运动管理中心的情况

射击射箭运动管理中心由综合训练馆、运动员公寓、科研业务楼等场馆组成，总占地面积32公顷，建筑面积11万平方米。射击射箭运动管理中心内设13个处级行政部门，主要承担我国射击、射箭运动的业务管理职能，统一管理全国射击与射箭项目发展规划、运动队伍建设、全国竞赛组织、与国际单项体育协会联络、国家队训练、竞赛和保障等工作。

3. 对比分析

从调研情况可以看出，这两个项目中心所实行的均是大物业管理模式，这与两个项目中心设备运行值班人员和维修人员基本退休完毕的现实情况是相适应的。这两个项目中心的大物业管理模式是将所有的设备运行、值班维护、场馆服务、日常维修、保洁、绿化维护、专业维保、会议服务等服务内容委托给一家具备相关专业资质的物业公司，具有责任明确、便于管理、专业化程度高、费用节省等优点，但日常维修的不确定性造成项目中心与物业公司在日常维修工作的责任方面存在较多分歧，容易出现维修不及时的情况。

（二）训练局后勤服务社会化深入推进

训练局历史悠久，在体育训练基地管理上有着丰富的经验，这是优势，也是局限性所在，因此，开展后勤服务社会化工作，要从训练局自身的具体情况出发，在调查研究的基础上走符合自身实际的后勤服务社会化之路，不能生搬硬套，把别人的模式和经验直接拿过来用。从目前训练局社会化进程来看，这是符合实事求是、依法依规、稳步推进、平稳过渡的基本原则的。

（1）2002年，训练局将安全保卫工作委托给专业保安公司，这是训练局后勤服务工作社会化的起点。

（2）2008年，训练局因运动员公寓、场馆等服务人员退休人数增多，将公寓、场馆的保洁服务委托给物业公司，后又增加运动员食堂、公共区域（室内）的保洁服务，并采取集中采购方式委托给同一家物业公司。同期实行社会化的还有绿化维保。

（3）2010年，训练局在调研的基础上，经过反复论证，将日常维修及电梯、网络等专业维保委托给社会专业公司。

（4）2016年，训练局再次经过调研，使能源系统设备运行值班以逐步推进的方式社会化。

三、对训练局后勤服务工作社会化的思考和建议

（一）思考

（1）训练局后勤服务工作社会化进程缓慢而分散，缺乏系统考虑和总体设计，其原因不仅仅是人员逐步老龄化，其实更重要的还是认识上的，如担心改革会影响自身利益；“‘狼’还没有来，到时再说”的等待思想；“事不关己，高高挂起”的思想。此外，还有机构设置与职能不适应等问题，因此，不能形成共识提早考虑，也就不能系统研究社会化问题。

（2）单位发展规划对基地后勤服务工作社会化有着重大影

响，而训练局恰恰多年没有编制相对长远的、科学的发展规划。

（3）训练局的后勤服务社会化虽然已经进入深水区，过渡衔接还算顺畅，但相应的配套制度还很不完善，需要在实践中不断完善。

（二）建议

（1）单位发展规划是指导一个单位长远可持续发展的指导性文件，应当认真编制，尽可能考虑得长远。

（2）按照单位发展规划，需要采取社会化方式时，应提早进行调查研究、系统考虑、总体设计。

（3）要根据本单位的实际情况具体分析，找出适合本单位实际的方案和步骤，不能生搬硬套，同时要注重相关制度建设。

体育产业
发展研究

安阳航校通用航空经营工作现状与对策研究

国家体育总局安阳航空运动学校　李志业

摘要：本文结合单位和自身工作实际，以科学发展观和习近平总书记系列讲话精神为指导思想，运用马克思列宁主义的基本原理、观点和方法介绍了安阳航空运动学校（以下简称“安阳航校”）通用航空经营开发工作的内容、规模和模式，强调了经营开发工作在促进安阳航空运动学校国有资产增值保值、有效弥补事业经费不足和调动员工工作积极性方面的重要意义，分析了通用航空经营工作中存在的业务量不足、新业务开发不够和薪酬制度不完善的问题，并有针对性地提出了加大宣传力度、开发新业务和完善薪酬制度等建议。

关键词：通用航空；经营开发；对策

航空运动是我国体育事业中不可缺少的一环，通用航空是我国民航事业中的重要组成部分。多年来，安阳航校在大力开展航空运动的基础上，积极发展通用航空业务，并以通用航空经营创收为重要手段反哺航空运动事业。因此，如何充分利用安阳航校的巨大航空资源和优势，逐步改进通用航空经营开发工作，推进经营创收效益的不断提高，是我们应该不断思考和努力探索的课题。

一、航空运动和通用航空

航空运动是利用飞行器或其他器械在空中进行的一项运动，它是伴随着飞行器的诞生和发展而开展起来的，在我国是一项新兴的体育运动。目前，我国正式开展的航空运动有运动飞机、热气球、滑翔、飞机跳伞、轻小型无人驾驶航空器、航空模型六大类共26个运动项目。通用航空是民用航空的重要组成部分，是指军事、警务、海关缉私飞行和公共航空运输飞行以外的航空活动，包括工业、农业、林业、渔业和建筑业的作业飞行及医疗卫生、抢险救灾、气象探测、海洋监测、科学实验、教育训练、文化体育等方面的飞行活动。由此可见，航空运动属于通用航空（以下简称“通航”）的范畴。

二、安阳航校的通航业务概况

安阳航校创建于1955年，是国家体育总局直属的航空体育事业单位，也是中国航空运动协会最大的航空体育训练和比赛中心。安阳航校常年承担国内外跳伞、滑翔、轻型飞机、直升机、热气球、动力伞、航空模型等项目的训练比赛、航空表演和普及航空科学知识等任务，为促进我国的航空体育事业全面发展做出了巨大贡献。

为适应航空体育改革的要求，逐步由事业型转换为经营型，根据《国务院关于通用航空管理的暂行规定》的要求，安阳航校于2000年向民航局申请成立了具有民航甲类资质的安阳通用航空有限责任公司（以下简称“安阳通航公司”），所有的通航业务都以公司的名义开展，安阳通航公司目前主要开展的业务为通航培训、通航作业和航空器代管等。

三、安阳航校通用航空经营工作现状

安阳航校通航资源十分丰富，优势也很明显。经过几十年的不懈努力，安阳航校形成了运行效果良好的发展模式，不仅有力地保障了航空体育事业的发展，也探索出了一条多样化的通用航空发展之路。

（一）主要通航经营业务及规模

安阳航校主要开展通航培训、通航作业及航空器代管业务。

1. 通航培训

通航培训包括飞行培训和机务维修培训。

（1）飞行培训。安阳航校是民航局批准的民用航空器飞行驾驶执照培训单位。自1992年开始，安阳航校自筹资金引进国外轻型飞机和直升机，借鉴国外经验积极开展私用驾驶执照培训工作。在多年飞行培训工作中，安阳航校积累了丰富的教学经验，飞行员低空、夜航、机动飞行等方面已成为安阳航校飞行培训的巨大优势。开展飞行培训工作以来，安阳航校不仅为我国空军、海军代训了大批的飞行学员，而且先后为日本、斯洛文尼亚、纳米比亚、肯尼亚、柬埔寨等国家和国内有关单位培养飞行员近两千人。

（2）机务维修培训。安阳航校也是民航局批准的维修培训机构之一，可开展航空机务维修人员培训业务。目前，多数航校或者通航公司不具备培训维修人员的资质，维修人员除以招聘方式获得，另外一个重要途径就是委派培训。安阳航校于2011年获得了民航147部“维修培训机构”资质，可开展多个机型、多个类别的机务维修人员培训业务。2011年11月首次开班以来，凭借高素质的教员队伍和完善的教学设施设备，安阳航校已成功举办各类机型培训班38期，培训维修人员326人，为我国60余家通航企事业单位输送了大量优秀的机务维修人才。

2. 通航作业

近年来，随着经济社会发展水平的提高，通航作业逐渐走进人们的视野，尤其是农、林业中使用航空器进行相关生产工作已不再是新闻，其逐步淘汰了过去依靠人力为主的传统作业方式，节省了大量人力、物力和财力，受到越来越多农、林业从业人员的欢迎。安阳航校从20世纪50年代末就开始进行农、林业等通航作业飞行，安阳航校使用飞机在北京、天津、河南、河北、山东等地进行播种造林、喷洒农药等作业服务，以“银鹰绘出千山绿，拼搏精神传太行”的精神，得到农、林业等部门的好评，为再造祖国秀美山川做出了积极贡献。安阳航校的直升机也先后飞越了全国20多个省、自治区、直辖市，配合央视和地方媒体圆满地完成了多次影视记录的拍摄任务，充分显示了航空拍摄的独特性能和魅力。安阳航校良好的技术水平和运行状况，也吸引了中国空空导弹研究院、中国电子科技集团、中国测绘科学研究院等军工企业和科研机构前来进行产品实验、测绘、试飞等任务，为保障我国国防建设和科研工作做出了一定的贡献。

3. 航空器代管

安阳航校具有许多得天独厚的航空优势和资源，组织实施通航飞行活动比较顺畅。航校机场有两条1000米×60米的南北向跑道，可供中小型飞机降落。机场内设施齐全、功能完善；气象条件优越，每年可飞天气约300天；机场净空保护状况良好，周围无严重影响飞行安全的障碍物；机场半径10 000米以内，高度3000米以下为报告空域，空域使用相对容易；专技人员业务水平高，保障服务能力强。因此，安阳航校吸引了全国各地的公用、私用航空器拥有者和运营者落户，安阳航校提供代管服务，实现其安全、便利、快捷飞行的愿望。近年来，相继代管了安阳市政府、河北林业局、北京贯辰公司、河南宏力集团及深圳民营企业家等多家单位和个人的累计8种机型共11架航空器。

（二）通航业务经营开发模式

安阳航校通航业务经营开发工作的实施目前以安阳通航公司办公室为主，安阳航校经营处进行指导管理。安阳航校地处河南，内陆腹地的地理位置决定了其市场开放性和活跃性较低；安阳航校的人员平均年龄较大，传统观念浓厚，市场经济思维较为欠缺，这些现象在经营开发具体手段方面表现得十分明显。目前，安阳航校的通航业务经营开发手段单一，以官方网站宣传为主，来电介绍为辅，无商业广告投放，无专职人员负责开拓市场。因此，通航业务中老客户、老客户介绍的新客户以及通过网站或电话咨询方式前来的新客户占绝大多数。

四、安阳航校开展通航业务经营开发工作的意义

（一）保持国有资产保值增值

中国国家跳伞队每年4月—11月在安阳航校集训，其余时间回地方跳伞队进行训练或不再训练，即使在4月—11月的训练期间也有若干在外地训练和比赛的时间。安阳航校目前有21架运营航空器，其中的10架可用于保障国家跳伞队训练或比赛。按照每跳伞日2架飞机训练、1架飞机备用的安排，仍富余多架航空器。同时，飞行员和机务维修人员也有富余，机场设施设备也存在一定的闲置现象，国家跳伞队不在安阳航校训练期间，这种软硬件闲置的情况更加严重。因此，在运行和保障程度远未达到饱和的情况下，开展通航经营工作可以提高国有资产的利用率，达到国有资产保值增值的目的。

（二）有效弥补事业经费不足

安阳航校每年收到的上级财政拨款有限，其中直接用于航空运动的财政拨款并不多。如果没有足够的经费作为保障，航空运动事业的发展必然举步维艰。此外，财政拨款的使用管理也非常严格，如国家跳伞队需要临时支出一笔并不在预算内的项目费用，那么财政拨款针对此特殊情况并无有效解决办法。但安阳航校有了通航经营业务以后，就可以拿出创收费用来弥补事业经费的不足，经费使用方面也相对灵活，以上问题均可迎刃而解。

（三）调动员工的工作积极性

安阳航校员工的工资待遇实行属地管理，河南省人社厅对安阳航校的绩效工资有总额的规定限制。据安阳航校人事部门介绍，上级财政拨款中用于员工工资的部分并不多，相当于河南省平均工资水平，离河南省人社厅的规定总额还有较大差距。安阳航校干部职工从事的航空行业是比较特殊的行业，该行业本身科技含量较高，运行风险较大，对人员技术水平和安全管理水平的要求极其严格。在市场经济高度发展的今天，如果从业人员工资待遇仅仅和平均工资水平持平，那么人才缺失将不可避免，日常运行将无法维系，行业发展更无从谈起。安阳航校通过经营创收的手段使员工的工资待遇逐步接近规定总额，极大地调动了员工的工作积极性。

五、安阳航校通航业务经营开发工作存在的问题

在我国通航产业尚未起步的时期，安阳航校以良好的技术水平和优秀的行业信誉受到了广大客户的青睐，此时的通航业务无须经营开发即能满足创收的需要。但我们必须意识到，这种单一

的经营开发手段在市场经济快速发展的今天已远远不能满足创收的需要，现行通航业务经营开发工作也存在多方面的问题。

（一）现有业务量不足，仍需加大经营力度

目前安阳航校现有业务量不足的现象已较为明显。通航产业是受国家政策影响十分明显的产业，我国于2010年开始实施低空空域管理改革，安阳航校的飞行通航业务曾因此一度异常火热，但因空域管理改革进展十分缓慢，通航飞行仍然比较困难，所以整个通航产业的发展逐渐降温。2014年安阳航校的通航飞行量曾达6654小时，2016年则下降到5050小时。近年来，安阳航校的飞行培训业务量呈下滑趋势，通航作业量也无明显增长，航空器代管更是全面下降。因此必须千方百计加大经营开发力度以提升现有业务量。

（二）新业务开发不够，业务潜力尚待挖掘

近些年，安阳航校的通航业务仅有部分升级，新业务开发较少。以通航培训为例，安阳航校先后于2010年和2016年获得了直升机教员等级资质和固定翼商用驾驶员执照资质，此资质只是为原有飞行培训业务锦上添花，并非新业务。唯有2011年开展的机务维修人员培训是新开发的业务，成为通航业务的新亮点，丰富了经营渠道，提高了经济效益。因此，在现有业务量不足的情况下，更要注重挖掘业务潜力，结合市场需求开发出新的通航产品和服务。

（三）薪酬制度不完善，员工工作积极性仍需提高

安阳航校的事业单位性质决定了其薪酬制度比较固化，员工工资待遇相对稳定，无法做到绝对的公平合理。以经营开发工作为例，每个人的工作态度、工作量和业务成绩并不与其工资待遇

挂钩，无论工作态度好坏、工作量多少和业务成绩高低，每人的工资收入都是固定的。没有相应的激励或奖惩措施，就无法促使员工尽最大努力把工作做好，这种不完善的薪酬制度必然降低员工的工作积极性。

六、改进安阳航校通用航空经营工作的建议

随着我国低空空域管理改革的逐步实施，社会资本争相进入通航产业，通航企业如雨后春笋般崛起。这些新兴的通航企业经营开发手段灵活多样，创收业绩突出，与安阳航校的通航业务逐渐形成了竞争。因此，我们必须正视自身存在的问题，积极采取措施并尽快落实解决。

（一）加大宣传推介力度，提高安阳航校在行业中的竞争力

加大对安阳航校的宣传推介力度不但要利用传统媒体，更要广泛利用新媒体。要和电视、报纸、杂志等传统媒体开展合作，有针对性地投放广告；更要利用新媒体技术，将互联网和通用航空紧密结合起来，打造“互联网+通航”的信息服务平台，使安阳航校的通航业务能够紧跟时代发展，如利用微信、微博等方式对安阳航校进行宣传。这些互联网新媒体深受年轻人和商务人士的欢迎，而这类人群正是我们的目标客户，采用这一方式有助于安阳航校和这些群体之间的互动交流，无形中宣传了安阳航校，有利于通航业务的开展，同时借助他们的力量也可进一步扩大安阳航校在行业中的知名度和影响力。

（二）充分挖掘新业务，精心塑造品牌

要挖掘潜力开发新业务，不断壮大企业资质，扩大经营范

围，不仅要做到“人有我优”，还要做到“人无我有”，并把新业务打造成精品。比如，利用安阳豫东北支线机场建设的契机，开发该支线机场经停安阳航校机场至安阳林州机场的短途运输或观光游览线路。开拓和尝试如空中巡查、航空物探、人工降雨、气象探测等效益好的业务。在探索新业务的过程中，一定要稳扎稳打，使每个新开发的业务都能成为安阳航校的品牌，逐步建立新业务在行业中的优势地位，以专业水准和优质服务吸引客户前往安阳航校进行业务合作。

（三）完善薪酬制度，调动员工工作积极性

建立和完善与员工岗位职责、工作业绩、实际贡献紧密联系和鼓励创新的分配激励机制，全面、公平、准确地体现出员工的综合表现，充分发挥工资分配的激励导向作用。通过规范收入分配秩序，建立科学的绩效考核制度，优绩优酬，奖罚分明，激励先进，鞭挞后退，形成一套行之有效的考核激励办法，不断调动并提高员工的工作积极性，促使员工带着责任和服务意识、朝着美好目标努力工作，将经营开发工作做到极致。

发展通航业务是安阳航校经营开发工作的重中之重，安阳航校应努力增强新时期通航经营开发工作的紧迫性和危机感，制定切实可行的新制度、新措施；加大宣传推介力度，提升行业竞争力；开发新产品、新服务，并逐步打造成有影响力的行业品牌；不断完善薪酬制度，充分调动员工工作积极性。只有这样，安阳航校的通用航空经营开发工作才能取得长足发展，才能实现国有资产保值增值的目的，有效弥补经费不足，反哺航空运动事业，促使员工积极献身航空体育事业，为实现“体育强国梦”贡献自己的一分力量。

大数据在兴奋剂检查领域的应用展望

国家体育总局反兴奋剂中心　凌　琳

摘要： 大数据是目前世界范围内的热点研究领域，本文介绍了大数据的基本概念及国内外的发展情况，并结合实际工作分析了大数据在兴奋剂检查领域的应用前景：大数据的应用对于分析和预测潜在的使用兴奋剂的对象、实施情报导向的兴奋剂检查、兴奋剂检查监督和检查官管理等方面有着重要的作用，有利于提升兴奋剂检查领域的信息管理和分析水平，提升工作质量，从而实现兴奋剂检查领域的创新发展。

关键词： 大数据；兴奋剂检查

党的十八大明确提出“实施创新驱动发展战略”的伟大构想，并指出“科技创新是提高社会生产力和综合国力的战略支撑，必须摆在国家发展全局的核心位置”的重要方针政策。如何实现创新发展是各行各业工作者面临的问题。

近年来，大数据浪潮以排山倒海之势席卷全球，提供了巨大的机遇。探索将大数据应用于反兴奋剂工作领域，推动反兴奋剂工作的科学化、精准化，加强反兴奋剂工作的有效性，是一个创新的尝试。

一、大数据概述

大数据的历史由来已久，早在大数据进入日常民众的视野之前，它在天文学、物理学、生物学、环境生态学、军事、金融、通信等领域和行业早已存在。随着现代信息技术革命，信息存储能力指数式地井喷发展，信息爆炸使数据积累到了一个开始引发变革的程度，大数据获得赖以发展和壮大的土壤，并日益进入人们的日常生活，引起人们的关注。现代信息技术，尤其是互联网、物联网、云计算的发展，使得现在我们的世界每时每刻都在产生着无数的数据，它们以文字、图片、音频、视频、代码等各种形式被采集、发布、储存和分析。这些数据比人类社会进入信息时代之前所产生的数据总和还要多，它们汇集成数据的洪流，正在深刻影响和改变我们的社会、生产和生活。可以说，数据已经渗透于当今每一个行业和业务职能领域，成为重要的生产因素。

（一）什么是大数据

2008年9月，《自然》杂志发表了“大数据”专刊，提出了“大数据”这一专有名词，并将其定义为代表着人类认知过程的进步，数据集的规模是无法在可容忍的时间内用目前的技术、方法和理论去获取、管理、处理的数据。事实上，大数据是一个抽象的概念，其定义并没有一个统一的说法。我国政府对大数据的定义是：“以容量大、类型多、存取速度快、应用价值高为主要特征的数据集合，正快速发展为对数量巨大、来源分散、格式多样的数据进行采集、存储和关联分析，从中发现新知识、创造新价值、提升新能力的新一代信息技术和服务业态。”

（二）大数据的特征

埃德·顿姆比尔认为，大数据有大量（Volume）、高速（Velocity）与多样（Variety）的特征。国际数据公司（International Data Corporation，IDC）认为大数据具有价值性（Value），国际商业机器公司（International Business Machines Corporation，IBM）认为大数据还具有真实性（Veracity），这样就形成了以下“5V”的概念（图1）。

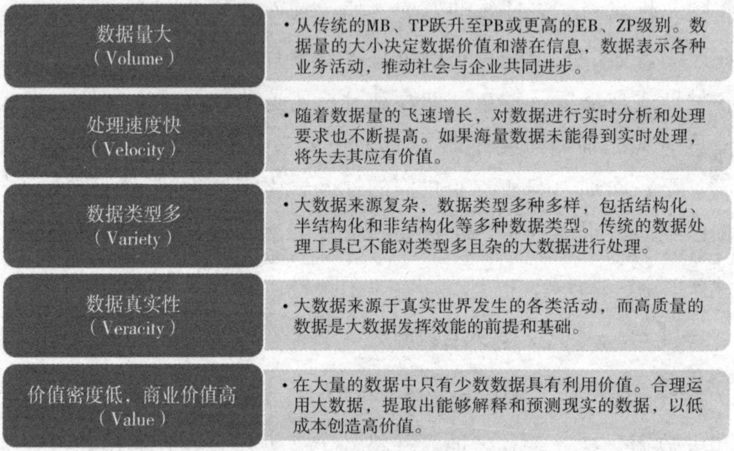

图1　大数据的“5V”特征

（三）大数据的意义

1. 大数据是技术变革

应用大数据的本质是信息爆炸时代对数据的核心价值的再挖掘，是继云计算、物联网之后，计算机科学的又一次颠覆性技术变革。大数据技术的战略意义不在于掌握庞大的数据信息，而在于对这些数据进行专业化处理。如果把大数据比作一种产业，那么这种产业实现盈利的关键，在于提高对数据的“加工能力”，通过“加工”实现数据的“增值”。

2. 大数据是思维模式的变革

英国著名的大数据研究学者维克托·迈尔–舍恩伯格与肯尼斯·库克耶合著了《大数据时代：生活、工作与思维的大变革》一书。书中认为大数据将使人们的思维模式发生变革：

（1）大数据的数据全面性较以往大大增加。在大数据时代，我们不再依赖于随机采样，而是可以分析更多的数据，有时候甚至可以处理和某个特别现象相关的所有数据。

（2）大数据强调的不是精确性，而是混杂性。小数据时代，我们需要分析的数据很少，所以必须尽可能精确地量化数据，但随着数据规模的扩大，我们不再热衷于追求精确度。拥有了大数据，我们只要掌握了大体的发展方向即可，适当忽略微观层面上的精确度，会让我们在宏观层面拥有更好的洞察力。

（3）大数据的出现使得人们可以越过因果关系，直接追寻相关关系。相关关系的意义是可以明确地告诉我们某件事情正在发生或已经发生，这超越了我们惯常的从因果关系推导出结论的思维模式。

3. 大数据的价值

大数据价值链可分为四个阶段：数据生成、数据采集、数据储存和数据分析。数据分析是大数据价值链的最后也是最重要的阶段，是大数据价值的实现，是大数据应用的基础，其目的在于提取有用价值，提供论断建议或支持决策。通过对不同领域数据收集进行分析可能会产生不同级别的潜在价值。

大数据的核心功能是预测，它通过把海量的数据运用数学算法进行计算来预测事情发生的可能性。系统接受的数据越多，就越有利于做出精确和有效的判断。预测和预判是我们在现实各个领域都需要的功能，基于大数据的预判能够帮助我们做出更加科学和有指导性的判断，从而提升决策的质量。

4. 大数据的宏观意义

从历史观来看，大数据的内涵远远超越物联网、云计算等信息技术的概念，它的意义可以比肩活字印刷术的发明，大范围地消除信息不对称的现象，释放巨大的生产力，深刻改变社会的面貌，提升国家治理能力，革新科学研究的思想，促进产业间的跨界、融合和颠覆，并将极大地促进文明的传播、凝聚和升华。从国家治理层面看，大数据将是保障国家安全、社会治理和推动经济发展的恒久主题。

（四）目前大数据的政策、研究和应用情况

美国从2009年至今全面开放了40万联邦政府原始数据集。美国政府数据库（Data.gov）宣布采用新"开源政府平台"管理数据，代码将向各国开发者开放。奥巴马政府将"大数据战略"上升为最高国策，认为大数据是"未来的新石油"，将对数据的占有和控制作为陆权、海权、空权之外的另一种国家核心能力。目前世界各国的大数据策略存在以下三个共同点：一是推动大数据全产业链的应用；二是数据开放与信息安全并重；三是政府与社会力量共同推动大数据应用。

大数据的研究和应用在国际、国内各个领域方兴未艾。事实上，大数据的研究与应用已经在互联网、商业智能、咨询与服务及医疗服务、零售、金融、通信等行业显现，并产生了巨大的社会价值和产业空间。来自麦肯锡2012年大数据报告中的一组数据显示，大数据产业为美国医疗系统带来每年3000亿美元的收益；为欧洲公共管理部门带来2500亿欧元的收益；为零售业增加60%的净利润；为制造业减少50%的产品研发成本。根据国际数据公司（IDC）等咨询机构预测，2020年，全球的大数据核心产业规模约为600亿美元。全球大数据产业规模（2011—2026年）如图2所示。

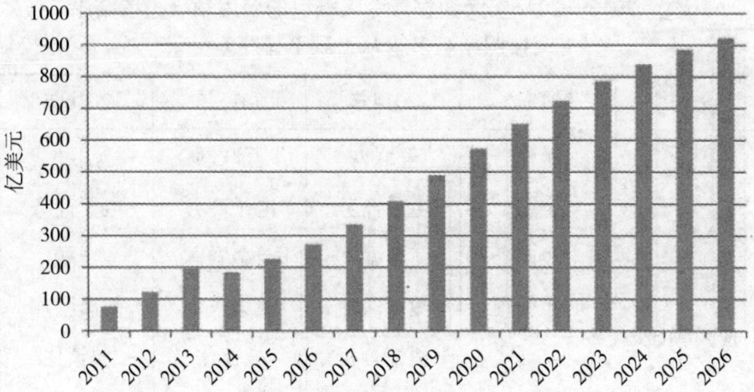

图2　全球大数据产业规模（2011—2026年）

从图2的统计数据很容易看出大数据的应用之广、价值之大。目前，国外的大数据研究工作主要集中在如何进行大数据存储、处理、分析及管理的技术和软件应用上。

与国外相比，国内的大数据产业正处在起步和快速发展阶段，尽管起步较国外晚，但是由于近年来国内信息和金融等产业的高速发展，大数据的发展速度惊人。我国从2013年开始进行大数据专项研究，2014年，国内主要互联网公司已将大数据应用于相关业务中，取得了巨大的经济和社会效益。百度、阿里、腾讯、360等互联网企业依靠自身的数据优势，均已将大数据作为公司的重要战略。大数据正在从理论走向实践，从专业领域走向全民应用的阶段。表1显示了2013—2016年大数据最令人瞩目的应用领域。

表1 2013—2016年大数据最令人瞩目的应用领域投票结果
（按照票数多少从上到下排序）

年份	2013年	2014年	2015年	2016年
应用领域	医疗 金融 电子商务 城市管理	互联网 电子商务 金融 健康医疗 舆情分析 情报分析	互联网 电子商务 金融 健康医疗 城镇化 智慧城市 社会安全 犯罪侦查	互联网 电子商务 金融 健康医疗 城镇化 智慧城市 舆情分析 情报分析

国务院于2015年8月31日印发了《促进大数据发展行动纲要》，进一步从政府层面对大数据的发展起到了巨大的推动作用，成为产业快速发展的催化剂和政策标杆。据预测，到2020年，中国数据产业市场将达到2万亿元以上规模。

二、大数据在兴奋剂检查领域的应用需求

兴奋剂检查是指兴奋剂检查计划的制订和实施的过程，包括制订检查计划、采集样本、收集样本及将样本运送至实验室。兴奋剂检查是反兴奋剂工作的重要组成部分，作为反兴奋剂工作的传统和基础手段，在反兴奋剂领域发挥着重要的作用。

（一）兴奋剂检查数据管理现状

我国的兴奋剂检查工作自1990年开始正式实施，近年来每年兴奋剂检查数量为14 000~17 000例，至今已积累了大量相关数

据。尤其是2005年开始使用中国反兴奋剂管理系统（CADAMS），对兴奋剂检查相关数据进行信息化管理。近年来，使用世界反兴奋剂机构的反兴奋剂管理系统（ADAMS）陆续开始对运动员行踪信息、检查和检测信息实施信息化管理，为大数据分析提供了基础。兴奋剂检查相关数据情况汇总见表2。

表2　兴奋剂检查相关数据情况汇总

数据类型	数据性质	数据量	管理方式	管理系统
兴奋剂检查记录	文字	小	数字化	ADAMS，CADAMS
运动员档案	文字、图片	中	数字化	ADAMS，CADAMS
运动员行踪信息	文字	小	数字化	ADAMS
运动员生物护照信息	文字、图片	较大	数字化	ADAMS
运动员检测信息	文字	小	数字化	ADAMS
检查计划	文字	小	数字化	CADAMS
检查官管理信息	文字	小	数字化	CADAMS
检查资金信息	文字	小	数字化	CADAMS
检查物资信息	文字	小	数字化	CADAMS
运动员检查异常信息	文字、音频、视频等	—	部分数字化	CADAMS，部分无
情报信息	文字	小	纸质文档、Excel表格	无
兴奋剂检查监督信息	文字、视频	大	原始文档、Excel表格、视频档案	无
检查官工作报告信息	文档	小	原始文档、Excel表格	无
风险评估信息	文字	小	Excel表格	无
运动员成绩信息	文字	中	原始文档、Excel表格	无

表2显示了目前兴奋剂检查相关数据的管理情况，可以看到，目前兴奋剂检查数据的管理主要是基于小数据时代的传统数据管理，其管理模式主要存在以下问题：

（1）部分信息未实施数据化管理，将导致这些信息的管理和使用效率低下，并使得数据分析工作开展困难；

（2）不同信息分别使用不同的系统进行管理，导致数据之间共享和分析难度较大；

（3）由于大量非结构化数据（如视频）未使用信息系统进行管理，使得管理时间成本高，数据分析和有效信息的提取难度大；

（4）现有信息管理系统仅具备数据统计功能，数据分析功能并不完善，部分模块的数据分析功能缺失。

（二）大数据应用于兴奋剂检查领域的需求

大数据应用于兴奋剂检查领域的需求主要基于以下两点。

（1）现有的数据管理和分析模式已经不能完全满足实际工作的需求：兴奋剂检查相关信息种类多样、来源丰富，目前的数据管理呈现碎片化的形式，由多个系统同时管理，数据之间互不联通，还有部分数据未使用数字化管理。此外，现有数据类型呈多样化趋势，既有文档，也有图片、视频、音频等，结构化、半结构化以及非结构化的数据并存，对这些数据的综合分析必须借助大数据来完成。

（2）大数据有助于深入挖掘数据的价值，发现更多有价值的信息。与传统的随机采样数据相比，大数据由于其数据范围的全面性大大提升，因此为我们带来了更高的精确性，也让我们看到了一些以前无法发现的细节——大数据让我们更清楚地看到了样本无法揭示的细节信息。

（三）大数据应用于兴奋剂检查领域的重要性分析

（1）大数据的应用将有利于综合管理兴奋剂检查各类相关信息，提升数据管理和处理能力，并深入挖掘数据的潜力，大大提升数据分析能力，为制定工作战略和方案提供更为精确和有效的数据支持。

（2）大数据的应用将有利于数据交流和共享，不仅包括反兴奋剂领域内部信息共享，还可能与其他反兴奋剂组织建立信息合作与共享战略。一方面有利于扩大国际合作，增强我国反兴奋剂工作在世界范围内的信誉和公信力；另一方面也可以使我们掌握的信息更为全面，以制定更为有效的兴奋剂检查规划。

三、大数据在兴奋剂检查领域应用的展望

（一）大数据分析和预测潜在的使用兴奋剂的对象

预测潜在的使用兴奋剂的对象是反兴奋剂工作的重要内容，这一研究的意义在于：反兴奋剂工作的主要目标是对这一群体实施威慑，采取各种手段迫使其放弃使用兴奋剂或者发现其使用兴奋剂的行为。对这一群体数量、类别、行为模式等的一系列研究对制定兴奋剂检查规划有极为重要的指导意义。

传统上，我们通常采用抽样统计的方式对以上群体实施摸底调查，但这种调查方式存在以下局限性：一是样本量小，无法保证结果准确。二是调查覆盖面可能不足，或接受调查的人员类别比例可能存在偏差，导致调查结论不适用于全体层面。三是调查结论的准确性有待商榷，这是因为受访者在面临让其感觉到道德压力的问题时，有可能做出偏离其真实意愿的回答。在此前的研究中就存在类似的现象，如《中国部分项目运动员对兴奋剂的态度和意向》一文表明，过高的社会期待效应会让被试者在答卷

时有过分表白自己、隐瞒真实态度、希望获得较高社会评价的倾向；使用兴奋剂是冒险和违法行为，对某些运动队和运动员来说是十分敏感的问题。在量表发放过程中，某顶尖自行车队的官员明确表示拒绝合作，而同意合作的一些运动队，又出现上述敷衍塞责的现象，这不得不引起我们的深思。

如何获得更为真实而丰富的数据？在大数据时代我们有了更多的选择，从而得以跳出小数据时代抽样调查的思维模式。下面我们来看看大数据可能为我们展示的一些丰富的细节。

图3为查看2011年1月1日至2017年7月1日之间关于“兴奋剂”这一关键词的百度搜索指数。数据显示：搜索指数基本稳定在每日400~700，两次搜索指数峰值均出现在奥运会开幕前夕。2016年8月7日—8月13日，因“俄罗斯兴奋剂事件”与里约奥运会效应叠加，“兴奋剂”一词的搜索指数出现了有史以来的极值，达到单日14 142。此外，2015年因国际田联兴奋剂问题曝光，田径世锦赛在我国举办期间“兴奋剂”的搜索指数略有上升，其他时段则与其他大型比赛（如全运会等）无明显正相关。

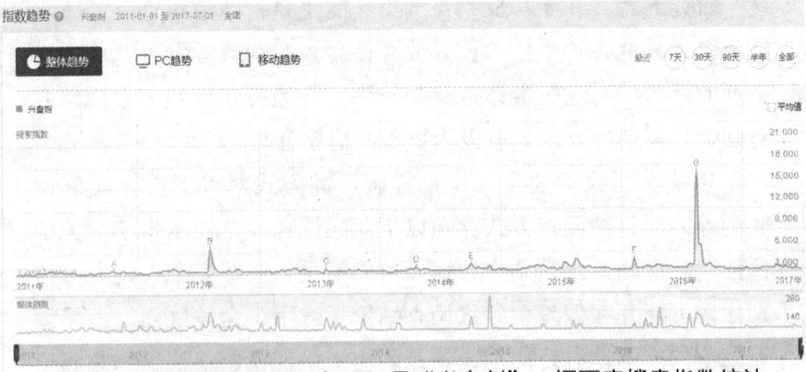

图3　2011年1月1日至2017年7月1日“兴奋剂”一词百度搜索指数统计

为了揭示更深入的内容，我们尝试分析网络搜索关键词的关注度与使用兴奋剂倾向性之间的联系。我们把与兴奋剂相关的关键词按照使用兴奋剂倾向排序，并比较其搜索量，得到了如表3所示的结果。

表3 网络搜索关键词与使用兴奋剂倾向性以及关注度分析

搜索关键词	使用倾向	百度搜索结果数量	百度知道搜索量
兴奋剂	低	18 800 000	1 275 008
兴奋剂+危害	低	1 500 000	542
兴奋剂+查不出来	中	233 000	5627
兴奋剂+怎么用	中低	678 000	155 838
兴奋剂+怎么买	中	275 000	84 325
兴奋剂+体育考试+怎么用	中	292 000	487
兴奋剂+运动员+怎么用	中	2 330 000	81 697
兴奋剂+类固醇+怎么用	中高	415 000	15 143
兴奋剂+类固醇+怎么买	高	184 000	11 186
兴奋剂+EPO+怎么用	中高	140 000	615
兴奋剂+EPO+怎么买	高	18 300	105

注：根据2017年4月发布的统计数据，百度占国内搜索市场份额的75.93%，其余搜索引擎搜索份额均较低，因此仅统计百度搜索量。

EPO：促红细胞生成素。

从表3的统计数据得出以下结论：

（1）关注兴奋剂问题的人群中仅有少部分可能有潜在的使用兴奋剂的意图；

（2）在有潜在的使用兴奋剂的意图的人群中，仅有一部分人有可能将使用兴奋剂的意图转化为实际行为；

（3）关注如何使用兴奋剂的运动员要远远大于参加体育考试的考生；

（4）与新型兴奋剂相比，类固醇的关注度以及使用的可能性仍较高。

表4的数据为各运动项目兴奋剂网络搜索关注度分析，且数据表明了搜索量基本与本项目使用兴奋剂风险呈正相关的趋势。

表4　各运动项目兴奋剂网络搜索关注度分析

搜索关键词	项目类型	百度搜索结果数量	百度知道搜索量
田径+兴奋剂	奥运+高危	1 800 000	33 191
游泳+兴奋剂	奥运+高危	3 030 000	53 656
自行车+兴奋剂	奥运+高危	1 820 000	31 072
举重+兴奋剂	奥运+高危	926 000	12 933
跆拳道+兴奋剂	奥运+中危	769 000	8347
击剑+兴奋剂	奥运+中危	335 000	7811
高尔夫+兴奋剂	奥运+低危	803 000	667
曲棍球+兴奋剂	奥运+低危	30 800	114
健美+兴奋剂	非奥+高危	712 000	12 818
毽球+兴奋剂	非奥+低危	20 000	3

今后可以与搜索引擎公司探讨建立合作机制，获得更丰富、有更多细节的数据，从而进一步指导我们分析和预测使用兴奋剂的行为。如探索二级词汇“兴奋剂+使用”“兴奋剂+睾酮”等的百度搜索指数，找出其数量、时间、地理位置、人员类型等信息的相关度。探索更多的关键词组合数据可能揭示的信息，对各类兴奋剂、各个项目、各个地域兴奋剂可能的使用情况进行纵向或

不同组合、多个维度的比较。

（二）大数据应用于实施情报导向的兴奋剂检查

1. 大数据指导运动项目风险评估

客观地评估在哪些运动项目和小项中最有可能使用兴奋剂是制订检查计划的出发点。运动项目风险评估需要综合考虑以下各项因素：项目体能需求，该项目使用兴奋剂是否能够提高运动成绩，是否存在潜在使用兴奋剂的动机，该项目兴奋剂使用的历史，该项目兴奋剂使用趋势的研究，该项目使用兴奋剂的信息及以往检查和检测情况（违规或其他异常情况），以此建立相关的分析模型，使用大数据对以上各类数据进行整合和分析，将会使分析更加系统和有效，有助于更好地得到风险评估的结论。

2. 大数据应用于建立运动员注册检查库

注册检查库（RTP）是指根据项目特点、重大赛事成绩、运动员国际和国内年度排名、国际单项联合会注册检查库及其他兴奋剂风险因素建立的运动员库。注册检查库每年至少公布一次，其中的运动员将作为年度兴奋剂检查的主要目标，每年至少接受三次兴奋剂检查。

目前，我们已制定了注册检查库建立标准及评分体系，但是面临的困难是数据的采集范围有限，对数据的综合性分析不足，并且由于人力和信息统计能力所限，对运动员的关注范围较窄，仅集中在使用兴奋剂高风险项目的国家级和国际级高水平运动员身上。应用大数据技术，一方面，可以加强数据分析能力，通过建立注册检查库评分体系，综合分析各风险因素情况以及比例，从而得到更为权威的评分；另一方面，通过大数据平台可以采集和分析更多的数据信息，我们可以扩大关注的运动员群体，如人员规模可扩大至2000~3000人，项目规模扩大至夏奥会和冬奥会全部项目，从而有利于发现有潜在使用兴奋剂风险的新人运动员或实力并不突出的运动员，且有利于发现非高危项目使用兴奋剂的风险点。

3. 大数据指导具体检查计划的制订和实施

兴奋剂检查计划的本质是通过对运动员使用兴奋剂行为的预测，而制订有针对性的兴奋剂检查方案。制订情报导向的检查计划，应基于对各类情报、信息的采集和分析，包括风险评估、注册检查库信息、运动员成绩信息、阳性结果、异常检测结果、兴奋剂检查历史信息、举报信息、其他情报信息等。可以充分发挥大数据的功能，对以上信息进行分析，更精准地预测运动员可能的用药时间、方式等，从而有助于制订具体的兴奋剂检查计划和检查工作实施方案。

（三）大数据与兴奋剂检查工作

1. 大数据与兴奋剂检查监督

保证兴奋剂检查的公平、公正是反兴奋剂工作实施的基础和基本要求，其中监督工作是必不可少的一环。目前，我们开展了多种形式的监督，采集的数据包括纸质文档、网络问卷及视频等多种形式。由于监督数据来源多样，且数据形式不一致，目前难以有效地对全部监督数据进行精确的分析。此外，由于监督数据中包含大量视频文件，有效信息密度极低，管理和分析时间成本大，给工作带来了巨大的挑战。大数据的应用将有助于监督数据的管理和分析，缩短监督反馈周期，提升监督效率，并迅速将监督工作结论用于指导实践工作。

2. 大数据与兴奋剂检查官管理

兴奋剂检查官是负责实施样本采集过程的人员。目前兴奋剂检查官队伍约400人，分布于全国各地，均为兼职工作人员，职业以自由职业者、护士、医生、教师等为主，检查官队伍流动性较大，每年约有15%~20%的流动率。大数据在检查官管理中不仅可用于对人员的基础情况进行分析，还可以用于对人员的深度分析和趋势分析，包括人员的工作能力、工作水平与其他各个因素的相关性分析以及人员的稳定性趋势分析。这些数据将有助于我们更有指向性地开展招募和培训工作，从而提升从业人员水平，稳定工作人员队伍。

（四）建立基于大数据的兴奋剂检查信息综合管理平台

基于以上探讨，我们发现大数据可以在兴奋剂检查的各个项目中广泛应用。由于各个项目所需数据时有交叉，因此，最为便捷有效的管理方式是建立一个基于大数据的信息综合管理平台。这个平台可作为整个国家反兴奋剂信息管理系统的一部分，实现与反兴奋剂其他业务——教育、检测、结果管理、治疗用药豁免管理的数据共享和互通，从而更加高效地获得、分享和分析数据。

四、结论

大数据在兴奋剂检查工作领域有广泛的应用前景，可在分析兴奋剂使用情况、制订检查计划、实施和监督兴奋剂检查工作、检查官管理等方面提供强大的数据支持和指导。大数据的应用将有助于提升兴奋剂检查管理工作水平，从而有助于提升兴奋剂检查的质量和效果。

参考文献

[1] 国务院. 促进大数据发展行动纲要[EB/OL].[2015-09-05].http：//www.gov.cn/zhengce/content/2015-09/05/content_10137.htm.

[2] 涂新莉，刘波，林伟伟. 大数据研究综述[J]. 计算机应用研究，2014，31（6）：18-22+29.

[3] 2016年大数据产业发展概述[EB/OL].[2016-12-30].http：//www.askci.com/news/hlw/20161230/17513085691_2.shtml.

[4] 潘柱廷，程学旗，袁晓如，等. CCF大专委2016年大数据发展趋势预测—解读和行动建议[J]. 大数据，2016（1）：105-113.

[5] 维克托·迈尔-舍恩伯格，肯尼斯·库克耶. 大数据时代：生活、工作与思维的大变革[M]. 盛杨燕，周涛，译.杭州：浙江人民出版社，2012.

[6] 毛志雄. 中国部分项目运动员对兴奋剂的态度和意向：TRA与TPB两个理论模型的检验[D].北京：北京体育大学，2001.

航空体育产业发展管理对策研究

国家体育总局航空无线电模型运动管理中心　靖相国

摘要：近年来，习近平总书记多次对体育工作做出重要指示，为体育改革发展指明了方向。2014年，国务院印发了《关于加快发展体育产业促进体育消费的若干意见》，明确提出："大力支持发展……马术、航空、极限运动等群众喜闻乐见和有发展空间的项目。……在有条件的地方制定专项规划，引导发展户外营地、徒步骑行服务站、汽车露营营地、航空飞行营地、船艇码头等设施。" 2016年5月，国务院办公厅又印发了《关于促进通用航空业发展的指导意见》，对进一步促进我国通用航空业发展作出重要部署。为落实此项制度，2016年10月，国家发展改革委员会印发了《近期推进通用航空业发展的重点任务》的通知，国家体育总局、国家发展改革委员会、中国民用航空局等九部委还联合印发了《航空运动产业发展规划》，对"十三五"期间我国航空运动产业发展提出了明确目标。国家一系列重要利好政策表明，航空体育作为我国通用航空的主要组成部分和重要力量，正在迎来发展的春天。但是，我国的航空体育产业还有待进一步发展，还有许多制约其发展的因素。本文主要从管理方面分析影响我国航空体育产业发展的因素，找出症结所在，并提出对策和建议。

关键词：通用航空；航空体育；航空体育产业；管理对策

近年来，作为我国通用航空主要组成部分的航空体育，正在迎来发展的春天。但是，我国的航空体育产业与欧美等航空发达国家相比还存在一定差距，还存在许多制约因素。本文主要从管理方面分析影响我国航空体育产业发展的因素，找出症结所在，并提出对策和建议，以利于航空体育产业更好更快地发展。

一、中美通用航空产业发展情况对比

通用航空是指使用民用航空器从事公共航空运输以外的民用航空活动。航空体育是指人们驾驶或操纵航空器或航空运动器材，在空间、模拟空间范围内开展航空知识普及与教育、航空运动技能培训、竞赛、表演、健身与休闲娱乐等飞行活动的总称。航空体育是我国通用航空的重要组成部分和支撑，是促进通用航空事业发展的重要基石。通用航空产业与航空体育产业具有几乎相同的产业属性。

（一）美国通用航空产业发展情况

美国是世界上通用航空产业最发达的国家，其发展代表着世界通用航空产业发展的趋势。美国通用航空发展具有航空器多、飞行员多、通用航空机场多、飞行量大、附属设施设备完善、创造产值、提供就业多等特点。据资料统计，2014年，全球通用航空飞行器有36.2万架，而美国通用飞机就有22.4万架，通用航空飞行员63万人以上，通用航空机场约2万个，飞行约2400万小时，创造产值2190亿美元，提供就业岗位110万个。美国实验飞机协会（EAA）“飞来者大会”是世界上规模最大、参与人数最多的通用航空盛会，每年举办一次。在大会举办的一周时间内，接待游客50多万，参加动态或静态展示的飞机近万架，为当地带来财政收入超过1亿美元，每年为当地及周边地区创造1700多个工作岗位，由此带来的劳动收入近3900万美元。

（二）我国通用航空产业发展情况

与美国相比，我国通用航空产业还处在发展探索期。虽然我国民航运输总量早在2006年就已居世界第二，成为名副其实的世界运输大国，但通用航空产业发展步伐严重滞后。具体表现在以下几个方面。

（1）通用航空飞机机队规模小。从通用航空器保有量的世界排名来看， 2015年我国仅仅排在第19名。以人均通用航空规模来衡量就更加凸显我国通用航空发展水平的滞后。我国人均通用航空飞行量和人均通用航空器拥有量仅为全球平均水平的9%和3%左右。

（2）通用机场严重不足。据中国民用航空局统计，截至2015年，我国拥有通用航空机场300余个。另外，机场密度低、地域分布不合理、功能单一及机场之间不能互联互通也是比较突出的问题。

（3）与通航机场伴随的机场服务公司——固定运营基地（FBO）和为通航飞行服务的飞行服务站缺乏。我国在“十二五”期间相继在北京、上海、深圳、珠海等地建了10个固定运营基地，在沈阳法库、深圳南头、珠海三灶、海南东方建设4个飞行服务站，但功能没有完全发挥出来，还远远不能满足需要。

（4）飞行量小。我国2016年通用航空飞行量为76.47万小时，仅为运输航空飞行量（2016年为949.4万小时）的8%。

（5）从业人员少。截至2016年12月31日，中国民航驾驶员有效执照总数为50 504本，其中运动驾驶员执照708本，私用驾驶员执照3125本，商用驾驶员执照26 670本，多人制机组驾驶员执照104本，航线运输驾驶员执照19 897本。截至2015年，我国从事通用航空的飞行员3402人，加上从事航空体育器材的飞行员，也不过12 655人左右，数量较少。

二、影响我国航空体育产业发展的管理因素

（一）空域

1. 现实的空域管理模式成为制约航空体育产业发展的最大障碍

目前，世界上主要有三种典型的空管模式：一是以民航为主的国家统一管制模式，如美国、加拿大等；二是军民航联合管制模式，如英国、澳大利亚等；三是军民航协调管制模式，如法国、南非等。以上三种模式各有利弊，相比之下，国际民航组织和世界多数国家比较认同第一种模式。这种模式对于促进民用航空产业发展、保证空域资源的科学配置和有效利用更为有利。

我国现行的空管模式是“统一管制，分别指挥”，即在国务院、中央军事委员会空中交通管制委员会领导下，由空军统一组织实施，军民航按照各自的责任区分别提供空中交通管制服务。这种管制模式的弊端主要表现如下。

（1）协调机制不完善，环节多，难度大。一是军民航通报关系交叉，协调层次多。现在，我国空管工作在国家和地区层面成立了由军民航各有关单位参加的非常设性协调机构，但机场空管部门没有设专门的军民航协调机构；地区（含以上）虽然建立了军民航联络员制度，但没有实现联络员固定值班，大部分情况下还是在军民航各自岗位上值班，若遇情况则通过电话或其他方式协调。由于隶属关系、通报协同关系等因素，往往一个小问题，需要协调多个部门才能解决，环节多，时效性差。二是军民航管制方式与范围不同，造成协调关系多元化。目前，军航采用的仍是程序管制或雷达监视下的程序管制，而民航正在逐步过渡

且部分已实现雷达管制。这就造成了军民航之间掌握的间隔标准不统一，调配难度增大，管制移交复杂。

（2）空域划设不合理，本位主义严重。目前，我国空域没有按照国际民航组织空域分类标准进行分类划设。大部分空域是为了满足军航作战训练和民航运输飞行而划设的，而且一直沿用老的管理办法，偏重于静态控制，经常出现“宽打窄用”现象，空域使用效率低。而且，部分人员的本位主义、个人主义思想严重，“我的地盘我做主”，缺乏大局意识和整体一盘棋的思想，经常出现“起不来，落不下”现象，在一定程度上制约着航空体育产业的发展。

2. 缓慢的低空空域管理改革步伐成为制约航空体育产业发展的最大瓶颈

航空体育活动主要在高度3000米以下的低空空域进行，安全便捷的低空空域资源，是航空体育产业繁荣发展的前提。我国从2009年开始就逐步调整低空空域管理体制与机制，相继在广州、沈阳两个管制区做低空空域管理改革试点，将高度1000米以下空域按照管制、监视和报告三类空域划分模式来管理，逐步实现空域管理由粗放型向精细化转变。2016年5月，国务院下发了《关于促进通用航空业发展的指导意见》，进一步强调要科学推广改革试点，并提出扩大低空空域提高至3000米的目标。但是到目前为止，我国低空空域大部分还是处于粗放的管制状态，举办航空赛事、表演等体育活动还要经过严格的审批和频繁的协调，低空空域管理改革进展缓慢成为制约航空体育产业发展的一大痛点。

（二）法规、标准

1. 适合通用航空产业发展的法律、法规、标准缺失或滞后

我国现行的规范航空的法律、法规大部分是针对运输航空制定的，适用于通用航空的相对较少或缺失。行业主管部门管理通用航空的一贯做法就是套用规范运输航空的规章标准，这就在一定程度上制约了通用航空产业的发展。

2. 航空体育项目管理标准缺失或滞后

随着行政审批制度的改革，我国体育发展方式也迎来了重大转变，即从行政主导向行政服务和市场推动相结合转变、政府办体育向扶持引导社会办体育转变、从体育部门主管向多部门联动转变，这将有力地繁荣体育消费，促进体育产业发展。但是，因为航空体育产业的特殊性，其发展有时会关系到国土防空安全、人民生命财产安全及国家保密安全等，所以，组织航空体育活动要经过严格的审批。而国家体育总局作为行政审批的主管部门，依据什么法规和标准来审批，成为摆在现实面前的首要问题。因此，制定和完善推动航空体育产业发展的法规标准，依法审批、依法行政是亟需解决的问题。

（三）设施设备

1. 基础设施设备落后，不能满足快速发展需要

我国在飞行服务站建设、固定运营基地建设等方面的建设还相对滞后，虽然“十二五”期间开展了沈阳法库、深圳南头、珠海三灶、海南东方4个飞行服务站建设试点，重庆、青岛、烟台、成都等地区的飞行服务站也在加快建设，北京、上海、深圳、珠海等地建成了10个固定运营基地，但数量、用途都不能满足发展的需要。

2. 航空运动场地少，限制了航空体育发展

截至2015年，我国通用航空机场只有300余个。为了促进航空体育产业发展，我国提出了建设航空飞行营地的设想，国家体育总局按照国家要求加紧飞行营地建设，目前，建成并命名了航空飞行营地100多家，航空运动俱乐部200家，在一定程度上缓解了航空体育产业飞行场地的需求。

（四）人员

国家体育总局副局长赵勇在航空无线电模型运动管理中心（以下简称“航管中心”）的调研会上指出，这类型的体育运动（航空体育运动），群众参与面还不够广，一项运动多的就是两三百万人，少的就是二三十万人，相对于13.8亿人口来讲，参与面还是很小的，总体上讲，与人民群众的需求还是不相适应的，我们提供的有效供给还不够。航空专业人员和爱好者相对较少是目前航空体育产业存在的一大问题。据中国民用航空局统计的数字，截至2015年，我国通用航空飞行员共3402人，再加上动力三角翼、动力伞、滑翔伞飞行员9253人，总计也不过12 655人。另外，从事此行业的管理人员待遇低、工作负荷大，很难吸引到懂专业的管理人才。

（五）管理部门

航空体育既有体育属性，又有航空属性。因此，在管理体系上，既受国家体育总局的直接管理，又受军方和民航部门的管理和指导。这种职能交叉，多部门协调、审批的管理机制，在一定程度上影响了产业的发展。正像国家体育总局副局长赵勇同志在航管中心调研时所说：“体制机制还不顺，多头管理，特别是航空管制，我们这个低空开放盼了多少年了。我在地方做工作，在唐山，当时搞了个机场，就是军民两用的机场，光审批就241个。

三、加快航空体育产业发展的管理对策

（一）加快推进空域管理体制改革，为航空体育产业发展提供可靠的飞行空间

转变空域管理观念，由粗放型向集约型转变，由管理型向服务型转变。首先是要打破我国现行的由空军组织实施空中管制的模式，变空军管制为国家统一管制，实现“管用”分离。其次是按照国际民航组织关于空域分类方法，借鉴美国成熟的空域管理做法，实行空域精细化分类管理，建立科学、灵活、高效的空域管理机制，最大限度地提高空域资源的利用率。为此，要改革我军传统的飞行训练模式，参照国外成功的作战训练做法，由以空中飞行训练为主，变为以地面模拟机训练为主、空中演习为辅的训练模式，加快推进 “小机场，大分区” 和低空空域管理改革的步伐，简化审批流程，为航空体育产业发展提供宽松的发展空间。

（二）制定完善的法律、法规、标准，为航空体育产业发展提供可靠的法律保证

（1）制定适应通用航空发展的相关法律。《中华人民共和国民用航空法》是1996年3月1日实施的，虽然经过了几次修订，但主要条款还是针对运输航空的，对通用航空仅在第十章中做出原则性规定，没有具体的实施条款。但通用航空不同于运输航空，有快速高效、机动灵活等特点。适用于运输航空的法律条文有相当一部分并不适用于通用航空。1994年，美国政府出台了《通用航空复兴法》，美国通用航空产业实现了快速发展。可见，制定适合通用航空产业发展的法律、法规是促进产业发展的有效措施之一。所以，建议在《中华人民共和国民用航空法》

中，增加相应的适合通用航空发展的条款，为我国通用航空发展创造良好的法律环境，提供有力的法律保障，真正实现运输航空和通用航空两翼齐飞。

（2）及时修订《通用航空飞行管制条例》。2003年5月1日施行的《通用航空飞行管制条例》是在当时的背景条件下出台的规范通用航空飞行活动的法律文件。随着通用航空产业的发展，尤其是我国低空空域管理改革一系列政策的出台，《通用航空飞行管制条例》的部分条款已经不适应通用航空产业发展的需要了。为此，国家相关部门应该尽快组织力量修订完善。

（3）出台《航空体育产业发展条例》。规范航空体育赛事、展览等活动，制定人员、场地、器材、气象、空域等标准，健全法律、法规，完善审批和市场监管体系，在确保安全的前提下，推动航空体育产业发展。

（三）加强基础设施建设，为航空体育产业发展提供可靠的基础保障

据统计，截至2015年底，我国共有210个运输机场、300余个通用机场，为了促进航空体育产业发展，拉动消费，国家体育总局积极响应国家号召，积极推动航空飞行营地建设，“十二五”期间，我国虽然开展了飞行服务站和通用航空产业固定运营基地的建设，航空体育开展地域和消费人群不断扩大，但营地数量和服务保障设施等综合保障能力仍然不足。

（1）协调军民航及地方政府，加快推进航空飞行营地建设，解决飞行场地不足的问题。航空飞行营地是指在中国航空运动协会统一指导、规划下，面向大众提供因地制宜的航空体育产品和服务而设置的场所。加强航空飞行营地建设，充分利用航空飞行营地本场空域资源和营地间低空目视飞行航线，满

足航空体育竞赛表演、个人娱乐、飞行驾驶员执照培训、航拍航测等需求。

（2）构建完善的地面服务保障体系，为航空体育发展提供安全保障。借鉴美国成熟的发展经验，在建设航空飞行营地的基础上，完善与之配套的地面服务保障体系。一是在通用航空机场建立先进的通信、导航系统，实施严密的低空空域飞行管制，给通航飞行提供安全保障；二是合理规划布局飞行服务站，提供气象、飞行计划、飞行情报和其他帮助；三是建设固定基地运营，为飞行提供加油、维修、餐饮等服务。

（四）加强对从业人员的培训，扩大参与人群

一是建立健全人才引进和培养激励机制，推进航空体育人才教育培训体系建设。通过对外引进和自主培养相结合的办法，快速打造一支满足航空体育产业持续发展所需要的人才队伍。二是加强与教育系统联合，利用院校资源尤其是航空院校资源，开设航空体育专业培训课程，为航空体育产业发展培养专业人才。三是合理布局，充分发挥社会力量，加快航空体育培训机构的建设，重点开展运动类航空器和航空体育器材飞行驾驶员执照培训，机务维修人员执照培训，飞行教员、考试员培训，飞机跳伞培训等，提高培训质量，扩大培训规模。四是开展航空文化普及教育。各级政府要设立专项计划，组建、扩建航空历史文化博物馆，并免费开放，方便民众了解我国航空历史和文化，普及航空知识，激发青少年对航空的兴趣。

（五）加大航空器投入，满足航空体育发展需要

统计资料显示，截至2016年底，通用航空企业在册航空器总数为2096架。加大对航空器和航空体育器材的投入，以满足航空体育爱好者的需求，成为摆在航空体育人面前的一大问题。

四、结语

在习近平总书记“体育强，中国强”等一系列关于体育强国梦的讲话精神指引下，在国家一系列促进通用航空产业发展的政策指导下，通过深化空域管理等方面改革，消除影响航空体育产业发展的瓶颈因素，完善法律法规保障体系，加强人员、场地、器材、保障设施等建设，锐意进取，开拓创新，促进我国航空体育产业更好更快发展，使其成为中国经济新的增长点。

体育小镇供给侧结构性调整实施路径浅析

国家体育总局排球运动管理中心　孟　建

摘要：近年来，我国体育产业步入高速发展时期，全民健身已成为国家战略，群众对于健康生活的美好需求日益高涨，体育特色小镇作为发展健身休闲产业的新兴项目，具有良好的市场潜力和发展前景。供给侧结构性调整改革将成为我国为推进新时代中国特色社会主义经济工作的主线，对体育特色小镇的创建将起到引领和启示作用。

关键词：体育特色小镇；供给侧改革；体育产业

一、发展体育特色小镇的重要意义

近年来，我国体育产业步入高速发展时期，体育产业的发展要进一步贯彻落实习近平新时代中国特色社会主义体育强国的指导思想，为满足人民对美好生活的需要而服务。体育特色小镇作为发展健身休闲产业的绝佳载体，蕴藏着无限市场潜力和发展空间，将迎来重大发展契机。2015年11月10日，习近平总书记在中央财经领导小组第十一次会议上首提“供给侧结构性改革”，他强调，“在适度扩大总需求的同时，着力加强供给侧结构性改革，提高供给体系质量和效率，增强经济持续增长动力”。健康的体魄是美好生活的基础，调整供给侧结构，为人民群众提供更新、更美、更符合需求的体育健康休闲产品，已成为体育产业顺应新时代需求而应迅速做出调整的重要工作。体育产业结合供给侧调整改革下的特色小镇具有明确的产业定位、产业融合、制度创新、经济引领等特性，成为促进体育产业与相关其他产业横向融合的新模式，为我国新时代经济发展注入新的动力，成为新时代经济发展创新的“引擎”。

目前，体育产业和全民健身已经上升到国家战略层面，这为体育特色小镇建设提供了更好的发展机遇。发展体育特色小镇一方面可以促进城乡体育“一体化”发展；另一方面可以有效解决“城市病”问题。建设体育特色小镇，不仅刺激了体育产业、旅游、健康、房地产、基础设施、文化及服务业等多个产业的发展，在一定程度上也拓展了社会治理空间。体育特色小镇是现代社会发展新型城镇的又一尝试，生态宜居、城乡一体等功能将是其突出特点，在一定程度上起到促进城乡公共体育服务均等化发展和推进体育产业供给侧结构性改革的重要作用。

二、体育特色小镇的兴起与政策保障

中国特色社会主义的经济改革事业已近40年，城镇化发展建设取得了重大进展。体育特色小镇是在国家政策引导和体育产业发展的大背景下，体育产业与旅游等产业深度融合所产生的新业态。目前，全国各地正涌现出一大批体育特色小镇，未来体育特色小镇将成为我国体育产业发展的新动力，成为推动体育产业供给侧结构性调整改革的重要力量。

2014年10月20日，国务院就加快发展体育产业、促进体育消费明确了到“2025年中国体育产业总规模要力争超过5万亿元”

的目标。该政策的出台对体育产业的发展起到极大的推动作用，体现了国家对发展体育产业的高度重视，渗透着供给侧改革理念，强调市场在资源配置中的决定性作用，通过改革的方法增加体育产业的发展动力。该政策的提出，迅速让体育产业成为新一轮经济增长的发力点，体育产业与相关产业的横向融合已成为发展的必然趋势。

2015年，国务院就推进“互联网+”行动明确强调，“互联网+”新经济形态与体育产业的融合，是促进传统体育产业转型升级的重要途径。体育产业供给侧结构性调整改革，离不开科技的创新力、驱动力。“互联网+体育”的跨界融合模式，成为体育产业新跨界新融合中的重要纽带。体育特色小镇的建设发展更要注重社会横向资源的协调整合。2016年7月，国务院等多个部门联合下发文件，提出在全国范围内开展特色小镇培育工作，计划到2020年培育1000个左右各具特色、富有活力的特色小镇。结合新型城镇化建设，倡导扶植各地方建设以健身休闲为主的体育特色小镇、体育服务贸易示范区，并首次提出要加快发展“体育+”产业，推动体育产业与旅游等产业的横向协调融合。

国家体育总局在国务院有关文件的指导下，在《体育产业发展“十三五”规划》中提出，要充分挖掘自然资源和传统体育人文资源，研究出台一系列产业发展规划，重点打造人民群众喜闻乐见的健身休闲项目，形成具有体育产业特色的产业集聚区和产业链。在“健康中国，全民健身”的大背景下，国家体育总局在2017年5月就推动体育特色小镇建设工作提出了要求，明确指出，到2020年，在全国扶持建设一批体育特征鲜明、文化气息浓厚、产业集聚融合、生态环境良好、惠及人民健康的体育特色小镇，并已初步在全国选定了96个小镇做为示范性试点，这标志着在国家层面上，体育特色小镇进入创建阶段。如以2022年承办冬季奥运会为发展契机，京津冀地区在极力打造冰雪特色小镇。

三、体育特色小镇的总体状况与共性问题

（一）体育特色小镇的发展现状

目前，体育特色小镇的发展主要呈现以下特色：一是以体育项目或赛事为特色，推进当地相关产业的研发，推动地区经济发展，营造具有体育项目特征的、产业生态链型的体育特色小镇。二是依托自然风景，同时植入文化、旅游、养生等其他业态，形成综合性服务区。三是引入体育生产企业的小镇特色建设。相关企业根据原有资源，结合体育特色小镇的整体规划设计融合创新，定位小镇类别，项目组合，引领驱动，实现企业与小镇经济的持续发展，如以器材生产或举办论坛培训等外延形式建设小镇等。

目前，主要以政府为主、市场为辅，共同为社群提供公共服务的模式介入公共体育服务的管理，已成为体育特色小镇的基本建设和治理模式，如浙江省正在形成一批具有一定市场良性业态的体育特色小镇和示范区。

（二）体育特色小镇发展中所遇到的困难

1. 体育特色小镇所面临的共性问题

在研究的过程中，发现了很多共性的问题。

（1）体育产业融合形态还未形成：以特色产业本身为基础，加强研发、应用、营销、管理、服务延伸与互联；同时也要加强与旅游、教育、会议、培训等更广范围产业的深度融合，实现全产业链聚集，形成小镇产业结构，从而构成人口与要素集约融合的基础，这是特色小镇发展的重要前提，但目前由于小镇产业要素支撑不足，产业发展非常困难。

（2）前期投融资机制基本条件尚不完善：一方面，金融机

构对社会企业融资规定的基本条件较高，企业难以获得较多授信；另一方面，企业中缺乏专业的金融人才，在发债、基金、融资租赁、资产证券化以及政府专项建设资金争取方面难以有效突破。诚然，随着《关于加快发展体育产业促进体育消费的若干意见》的公布，中国的体育事业迎来了新的局面与生机，大量的资本开始关注体育领域。然而，投资者对于体育特色小镇仍持有相当谨慎的观望态度，投资建设小镇的过程往往也会面临资金乏力、后续支持不足的情况，更勿论后期的运营、营销与带动整个产业业态的发展。归根究底，项目投融资的回报机制等方面的欠缺，限制了体育特色小镇的发展。

（3）高水平运营管理人才始终匮乏：体育特色小镇需要既懂得体育项目开发管理又懂得商业运营的综合性人才，只懂房地产建设不懂得如何突出体育项目特点则无法深入体现体育特色小镇的价值。对体育项目充满热爱、保有热情的专业领域人才又很少涉猎整个商业运作的过程，造成各方信息不对称，相关复合型人才严重匮乏。

2. 针对体育群体特色理念有待加强

我国近40年的改革奋进，使中国社会正在经历由站起来，迈向富起来、强起来的发展过程，富起来的中产阶层正以迅猛之势形成，他们对个性化的情感需求甚于价格和品质因素，这种消费需求升级直接导致市场的差异化细分。体育特色小镇在建设过程中，摸索复制其他小镇的建设经验，最终以“千篇一律”告终，失去核心竞争力。我们应该在策略上根本性地改变其发展方式。针对当下群众的现状，进行具体的群体分类、经济情况调查、兴趣爱好等分析，有针对性地打造出不同体育项目特色的小镇。从被动转化为主动，去激发群众对体育项目的热情，培养他们参与体育活动的意识。

3. 体育精神的思考与宣传的缺失

随着经济的发展，人们收入水平已经显著提高，但这批经济上富裕起来的群体并不像之前那样，觉得“贵的才是对的”。他们越来越喜欢带有文化气质的商品，如果能满足自己精神层面的需求，他们就愿意去消费或是体验。但这方面往往是被我们忽视的，不能以体育精神为契机来引导消费，会导致项目引进专业化信息失准，从而使产品无特色、共性化严重，很难有效聚集社会群体、获得专业的信息，造成吸引力缺失，进而难以得到实物及大规模资金的支持，难以有效持续运营。

4. 在建设规划过程中缺乏自主能动性

无论是以单项体育活动或赛事为核心，还是依托景区环境和体育企业，目前我国的体育特色小镇都极少形成十分突出的产业完整性，往往体现为单项体育活动赛事的关注度与参与度不足，继而无法开拓周边的文化、餐旅、商贸等相关产业的发展。一个产业如何能够主动有效地去推动产业链条的发展，是产业建设规划要考虑的重要因素。

四、我国体育特色小镇的创建路径探讨

（一）政策支持与实践中的落实

党的十九大明确提出，我国社会主要矛盾是人民日益增长的美好生活需要与不平衡不充分发展之间的矛盾。把推进供给侧结构性改革作为经济工作的主线，政府持续增进顶层设计，针对体育特色小镇提供制度支持。中央及地方政府作为顶层政策的设计者，应更加深入全面地了解我国现有体育特色小镇的运营状况与发展困境，结合城市发展规划与目标，重视群众的健身休闲需求，在广泛调研的基础上，制定更贴合民情、符合民意的法规政

策，把控体育服务业发展的正确方向。政府在体育特色小镇的建设方面起着领导、指导和引领的作用，应抓住发展机遇，找准位置，做好支持服务。例如，在体育特色小镇的经营方面，给予税收减免、优惠补贴等政策，使其各项税费能够按较低标准缴纳；提供经营人才指导培训；支持其现代化互联网管理体系的建设等。同时，政策制定后需要逐步落实，政府要突破政策在地方无法落实推行的困境，做好各方利益的协调工作，提前制定相关利益方的补偿措施，加强政策推行实施力度。合理运用特色体育试点，由点及面，进而形成良好的政策推行体系。在特色体育小镇建设及运行过程中，加强对资金使用和工程质量的监督，制定相应的监管政策制度。

（二）掌握群体信息，转变运营理念

体育产业是体育特色小镇的核心要素，建设体育特色小镇一定要凸显体育特色，明确体育产业定位，同时也要区分群体的各项信息，比如年龄层、职业、兴趣、收入水平等，根据不同的信息进行分类。无论对哪一种群体，都需要从收入和职业等方面进行划分。

（三）创新运营方式，重视情怀与故事

体育特色小镇要引入竞争机制，特别要重视体育特色小镇的质量和差异化。参与人群需要在心理上去突破、去超越，需要一种价值和审美的因素来让自己暂时忘记现实，并投射在政治、社会、人生、文艺、商业等领域上。可以说，情怀是对他们最大的吸引力。比如排球特色小镇，以女排精神为情感释放点，以女排故事为导引，使群众从对女排精神的追忆感怀到愿意去尝试此项运动，激发他们锻炼的热情和兴趣。

（四）广泛引进人才，提高自主能动性

人才是特色产业发展的智慧力量，应充分发挥专业人才在一项事业中的重要作用。体育特色小镇的发展更应重视专业体育产业群体的作用，汇聚创新型体育产业人才队伍。这样能够有效推进体育产业供给侧调整改革。坚持创新驱动实质上就是要落实以人为本的理念，充分激发和调动体育产业人才的积极性、主动性和创造性。积极创造产业的自主能动性，发挥高等院校教育智能的优势，培养体育产业的专业人才，结合现代新科技，结合当下旅游热等实情，做“体育+产业”。多角度、多视野、多层次提高产业的实质性质量，从群体的兴趣爱好来提高产业产品的关注度与参与度，探索出符合中国特色社会发展的体育特色小镇的运营之路。从前期调研、规划、建设到落地运营、推广营销的每一个环节，充分调动和培养人才团队的实力，在“特色”上积累经验，解决好人民日益增长的美好生活需要和不平衡不充分的发展之间的矛盾。

参考文献

[1] 习近平提“供给侧结构性改革”，深意何在[EB/OL]. [2015-11-19]. http：//news.xinhuanet.com/politics/2015-11/19/c_128 445566.htm.

[2] 李明. PPP 模式介入公共体育服务项目的投融资回报机制及范式研究——对若干体育小镇的考察与思考[J]. 体育与科学，2017，38（4）：86-93.

[3] 石勇.当中产的情怀碰到资本[J].南风窗，2016（17）：86-88.

[4] 沈克印，吕万刚.体育产业供给侧改革的现实诉求与实施策略——基于资源要素的视角[J]. 西安体育学院学报， 2017，34（6）：641-646.

退役专业体育训练器材资源再利用的研究

国家体育总局秦皇岛训练基地　王　健

摘要： 国家对奥运项目专业体育器材的保障给予优先政策，通过配置和更新持续保持专业体育训练器材的先进性、科学性，因此每年都有相当一部分器材从专业运动队退役或移入库房，被束之高阁。同时，群众体育健身器材的单一以及存在的质量问题等，给广大人民群众健身带来了不利影响，不利于体育事业的发展。因此，按照全国体育一盘棋思想战略，以科学发展观为指导，统筹做好体育资源共享工作，应当采取措施对退役专业体育训练器材进行资源整合，使其在群众体育中继续发挥作用，并加强监督，确保取得良好的社会效益。

关键词： 体育器材；群众体育；资源整合

我国成功申办2008年北京奥运会以来，为备战奥运、为国增光，确保奥运健儿在奥运赛场取得优异成绩，国家投入了大量体育专项资金，配备了大批专业体育训练器材，分布在国家体育总局下属各训练基地和全国各省（自治区、直辖市）体育训练基地，至今又经历了伦敦和里约两届奥运会，每年的投入都是有增无减。随着体育事业的快速发展、体育赛事要求和体育规则的不断改革，专业运动员的训练对体育器材的要求也不断提高，体育器材也更具有针对性和科学性，这就大大缩短了其更新周期，由此产生了大量被淘汰的还具有一般体育项目使用价值的专业体育训练器材，其使用价值没有得到充分发挥。如何更好地发挥其社会价值，避免造成资源浪费，实现资源共享，促进群众体育发展，是亟待解决的重要课题。

一、国家退役专业体育训练器材基本情况

专业体育训练器材在高水平的体育竞技项目中已成为科学提高职业运动员身体素质、迅速提高竞技水平的有力保障。因而，为了备战历届奥运赛事，国家无论在软件方面还是在硬件设备方面都给予备战队伍充分的投入，其中包括绝对份额的专业体育训练器材。我国国家队专用体育训练器材的添置与更新，是以专业运动队训练需求、部门年度预算审批、体育组织合作伙伴的赞助等方式实现的。我国体育是“举国体制”，现在正是由“体育大国”向“体育强国”迈进的关键时期，奥运金牌的获得对国民士气的提高和对社会带来的积极效应仍不可小觑。国家长期对奥运项目专业体育训练器材的保障给予优先政策，持续保持专业体育训练器材的先进性、科学性，因此，国家专业体育训练器材不断更新配置，每年都有相当一部分设备在专业运动队退役或移入库房，被束之高阁，而这类器材大部分还在使用时效内，有些只是个别常用配件磨损，有些甚至是八成新或全新，仍可以为我国的群众体育发挥作用。

二、群众体育的基本情况

（一）群众体育的定义

群众体育是指广大社会成员在余暇中，广泛开展的以身体运

动为主要手段，以提高健康水平、进行娱乐消遣为主要目的，在身心健全发展的基础上不断超越自我，促进社会物质、精神文明进步的社会文化实践。

（二）群众体育训练器材的现状

群众体育活动遵循因人、因地、因时制宜和业余、自愿、小型、多样、文明的原则，普通民众自愿参加，以强身健体、娱乐、休闲、社交为目的，一般不追求达到高水平运动成绩，是一项内容广泛、形式多样的体育活动。因此，对体育训练器材的要求也较低，一般的室外健身路径器材即可，其特点为：①设备简单，易于开展；②锻炼方式灵活多样，男女老少皆宜；③练习时间不受限制，随意性大；④具有实用性及娱乐性。在进行体育锻炼时，一条弹力带、一副哑铃、一个毽球、一根跳绳就可以满足锻炼需求，对训练的针对性要求不高。另外，由于群众体育来自民间，组织形式相对分散，除了有比赛需要集中赛前训练，其他时间均由个人支配，缺乏系统、长期、可持续的训练，更不要说专业的训练器材和专用的训练场所了。

（三）群众体育水平提高的有效途径

人的身体素质制约了体育运动水平的提高。因此，在遵循体育运动训练客观规律的同时，有两种提高体育运动水平的方法：一是制定一套系统、科学的训练方法，这是有效提高体育运动水平，进一步增强群众体育运动的技术含量和观赏效果的一个途径；二是科学使用体育训练器材，专业的体育训练器材对运动员提高竞技水平的辅助作用是有目共睹的。

总之，群众体育内容广泛，受众几乎涉及全社会，现在的竞技体育项目几乎均是由群众体育演变而来，毋庸置疑，竞技体育必须以群众体育为基础，群众体育要靠竞技体育来引导，这样才能使群众体育健身方法更科学，运动水平更高。群众体育发展好了才能更好地为竞技体育培育后备人才，竞技体育的选材领域才会更广泛、更开阔。

三、发展、扶持群众体育的重要意义

众所周知，我国是世界上人口最多的国家，也是劳动力资源最丰富的国家，全民健身，注重全民身心健康，已经成为我国创建和谐社会的重要课题之一。第一，从全民心理健康角度来看，现代社会，人们的生活节奏越来越快，生活压力过大，人们患各类精神疾病的概率逐年增加，而长期坚持锻炼的人及运动员群体出现心理问题的概率微乎其微。体育心理学研究表明，不同的项目对心理所起的作用不同。现实生活中，有些人缺乏正常人拥有的心理调节和适应能力，或是表现出明显的性格缺陷和情感缺陷，通过有针对性的适当运动，可以纠正性格缺陷，改善心理和精神状态。第二，从全民身体健康角度来看，我国历来关注全民文化教育，基本消灭了文盲，随之而来的是现代的年轻人、学生过度地坐在教室里读书、学习，而忽视了体育锻炼对健康的重要性。很多中小学校设置的体育课程不够科学，也没有很大程度地引起师生家长的重视；步入社会的年轻人每天被繁重的工作绑架，空余时间为了所谓的放松又一度沉迷于网络游戏或朋友聚会的酒桌宴席，久而久之，身心俱疲，许多悲剧也随之产生。随着我国老龄化的来临，全面提高群众体质与健康水平，形成比较完善的全民健身系统，已成为我国当前一项重要任务，是实现全面建成小康社会的必然要求，时不我待，刻不容缓。

四、我国群众体育健身器材存在的一些问题

（一）质量问题

体育健身器材的质量关系到全民健身运动的安全和全民健身运动的顺利开展，一些无资质企业的生产标准、检测设备不完善、不健全，它们所制造出来的产品一旦流入社会，会给广大健身民众带来不安全因素，给体育健身市场埋下质量隐患。

（二）市场问题

在市场经济下，我国体育健身市场不断发展和完善，许多城市建造了高尔夫球场、各类健身房、游泳馆等体育健身场所。由于资源有限，投入巨大，需要专业维护，其消费水平也随之增加，一般的工薪阶层难以承受。

五、退役专业体育训练器材充实到群众体育运动的指导思想

坚持全国体育一盘棋思想战略，以科学发展观为指导，统筹做好体育资源共享工作。我国的体育事业是举国体育，我们保障国家专业运动员服务的机构属于国家行政事业单位，行政事业单位的资产属于国有资产。为避免国有资产流失，我国于2006年7月1日开始实施的《事业单位国有资产管理暂行办法》的第四章对资产处置提出了明确要求；2009年1月1日起施行的《中央级事业单位国有资产处置管理暂行办法》的第三章“无偿调拨和捐赠”中进一步明确了实施步骤和程序，为国有资产的调拨和捐赠提供了法律遵循和保障。然而，由于国有资产调拨和捐赠程序严谨，监督机制相对薄弱，有些单位资产管理部门对可调拨和捐赠的国有资产采取消极态度，未能积极进行资产整合，使得相当一

部分国有资产被闲置，直到“报废”，造成了国有资产浪费。

六、具体措施和对策

为确保国有资产的充分利用，节约成本，对于可二次调动以及可以捐赠的设备，可采取以下措施进行资产整合。

（一）建立体育器材资源共享平台，实行统一管理模式

资产管理部门可借助互联网，建立系统内的体育器材资源信息共享平台，采取先内后外的方法。第一步，系统各部门及时对退役专业体育训练器材的详细信息进行录入，管理部门定期进行汇总，需求部门看到信息后可提出申请，管理部门核实无误后办理调拨手续，并及时办理资产账目变更。这样可以有效避免系统内部专业体育器材的重复购置，实现共享机制，减少财政资金支出，开源节流。第二步，满足系统内需求之余，管理部门将其余专业体育器材进行汇总归类，联系社会群众体育组织，达成捐赠协议，进行捐赠或调拨，并及时履行国家规定的相关手续。

（二）实行本区域对接机制

我国国情的实际情况表明，系统各部门分布较广，地域差异较大，我们必须实事求是，避免因调拨或统一回收管理造成运输、人力等资源的浪费，使调拨或捐赠成本增加，失去节约资源的意义。因此，各部门也可从本区域寻找需求对象，组成考察小组进行核实，汇成材料上报，征得上级机关同意后，进行调拨或捐赠，并及时履行国家规定的相关手续。

（三）实行定点帮扶机制

每个区域都有群众体育薄弱的地方，帮助他们提高体育锻炼意识和有序开展群众体育运动，使其自觉开展体育运动，尝到体育锻炼和开展群众体育的甜头，是最好的帮扶工作，坦言之就是进行体育的“精准扶贫”，并积极给他们提供相应的体育器材，增强锻炼的兴趣，不但“授之以鱼”，还要“授之以渔”，形成可持续发展的群众体育模式。

（四）实行社区合作机制

群众体育运动的开展平台主要集中于各个社区，由于我国目前体育指导人才匮乏，对有效开展群众体育形成制约。另外，现在参加群众体育运动的大多是中老年人，年轻人较少。究其原因，一是年轻人工作压力大，没有充足的时间；二是目前群众体育锻炼器材较为单调，激发不起年轻人的锻炼热情；三是锻炼环境较差，他们认为锻炼场所应该在室内，且配备比较完善系统的专业健身设备，这样感觉比较时尚和具有现代感。

综上所述，只有在一些健身俱乐部里才能经常看到年轻人的身影，但健身俱乐部的花费较高，对刚步入社会的年轻人来说，只能望而兴叹了。因此，退役专业体育训练器材的加入，可以有效补齐这个“短板”，再加上积极引导，就可使年轻人自觉加入全民健身和群众体育运动的大军。

七、设备器材的技术保障和监督

（一）校地联合解决体育专业器材技术保障

由于专业体育训练器材在技术层面相对要求较高，在投入社会之前，要切实做好设备的技术鉴定，及时排除隐患，使之处于良好运行状态，不可“带病”调拨或捐助，对确实没有再利用价值的设备，要坚决进行报废处置，以免造成社会不良影响或发生安全事故。

国家退役的专业体育训练器材，虽然从质量、安全性能上有着完善的保障，但是专业体育训练器材上往往没有标示，未注明各种器材的使用方法及注意事项，由于无人会使用、无人敢使用或者由于不会用而造成对器材破坏等问题。因此，在节约国家资源的同时，对使用者的知识培训十分必要。为丰富广大民众业余生活，提高体育器材的使用频率，减少损耗，保证健身器材的维护、保养，确保民众健身活动的安全，可引入校地联合模式。

校地联合是高校与社会的零对接，高校有丰富的体育人才与科技支撑，可以为社会提供最直接、最有效的社会体育人才与科技支撑，既能服务于社会，又能搭建群众健身指导、器械养护的专业社会体育人才培养平台。

（二）落实和监督

为了此项工作能够切实完成，相关部门要提高重视程度，切实加强全面监督落实工作，要做到好事办好，善始善终，不跑偏、不走样，发挥良好的社会效益。

改革开放四十年，我国一直处于飞速发展时期，如今，我国综合实力大幅度提升，国际地位大幅度提高，人民生活水平得到了改善，但也出现了一些发展不均衡的问题。为了全面建成小康社会，国家相继出台了一系列政策法规，保障人民身体健康，促进社会和谐。

随着国家的发展进步，体育的振兴不仅是应有之义，而且有超越体育之外的振奋民族精神，提高民族自信心、自豪感、凝聚力的重大作用和意义。现在，我国正从体育大国向体育强国迈进，在重视竞技体育的同时更应关注群众体育建设。鼓励全民健身，提高全民身体素质，愉悦群众精神生活，完善群众体育机制，提高群众体育软硬件配备水准，实现国有资产再利用，继承和发扬艰苦奋斗的优良传统，整合资源、资金，把钱用在刀刃上，实现专业体育训练器材资源再利用，与群众共享，建设有中国特色的国家体育文化体系。

中国体育彩票销售渠道发展对策研究

国家体育总局体育彩票管理中心　迟　爽

摘要：中国体育彩票经过多年发展已具有一定规模，在中国社会、经济生活中扮演着重要角色，但是在规模不断扩大的同时，一些问题也日益凸显，如何解决这些问题成为中国体育彩票可持续发展的关键。

党的十八大以来，党中央提出了供给侧改革的战略论述，确定了五大发展理念，为中国体育彩票解决问题、谋求发展提供了方向。要想改变目前仅依靠体育彩票网点（以下简称“体彩网点”）负重前行的局面，中国体育彩票必须大胆改革，实施政策创新、技术创新和机制创新，跨入全渠道销售模式，走出一条适合中国国情、适合自己发展的特色彩票之路。

关键字：彩票；销售渠道；创新

一、研究目的和意义

中国体育彩票于1994年上市发行，经过二十余年的发展，在组织机构、人员团队、产品、技术、渠道等方面都取得了长足进步，整体市场规模已相当可观。截至2016年底已累计销售12 241亿元，累计筹集公益金3334亿元，单年销量由2001年的149亿元增长到2016年的1881亿元，增长近12倍。

中国体育彩票的发行，不但为中国的体育事业和医疗、养老等社会公益事业提供了源源不断的资金支持，而且为社会提供了数十万个就业岗位，为数千万客户提供了文化娱乐服务，为推动社会可持续发展提供了动力。应该说，中国体育彩票已经成为当今中国社会和经济的重要组成部分之一。

销售渠道是中国体育彩票事业发展的基础，是需求的起点和服务的终点，承担着销售、教育、宣传、信息采集等多项任务。截至2016年底，全国电脑体彩网点（不含即开彩票社会渠道）已超过15万个，覆盖所有县级及以上行政区域，相关销售人员、经营人员、管理人员等各类从业人员已超过30万人，销售网络已初具规模，为中国体育彩票正常运转提供了保障。

但是，随着中国政治经济的不断发展和中国体育彩票发行销售规模的持续扩大，一些销售渠道开拓过程中积累或新出现的问题也日益凸显出来。这些问题能否解决、如何解决，关乎中国体育彩票能否可持续发展，关乎数十万从业者的利益，对整体事业走向有着深远的影响。

在中国共产党的领导下，中国已进入深化改革促发展的新时期，各项工作都需要顺应大势，深入贯彻创新、协调、绿色、开放、共享的发展理念，求发展更须求长远。

本文将从中国体育彩票销售渠道实际运转情况出发，查找目前存在的主要问题，以问题为导向结合新时期中国政治经济文化发展的新特点和新理念，对解决方案进行研究，提出相应的解决对策，为解决实际问题提供参考。

二、研究方法

文献资料法：查阅、收集了大量关于体育彩票市场研究类、零售渠道研究类和新技术应用类文献资料，为本次研究提供理论支持。

数据统计法：统计整理体育彩票销售渠道相关数据，分析查找问题。

案例研究法：对国际上同类彩票企业和国内类似行业企业相关案例进行分析比较，提供参考解决方案。

三、中国体育彩票销售渠道现状

（一）实体销售渠道情况

1. 基本情况

目前，中国体育彩票实体渠道主要为加盟经营方式的体彩网点。截至2016年底，全国体彩网点（不含即开彩票社会网点）共155 380个，覆盖全国全部2859个县级以上行政区域（2017年5月27日，海南省三沙市永兴岛体彩网点设立）。

按照形象、面积、硬件设备、服务水平等标准划分为五星至一星网点（五星最高，一星最低），其中基础条件较好的三星及以上网点占55.7%（图1）。按经营方式划分，有55.4%的网点为体育彩票专卖店，有28.3%的网点同时销售体育彩票和福利彩票，而有16.3%的网点在销售体育彩票的同时销售类似烟酒饮料等其他产品。按所处地域划分，有70%的网点设在城市，25%的网点设在乡镇，乡村网点仅占5%。

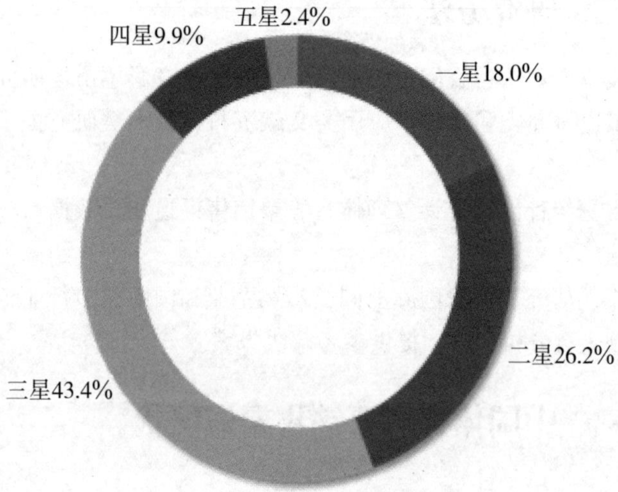

图1　星级网点占比

2. 渠道建设与管理

体彩网点建设工作由国家体育总局体育彩票管理中心（以下简称“总局体彩中心”）负责总体指导，由各省、自治区、直辖市体育彩票管理中心及市级和县级体育彩票管理中心管理站（以下简称“地方体彩中心”）负责具体规划和实施。

近年来，总局体彩中心先后出台了《网点形象手册》《网点工作手册》《星级网点评选办法》《代销证管理办法》等一系列规章制度，各业务处室也根据自身业务特点制定了诸如乐透“五个一”、竞彩“赛事出门”、即开“五要素”等工作要求，指导地方体彩中心开展工作。

地方体彩中心网点设立工作主要依靠向社会征召的方式开展，由意愿人自行选定开店地址及场所，然后向地方体彩中心提出申请，地方体彩中心初审合格后，由意愿人根据统一要求进行店面装潢和设备购置，验收合格后开业经营。网点的管理工作主要由专管员执行，负责网点服务支持和考核，目前全国的专管员已超过5000人，大部分为地方体彩中心外聘员工或劳务派遣员工。

3. 人员队伍与培训

目前，体彩网点经营方式主要有两种：一种是网点业主自行经营，另一种是网点业主雇佣销售人员经营。按体彩网点数量估算，每一网点至少2人，如此业主和销售人员数量在30万人以上。这些经营和销售人员在上岗前必须经过专门的业务培训，同时在经营过程中也会根据实际工作需要开展集中或线上培训。

（二）非实体渠道情况

非实体销售渠道主要包括电话渠道、互联网渠道两种，由于政策问题，中国体育彩票的非实体渠道销售工作一直处于准备阶段，电话渠道仅在山东和海南两个省试点，且没有扩大范围的计划，而互联网渠道一直未能开放。

四、中国体育彩票销售渠道存在的问题

（一）实体渠道存在的问题

1. 网点增加带来的边际效益减小

根据多年的发展经验，增加体彩网点是扩大体育彩票整体销量最直接的方法之一，自2006年开始，网点增加带来的销量增加效益逐年递增，在2012年达到峰值。从2013年开始，边际效益出现下滑（2015年销量负增长），2016年该值已下降到0.72，如无变化预计该趋势还将延续，说明单纯地扩大实体网点规模已经不能带来更多的销量（图2）。

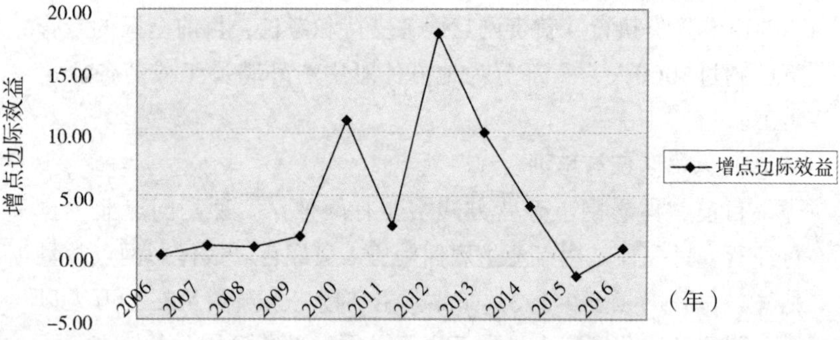

图2　体彩网点与销量边际效益示意

2. 网点经营成本逐年上升，老网点流失严重

近两年，由于网点租金及人员成本持续上升，体彩网点特别是彩票专营店受到严峻挑战，整体经营形式不容乐观。

假设某一体彩专营网点月均销量10万元，按照8%的佣金提取比例计算，该店销售体彩月收入为8000元，而2016年我国月均工资为4782元，如房租水电等成本高于3200元，该店经营者将入不敷出。根据统计，2016年全国月均销量低于10万元的体彩网点占比74.68%，也就是有大量网点处于低盈利或不盈利的境况。

经营困难导致了网点流失严重。2016年当年新增网点57 994个，同时关闭网点33 328个，其中1年以上老网点22 849个。在所有体彩网点中，有50.7%的网点是近5年内开业的，经营超过5年的网点有49.3%，而经营10年以上的“老牌”网点仅占13.7%。

3. 对网点的要求缺乏系统性，落实执行难

由于目前体育彩票内部机构设置问题，各业务部门、监管部门都从自己的职能出发，对网点进行分类和指导。各类划分标准不统一，有重复，有差异，甚至有矛盾。在业务指导方面，由于销售渠道资源的稀缺，各业务部门都从自己的角度出发，对网点的展示内容、设备配置和人员服务等进行要求，各自独立成体系，严重超出了大部分网点的承载能力。面对众多的标准、要求及各类检查，网点经营人员、销售人员和基层管理人员往往无所适从、疲于应付，不但工作落实不好，而且影响了正常经营活动。

4. 基层销售、管理队伍不稳定

目前，彩票销售人员由网点业主个人雇佣，销售人员收入基本采取“工资+提成”的方式，雇主为销售人员缴存“三险一金”或“五险一金”的很少。收入无保障，带来了安全感的下降。据统计，目前有高达68%的销售人员感到工作不稳定（图3）。由于收入水平不高、缺乏保障、没有社会认同感等，销售人员流失较为严重。与此同时，作为基层管理人员的专管员队伍，同样面临着待遇无法保证、缺乏激励机制、职业身份不确定、职业发展渠道狭窄等问题，在日益繁重的工作压力下，流失情况也日益严重。基层销售、管理队伍不稳定，干扰了销售工作的延续性，降低了运营效率，并会在资源投入上造成浪费。

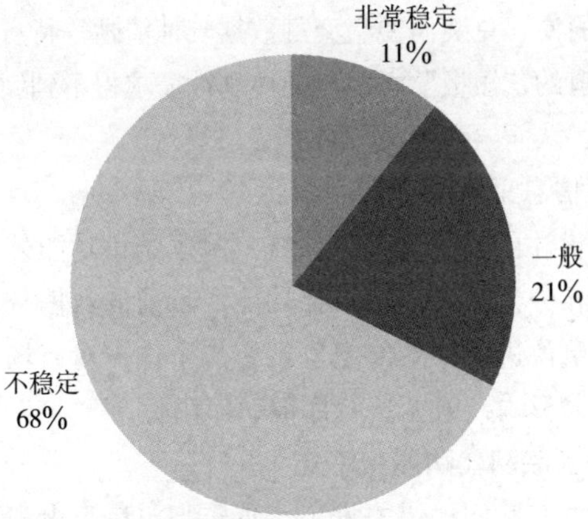

图3　销售人员对于工作稳定性的感知

（二）非实体渠道存在的问题

目前，由于政策限制，中国体育彩票非实体销售渠道未全面开放，客观上限制了整体事业的发展。

根据数据统计，截至2016年底，我国网民规模已达7.31亿人，网民普及率为53.2%，其中手机网民规模达到6.95亿人，占到网民总数的95.1%。在互联网应用使用率方面，即时通信占91.1%、网上支付占64.9%、网络购物占63.8%、网络游戏占57%。由此可见，我国社会已经完全进入了互联网时代，在虚拟平台上，已经形成了完整的宣传、社交、购物、支付和娱乐环境。互联网已经成为我国政治、经济、社会、文化的重要组成部分，正在或者已经改变了事物原有的运行方式，“互联网+”不容回避。

非实体渠道未全面开放，带来的主要问题表现在以下三个方面。

1. 无法满足客户便利性需求

互联网渠道具有极高的便利性，具有全天候职守、信息集中度高、投注简便、兑奖简便、交割数据统计清晰等特点，这些都是目前实体渠道的“短板”，客户的便利性需求得不到满足，就会造成客户流失，从而导致销量下降。

2. 投注信息采集不全

互联网投注的基础是账户系统，除了销售功能外，对投注者信息的采集和分析是又一项重要功能。目前的数据分析只能以网点或终端为单位进行，不能定位到客户个体，对市场分析、预警监控等有一定影响，但无法发挥推动作用。

3. 非法互联网代购屡禁不止

由于官方互联网渠道未推出，近年来市场上出现了众多的彩票代购网站或客户端，但由于其本身存在技术衔接缺失、账户管理混乱、资金监控缺位、恶性价格竞争、吃票漏票严重等违规甚至违法行为，被国家长期打击甚至禁止。但是，由于他们满足了部分客户投注的便利性需求，相关法律规定又不甚清晰，因此屡禁不止，造成了负面的社会影响。

五、中国体育彩票销售渠道发展对策建议

习近平总书记于2015年提出，推进经济结构性改革，是贯彻落实党的十八届五中全会精神的一个重要举措。要牢固树立和贯彻落实创新、协调、绿色、开放、共享的发展理念，适应经济发展新常态，坚持稳中求进，坚持改革开放，实行宏观政策要稳、产业政策要准、微观政策要活、改革政策要实、社会政策要托底的政策，战略上坚持持久战，战术上打好歼灭战，在适度扩大总需求的同时，着力加强供给侧结构性改革，着力提高供给体系质量和效率，增强经济持续增长动力，推动我国社会生产力水平实现整体跃升。

供给侧结构性改革，重点是解放和发展社会生产力，用改革的办法推进结构调整，减少无效和低端供给，扩大有效和中高端供给，增强供给结构对需求变化的适应性和灵活性，提高全要素生产率。

从供给侧结构性改革角度看中国体育彩票销售渠道的发展，关键是真正从客户需求出发，牢记中国体育彩票使命，将技术创新与机制创新相结合，既要参考国内外相关行业经验，又要考虑中国体育彩票本身的属性和特点，要走一条有中国特色的发展之路。具体对策建议包括以下几点。

（一）建立和发展以账户系统为基础的全渠道销售模式

全渠道零售是伴随着移动网络和大数据而产生的新概念，即零售商可以通过包括实体店、直邮目录、呼叫中心、上门服务、网站、服务终端、移动设备、社交媒体等各种渠道与客户进行互动，顾客可以利用网站进行信息比较、选择，在实体店进行体验，而在移动端实现真正的购买。

全渠道零售与多渠道零售的根本差别在于信息的整合和服务的一体化，账户系统是全渠道零售的灵魂，能够确保客户在不同渠道的体验或消费过程中信息的无缝连接和服务标准的统一。

香港赛马会是国际领先的彩票发行机构，其销售渠道包括实体网点柜台、网站、移动客户端、自助终端、电话语音，所有渠道均以统一的账户系统为基础，使客户无论通过哪种渠道都能获得相同的信息和服务。同时，账户系统也让香港赛马会能够收集每名客户的投注信息，以消费者为单位进行分析，指导产品设计、市场营销、风险预警等工作。

中国体育彩票未来应尽快实现从单一渠道销售向全渠道销售的发展，建立账户系统，并以此为基础建立官方网站、官方移动客户端、自助终端等多个新投注渠道，同时对现有体彩网点进行升级，支持账户投注，建立完整的销售网络。全渠道销售网络的建立，一方面可以满足客户对投注便利性的需求；另一方面也可让彩票机构变得“耳聪目明”，同时官方渠道的推出也可以给非法互联网代购以致命的打击。

（二）推动机制创新，维护现有体彩网点的生存和发展

中国体育彩票的实体网点基本上都是社会人员加盟店，这与

香港赛马会等国际彩票发行机构完全不同。中国体育彩票除考虑整体收支平衡外，还要考虑现有体彩网点的生存和发展问题。全渠道销售模式的推出，必然会使现有体彩网点的销量下降，如没有相应的解决方案，将导致大量体彩网点关闭，产生连带的社会问题。因此，全渠道的推出必须配合机制创新，将体彩网点与新渠道结合，方能共同进退。具体有以下两点建议。

1. 彩票机构给予体彩网点补贴

新投注渠道推出后，其销量由两部分组成：一是纯新增客户带来的销量，二是原有体彩网点客户转移至新投注渠道带来的销量。两部分销量扣除返奖奖金、公益金和营运费用后，还将剩余一定比例的资金。该部分资金可直接按客户属地划拨给地方体彩中心，由地方体彩中心按一定标准分配，补贴给体彩网点。

该方案的优点是地方体彩中心权限大，易于调动其工作积极性，易于对网点进行管理。缺点是补贴分配标准的公平性和可操作性不易把握，同时体彩网点缺乏参与感，容易产生抵触情绪。

2. 体彩网点参与投注账户运营

参考山东电话投注模式，将投注账户注册权限交给体彩网点，客户在某一网点注册后将与该网点绑定，此后该客户通过账户进行的投注将计入该网点销量，该网点按销量提取一定比例佣金。除了注册权限外，还将为体彩网点提供客户数据分析、推荐交流、促销等客户发展维护工具。

该方案的优点是让体彩网点直接参与投注账户运营过程，并从中获得收入，有利于调动网点积极性，保证了分配的相对公平性。缺点是地方体彩中心参与程度下降，长期发展易使体彩网点忽略实体工作。

（三）以全渠道销售为视角，重新规划实体体彩网点功能和布局

全渠道销售的引入，必定对中国体育彩票整体渠道发展产生深远影响，如果继续保持原有的渠道拓展策略，将背负越来越沉重的发展包袱，因此需要通盘考虑，重新规划体彩网点的功能和布局。具体建议方案有以下三点。

1. 调整体彩网点重点工作，确定新的功能定位

全渠道销售的引入，将体彩网点原有的销售压力分散了，销售操作将不再是重点工作，维护老客户关系、拓展新客户群体将成为新的重点工作。因此，体彩网点功能也应由原来的销售为主，向销售、宣传、体验、社交并重转化。

2. 立足新功能，扶持发展三类网点

随着体彩网点新功能的转化，应按照减少无效和低端供给、扩大有效和中高端供给的改革要求重点扶持和发展三类体彩网点：第一类是条件好、能够承载多元化功能的高端体彩网点，该类网点是行业标杆，可以树立品牌形象、提供全方位服务。第二类是人气高、会经营的中端体彩网点，该类网点完全符合新的功能定位，是体彩网点的中坚力量，可以借助经营者的能力、热情和经验，维护和拓展客户群体。第三类是同时经营其他产品的兼营体彩网点或社会网点，该类网点不以体育彩票为单一收入来源，生命力强，而且由于经营范围大，接触非彩民客户群体机会多，具有很好的宣传、体验功能。

此三类之外的体彩网点应限制其发展数量，引导其向以上三类网点转化，或由市场选择自然淘汰。

3. 打破多头领导模式，统一网点指导工作

销售渠道的多元化，改变了原有的渠道资源稀缺情况，为打破多头领导创造了条件。总局体彩中心应指定部门或建立机制，

立足于新的功能定位，打破产品界限，统筹协调各有关部门，出台统一的网点分类标准、网点工作要求和培训要求，简化体彩网点经营和管理难度，放权于地方体彩中心，减少行政干预，让市场充分发挥资源配置作用。

（四）引入专业机构，建立稳定的销售员、专管员队伍

全渠道销售模式下，现有的基层销售人员和管理人员收入低、缺保障、缺认同、缺系统培训等问题将更加突出，对地方体彩中心的管理形成较大挑战。

对此，地方体彩中心可以开放思路，引入第三方机构，由其招募、培训、管理销售人员和专管员，并确保相关人员收入和社会保障，体彩网点经营者和地方体彩中心共同承担相关费用。进一步，地方体彩中心可以参考电信行业营业厅“自建他营”模式，与第三方机构合作，共同发展体彩网点。

（五）发挥体育特色，拓展体彩网点功能

新时期以来，以习近平同志为核心的党中央对体育工作高度重视，将建立体育强国上升为国家战略，提出体育在提高人民身体素质和健康水平，促进人的全面发展，丰富人民精神文化生活，激励人民弘扬追求卓越、突破自我的精神等方面都有着十分重要的作用，为“两个一百年”目标的实现保驾护航。

体育产业的蓬勃发展是当下不争的事实，作为体育部门之一的中国体育彩票不能坐看大势远去，而应顺势而为，借势而上，既做好彩票的事又做好体育的事。

中国体育彩票长期以来为体育事业提供了源源不断的资金支持，全国各级体彩机构也为难以计数的赛事贡献了自己的力量。在新时期，中国体育彩票可以借助自己庞大的销售渠道，发挥

“窗口”作用，为体育事业，特别是全民健身事业，进一步贡献自己的力量。

体育功能与体彩网点的结合是一场双赢的合作。对于体育来说，全民健身的推广最关键的是健身理念和体育知识的宣传，而在体育机构深化改革、社会办体育的大背景下，基层体育功能缺位严重，相关宣传难以落地。而全国超过15万个体彩网点，如毛细血管一样深入各个区域，是推广体育理念、普及体育知识的最佳阵地。

对于体育彩票来说，体育功能的增加能够带来综合提升。目前，绝大多数体彩网点功能单一，处于“非彩民不进店”的境地，新客户群体发展十分困难。体育功能的增加，提供了非彩人群进店的机会，为新客户开发提供了条件。同时，体育功能与中国体育彩票核心价值契合，对树立公益形象、提升品牌知名度、增加团队荣誉感等都有积极作用。

体育功能的范畴可以包括体育知识的普及（含竞技体育和群众体育），健身理念的宣传推广（展示海报、以促销形式派送健身券等）、健身活动的支持（提供培训场所、报名途径、装备领取途径等）等，具体内容和执行方式还需总局体彩中心与有关部门统筹协调做好顶层设计，由各地方体彩中心和体育部门落地实施。

六、研究结论

在经济转型、深化改革的时代背景下，中国体育彩票的渠道建设工作已经站在发展的十字路口上。值此关头，必须贯彻党中央提出的发展理念，锐意进取，改革创新，稳步推进新渠道建设工作，逐步调整实体体彩网点的功能布局、规划管理工作，最终建成高效、有序的中国体育彩票全渠道销售网络，为有中国特色的彩票事业发展打下坚实的基础。

参考文献

[1] 魏亮，李瑞华.全渠道销售：商业发展新趋势[J].北方经济，2017（1）：51–55.

[2] 王雯，马辉.彩票销售人员职业化策略研究[J].体育世界：学术版，2016（9）：20，21，23.

[3] 马慧敏.移动互联时代我国零售企业全渠道模式的应用[J].中国流通经济，2017（4）：10–16.

体育明星个人无形资产应用问题研究

国家体育总局体育器材装备中心　栗霄翠

摘要： 自2009年开始，中国奥委会无形资产市场开发在赞助计划、特许经营计划等总体框架方面已建立了比较完善的市场开发体系，但在有关体育明星，特别是中国体育代表团成员个人无形资产应用方面始终没有大的突破。中国奥委会作为一个核心组织，如果能够找到一条很好地解决体育明星个人收益与社会效益双丰收问题的途径，做好体育明星品牌管理，那么明星效应不但能为社会带来巨大的正面意义、产生经济效益，而且会是群众体育、学校体育发展最优秀的示范，在实现“两个一百年”奋斗目标、实现中华民族体育强国梦的进程中所起的积极作用是不言而喻的。本文将结合以往的工作实践、体育发展现状及体育体制改革的需要，以党的十九大报告精神及依法治体等不同视角，应用马克思主义的理论方法阐述中国奥委会能否进行及如何进行体育明星个人无形资产应用的问题。

关键词： 体育明星；无形资产；应用

一、引言

（一）选题背景

中国奥林匹克委员会简称中国奥委会，英文名称为 Chinese Olympic Committee，缩写为 COC。自2009年开始，中国奥委会无形资产市场开发在赞助计划、特许经营计划等总体框架方面已建立了比较完善的市场开发体系，但在有关体育明星，特别是中国体育代表团成员个人无形资产应用方面始终没有大的突破。20世纪90年代，体育明星个人肖像权应用问题就准备纳入中国奥委会市场开发体系。20多年过去了，中国奥委会市场开发进入世界先进行列，但体育明星个人无形资产应用问题仍然是一个待解决的难题。体育明星个人无形资产应用是体育市场开发的一个重要组成部分，明星效应会给社会带来榜样作用，竞技体育明星是体育强国建设的重要标志之一，奥运争光计划充分证明了这一点。本文将结合以往的工作实践、体育发展现状及体育体制改革的需要，以党的十九大报告精神及依法治体等不同视角，应用马克思主义的理论方法阐述中国奥委会能否使用及如何使用体育明星个人无形资产市场开发问题。

（二）研究意义

中国体育发展的辉煌造就了无数体育明星，改革开放又把体育明星引入市场经济浪潮，体育明星作为大众心目中积极向上、奋勇争先的英雄，感染了无数人的心灵，具备了为社会树立榜样的作用，同时对个人产生了经济效益，集体利益与个人利益的碰撞，往往引起很大的社会反响。中国奥委会作为一个核心组织，如果能够找到一条很好地解决体育明星个人收益与社会效益双丰收问题的途径，做好体育明星品牌管理，那么，明星效应不但能为社会带来巨大的正面意义、产生经济效益，而且会成为群众体育、学校体育最优秀的示范，在实现“两个一百年”奋斗目标、实现中华民族体育强国梦的进程中所起的积极作用更是不言而喻的。

（三）研究目的

体育明星对中国体育发展、弘扬中华体育精神，特别是对青少年教育起到优秀的示范作用，与中国奥委会这一优质品牌相结合，可实现中国体育事业无形资产的社会效益、经济效益双丰收，为中国奥委会与体育明星无形资产的有机融合提供路径和方案。

二、中国奥委会品牌属性和定位及与国家队的关系

（一）中国奥委会品牌属性

中国奥委会是以推动奥林匹克运动和发展体育运动为宗旨的全国性体育组织。其职责是促进奥林匹克项目在中国广泛开展，代表中国参与国际奥林匹克事务；在与国际奥委会和亚洲奥林匹克理事会及各国家地区奥委会的关系中，唯有中国奥委会有权代表全中国的奥林匹克运动；致力于向公众特别是青少年推广奥林匹克主义积极的价值观，包括通过支持优秀运动员实现他们的梦想，以及与政府、非政府组织、企业和媒体合作来推动体育运动的发展，促进中国青少年的均衡发展，为和谐社会做出贡献；组织中国体育代表团，参加国际奥委会主办的夏季、冬季奥运会，并提供必要的经费和装备；协助其他全国性体育组织举办体育竞赛和运动会。

（二）中国奥委会品牌定位

中国体育代表团通过在国际舞台上的卓越表现，展示出我国的综合实力与民族精神风貌，以中国体育代表团为传播载体，促进奥林匹克精神在中国的普及和传播，从而实现竞技体育与体育产业和全民体育的彼此促进、和谐共赢和综合发展。

定位语：彼此激励，共同成长（Inspired to achieve）。

（三）中国奥委会、中国体育代表团、国家队、国家队运动员、教练员之间的关系

中国体育代表团特指中国奥委会组织的代表中华人民共和国参加国际大型综合性体育赛事（如夏季奥运会和冬季奥运会）的体育代表团，包括但不限于运动员、教练员及其他成员。

国家队是指为推动中国体育发展、实现奥运争光目标、培养顶尖体育竞技人才，在现行体育体制下由国家体育总局各运动项目管理中心（以下简称“项目中心”）或单项体育协会（以下简称“协会”）组织管理的各单项运动队伍。

国家队运动员、教练员是指由国家体育总局制定人员编制，由各项目中心或协会负责从地方体育局、协会中选拔出的组成国家队的优秀运动员、教练员。项目中心负责国家队日常训练及管理，国家队运营经费来自财政拨款、中国奥委会市场开发及各项目中心（协会）市场开发。运动员、教练员人事关系隶属地方体育局或协会。奥运会召开之前，国家队中的优秀运动员及教练员被选拔组成中国体育代表团，代表中华人民共和国参加夏季、冬季奥运会，运动员、教练员此时具有中国体育代表团成员身份。

三、体育明星个人无形资产的形成及其法律地位

（一）体育明星个人无形资产的形成

1. 个人无形资产积聚期

在奥运争光计划、举国体制下，地方体育协会、体育局负责培养储备人才，一名运动员自某项竞技特质被发现，开始专业训练，国家需要投入人力、物力和财力，运动员自身需要刻苦训练，逐步具备进入国家队的竞技优势。进入国家队即可享有更专业的训练及物质保障和心理指导，有机会参加国际顶级单项赛事、奥运会，成为体育明星。在未经过大赛检验前，体育明星标签并不明晰，个人无形资产价值处在积聚期。

2. 个人无形资产凸显期

国家队运动员或中国体育代表团成员是国家竞技体育的精英，均具备不同程度的个人价值，若能够获得世界冠军，特别是奥运会冠军，在赛场展现非凡竞技体育才能或竞技体育精神，其个人将瞬间成为民族英雄，为国家争得荣誉的同时，其体育明星标签也将形成，个人无形资产价值迅速展现与提升。因此可以说，中国奥委会是奥林匹克精神的传播者，是造就体育明星的摇篮。

国家队运动员还可以通过国际级单项赛事获得世界冠军，成为体育明星。不同运动项目的体育明星因其公众影响力不同，个人无形资产存在差异。

3. 个人无形资产衰减期

运动员竞技水平退步，退役，或者出现了违反体育精神的行为，丧失了国家队运动员的身份，一般来说，其个人无形资产价值即进入衰减期。

（二）体育明星个人无形资产的法律地位

体育明星个人无形资产的应用主要涉及以下相关法律及行政法规。

（1）《民法通则》第100条："公民享有肖像权，未经本人同意，不得以营利为目的使用公民的肖像。"

（2）《中华人民共和国广告法》。

（3）《国家体育总局关于运动项目管理中心工作规范化有关问题的通知》。

（4）各项目协会自行制定的相关管理规定。

（三）国家队体育明星个人无形资产应用现状

国家队体育明星在一般情况下，经所在项目中心或协会同意，以形象广告、企业代言、产品代言、获得赞助商的方式将其自身无形资产价值转化为经济效益。在以上商业行为中不得使用中国奥委会、中国体育代表团称号，所得收益由协会与个人按相关规定进行利益分成，不同项目中心各自制定适合本项目的管理办法或规定。

中国奥委会组织中国体育代表团参加夏季、冬季奥运会，在使用其成员个人无形资产进行市场开发时比较被动，一是被《民法通则》第100条给框住了，从意识上没有把中国体育代表团这一特殊群体的权利特殊性与一般公民享有权利的普遍性区分开来；二是"国家培养说"没有法律依据做支撑；三是中国奥委会与中国体育代表团成员的存续关系短暂，中国体育代表团成员的归属依然是项目中心或协会；四是中国奥委会没有建立中国体育代表团成员个人无形资产开发的公共平台。

（四）中国奥委会应用中国体育代表团成员个人无形资产情况

改革开放以来，中国奥委会无形资产市场开发经过长时期的探索已经建立了完备的品牌体系及市场运作体系，赞助计划、特许经营计划都经历了多个奥运周期的实践，收益良好，推广了奥林匹克公益活动，传播了奥林匹克精神，并与赞助企业真正实现了彼此激励、共同成长的合作愿景。但与中国体育代表团成员肖像权相结合的市场开发仅限于步履维艰的特许邮品，在能否用与怎么用的问题上还没有找到真正的契合点。

四、正确处理体育明星个人无形资产与集体利益的关系

首先，要解决中国奥委会是否可以使用体育明星个人无形资产的问题。作者查阅了一些资料，没有不支持“国家培养说”的，也没有不支持《民法通则》第100条的，甚至有人支持进入国家队就须遵守国家队规定。

（一）国家队之初心

在论述个人与集体利益两者关系前，请让我们先回顾徐寅生对女乒乓球队的讲话：“首先是我们国家的运动员应该为谁打球？要把祖国的荣誉放在第一位，坚决抛开个人得失；其次是要树立一个什么样的作风问题……”

（二）市场经济体制下国家队运动员观念的改变

改革开放以来，人们对物质文化的需求有了更高的标准，现代体育明星多为20世纪80年代后出生，从他们开始认识这个世界

起，国家已赋予每一位公民先富起来的权力，他们从西方社会中学会了经营个人知识产权的本领。国家立法保护个人知识产权，作为行政机关的国家体育总局及各项目中心或协会出台相关规定，开放并规范国家队运动员经营个人知识产权行为，仅仅采取为国争光的教育方式已不适应新形势的变化。

案例1：几位体坛名将因在个人无形资产开发中没有正确处理好个人利益与集体利益的关系，被迫过早地离开国家队，引起社会公众的不同反响，国家受损、个人形象受损、个人无形资产价值受损。

案例2：在做本项目调研的访谈中，一位著名职业运动员强调自己所取得的成就主要是个人努力，理由是同一批后备人才，国家投入是同样的，只有自己成为了体育明星，而其他人却没有走向成功。

案例3：某领导授课，主讲内容是运动技术，一点都不涉及队伍思想建设，在互动环节，当被问到该项目取得了辉煌成就，为国争光与市场激励哪种成分的作用更大时，他的回答是市场激励更大一些。

案例4：拳击跆拳道运动管理中心的一位领导以“坚守、信念”为主题讲授武术散打、空手道、跆拳道三个项目夺得世界冠军的历程，他讲到，第一次参加世界武术比赛时的信念是只能赢不能输，拿生命去拼，是为国家荣誉而战。坚守就是让运动员知道要干什么，为国家服务，为本人找到位置。部分优秀运动员退役后事业发展很好，用多年前在赛场上积累的无形资产开创着当下的事业。不能不说“坚守、信念”成就了优秀运动员的一生。

（三）发挥中国奥委会的核心组织作用，引导、协调运动员，特别是体育明星的个人无形资产应用

从以上案例可以看出，案例1、案例2的发生概率小、影响大，案例3是普遍性问题，案例4是运动队管理相对比较好、比较理想的状况。尊重客观规律，发挥中国奥委会的核心组织作用，在中国奥委会旗帜下，制订运动员个人无形资产开发计划，既要加强引领，树立为国争光的高尚情怀，又要面对市场经济的现实，搭建运动员、体育明星实现自我价值的高层次平台，增强团队服务水平、法律支持水平，避免个人利益与集体利益发生大的冲突。

五、协调个人与集体无形资产开发的对策和建议

（一）依法治体问题

中国奥委会应用中国体育代表团成员个人无形资产进行商业开发，首先要遵守《民法通则》第100条，其次，中国体育代表团成员有义务为中国奥委会这个组织服务，如涉及商业利益应有相应回报，但目前中国奥委会缺少相关法规及制度。

（二）中国奥委会建立统一的体育明星个人无形资产开发平台

中国奥委会建立统一的体育明星个人无形资产开发平台，一是在中国奥委会旗帜下建立“体育明星”子品牌；二是运动员个人无形资产可与中国奥委会知识产权相结合，提升个人无形资产附加值；三是可由官方专业团队进行专业营销、管理和服务，包括强大

的法务支持；四是协调集体知识产权与个人知识产权的相互融合；五是在中国奥委会旗帜下统一进入体育产业资源交易营销平台；六是避免个人利益与集体利益发生大的冲突。

中国奥委会建立统一的个人无形资产开发平台，也体现了为运动员服务的一份责任，中国奥委会是这项工作最合适的组织者，应站在体育强国大格局中制定发展战略。

（三）体育明星无形资产开发多样化

目前，多以个人名义进行无形资产开发，形式单一。形成团队后资源将变得丰富而更具有美誉度、认知度。随着品牌规划的不断完善，打造更多的明星，挖掘更多的资源，设计更多的营销产品，可延长更多体育明星的社会、经济价值发展期。

（四）公益服务

中国奥委会传播奥林匹克精神，公益服务是其品牌内涵之一，组织中国体育代表团成员、体育明星参加中国奥委会品牌下的公益服务大行动，在全国推广奥林匹克运动及精神，可在为社会服务的同时，提升中国奥委会及体育明星个人的美誉度、认知度。

（五）拓展运动员退役后就业渠道

运动员退役安置工作是国家体育总局人事司、基金会等单位的职责之一，更是全社会的任务。运动员九苦一乐，竞技运动往往伴随伤病，年龄越大越明显。中国奥委会在进行体育明星个人无形资产合作开发的同时，应策划运动员退役计划、再培训计划、就业计划，关注运动员退役后的就业问题。

（六）加强运动员思想文化建设

在党的十九大报告中，党中央指明了到21世纪中叶的奋斗目标，共产党员要起模范作用不应只是挂在嘴上，更要落实到行动上。国家队很大一部分运动员是共产党员，风华正茂、思想活跃，希望他们一开始就有成熟的政治觉悟和思想觉悟是不现实的，党组织要不断培养、引领。为国争光不是协议签出来的，更不是个人利益换来的，是内心深处滋长出来的。个别明星在个人利益与集体利益碰撞时会坚持个人利益不可侵犯，但绝大多数运动员能够以集体利益为重，遵纪守法，努力拼搏，积极参加社会公益活动，为体育事业的发展做出了贡献。国家体育总局党组决定加强党的基层组织建设，将基层组织建到国家队，这将有力地推动运动员思想文化建设，有利于中国奥委会协调开展体育明星个人无形资产开发活动。

六、结论

中国奥委会应用运动员个人肖像权并非为了追求经济利益，只要依法依规处理好运动员个人无形资产与集体利益的关系，发挥体育明星优秀示范作用，大力推进中国体育强国建设、文化建设，相信就会得到运动员的大力支持，实现彼此激励、共同成长。

由于这项工作是多年的难题，文中论据难免有不完善的地方。过去，个人肖像权的不可侵犯性让我们对体育明星个人无形资产应用问题望而却步。通过在党校的学习，马克思列宁主义、毛泽东思想对笔者在认识事物的思想方法上有很大的启迪，使笔者能够更好地总结事物发展的客观规律，找出矛盾产生的根源，从而找出解决问题的方法。通过学习党的十九大报告精神，全党同志都应践行“正确的义利观”。作为从事中国奥委会市场开发工作的一名中层干部，应有担当精神，推动体育明星为体育事业发展发挥积极作用，推动优秀运动员实现全面的发展，笔者将继续深入研究并实践体育明星无形资产应用工作。

参考文献

[1] 徐寅生.我与乒乓球——徐寅生自传[M].北京：中国社会科学出版社，1995.

体育文化、教育建设研究

《体育科技文献通报》发展对策探究

国家体育总局体育信息中心　朱　雷

摘要：党的十九大胜利召开，中国进入新的发展阶段。为把握新时代、新阶段、新环境下《体育科技文献通报》的发展机遇，寻找适合其办刊发展之路，本文运用文献资料法，以习近平总书记十九大讲话、体育系列讲话、推动和繁荣哲学社会科学的讲话为研究内容，通过对期刊行业发展形式、《体育科技文献通报》办刊情况与问题加以总结和梳理，得出研究结论并给出建议：新形势下《体育科技文献通报》须进行“理论供给侧”改革，提升学术影响力，期刊发展要以提升体育理论研究水平和科技论文质量为目的。因此，《体育科技文献通报》需要开拓发展新的路径，即更加贴近当前体育的新形式，推动中国特色体育理论体系的建立；采取新的学术研究形式，拓展学术新阵地，推动稿件质量不断提高；创办特色栏目和学术专栏，凸显供给栏目的特质和问题导向；建立可行的学术激励机制，促进理论和实践有效转化。

关键词：体育科技文献通报；供给侧；改革

一、当前期刊发展形式

（一）期刊出版总量

2016年，全国共出版期刊10084种，平均期印数1.39亿册，总印数26.97亿册，总印张151.95亿，定价总金额232.42亿元。与2015年相比，种数增长0.70%，平均期印数下降4.94%，总印数下降6.29%，总印张下降9.43%，定价总金额下降4.34%。哲学社会科学类期刊2664种，平均期印数0.69亿册，总印数12.70亿册，总印张64.91亿；占期刊总品种的26.42%，总印数的47.08%，总印张的42.72%。与2015年相比，种数增长1.10%，平均期印数下降2.32%，总印数下降3.39%，总印张下降5.54%。

（二）当前学术期刊发展现状

当前学术期刊发展现状有两个特点：学术类期刊持续萎缩和期刊学术评价过热。

首先，从以上数据可以看出，学术期刊发行量持续下滑，广告收入下降。学术期刊被网络不断推出的免费阅读分流越来越多的读者。学术类期刊在加入集成发布平台后，部分读者和机构也放弃订阅纸质学术期刊。另外，纸张价格不断上涨使办刊成本不断增加，这对传统期刊发行也是一个打击。发行量、广告的颓势已经使办刊收入大大降低，但为了保障期刊质量，办刊成本又在不断增加，使得学术期刊编辑部都在想方设法降低成本，如2016年《清华大学学报》发表声明，称从2017年起停止赠送该期刊从而减少办刊成本。学术类期刊发行持续萎缩已经是一个大趋势。

其次，期刊学术评价过热。学术期刊本质偏离，当前学术期刊界、科学研究领域高度重视影响因子等评价指标。利用评价指标对体育类学术期刊的综合学术影响力做出评价供学术界借鉴参考无可厚非，但如果把评价结果与职称、学位、办刊版面费等捆绑，就会导致各种学术评价机构、指标、会议层出不穷，造成学术期刊被评价绑架的局面。

二、《体育科技文献通报》机遇与挑战的情况分析

（一）办刊情况回顾

《体育科技文献通报》创刊于1993年，是由中华人民共和国国家新闻出版广电总局正式批准公开发行的中央级体育科技月刊。由国家体育总局主管，国家体育总局体育信息中心主办。国际标准连续出版物号：ISSN 1005-0256；国内统一连续出版物号：CN11-3262/G8；国外发行代号：M1984。登载体育领域各类专科学术论文、中国体育学术期刊论文篇目及英文体育学术期刊篇目。期刊的主要读者为高校体育专业师生、体育科研工作者和体育管理人员。目前是中国期刊全文数据库、万方数据数字化期刊群、中文科技期刊数据库（07-1441）和教育阅读网的来源刊。

该刊自2010年起用中国知网学术不端专业检测软件；2011年，与万方数据签约加入DOI号码注册体系；2014年，进入中国知网期刊优先数字出版体系。据中国期刊网的统计，《体育科技文献通报》读者遍布海峡两岸暨香港、澳门（高校、公共图书、行政机构、企业、医院、科研单位等）；在世界范围，读者遍布北美、西欧地区的国家及澳大利亚、韩国和日本等国。近年来，该刊每年刊发的专业研究论文中，各级课题占发文总量的1/3左右。自创刊以来，该刊对弘扬中华民族优秀传统体育文化、反映国内体育界各类科技研究成果发挥了积极作用。

（二）工作中的挑战

《体育科技文献通报》每月印刷量从2013年的2000本，减少到目前的450本，期刊广告收入基本为零，期刊订阅者基本为少数大型图书馆和收藏机构，另外还会免费赠给作者。为了满足更多作者刊登文章的需要，页数由132页增加到190页左右。办刊成本越来越高，办刊压力也越来越大。

当前期刊生存和发展的资金来源主要是作者投稿所交付的版面服务费。作者投稿是为了职称的评审，一旦职称评审制度改革将对期刊生存和发展带来灾难性的后果，因而职称评审政策对期刊具有决定性影响。

（三）当前的机遇

通过系统学习党的十九大报告内容，我们认识到决定生产力发展有四个要素：人力资源、自然资源、资本、技术变革和创新。习近平总书记提到，供给侧结构性改革，最终目的是满足需求，主攻方向是提高供给质量，根本途径是深化改革。所以，《体育科技文献通报》需要进行供给侧结构改革以适应发展需要。

三、发展的建议与对策

（一）重新定位

期刊的供给侧结构改革必须做好“加减乘除法”，与中国特色社会主义新的发展阶段、体育改革及未来重大事件相适应。“加法”就是要扩大有效学术研究，扩大能为体育发展和改革补“短板”、促发展的学术研究；“减法”就是要减少质量低下、研究方向与当前体育大发展不相适应的文章为期刊留出发展的空间；“乘法”就是要推进期刊科学信息化，管理和内容要创新；“除法”就是要扩大分子、缩小分母，提高编辑专业水平，促进劳动效率的提高。其中重点是要做好“加法”和“减法”。

（二）创新学术研究形式，确定学术发展方向

创新驱动发展，创新是引领发展的第一动力。当前，我们必须坚持以中国特色体育发展之路为前进方向，面向世界体育前沿，面向竞技体育、全民健身，面向体育体制全面深化改革，加快期刊学术创新节奏，抓住这一轮改革机遇，为从体育大国向体育强国转变提供更多的学术资源。

（三）推出英文版期刊，面向全世界展示中国特色体育发展之路

当前，中国的崛起让中华民族屹立于世界民族之林，我们已经无限接近世界舞台的中央。2008年以来，中国体育的辉煌发展令世人瞩目，全球越来越多的学者开始关注和研究中国体育的现状和发展，他们的科研成果基本都是以英文撰写，如要征集发表这些优秀学术成果需要译成中文，不仅会延误时间，甚至可能偏离作者的研究意图。因此，我们需要在全球60亿人里选择优秀的学者，而不仅限于我国的13亿人。推介全球学者的优秀研究成果的同时，中国体育的声音也需要向世界传递，中国体育社会科学全新学术体系的构建需要中国学者，同时也需要外国学者。因此，《体育科技文献通报》需要推出英文版。

与此同时，随着体育社会科学每年的科研成果产出量稳步提升、质量稳步提高，期刊的国际化也是未来发展方向。《体育科技文献通报》在国际上已经被北美、西欧地区的国家及澳大利亚、韩国和日本等国家机构收录，如果英文版期刊在世界范围发行，将为更多的外国学者了解中国体育理论研究内容和方向增加

一个新的重要窗口，通过这个窗口向世界传递中国特色体育强国之路的最新科研成果，进而展现中国特色社会主义发展之路所取得的成果。

（四）吸引学术精英加入期刊工作，确保优质研究成果供给

2016年5月19日，中共中央国务院印发的《国家创新驱动发展战略纲要》中强调，科技创新和体制机制创新两个轮子相互协调、持续发力。当前，一部分体育期刊栏目苦于寻找优质研究成果，原因就在于保守僵化的办刊理念无法适应当下的学术生态环境。对于《体育科技文献通报》来说，当前亟需打破人才发展的瓶颈，需要有不拘一格、择天下英才而用之的胆识，依靠创新机制来激发体育工作者科研的积极性和主动性，积极开拓、深挖优质学术成果才是期刊可持续发展之路。中国体育科研人才队伍储备量是世界上最多的，随着产、学、研的发展，更多跨界融合的优秀学术成果将持续不断地涌现。

1. 高学术能力的编辑团队

决定学术期刊质量的因素有很多，如社会发展阶段、体育资源、作者群体、学科优势、编辑专业能力等。体育发展进入新时代，对编辑提出了更高的要求，编辑素质对期刊质量起着至关重要的作用。优秀的编辑团队应该具备多方面的素质：学术能力强、服务意识好、职业道德扎实等。仅就编辑的学术能力来说，“编辑学者化”这一要求早已被学术界认同并倡导，这就要求编辑不仅编辑业务能力强，还要具备学者的素养。党的十九大以后，中国发展进入新的阶段，中国体育由体育大国向体育强国转型发展，体育体制改革进入深水区，体育产业蓄势待发，群众参与体育运动的热情不断提高。当前的学术成果

已经满足不了体育发展的需要，中国体育发展也没有“照搬之路”可走，只有精确掌握专业知识且密切关注体育学术发展动态的编辑才能满足未来的工作需要。但是现实条件下，编辑深陷文字和校对工作之中，在学科日益精细化且复合化发展的当下，一般的编辑很难拥有比较高的学术素养，所以必须规划建立适应新时代学术发展的高素质编辑团队。

2. 学术栏目专家制

把控研究成果的学术质量和价值是期刊创新发展的驱动力，创新驱动实际上是优秀人才驱动，因此应在组稿、用稿方面有所创新。编辑部需要在国内外各研究领域寻找、诚聘特色栏目的专家负责组稿、约稿工作。栏目可长期聘请固定的主持人，也可根据每期策划的不同主题聘请不同的主持人。专家型学者长期处于科研前沿，具有非常敏锐的学术洞察力和丰富的学术人脉，这些都是办刊的有利条件。只有充分发挥专家型编辑的主观能动性，为编辑部创造良好的学术生态环境，期刊才能良好地发展。

（五）问题导向与特色办刊相结合

习近平总书记在“5·17”讲话中指出，我国哲学社会科学应该以我们正在做的事情为中心，从我国改革发展的实践中挖掘新材料、发现新问题、提出新观点、构建新理论。《体育科技文献通报》的发展将坚持不被评级指标绑架，寻找并充填体育发展中未涉及的理论真空地带。例如，近年来电子竞技运动呈现繁荣发展的势头，市场不断扩大，国际、国内赛事繁多。中国队在国际赛场屡创佳绩，备受社会各界群众，特别是中青年群众的关注和喜爱，发展势头良好，但基础理论研究的滞后将制约项目今后的发展。为了填补这一理论空白，掌握当前电子竞技运动的发展形势，充分调动社会各界专家、学者、研究人员、电子竞技工作者参与电子竞技研究，提高电子竞技运动研究成果的质量，促进学术交流和成果转化，形成跨界融合理论研究团队，从而推动中国电子竞技理论研究体系的建立，期刊将开设电子竞技专栏，向全社会征集研究论文，择优刊登，并联合中国电子竞技协会对获奖优秀论文作者给予奖励，鼓励他们继续创新研究。这样一来，一方面解决了项目发展中的理论与学术问题；另一方面也丰富了办刊特色内容，可谓两全其美。目前电子竞技征文及学术研究正在筹备中，未来期刊将涉及更多体育发展中的理论空白和问题，如奥运项目中心和奥运项目协会承担的职责任务划分，奥运项目协会领导层人员构成，如何加强对奥运项目协会领导层的内外监管，奥运项目协会在运动员保证方面需要做哪些工作等，走以问题为导向的特色办刊之路。学术研究是一种发现问题、解决问题、累积知识的研究活动。《体育科技文献通报》应该逐步减少缺乏问题意识的学术研究，只有强化问题意识，有意识地策划和组织稿件，才能形成特色栏目。很多实践证明，组织专题研究及特色栏目是打破体育学术期刊“趋同化”的有效模式。

（六）促进理论与实践的相互转化

相关研究结果表明，我国体育科研成果转化率一直很低。改变当前这种低转化率的形式，成为体育研究各领域的共同任务，下面就这个问题提出自己的建议。

首先，密切《体育科技文献通报》与体育宏观政策制定、规划的联系，充当体育宏观政策制定与研究团体和个人的媒介，把《体育科技文献通报》建设成能够促进体育科研信息交流和科研成果转化的学术研究平台。实际上，政府、高校和社会各方已经在这方面做了很多工作，今后需要做的就是更加有针对性和系统化（图1）。

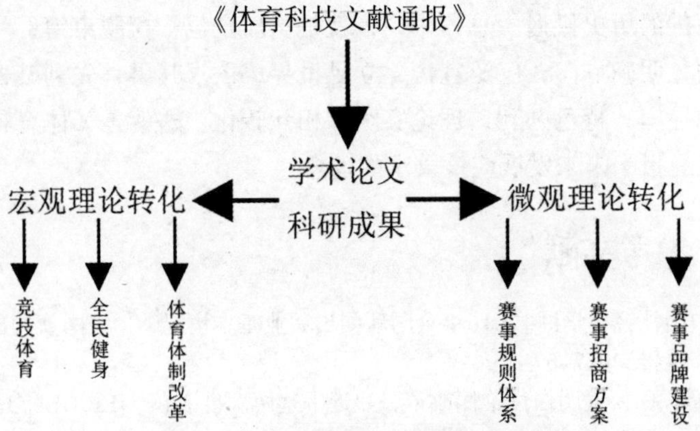

图1　学术成果转化方向模型示意图

其次，强化微观研究的实用性，倡导体育微观科研实际性导向。目前我国微观体育科研成果都缺少实用性，大部分微观体育科研成果是科研人员的科研兴趣和爱好的产物，不符合微观体育实际要求。即使有些微观体育科研选题具有很高的实用性，后续的实用化开发研究也缺乏动力。因此，通过强调选题的实际性和已有成果的再次针对性开发，从起点强化微观体育科研过程的实际化，才是当前提高微观体育科研成果转化的最重要的途径。

四、结论

《体育科技文献通报》应坚持“上天下地”的发展理念：一要面向中国特色体育发展战略，即学术的发展要服务于体育发展战略；二要以问题为导向，特别是体育发展亟需解决的问题；三要面向更多的优秀研究成果，建机制、发好文、促转化。

当前必须摆脱束缚，更新发展理念，明确发展方向，引进新的管理经验，从提高自身水平上狠下功夫，优化编辑团队，与国际接轨，充分利用我国进入新的发展阶段和由体育大国向体育强国迈进的历史机遇。总体来说，就是重新定位，摆脱束缚；学术创新，明确方向；广泛宣传，立足世界；欲求其事，先利其器；问题导向，特色办刊；理论实践，相互转化。这就是《体育科技文献通报》未来发展应该秉承的理念。

参考文献

[1] 中国社会科学网. 2016年全国新闻出版业基本情况[N]. 中国新闻出版广电报, 2017-07-25.

[2] 新华网.要弄明白供给侧改革，习近平这两次讲话必学[EB/OL].[2016-16-01].http：//news.xinhuanet.com/politics/2016-06/01/c_1118966953.htm.

[3] 国务院. 国家创新驱动发展战略纲要[Z].2016.

[4] 李晓艳. “知识供给侧”改革：高校哲学社科期刊创新发展新路径[J]. 辽宁师范大学学报（社会科学版），2017，40（4）：70-74.

[5] 新华网. 习近平在哲学社会科学工作座谈会上的讲话（全文）[EB/OL].[2016-05-08].http：//news.xinhuanet.com/politics/2016-05/18/c_11188891128.htm.

非奥运项目青少年培养工作研究

国家体育总局社会体育指导中心　何　懿

摘要：非奥运项目是全民健身活动的主要组成部分，具有健身性、娱乐性、观赏性、安全性、教育性，对青少年身心发展具有良好的促进作用，适合在校园中广泛开展，有助于《全民健身计划（2016—2020年）》的实施，增强青少年体质，对建设“体育强国”、实现“健康中国”具有重要意义。

本文通过对非奥运项目青少年培养工作现状，特别是当前体育改革大背景下非奥运项目青少年培养工作面临的挑战进行了梳理和分析，给出以下对策和建议：项目协会要加强青少年培养的组织建设和规章制度制定工作，创新发展青少年的训练和竞赛体系，充分调动社会力量参与青少年培养工作。

关键词：非奥运项目；青少年；推广；训练

一、非奥运项目青少年培养工作现状

（一）相关定义

非奥运项目：夏季和冬季奥运会比赛项目以外的运动项目，其中包括一些亚运会和全运会比赛项目，如龙舟、健美操、轮滑、体育舞蹈等。

非奥运项目协会：在全国性体育单项协会中，除夏季奥运会和冬季奥运会的大项（此数目是变化的，奥运会项目在动态变化，协会组织也在变化，如新成立的中国花样滑冰协会），其他均称为非奥运项目协会，且为大多数。

某些单项协会所辖子项为奥运项目，如2020年东京奥运会新设项目滑板，为轮滑项目所属子项。但中国轮滑协会所开展的10个子项中，其余9个均为非奥运项目，故本文中也将轮滑项目归为非奥运项目。

并非所有非奥运项目都成立了全国性协会组织，以作者所在单位为例，国家体育总局社会体育指导中心（以下简称“社体中心”）管理近30个运动项目，其中成立了全国性单项协会的有12个，以中国××协会（筹）名义开展工作的有2个，其余大部分以全国××推广委员会名义开展工作，以上全部为非奥运项目。本文也以这些项目为主要研究对象。

在协会体制改革背景下，以各种组织形式存在的非奥运项目均纳入研究范畴。

非奥运项目青少年培养工作，主要包括以下几方面：

（1）项目在青少年人群中的推广普及工作；

（2）项目的青少年训练工作；

（3）项目的青少年竞赛工作；

（4）项目围绕青少年培养所建立的专业人才（教练员、裁判员、培训教师等）队伍工作。

（二）非奥运项目协会的青少年组织建设和规章制度

绝大部分非奥运项目协会（或组织）未成立专门的青少年工作部门，以社体中心管理的项目为例，在已正式成立的12个项目协会（中国轮滑协会、中国门球协会、中国龙舟协会、中国舞龙舞狮运动协会、钓鱼运动协会、中国信鸽协会、中国风筝协会、中国飞镖协会、中国体育舞蹈联合会、中国拔河协会、中国健美操协会、中国毽球协会）中，只有中国体育舞蹈联合会下设了青少年委员会。在尚未正式成立协会的项目组织中，中国荷球协会（筹）和中国木球协会（筹）设有学校工作委员会，工作职能涉及青少年人群。

在社体中心管理的全部非奥运项目中，没有一个项目协会（或组织）出台过专门针对青少年人群的规章制度性文件。

（三）非奥运项目的青少年培训和训练工作情况

1. 培训工作

相对于奥运项目，非奥运项目的群众普及度和知晓度相对较低，各项目普遍重视推广和培训工作，每年在全国范围内举办的各级各类培训班较多，包括普及性培训、教练员培训、裁判员培训等。其中，体育舞蹈、轮滑等以青少年参与为主的项目有相对固定的青少年培训体系，其他项目多为不分年龄段的培训，参与者仍以成年人为主。究其主要原因，是在没有专项经费的情况下，青少年没有参加培训所需的交通、食宿、培训费等经费支撑。

此外，国家体育总局青少司近年来提供一部分彩票公益金用于支持各项目举办青少年夏令营、冬令营等活动，但杯水车薪。以拔河项目为例，每年有10万元专项经费用于举办全国青少年拔河夏令营。按照经费使用要求，需给100名青少年提供共5天4晚的食宿费用支出，加上教师、场地、器材等成本，往往还要贴钱举办，故各地承办意愿不高。

2. 训练工作

非奥运项目普遍没有专项训练经费，自2007年起，国家体育总局增设了“非奥项目国家队集训经费”的财政专款。但该经费主要用于国家队（即成年队）备战重大国际赛事的集训补贴。

如拔河项目每年有30万元，主要拨付给承担国家队比赛任务的单位，以应对每两年一届的世界锦标赛和每四年一届的世界运动会；荷球项目每年有20万元，主要拨付给承担国家队比赛任务的单位，以应对每四年一届的世界锦标赛和每四年一届的世界运动会；木球项目每年有20万元，主要拨付给承担国家队比赛任务的单位，以应对每两年一届的世界杯、亚洲杯和亚洲沙滩运动会。该经费难以支持青少年队伍的日常训练，且非奥运项目普遍没有固定的青少年梯队和训练基地，青少年训练工作难以有效开展。

（四）非奥运项目的青少年竞赛工作情况

与上述几项工作形成明显对比的，是非奥运项目青少年竞赛活动开展得热火朝天，所有项目都有全国性和国际性青少年赛事，或者与教育部门合作举办全国性学生竞赛。如拔河项目世界锦标赛设U23组；荷球项目有U23、U19、U16的世界和亚洲比赛，中国荷球协会（筹）每年举办全国青少年锦标赛（U19和U16）；全国木球锦标赛设少年组（U12）；中国门球协会每年举办全国少儿门球赛等。

二、非奥运项目青少年培养工作存在的问题

（一）专业人才队伍匮乏

从事非奥运项目工作的人员多为业余人士，即本人从事的不是体育工作，或者现在参与的项目不是自己的专项（例如，荷球项目人员多为篮球专业出身），未接受过系统的项目培训，普遍不具备青少年培养的专业技能。在举办青少年培训班、夏令营等活动时，授课人员少，而用培养成年人的方式培养青少年更是效果不佳。

承担着全民健身指导工作的最重要的人才队伍——社会体育指导员，目前尚未和众多非奥运项目接轨。基层社会体育指导员普遍不具备专项技能，其指导的大众广泛参与的健身操、健步走、广场舞等项目的参与人群恰恰不包括青少年。

（二）人才输出通道狭窄

（1）绝大部分非奥运项目不具备竞技体育后备人才培养的三级网络，即少年儿童体育学校（体育传统项目学校、青少年体育俱乐部），重点体校（体育中学、单项运动学校），中等体育运动学校（竞技体校）；也没有纳入高水平运动队、体育特招生范畴。青少年从事非奥运项目难以得到层级平台和升学机会，造成家长和学校支持力度不大，甚至比较抵触。

（2）绝大部分非奥运项目专业等级制度未纳入传统的竞技体育序列。如运动员升学、就业，教练员和裁判员职称评定、职级晋升等，和奥运项目相比得不到同等待遇。

（3）绝大部分非奥运项目无法与职业挂钩，在当前人民群众健身意识不强、体育消费程度不高和中国体育产业市场不成熟的阶段，非奥运项目仅仅作为一项业余爱好，很难吸引更多青少年和青少年培养工作者参与。

（三）市场热度不高

全民健身事业在我国仍属于由政府主导的公益性或半公益性事业，非奥运项目的青少年培养更是一个投入高、见效慢、收益低的领域。青少年赛事活动多以政府购买公共服务的形式开展，各类企业对新兴社会体育项目、小众健身项目、消费力低的青少年人群没有投资热情。

（四）协会体制改革后形势更加严峻

体育改革全面推进过程中，协会体制改革给非奥运项目协会的工作，特别是青少年工作带来很多挑战：失去财政经费支持的项目协会如何组织青少年培训；失去行政部门背书的项目协会在组织竞赛活动时能否顺利进行（青少年竞赛活动的安全工作是重中之重，需要地方行政部门的全力支持）；项目协会能否和教育部门延续“平等”合作；风险系数高、投资回报低的青少年赛事活动能否吸引各级政府的公共服务购买欲及社会资金的投入。

三、非奥运项目青少年培养工作的对策和建议

（一）加强组织建设和制度建设

每个非奥运项目协会，特别是即将进行脱钩改革的协会，都应该成立专门从事青少年培养工作的专业委员会或下设部门，明确职责，责任到人，并将青少年培养工作纳入项目发展规划。

项目协会（或组织）应制定针对青少年培养工作的规章制度，如《青少年（业余）技术等级标准》《青少年竞赛规则和竞赛规程》《青少年竞赛场地器材标准》等。

（二）多部门协同合作，拓宽人才输送通道

学校体育是体育后备人才培养的基础。按照《学校体育工作条例》和《国务院办公厅关于强化学校体育促进学生身心健康全面发展的意见》的有关要求，各级各类学校应充分发挥体育的育人功能，以培养学生体育意识和体育兴趣为重点，以增进学生体育技能和体质达标为抓手，加强体育课和课外体育锻炼，促进青少年健康成长。非奥运项目以其入门容易、不易受伤等特点，成

为体育部门与教育部门加强合作、深入开展学校体育工作的良好切入点。

项目协会应制定相关政策，如《××项目示范学校评定标准》等，支持学校创建各种青少年体育俱乐部，积极推进“一校一品”建设，打造学校特色体育项目。

争取在高等学校运动训练和民族传统体育单独招生、体育高职院校单独考试招生、优秀运动员免试保送就读普通高等学校等政策上为非奥运项目“开口子”，拓宽青少年运动员升学和继续教育的渠道。

（三）加强市场培育，调动社会力量参与

社会力量是当前和未来我国体育事业发展的重要组成部分。要引导和支持社会力量参与青少年体育人才培养工作，项目协会可与社会力量合作，兴办多种形式的青少年体育培训机构；吸引社会资本参与青少年校外体育活动中心和户外体育营地等建设。

项目协会应与社会力量建立共享共通的工作平台，实现注册互认、竞赛成绩互认；为社会力量（企业、俱乐部等）组织的培训和竞赛活动提供专业服务；保障社会力量在组队参赛、专业人员等级评定等方面的同等权益。

大力推动非奥运项目运动队、青少年赛事的社会化和市场化进程，鼓励企业通过冠名、合作、赞助、特许经营等形式，参与青少年国家队、青少年品牌赛事、特色体育项目等无形资产开发。

（四）培养优秀青少年教练员，做好青少年培训工作，用成绩换空间

项目成绩的高低直接影响着项目的形象和宣传力度，做好项目的青少年培训工作和梯队建设，在各年龄段重大赛事取得好成绩，是扩大项目发展空间的有效手段。

教练员是专业人才、技术人才，教练员的水平是项目水平的决定因素。要培养好青少年运动员，首先要培养好教练员。对于非奥运项目来说，选聘、培养一批优秀的青少年培训教练员，既是当务之急，也是长远大计。对于青少年培训教练员的培养，项目协会可以分步走：短期，以政策培养教练员；中期，以规划培养教练员；长期，以制度培养教练员。

教练员首先要立志于长期从事青少年培训工作，同时具有良好的职业素养、专业知识及丰富的基层和青少年培训经验，最好有带队或教师经历。这些教练员不仅是青少年培训的实践者，也是青少年培训工作的示范者、指导者、宣讲者。项目协会与社会体育指导员协会合作，从政策、业务培训、经费等方面给予支持。

中期，为帮助广大青少年培训教练员提升思想认识、夯实理论基础、提高业务水平，项目协会应委托体育院校，针对青少年的身心特点和项目的特殊性，设计专门的非奥运项目青少年培训教练员培训大纲和教案，对青少年培训教练员进行系统的、理论和实操并重的培训、培养。

长期，项目协会要建立青少年培训教练员培养制度，按照《全国体育教练员注册管理办法》，制定《非奥运项目体育教练员职称等级标准》，研究制定教练员准入制度，细化教练员从业标准和要求，鼓励、支持退役非奥运项目运动员从事教练工作。完善各级教练员注册、登记、培训和管理制度，有序开展教练员从业资格和等级认证工作。还要从选人、定人、用好人的角度，保证青少年培训教练员培养的可持续性，避免出现优秀青少年培训教练员断层的情况。

（五）完善青少年竞赛体系

对于项目的发展，竞赛是杠杆。项目协会应研究制定适合青少年特点的竞赛规程、竞赛办法及竞赛场地器材；与各地体育部门、各类社会力量合作，开发竞赛资源，多组织青少年单项体育竞赛。

项目协会应建立横向的青少年竞赛体系，如学校联赛、区域比赛、省级比赛与全国性比赛的有机衔接；建立纵向的青少年竞赛体系，如各年龄段比赛、各级别比赛的有机衔接。使横向和纵向体系内的赛事在资格和成绩上贯通，为所有青少年提供同等的参赛机会，实现升降级（组）和技术等级晋升的有机衔接。

四、结论

青少年体育人才（后备人才）培养工作关系体育事业的全面协调可持续发展，完善非奥运项目青少年人才培养体系，不断提高青少年参与全民健身活动的质量和社会效益，将为贯彻落实《全民健身计划（2016—2020年）》《“健康中国2030”规划纲要》，为建设体育强国、健康中国注入新的生机与活力，为全面建成小康社会、实现中华民族伟大复兴的中国梦做出应有的贡献。

关于全面加强新时代离退休干部党建工作的思考

国家体育总局青岛航海运动学校　刘　璇

摘要： 在党的十九大报告中，习近平总书记把“认真做好离退休干部工作”作为加强党的建设的重要内容进行了论述和部署，充分表明离退休干部工作是新时代治国理政新理念、新思想、新战略的重要组成部分。做好离退休干部党建工作，是推进新时代离退休工作的重要抓手。本文分析了在新的历史时期加强离退休干部党建工作的重要意义，并结合当前工作中存在的实际问题，对如何加强新时代离退休干部党建工作做了深入、理性的思考。

关键词： 十九大精神；新时代；离退休；党建工作

党的十九大报告提出中国特色社会主义进入新时代等一系列重大政治论述，对新时代推进党的建设这项新的伟大工程作出全面深入的部署。习近平总书记在党的十九大报告加强党的建设的重要论述中特别强调，要认真做好离退休干部工作，这不仅为离退休干部党建工作立足新起点、顺应新时代指明了方向，同时也提出了更高的要求。在党建工作的新形势下，作为基层党建工作的重要组成部分，切实做好离退休干部党建工作，责任重大，意义深远。

一、加强新时代离退休干部党建工作的重要意义

离退休党支部是党联系离退休党员的最基层组织。如今，随着人口老龄化速度的加快，离退休党员的人数也在逐年增加，党建工作的重要性越发凸显。做好离退休干部党建工作，不仅是加强基层党建工作的需要，更是离退休党员对加强自身建设的迫切要求。只有切实做好离退休干部的党组织建设和思想政治建设工作，才能不断引导广大离退休干部从政治上、思想上、行动上自觉与党中央保持高度一致，进而为党和人民的事业发挥余热，添加正能量。因此，进一步加强离退休干部的党建工作具有十分重要且深远的现实意义。

（一）加强离退休干部党建工作是新时代做好党建工作的新要求

党的十九大报告作出了中国特色社会主义进入新时代的重大政治判断，报告提出的“认真做好离退休干部工作”，正是在深刻总结党的十八大以来“全面做好离退休干部工作”的基础上，为离退休干部工作注入的崭新时代内涵。党的十九大对新时代党的建设提出了总要求，同时强调要坚定不移全面从严治党，不断提高党的执政能力和领导水平。时任中央组织部常务副部长的陈希同志在2016年全国老干部局长会议上的讲话中指出，目前，全国离退休干部中党员有1110万名，占全国党员总数的12.5%；全国离退休干部党支部有21万个，占全国党支部总数的5.3%，在党的建设中分量很重。因此，全面加强离退休干部党建工作，主动把离退休干部党建工作纳入新时代全面从严治党的大局中来谋划和部署，引导老干部坚持正确的政治立场、政治方向和政治观点，正是贯彻落实党的十九大精神的具体体现，是新时代中国特

色社会主义对党建工作提出的新标准、新要求。

（二）加强离退休干部党建工作是离退休党员加强自身建设的需要

党中央强调，离退休干部虽然离开了工作岗位，但仍是党的队伍中的一员，仍是党内政治生态的一分子，党性观念不能弱化，党员标准不能降低，党内生活不能脱离，从严治党责任不能剥离。加强离退休干部党建工作，可以使广大离退休党员及时了解党的最新路线、方针、政策，国际、国内形势变化及本单位的重大情况，使他们牢固树立“四个意识”、坚定“四个自信”，在思想上、政治上、行动上始终与党中央保持一致，全心全意支持改革。有利于引导离退休干部继续发挥共产党员的先锋模范作用，真正做到“退休不褪色、离岗不离党”。

（三）加强离退休干部党建工作是为党的事业持续增添正能量的需要

离退休干部有着丰富的工作经验和较高的政治素养，他们在离退休之后，虽然离开了原先的工作岗位，但作为共产党员始终忠诚于党，不离不弃。他们仍然十分关心国家大事和时事政治、关注单位的建设和发展，有着强烈的学习愿望并希望发挥余热，离退休党支部在沟通思想、组织学习等方面有着独特的作用和天然的优势。加强离退休干部党支部建设，是政治上关心老同志的重要表现，也是确保老同志政治待遇得到落实的重要载体。加强离退休干部党建工作，可以充分调动离退休党员的积极性，团结力量、凝聚人心，为党和人民的事业不断增添正能量。

二、当前离退休干部党建工作存在的主要问题

（一）组织建设不到位

目前，离退休干部党支部的组织建设存在发展不均衡、设置不够科学合理等问题。在设立党支部、党小组时没有按照党员人数和情况进行分类，不能做到教育管理的全覆盖。一些单位在对离退休干部党支部进行管理时，存有畏难情绪，对支部委员的选配、任务的布置和活动的开展无法给予合理的指导和建议。有的离退休干部党支部在支委成员空缺时不能及时补选，党支部班子成员年龄结构老化，尤其是支部书记年龄偏大，抓工作常常“心有余而力不足”，缺乏工作热情，在一定程度上影响了组织活动的顺利开展，削弱了离退休党支部的凝聚力和战斗堡垒作用。

（二）对思想政治建设工作不够重视

一些单位对离退休党员的思想政治建设工作重视不够，认识不足，对老干部的思想政治教育针对性和时效性不强，党建工作落不到实处。组织生活和党内活动开展较少，导致少数离退休党员放松了理论学习、党性锻炼和思想改造，出现组织纪律观念弱化、大局意识淡化的问题。部分老干部思想境界和言谈举止自降格次，与党员身份也渐行渐远，有的甚至在言语和行为上表现过激，认同错误思想，在迷信与消极行为中寻求精神安慰。

（三）教育管理工作不深入

一些单位对离退休党员疏于教育管理或管理手段单一，要求不够严格，容易造成对老干部的教育管理环境过于松散。由于

离退休干部党员年龄普遍偏高，有的年老体弱、行动不便，再加上居住分散，一部分人不能参加或不愿参加组织活动，造成党员学习和支部活动不能得到很好的落实，影响了教育管理工作的开展。还有极个别离退休党员存在不愿或不按时缴纳党费的情况。

（四）组织领导和保障机制不健全

有些单位对离退休干部党建工作的重要性缺乏应有的认识，在离退休党员的思想教育和离退休党支部的组织建设等方面投入的精力太少，同时缺乏有效的工作管理机制，不利于离退休干部党建工作的顺利开展。同时，离退休干部党建工作缺少完善的保障机制，经常出现党建经费不足、活动资料欠缺、活动场所紧张等问题，又缺乏适当的激励机制和鼓励措施，限制了党建工作的顺利开展。

（五）组织生活形式单调，质量不高

目前，离退休干部党支部开展组织生活的形式大多比较单调，从学习的内容来看，以照本宣科式的读报纸和传达文件为主，与老干部相关的健康保健等方面的知识较少。从学习形式来看，以灌输式为主，台上一人讲，台下众人听，老干部在组织生活中的主体作用体现不够，活动没有吸引力。这些问题的存在，在一定程度上影响了组织生活对离退休党员的吸引力，使离退休党员参加组织生活的积极性和主动性大大降低。

三、对加强新时代离退休干部党建工作的几点思考

中共中央办公厅、国务院办公厅印发的《关于进一步加强和改进离退休干部工作的意见》提出，离退休干部工作是党的

组织工作和人事工作的重要组成部分，承载着党中央关心爱护广大离退休干部的重要任务，具有重要的地位。文件对加强和创新离退休干部党组织建设提出了明确要求，为新时期如何做好离退休干部党建工作提供了有力的指导。做好新时代离退休干部党建工作，必须以党的十九大精神为方向指引，按照文件的要求，发扬传统，与时俱进，采取多种方式，不断推动新时代离退休干部党建工作取得新进步和新发展。

（一）加强组织建设，完善组织机制

1. 探索更加合理的党支部设置方式

可根据离退休党员的身体、年龄和居住情况，以有利于参加组织生活、有利于教育管理为原则，采取多种形式，进一步优化组织设置形式，真正理顺党组织关系，确保每一位离退休党员都能接受党组织的教育、管理和监督，从而进一步发挥离退休党支部的战斗堡垒作用和离退休党员的模范带头作用。

2. 加强支委会建设

要按照《中国共产党章程》规定，按时、按要求选举产生离退休干部支部委员会。支委出现空缺时，要及时进行补选，确保支部组织健全。

3. 加强支部班子建设

尽量由党性观念强、民主作风好、组织能力佳，身体健康、乐于奉献的老同志担任离退休党支部班子成员。支部书记更要有较好的身体条件、政治素养、经验优势和群众基础，能够做到以身作则，发扬民主，发挥好带头作用。也可由一名在职党员担任联络员或支部委员，协助离退休干部党支部开展工作，以便于向老干部传达单位的重要情况，也有利于离退休党员的意见、建议反馈及活动经费、场所协调等工作的顺利开展。

（二）加强和改进离退休党员的思想政治建设

党的思想政治建设是党的基础性、根本性建设，决定党建工作的方向和效果，加强思想政治建设是离退休党员永葆政治本色的根本。

1. 加强政治理论教育

当前，要特别把学习贯彻党的十九大精神作为加强离退休干部思想政治建设的首要任务，根据离退休干部的特点，组织开展形式多样的宣讲和学习教育活动，教育、引导离退休党员进一步提高党性觉悟、坚定理想信念，做维护党中央核心、严肃党内政治生活的先行者和践行者。

2. 加强形势政策教育

建立和完善定期情况通报制度，及时向离退休党员介绍国际、国内政策变化和形势发展，传达重要文件精神，通报党和国家的重大决策部署，引导他们用发展的眼光、积极的心态和辩证的思维，全面理解党的路线、方针、政策，理性地看待各种矛盾问题，更加坚定自觉地支持改革和发展。

3. 加强政治纪律教育

增强离退休党员的政治意识和大局意识，坚决拥护党的路线方针政策，始终同党中央保持高度一致，自觉做到讲政治、顾大局、不信谣、不传谣，旗帜鲜明地反对并抵制各种错误思想、言论，教育他们严守党的纪律，特别是政治纪律和组织纪律，真正把爱党、兴党、护党的政治要求内化于心，落实到实际行动中。

（三）健全和完善各项制度，推进离退休干部党建工作规范化、制度化

1. 组织生活制度

离退休党支部应坚持“三会一课”制度，根据离退休党员的

实际情况，合理安排、组织老干部听党课和参加党内活动。因疾病或高龄等不方便参加集体学习和活动的老干部，可以不参加集体学习、活动等组织生活，支部应派党员定期电话或登门向他们传达重要会议精神，介绍支部活动开展情况，并听取他们的意见和要求，同时在生活上给予更多的组织关怀和照顾。

2. 政治学习制度

政治学习是离退休党支部的一项重要工作任务。按要求，每月应至少组织一次集体学习，学习内容要丰富，学习形式要灵活。对居住分散、行动不便的老干部，可将文件、书籍等学习资料送至他们家中，确保离退休党员紧跟形势，与时俱进，常学常新。

3. 党员联系制度

离退休党支部的支部委员应与本支部的党员保持密切联系，以便随时了解他们的思想、学习、生活等各方面的情况，帮助他们解决生活中遇到的实际困难，切实加强党组织与离退休党员之间的沟通和联系。

4. 流动党员管理制度

对长期居住在外地的离退休党员，党支部应要求其将组织关系转入居住地；对短期外出居住的党员，时间超过6个月的应进行临时组织关系转移，6个月以内不能参加所在支部组织生活的应向党支部说明情况，并按时向党组织报告个人的思想、学习情况。

5. 监督检查制度

离退休干部党支部要对党员参加组织活动和政治学习等情况定期进行监督检查，发现问题及时处理。对无正当理由、长期不参加组织生活或不按时缴纳党费及有其他违纪行为的党员，要进行严厉的批评教育，对经批评教育后仍不改正的，由党组织按照《中国共产党章程》和有关规定给予纪律处分或进行组织处理。

6. 党费收缴制度

党员自觉缴纳党费是党员意识的现实体现，离退休党员应按规定自觉缴纳党费。党费应明确由专人收缴，按规定上交，并定期公布党费收支情况。

（四）增强主体责任意识，强化各项保障机制

要牢固树立抓离退休干部党建工作也是单位主业的意识，不断加强离退休干部党组织建设。

（1）进一步强化党委（党组）抓离退休干部党建工作的主体责任，党委（党组）主要领导要履行好第一责任人的工作职责，关心离退休干部党建工作；分管领导要定期听取支部工作汇报，切实加强对离退休干部党支部的工作指导。

（2）进一步完善、落实离退休干部党建工作经费、活动场所、学习资料等保障机制。

（3）进一步完善对离退休干部党建工作的激励考评机制，把离退休干部党建工作纳入党建规划、党建工作考核及领导干部的政绩考核内容，做到与在职人员党建工作同部署、同落实、同考核。

（五）创新活动载体，丰富活动形式

要根据离退休干部的特点，充分尊重老干部的个人爱好和意愿，在他们的精力和能力范围内，不断丰富活动载体，把组织生活的知识性、思想性和趣味性贯穿融合起来。通过诗词、书画、摄影比赛，参观考察等离退休干部喜闻乐见的活动形式，增强支部生活的吸引力，让离退休老干部乐于参加支部活动，并在活

动中引导他们自觉增强责任意识和政治担当，净化思想，陶冶情操，发挥正能量。

“莫道桑榆晚，为霞尚满天。”习近平总书记在2014年会见全国离退休干部先进集体和先进个人代表的讲话中引用的这句古诗，既道出了对老党员、老干部的深切关怀，也表达了他对老党员、老干部的殷切期望与使命寄托。全面加强新时代离退休干部党建工作，要深入学习贯彻习近平新时代中国特色社会主义思想，把思想和行动统一到党的十九大精神中关于认真做好新时代离退休干部工作的新要求上来，紧紧围绕党的十九大提出的一系列新的重要思想、重要观点、重大判断、重大举措，不忘初心、牢记使命，不断开创新时代离退休干部党建工作新局面。

参考文献

[1] 习近平. 决胜全面建成小康社会　夺取新时代中国特色社会主义伟大胜利——在中国共产党第十九次全国代表大会上的报告[M].北京：人民出版社，2017.

国家体育训练基地运动队人文关怀研究

——以北京体育大学国家训练基地为例

北京体育大学国家队保障处　薛　宇

摘要：国家级体育训练基地，是国家队备战和日常训练的重要场所。北京体育大学国家训练基地是国家体育总局直属在京的三大综合性国家队训练基地之一，承担着蹦床、跆拳道、艺术体操、田径等项目的长期驻训和篮球、游泳、足球及部分冬季项目的转训任务，训练基地为运动队提供场地、住宿、饮食、康复理疗等服务保障工作。在满足基本保障工作的基础之上，在对运动队的人文关怀方面还有进一步提升的空间。

通过全面了解北京体育大学国家训练基地服务保障的现状，探讨如何进一步提升对运动队的人文关怀，从而提高服务保障水平，为运动队的备战和训练做出积极的贡献。

关键词：国家体育训练基地；人文关怀；现状；对策

国家体育训练基地，是指为国家队（含国家集训队）训练提供场地设施、训练器材、教育科研、医疗康复、生活娱乐等服务保障的专门训练生活场所。我国的体育训练基地，自中华人民共和国成立初期到现在，经历了一个从无到有、从小到大、从单一到综合、从低水平到高层次的快速发展过程，初步形成了以国家体育总局直属体育训练基地为主，其他综合性和单项体育训练基地为补充的全功能、全地域、全项目覆盖的体育训练基地现状。《体育总局关于公布重新命名国家体育训练基地名单的通知》显示，现有国家体育总局直属训练基地13个，国家综合体育训练基地15个，国家单项体育训练基地74个。这102个基地构成了国家体育训练基地的重要部分，按照《国家体育训练基地管理办法》的要求，未在此名录上的体育训练基地原则上不再承担国家队一线转训任务。因此，这些训练基地承担了各支国家队全部的日常训练任务，如何服务保障好国家队的训练成为各个体育训练基地的重要课题。

由于国家体育总局对国家体育训练基地的建设、发展和管理方面的高度重视和严格要求，从现状来看，各基地基本能满足国家队的日常训练任务，能对教练员、运动员、管理人员及训练场地器材、设施设备等进行有效整合，保障食品营养、卫生与安全，提高国家队训练效率，但在对运动队的人文关怀方面还有不少提升空间。

所谓人文关怀，是对人存在和发展中所遇到的各种问题的关注、探索和解答。确切地说，是对人的生存状况的关注，对人的尊严与符合人性生活条件的肯定和对人类解放与自由的追求。不仅要关心人物质层面的需要，更要关心人精神文化层面的需求；不仅要创造条件满足人的生存需要、享受需要，更要着力于满足人的自我发展、自我完善的需要。

体育训练基地的人文关怀是指以人为本，在满足运动队基本生活和训练要求的基础上，真正把为运动队提供周到、细致的服务放在第一位，关心和尊重运动队，以实现运动员的全面、协调、自由发展为最终目的。体育训练基地的人文关怀是新时期基地建设和发展的必然需要，只有为运动队提供优质、主动、准确的服务，才能使体育训练基地健康发展，进而推动整个竞技体育事业健康、平稳、持续发展。

一、国家体育训练基地人文关怀现状及问题分析

北京体育大学国家训练基地于2007年12月建成，2008年4月投入使用，是国家体育总局直属的13个体育训练基地之一，承担着田径、蹦床、跆拳道、艺术体操共4支国家队及多支其他转训国家队的日常训练和生活的服务保障任务。基地成立以来，依托北京体育大学雄厚的科研教学、康复理疗等优质资源，充分发挥“教学、训练、科研”等方面的优势，不断提升管理水平，努力为驻训国家队提供全方位的服务保障。

但在实际工作中发现，在对运动队提供的服务保障工作中，规章制度和软、硬件服务等诸多方面还可以更多融入人文关怀的理念，以提升服务质量和水平。

（一）规章制度方面

为了管理的规范与便利，北京体育大学国家训练基地在成立之初进行了严谨的制度化建设，对所设的所有岗位都进行了制度化规范，同时对所服务的运动队也制定了相应的行为规范及准则，如《运动员公寓访客制度》《力量房使用须知》《驻训队伍食宿管理规定》等，这些制度大多以要求、禁止为主，语气较为生硬，给人以冰冷、被束缚的感觉，缺乏对人的关心与关注。

（二）硬件设施的提供方面

北京体育大学国家训练基地自2008年4月投入使用已有10余年的时间，虽工作人员精心维护，但由于驻训人数较多，使用频

繁，地毯、墙纸、家具等出现损坏，部分管线老化，部分电器设备已经达到使用年限，设施设备的故障率逐年大幅度上升。随着科技的进步和经济社会的快速发展，训练器材和设备更新换代速度加快，新的训练方法、手段和理念对先进训练器械的需求也越来越迫切。但受限于财务制度、预算编制、资产管理、物资采购以及行政审批程序，设施设备维修、补充和更新不及时的情况依然存在。

（三）软件服务的提供方面

截止到2017年6月，北京体育大学国家训练基地的在职员工总人数为134人，其中正式职工9人，合同制员工125人。合同制员工流动性过大，进而导致对员工的培训不足，员工能力提升受限，造成服务水平不高、服务项目单一的情况。由于激励机制的不完善，管理人员对增加服务内容、提升服务质量内在动力不足，造成了服务水平停滞不前的现象。

（四）康复理疗服务的提供方面

北京体育大学国家训练基地紧密依托北京体育大学运动医学与康复学院，聘请其教师与学生为驻训运动队提供康复理疗服务。由于师资力量、参与服务学生的水平以及仪器设备的限制，不能为运动员出具诊断书，仅能为运动员提供按摩、牵拉、放松等手法治疗以及使用冲击波治疗仪、自动律波治疗仪、超激光疼痛治疗仪等治疗仪器进行理疗。由于场地、器材有限，人手不足等原因，需要康复理疗的运动员等候时间较长。

（五）科研服务及运动员文化课教育等方面

北京体育大学国家训练基地紧密依托北京体育大学的优势资

源，积极协调学校相关院系和部门为驻训运动队提供科研和文化课教育的服务。但由于基地缺乏自有的科研人员和师资力量，需要各部门通力合作才能达到更好的效果，因此存在人手不足、人员流动性大的问题。

北京体育大学国家训练基地的管理部门国家队保障处是隶属于北京体育大学的二级单位，没有独立的财务和人事权利，必须严格按照大学的财务、人事、行政审批、资产管理、物质采购等规章制度进行工作。同时由于北京体育大学国家训练基地属于国家体育总局直属的国家体育训练基地，在经费使用上还必须遵循国家体育总局的相关要求。在提供康复理疗以及科研、文化课教育方面需要协调校内其他部门给予配合。因此，为运动队提供的诸如训练、餐饮、住宿、康复理疗等方面的服务，大多停留在满足最基本的训练和生活方面，缺乏服务的积极性和主动性，缺乏对运动队需求的关注，进而影响基地服务水平和层次的提高，影响运动员的全面发展。

二、国家体育训练基地提升人文关怀的具体措施

2014年，习近平总书记在看望索契冬奥会中国体育代表团时指出，我们每个人的梦想、体育强国梦都与中国梦紧密相连。2017年2月24日，习近平总书记在北京考察冬奥会场馆和观摩运动员训练时再次强调，中国今后要变成一个强国，在各方面都要强，少年强则中国强，体育强则中国强，推动我国体育事业不断发展是中华民族伟大复兴事业的重要组成部分。习近平总书记从国家发展战略和全局高度，将推动我国体育事业的发展与实现中华民族伟大复兴事业紧密联系起来，指明了中国特色社会主义体

育强国之路。

党的十八大报告关于中国体育事业发展的建议中明确指出，广泛开展全民健身运动，促进群众体育和竞技体育全面发展。体育是综合国力的体现，竞技体育正是由体育大国向体育强国迈进的重要标志。继续稳步推进竞技体育的快速发展是每个国家体育训练基地的神圣使命。要把国家体育训练基地为运动队提供的服务保障工作放到推动竞技体育稳步发展、实现中华民族伟大复兴的中国梦的高度上去，以人为本，扎实开展好国家体育训练基地的服务保障工作。

（一）制定充满人文关怀的规章制度

国家体育训练基地规章制度的制定，特别是针对运动队的各项规范和守则，应该从关爱运动队的角度出发。张贴出来的规章制度，其用语应多用“请”“请勿”等温和的提示性语言，不使用黑白、红白等对比强烈的颜色，可以选用让人感觉舒适的色调，以“温馨提示”等方式出现，并点缀一些装饰或者采用漫画的形式来进行提醒和指导，营造一种充满人文关怀的环境。运动队在这种环境中才能更加积极地参与训练，更加轻松地学习和生活。国家体育训练基地也应该规范工作人员的语言和行为，以提高工作水平和提升服务态度。

（二）为运动队提供积极主动、热情周到的服务

国家体育训练基地所服务的对象是在本基地训练的运动员、教练员、科研人员及管理人员，他们平时的训练任务繁重，精神压力大，身体疲劳，基地工作人员在服务过程中应积极主动、热情周到，真正从运动队角度出发，为运动队着想，与他们多沟通、多交流。只有多沟通、多交流才能相互理解，这样运动队也会自觉遵守基地的各项规章制度。国家体育训练基地的工作就是

为运动队提供优质的服务，要始终树立运动队至上的服务理念，坚持以人为本，从运动队的角度出发，为运动队的利益考虑，尽力满足运动队对训练、学习和生活的需求。要充分认识到运动队的感受和评价是衡量服务质量好坏的唯一标准，在管理过程中不能过分以自我为中心，忽略了对运动队需求的了解。

（三）改善国家体育训练基地的各项环境

国家体育训练基地应该根据自身条件，尽可能地为运动队提供符合需要的硬件条件。通过提高保洁标准等方式，保持训练、学习、餐饮、住宿等场所的干净、整洁，做到窗明几净，通风良好，温度适中；通过制定报修制度，提高修缮效率，有破损的及时修缮或者更新，保持设施设备的完好率；通过有前瞻性地制定设备购置和设施维修的预算、计划等，尽量使设施设备的更新速度满足运动队的需求；通过增加绿植、座椅沙发、饮水器具、宣传画、展示柜等，为运动队营造一个轻松愉悦、温馨舒适的环境。

（四）建立完善的检查考核与激励机制，促进服务质量的提升

国家体育训练基地应该根据运动队需求制定各类服务质量标准，通过定性或定量的指标进行检查考核。针对管理人员和服务人员制定有效的激励机制，明确奖惩标准，以此激励和支持职工，提高工作人员为运动队提供满意服务的积极性和主动性，并通过有效培训使职工具备按照标准服务的意识和能力。

三、结语

本文通过对北京体育大学国家训练基地从规章制度、硬件设施、软件服务、康复理疗、科研服务及运动员文化课教育等服务保障的人文关怀现状分析，初步从制定充满人文关怀的规章制度，为运动队提供积极主动、热情周到的服务，改善国家体育训练基地的各项环境，建立完善的检查考核与激励机制、促进服务质量的提升这四个方面，为国家体育训练基地加强人文关怀、提高服务保障水平提出建议，希望借此为推动我国竞技体育的快速发展做出自己应有的贡献。

参考文献

[1] 国家体育总局.国家体育训练基地管理办法[Z]. 2013.

[2] 俞吾金.人文关怀：马克思哲学的另一个维度[N].光明日报, 2001-02-06.

[3] 侯锐.北京体育大学国家训练基地运行状况研究[D].北京：北京体育大学，2016.

[4] 杨铁黎，吴永芳，刘燕华，等.关于建立我国体育服务业质量管理体系若干基本理论问题的探讨[J].首都体育学院学报，2012，14（3）：16-19.

坚定文化自信 传承和弘扬“国球”文化

国家体育总局乒乓球羽毛球运动管理中心　赵　霞

摘要：本文通过对“国球”文化的精神内涵进行梳理和探究，系统总结其所蕴含的优秀品质，分析传承和弘扬“国球”文化存在的问题并提出对策，以期为弘扬时代精神、坚定文化自信、推动“国球”的可持续发展和建设体育强国坚实文化基础提供理论支撑。

传承和弘扬“国球”文化，还存在着一些问题，主要是对“国球”文化中精神层面的内涵和价值的研究与发掘不够，还未能充分发挥“国球”文化的人文教育价值；“国球”文化传播的受众面较窄，对外交流的力度还不够大，等等。针对这些问题，建议从战略层面加强对“国球”文化研究和传承的重视；讲好“国球”故事，拓展和弘扬“国球”文化的精神内涵；加强国家队的引领示范作用；梳理竞赛体系，扩大“国球”文化的受众群体；坚持国际推广，扩大对外影响。

关键词：“国球”文化；精神；乒乓球

乒乓球在我国被誉为“国球”，20世纪初传入我国，至今已有100多年的历史。中华人民共和国成立后，我国的乒乓球竞技水平进步迅速，自1959年容国团为我国赢得第一个乒乓球世界冠军后，我国逐步建立整体领先优势，并保持至今。我国乒乓球运动长达半个多世纪的领先地位，离不开党和国家领导人的关心和支持，是一代代乒乓人不懈努力和奋斗的结果。在漫长的攀登世界乒坛一个又一个高峰的过程中，他们通过实践产生的物质、精神过程及其结果，得到了不断积淀和传承，形成特有的“国球”文化，而其体现的精神内涵，更是“国球”文化中的珍宝。“人生能有几回搏”“祖国利益高于一切”“我是代表集体来领奖的”……这些脍炙人口的名言体现了“国球”文化的优秀品质，是体育先进文化的代表。

一个国家、一个民族的强盛，总是以文化兴盛来支撑的。习近平总书记在党的十九大报告中指出，坚定文化自信，推动社会主义文化繁荣兴盛。要坚持中国特色社会主义文化发展道路，激发全民族文化创新创造活力，建设社会主义文化强国。目前，我国正处在全面建成小康社会的决胜阶段，处在体育大国向体育强国迈进的阶段，坚持文化自信，传承和弘扬优秀体育文化，对推动我国体育事业的蓬勃发展，助力实现中华民族伟大复兴的中国梦有着重要意义。

面对新的历史时期，“国球”文化中所体现的积极精神，是我国社会主义文化的重要组成部分，需要得到广泛宣传和弘扬。基于此，本文梳理和探究了“国球”文化的精神内涵，系统总结其所蕴含的优秀品质，分析“国球”文化存在的问题并提出对策，以期为弘扬时代精神，坚定文化自信，为推动“国球”的可持续发展和建设体育强国坚实文化基础，提供理论支撑。

一、研究方法

本文通过文献资料法、访谈法、观察法、逻辑分析法等方法对“国球”文化的主要精神内涵进行分析和梳理，并提出传承和弘扬

“国球”文化存在的不足与对策。

二、研究内容

（一）“国球”文化发展的历史背景

中国乒乓球运动驰骋国际乒坛，近70年长盛不衰。自1959年容国团在第25届世界乒乓球锦标赛（以下简称“世乒赛”）上为中国取得第一个世界冠军，半个多世纪以来，中国乒乓球队共获得199个世界冠军和28枚奥运金牌，其中7次包揽世界乒乓球锦标赛全部冠军，5次包揽奥运会全部金牌。取得如此辉煌战绩，绝非偶然，正如中央领导同志在谈到中国乒乓球队时所指出的，凡是长期、反复出现的现象，都不是偶然的，都有其内在的和必然的规律，值得认真总结。中国乒乓球运动的长盛不衰，是几代人通过不懈的艰苦努力和团结奋斗获得的，容国团在1959年世乒赛上为祖国夺得第一个世界冠军时，一句掷地有声的“人生能有几回搏”，“国球”文化开始深植于中国乒乓球运动的发展历程。“国球”文化中独特的精神内涵，对当代社会增强民族自信心、自豪感和凝聚力都产生了深远的影响。

中国的乒乓球运动从崛起、发展、领先，到持续发展，经历了20世纪五六十年代的起步和腾飞、70年代的相持竞争、80年代前期的再创辉煌、80年代后期的被欧洲超越、90年代的重回巅峰、21世纪的全面领先等几个主要阶段。在这一战斗历程中，“国球”受到历届党和国家领导人的重视和亲切关怀，他们多次接见中国乒乓球队并作出重要讲话和指示，极大地鼓舞和激励着乒乓人，这也是“国球”项目长盛不衰和精神内涵形成的重要基础。

（二）对“国球”文化精神内涵的探讨

1. 爱国主义精神与集体主义精神是乒乓球项目长盛不衰的法宝

中国乒乓球队几十年在世界乒坛占据领先地位，最重要的原因就是始终坚持祖国利益高于一切的爱国主义精神和团队凝聚力可以战胜一切的集体主义精神。中华人民共和国成立初期，容国团等老一辈运动员放弃在中国香港的优越生活，毅然回到内地代表祖国参赛，并为中国夺得第一个世界冠军，之后留在国家队任教，将毕生的精力投入祖国乒乓球事业的发展；20世纪80年代末，中国男队一度被欧洲超越，蔡振华临危受命，归国带领男队卧薪尝胆，克服很多困难，终于战胜瑞典队打了漂亮的翻身仗，并逐渐建立了全面领先的优势；马琳、陈玘等昔日的奥运冠军、世界冠军，在落选伦敦奥运会后，即便仍然拥有耀眼的光环，但为了国家的利益，为了中国乒乓球队能够在奥运赛场上确保胜利，他们转换角色，在备战训练中依然严格要求自己，加强与参赛队员的对抗，保证训练的强度和难度，在场下将自身的备战和参赛经验无私地传授给参赛队员，切实起到了重要作用；他们积极加入保障团队，在赛区为参赛队员做好后勤保障工作，这种甘当铺路石的行为正是因为心中有国家、心中有集体，是爱国主义和集体主义的具体体现。

在这个团队中，运动员和教练员是主体，但体能教练、科研人员、医务人员、后勤人员等也是不可或缺的，他们都在为这个集体默默贡献自己的力量。“祖国利益高于一切”“我是代表集体来领奖的”，这些国手们的经典话语，也是他们的肺腑之言。

随着中国经济的突飞猛进，以及体育职业化和商业化的不断发展，运动员的待遇和奖金不断提高，成名的速度加快，运动员们也面临各种利益的考验，如果没有崇高和坚定的信念，无法摆脱那些诱惑，就无法立足于世界乒坛的最前端。正是因为崇高的爱国主义情操和集体主义精神，运动员才能在赛场上表现出英勇无畏的精神，才会涌现出甘当铺路石的陪练运动员，才有这么多教练员和工作人员舍小家、为大家……这种爱国主义和集体主义的文化底蕴，成为中国乒乓球队成功数十载的精神支撑。

2. 用唯物辩证的思想方法指导运动实践

唯物辩证法是世界观、认识论和方法论的思想体系，是马克思主义哲学的核心组成部分。1961年，中国女队由于在世乒赛的团体赛中一直未能夺冠而憋着一口气，男队的徐寅生应邀给女队队员进行了一次题为“如何打乒乓球”的讲话，用辩证思维为女队队员一分为二地分析了为谁打球、雄心和信心、如何训练、如何比赛等问题。这篇讲话得到了毛主席的亲笔批示：“讲话全文充满了辩证唯物论，处处反对唯心主义和任何一种形而上学……他讲的是打球。我们要从他那里学习的是理论、政治、经济、文化、军事……”可以说，徐寅生同志的这篇讲话是乒乓球队运用唯物辩证的思想方法来指导具体的运动实践，准确把握项目运动和制胜规律的典范，并得到一代又一代运动员和教练员的传承。乒乓球运动是通过双方竞技能力的博弈而取胜的体育项目，始终存在着很多既对立又统一的矛盾体的运动，从思想层面的个人与集体的关系、理想与现实的关系、继承与创新的关系，到技术与战术中特长突出与技术全面的关系、训练与参赛的关系、速度与旋转的关系、进攻与防守的关系、主动与被动的关系、凶与稳的关系、前三板与相持球的关系等，都不是孤立的、静止的和绝对的，中国乒乓球队正是不断运用唯物辩证的思想方法来分析这些矛盾，并通过实践解决问题，才真正把握住了竞技制胜的规律。

3. 创新才有生命力，深刻研究把握项目规律

创新是人类进步的动力。党的十九大报告指出，创新是引领发展的第一动力，同样，体育项目的发展也离不开创新。乒乓球运动已经历经了100多年的发展，创新成果相当丰富。在我国乒乓球运动的发展过程中，创新历来被视为事业发展的生命线，通过创新，我们的技术、战术、训练方法始终保持先进，并且牢牢掌握竞技运动的制高点。据不完全统计，中国乒乓球创新的技术、战术、打法、器材等接近世界乒坛主要创新总数的60%。在政策上，借鉴党和政府为了繁荣艺术和科学而提出的“百花齐放，百家争鸣”，根据当时国际、国内乒坛的实际情况，创造性地提出“百花齐放，以我为主，采诸家之长，走自己的路”的技术政策。在以直拍快攻为主要打法流派的基础上，横拍快攻、快弧、削攻、长胶等各种打法都活跃在国内乒坛，使得我们的运动员在提高能力的同时，也适应了各种不同的球路。

在技术方面，有容国团的转与不转发球，许绍发的高抛发球，刘国梁的直拍横打及快撕弧圈球、反手台内拧等；在打法方面，有庄则栋的直拍两面攻、张燮林的直拍长胶削球、郗恩庭的直拍反胶快攻结合弧圈、蔡振华的反胶结合防弧全攻型打法、王皓的完全直拍横打的打法等；在技术风格和战术理念方面，有“快、准、狠、变、转”，女子技术男性化，从小三角突破，全台抢攻无死角等。这些创新不仅体现在它的“新”和“行之有效”上，即以往不曾出现过的，并在比赛中是可以制胜的，而且体现在始终坚持中国特色，走自己的路上。“创新才有生命力”是流传在乒乓球界的一句名言，创新也一直是中国乒乓球在不同时期领先于世界乒坛的重要保证。

创新的成功主要源于对世界乒坛发展规律的了解和对项目制胜规律的准确把握。在这方面，中国乒乓人在早期就总结出乒乓球竞技五大要素，即速度、旋转、力量、弧线和落点及其之间的关系，并根据我国运动员的打法特点，提出快、准、狠、变、转五大竞技制胜因素。特别是21世纪后，国际乒坛经历了大球、11分制、无遮挡发球、无机胶水、塑料球等多次重大规则和器材的变革，中国乒乓球界始终坚持在对乒乓球竞技制胜因素进行充分论证的基础上，对制胜规律中存在的适应与反适应、制约与反制约的实践经验进行透彻的分析，总结出新赛制条件下的得分制胜模式，并转化为运动实践，为战胜因变革而带来的挑战提供了训练方向和科学依据。

4. 通过竞争和磨砺打造超强实力

良性的竞争是锻造才能和实力的源泉。“国球”作为我国竞技体育的一面旗帜，其肩负的重任就是夺取金牌，不容有失。这就需要运动员不仅要有过硬的技术，还要有坚韧的毅力和稳定的心理。内部的竞争机制可以调动运动员的应激状态和内在动力，充分发挥运动员的潜能，增强对抗，提高技战术水平和稳定的心理素质及顽强的拼搏精神等综合能力，这是中国乒乓球队近年来通过实践形成的一种制度和氛围，并收到了很好的成效。2006年，国家乒乓球队针对世界乒乓球锦标赛，首次进行了“直通不莱梅”的公开选拔赛，同时以此为契机，逐渐形成了定期的国家一队和二队的升降级比赛制度、国家二队与省市队的交流赛制度。这些竞争机制使得运动员的“身份”随时可能因为懈怠而发生改变，激励着年轻运动员“抢班夺权”，主力运动员“不敢怠慢”，呈现出“主力层精，年轻层抢，中间层追”的大好局面，培养了运动员过硬的实力，形成了强势群体，为运动员在国际重大比赛中经受住各种严峻考验奠定了良好的基础。

“宝剑锋从磨砺出”“响鼓还需重锤敲”，若要屹立在国际乒坛的顶峰，必须吃得苦中苦，经受难上难。有志尚者，遂能磨砺，以就素业。刻苦训练，认真对待每一板球是每一个从事乒乓球运动的运动员都要接受的入门教育，而在竞技水平最高的国家队，还要通过各种办法去磨炼运动员的技术和心理。通过模拟主要对手的打法和风格以提高训练的针对性，选择球路别扭的对手训练以加强运动员摆脱困境的能力，在比赛中用让分、故意错判等不公平的手段提高运动员心理的承受力和抗压能力，在训练中持续播放噪声以增强运动员抗干扰能力，等等。“国球”运动长胜的背后，每个运动员都付出了巨大的努力，所有辉煌的延续都经历了持久的磨砺。

5. 拼搏精神和敢打硬仗的担当

中国体育健儿从来不缺乏顽强拼搏的精神，尽管中国乒乓球在国际上处于领先地位，但每一次胜利都来之不易，都是经过艰苦准备和顽强拼搏得来的。容国团和邱钟惠不畏强手、敢打敢拼分别为中华人民共和国夺得第一个男子和女子世界冠军；第46届世乒赛，中国对韩国的男子团体半决赛的第五场决胜场中，年轻的刘国正面对老将金泽洙，虽一度落后，但始终沉着应战，力挽狂澜，挽救了7个赛点后逆转了这场几乎不可能取胜的比赛。这些经典的战例说明了在高水平的竞技对抗中，特别是在争夺金牌的赛场上，不仅是技战术的比拼，更是人性的较量。一个运动员如果平时立意不高，缺乏置之死地而后生的气魄和宽广的胸怀，总是斤斤计较，盘算个人得失，或受到物质利益的引诱，他在硬仗和恶仗面前就会畏手畏脚，患得患失，缺乏担当。“运动员具有什么样的素质就会打出什么样的球”“要想打好球，先要做好人”，这是中国乒乓球队多年总结出的经验和所倡导的理念。

6. 国际推广彰显大国风范

1971年第31届世乒赛，从美国运动员误乘中国队的班车到中美两国乒乓球队互访，小球转动大球，结束了中美两国20多年的人员交往隔绝的局面。1972年2月尼克松访华，中美关系终于走向了正常化发展的道路，并为后来中华人民共和国的国际交往奠定了重要基础。这就是举世瞩目的“乒乓外交”，自此，“国球”也开始在对外交往的窗口上发挥着积极的推动作用。21世纪后，我国竞技乒乓球运动在国际乒坛的整体领先地位逐步稳固，

“国球”加快了国际化步伐，实施国际推广计划，在更广阔的平台上追求中国乒乓球运动的可持续发展。通过与国际乒联的合作，成功地开展了“走进非洲”“走进拉美”“走进澳洲”“走进北美”等系列“筑梦行动”，派遣我国优秀教练员和运动员到当地组织训练营和培训活动，促进乒乓球运动在世界范围内的推广与提高；实施“中国制造”计划，通过中国乒乓球学院及其欧洲分院，培训有潜力的外国年轻运动员，在传授和交流技艺的同时，推广“国球”文化，传播中国文化，也为乒乓球在世界范围内的普及和提高，在国际体育大家庭中地位的提升，做出了积极和卓越的贡献，彰显了乒乓大国的风范。

（三）传承和弘扬“国球”文化的重要意义

党的十九大报告指出，文化是一个国家、一个民族的灵魂。文化兴国运兴，文化强民族强。没有高度的文化自信，没有文化的繁荣兴盛，就没有中华民族的伟大复兴。当今世界，各国、各民族在文化层面的竞争日益激烈，文化作为能够影响人心、改变精神版图的重要因素，正在成为各个国家非常重视的关键性力量。“国球”文化的精神内涵所体现的先进性，不仅是中国乒乓人的精神标识，也与以爱国主义为核心的民族精神、以改革创新为核心的时代精神相一致，是社会主义先进文化的重要组成部分。大力弘扬和传承“国球”文化，对我们在决胜全面建成小康社会和实现“两个一百年”伟大目标的关键时期，坚定文化自信，增强国家文化软实力，提高民族影响力将起到积极的推动作用。

同时，一个运动项目的可持续发展，也离不开优秀文化的积淀和传承。中国乒乓球项目作为世界乒乓球运动的焦点，必须大力弘扬其优秀文化，构筑好“国球”精神和价值，为推动该项目的不断发展和繁荣提供精神指引。

（四）传承和弘扬“国球”文化存在的问题

虽然“国球”在近20年保持着全面领先的地位，但其受关注度却呈下降趋势，虽然竞技实力领先但忽视了项目多元功能的开发，特别是文化发展，更多体现在“物”的层面，精神层面的弘扬和传播还存在很多问题。

一是对“国球”文化的研究和发掘不够，特别是对其精神层面的内涵和价值探究偏少，科研论文主要集中在竞技能力、教学训练、生物力学、俱乐部运营等方面，在和文学艺术载体融合方面更是不足。

二是未能充分发挥“国球”文化的人文教育价值，随着体育职业化和商业化的发展，竞技体育的竞争日益激烈，无论是在竞技水平龙头的国家队，还是从事教学训练的基层运动队或体育院校，更多的是技能上的传授，而“国球”文化的传授和教育偏少，特别是对“国球”文化中爱国主义精神、集体主义精神、创新精神、辩证思维指导运动实践等优秀内涵的传承和弘扬力度还不够。

三是竞技乒乓球运动和群众乒乓球运动的发展还存在不均衡、不协调的局面，造成“国球”文化传播的受众面窄。体育文化更多的是要参与其中才能感受其魅力，只有扩大参与的人群，特别是青少年的参与，才能扩大“国球”文化的影响力。

四是对外交流的力度还不够大，虽然“国球”一直致力于乒乓球运动在世界范围内的推广和提高，但是在国际乒坛上的话语权、在“国球”文化乃至中国文化的交流与输出方面仍有欠缺。

（五）传承和弘扬“国球”文化的对策和建议

1. 加强对“国球”文化研究和传承的重视

运动项目的文化内涵是其长久发展的基础，“国球”文化是我国乒乓球运动保持发展和兴盛的思想基础。要把“国球”文化的繁荣和发展上升到战略层面，使之具有更强的渗透力，在项目发展的同时为实现中华民族伟大复兴的中国梦提供精神助力。

2. 讲好“国球”故事，增强“国球”文化的感召力和影响力

文化自信是一个国家、一个民族发展中更基本、更深沉、更持久的力量，要大力挖掘“国球”文化中优秀的精神财富，拓宽“国球”文化的传播渠道，开发并通过影视、文学作品、歌曲、诗集、书法绘画等多种形式的载体，讲好“国球”故事，加大“国球”文化巡展工作的深度和广度，开展好“国球”走进校园活动，让更多的孩子感受“国球”魅力，学习优良品质，增强“国球”文化的感召力和影响力。鼓励科研工作者加大对“国球”文化的研究，启动编写《中国乒乓球运动史》的工作。

3. 注重“国球”文化的人文教育价值，加强国家队的引领示范作用

中国乒乓球队承载着国人的期盼，在国际赛场上不断为国争光。榜样的力量是无穷的，要利用好“国球”文化的人文教育价值，加强对中国乒乓球队的传统教育，进一步弘扬爱国主义精神、集体主义精神，端正运动员的价值取向，激发队伍为国争光的豪情，增强队伍的凝聚力，续写“国球”的辉煌。加强对运动员的人文关怀，通过入队、退役、获得重要荣誉等有纪念意义的事件增强运动员的荣誉感、使命感和归属感，通过开展明星球员参加的推广活动，制作球队的文化符号（队旗、队歌、队徽等），提升国家队的引领示范作用，扩大“国球”文化的影响力和渗透力。

4. 梳理竞赛体系，扩大“国球”文化的受众群体

党的十九大报告中指出，中国特色社会主义进入新时代，我国社会主要矛盾已转化为人民日益增长的美好生活需要和不平衡、不充分的发展之间的矛盾。要通过打造乒乓球超级联赛等高水平的精品赛事，拓宽会员联赛等群众性赛事的服务范围，形成吸引广大青少年参与乒乓球运动的系列赛事和训练营，广泛传播“国球”文化，使更多的人享受“国球”文化带来的精神动力。

5. 坚持国际推广，扩大对外影响

近年来，乒乓球项目在保持竞技领先的同时，勇于承担起推动乒乓球运动在全世界范围内普及、提高和发展的责任，在国际乒坛得到好评。应继续坚持国际推广计划，在训练、培训、交流的同时注意“国球”文化和中国文化的传播，积极参与国际组织工作，不断增加在国际组织中的话语权，引领乒乓球运动的发展潮流，在更广阔的平台上推动乒乓球运动的可持续发展。

三、小结

中国乒乓球运动近70年长盛不衰，在其漫长的历史发展过程中，形成了独特的“国球”文化，其所体现的精神内涵，是我国体育界的一大笔精神财富，也是社会主义核心价值观的具体体现，对在当代社会增强民族自信心、自豪感和凝聚力都产生了深远的影响。“国球”文化的精神内涵主要体现在强烈的爱国主义和集体主义精神；用唯物辩证的思想方法指导运动实践；勇于创新，深刻研究和把握项目运动规律；通过竞争和磨砺打造超强实力；敢于拼搏，敢打硬仗；引领项目的高质量发展，展现大国风范；等等。

传承和弘扬“国球”文化，对于坚定文化自信、推动项目的可持续发展有着重要意义，但目前还存在着一些瓶颈问题，主要是对“国球”文化中精神层面的内涵和价值的研究与发掘不够，还未能充分发挥“国球”文化的人文教育价值，“国球”文化传播的受众面较窄，对外交流的力度还不够大，等等。针对这些问题，建议从战略层面加强对“国球”文化研究和传承的重视；讲好“国球”故事，拓展和弘扬“国球”文化的精神内涵；加强国家队的引领示范作用；梳理竞赛体系，扩大“国球”文化的受众群体；坚持国际推广，扩大对外影响。

参考文献

[1] 习近平.决胜全面建成小康社会　夺取新时代中国特色社会主义伟大胜利——在中国共产党第十九次全国代表大会上的报告[M].北京：人民出版社，2017.

[2] 国家体育总局“乒乓长盛考”研究课题组. 星光灿烂40年——乒乓文萃选[M]. 北京：人民体育出版社，2002.

[3] 徐寅生.我与乒乓球[M].北京：中国社会科学出版社，1997.

[4] 李玲修，王鼎华.乒乓中国梦——走进蔡振华团队[M].太原：山西教育出版社，2013.

[5] 徐君伟，孙莠茜，唐建军，等.我国竞技乒乓球运动可持续发展的文化支撑[J].南京体育学院学报（自然科学版），2015，14（3）：46-51.

[6] 荆雯.中国乒乓球运动文化发展与传播研究综述[J].南京体育学院学报（社会科学版），2014，28（2）：81-90.

[7] 刘凤岩，张晓蓬.对中国乒乓球运动可持续发展的对策研究[J].体育科学，2003，23（1）：48-52.

[8] 陈启湖. “国球文化”概念辨议[J].三峡大学学报（人文社会科学版），2009，31（4）：110-113.

进一步发挥《中国体育报》在建设体育强国中的作用

中国体育报业总社　刘先永

摘要：中华人民共和国成立以来，特别是改革开放以来，中国体育事业取得辉煌成就，以中国女排为代表的中国运动员勇攀高峰的拼搏精神，激励了几代人，成为时代主旋律，在此期间《中国体育报》提炼出以“人生能有几回搏”“女排精神”“团结起来，振兴中华”等为内核的中华体育精神，极大地振奋了民族士气。《中国体育报》和中国体育事业在过往的几十年里构建出了一幅相互推动、共同发展的和谐画面。

随着时代发展和社会变化，中国体育事业和《中国体育报》同时发生重大变化，同时面临新的发展机遇和挑战。在竞技体育、全民健身和体育产业不断发展的基础上，建设体育强国，将体育发展纳入“两个一百年”的战略目标，将体育强国梦自觉融入中国梦的洪流，成为体育面临的时代任务。建设体育强国，对体育的发展提出了新的挑战，在体育宣传上需要更强有力的支撑。而随着电视、互联网的冲击和新闻体制改革，率先改制为企业的《中国体育报》社承受双重压力，日渐失去往日的活力，传播效率下降，所发挥的作用和目前我国正在建设体育强国的要求严重脱节。

因此，探寻《中国体育报》新的发展方式，使《中国体育报》重新焕发活力，增强服务体育发展的能力，进一步发挥其在建设体育强国中的作用，是本文研究的核心。

关键词：《中国体育报》；体育强国；发展方式

一、《中国体育报》的辉煌历史

（一）创刊初期

中华人民共和国成立之后，先后成立了中华全国体育总会和中央人民政府体育委员会，领导全国的体育工作。为了适应体育发展的新形势，1958年9月1日创办国内第一份体育报纸《体育报》，由毛泽东主席题写报名。1966年10月，《体育报》停刊。1974年1月复刊。

《体育报》从创刊到1966年停刊的8年间，对中华人民共和国体育事业做了全面记录，是当时全国人民获取体育信息的最主要渠道。

（二）顶峰时期

随着1974年《体育报》复刊，特别是1976年后，党和国家的工作重心转移到以经济建设为中心的正确道路上来，体育事业迅速发展，为《体育报》的发展提供了前所未有的机遇，《体育报》的发行量和影响力达到了顶峰。

1981年，中国女排开始了“五连冠”的辉煌征程；同年，中国男排战胜韩国男排，北大学生喊出了时代强音——“团结起来，振兴中华！”1984年，中国体育代表团参加洛杉矶奥运会，许海峰为中国夺得第一枚奥运会金牌，从此中国将“东亚病夫”的帽子“扔进了太平洋”；1990年，北京成功举办第11届亚运会，《亚洲雄风》的旋律席卷神州大地。这些有着重大影响的体育事件，催生了女排精神、中华体育精神的诞生，其中报道最全面、传播最专业、影响力最大的媒体无疑是《体育报》，这一时期《体育报》也涌现了鲁光、何慧娴等一大批在社会上有影响的优秀记者。

基于体育在社会生活中日益凸显的位置，《体育报》也得以进入有重要影响力的首都媒体阵营，发行量长期维持在60万份以上，1988年日均发行量超过80万份。

同一时期，由《体育报》主办的体育活动也影响空前。1979年，《体育报》联合首都20多家新闻单位，开始主办中国体育“十佳”运动员评选，当时被誉为中国体育的“百花奖”，运动员以获得全国“十佳”运动员称号为社会最大认可。这个评选活动延续了近30年，是现在中国“十佳”劳伦斯冠军奖的前身。《体育报》还在20世纪80年代初组织了足球“三金奖”（金脚、金球、金哨）的评选，并于1982年联合《新体育》、人民体育出版社等单位一起组织了“全国十省市女子足球邀请赛”，这些重要活动对推动全国的足球运动，特别是女足运动的发展起到重要作用。

《体育报》（1988年更名为《中国体育报》并由邓小平同志题写报名）的辉煌一直延续到20世纪90年代末，这20年可以称为其“黄金20年”，总的特征是媒体影响力大，传播力强，职工收入高，队伍素质高，向心力强。

二、《中国体育报》的衰落期

（一）衰落转折期

20世纪90年代末，体育传播领域发生了重要变革。随着电视进入每一个家庭，专业体育频道开始兴办。1994年12月，中央电视台体育频道成立，随后各省市电视台相继成立体育频道。

同期，各专业体育报刊也相继涌现并迅速发展，打破了《中国体育报》一家独大的局面。《体坛周报》《足球》《球报》《球迷》《青年体育》《南方体育》等报纸，都在20世纪90年代前后创刊并抢占读者市场。

而这个时期，国家体育总局对《中国体育报》的资金开始断流，实行事业单位企业管理的自收自支模式，只在大型基建方面给予50%的补助。1999年，中国体育报社、中国体育杂志社、新体育杂志社和人民体育出版社四社合并成立中国体育报业总社后，补助政策也予以取消。

电视媒体和其他体育报刊的相继兴起，极大地分流了《中国体育报》的读者群，而国家体育总局在财政支持上的断流，让《中国体育报》承受了极大的经济压力，职工收入开始下滑，人才开始流失。著名足球记者马德兴、马寅，篮球记者苏群等一批优秀的编辑、记者，相继被《体坛周报》高薪挖走。

这个时期，《中国体育报》的发行量由顶峰时期的日均80万份迅速下降到日均30万份左右。随着作为媒体影响力最重要的指标——发行量的大幅度下滑，《中国体育报》的发行收入和广告收入同步下滑。

（二）衰落持续期

进入21世纪，《中国体育报》进入一个更为艰难的发展时期。电视媒体和专业体育报刊进一步增多，各城市的都市报都相继开辟体育板块，体育传媒的竞争达到空前激烈的程度。

相比电视媒体，传统媒体的传播速度和传播质量都较差，而相对于其他专业体育媒体，《中国体育报》在体制机制上缺乏灵活性，一方面承担着国家体育总局指令性的宣传任务；另一方面需要面向市场寻求资金支持，报纸性质、定位和运营模式存在着自身无法克服的矛盾。

而互联网技术的兴起，无疑进一步挤压了传统媒体的生存空间。2000年前后，新浪、腾讯、网易等所有门户网站都相继成立体育频道。互联网的即时性和海量存储性，相比电视、报纸等媒体，更具优势，成为其迅速抢占体育传播市场的利器。受此影响，体育专业媒体开始出现倒闭潮。2005年，在南方地区和东北地区分别有着很大影响的《南方体育》和《球报》（高峰时期发行量80万份）相继宣布停刊。专业体育媒体的标杆《体坛周报》在发行量和广告收入上也出现了大幅度滑坡。

在这种四面受敌的市场环境下，《中国体育报》跌入谷底，发行量跌到日均10万份以下，职工收入和国家体育总局系统以及北京市人均收入相比，拉开了较大差距，人才流失状况更加严重，整个队伍的战斗力和向心力严重下降，进一步削弱了服务体育事业的能力。

三、《中国体育报》衰落的原因探讨

（一）市场竞争因素

《中国体育报》的辉煌产生于一个特殊时期，即中国体育取得巨大成就，同时体育传播领域尚未产生竞争，或者说是轻度竞争。2010年《中国体育报》社组织的一次读者调查显示，当年50岁以上的人群中，看过《体育报》（含改名后的《中国体育报》，下同）的人占到15%，听说过《体育报》的人占65%左右。这一数据远远领先《体坛周报》和其他媒体，而在35~50岁人群中，这两项数据出现断崖式下滑，和《体坛周报》《足球》的数据基本持平。这表明在20世纪八九十年代，《中国体育报》

在读者市场上是一家独大。

随着电视开播体育频道，《中国体育报》的地位开始受到新的传播手段的挑战，读者获取体育信息的渠道出现多样化。而专业体育报刊的大量涌现，让传统的纸媒读者有了更多的选择余地。互联网技术的普及、体育网站的出现，无疑颠覆了读者的阅读方式，以毁灭性的打击方式，使《中国体育报》陷入空前的低谷。

（二）新闻体制改革因素

早在国家对新闻出版行业市场化改革之前的20世纪90年代初期，国家体育总局就率先将机关报《中国体育报》改变为事业单位企业管理的模式，在财政上实行断供。这种改革在报纸景气度高的时候，尚未显示出其负面作用，而在体育传媒市场竞争日益白热化之后，弊端加速暴露。缺少财政供给和市场竞争能力的双重承压，使《中国体育报》的工作重心不得不向经营任务上倾斜，新闻业务服从于经营业务，而新闻业务的逐步边缘化进一步恶化了经营环境，走向了恶性循环的死胡同。同期，首都几十家党报、机关报、行业报绝大部分处于财政供养状态。

2010年前后，国家实施新闻出版等事业单位转企改制。人民体育出版社作为中国体育报业总社的业务单元，是转企改制的对象，由于其不具备独立法人地位而无法单独转企，中国体育报业总社整体转为全民所有制企业。《中国体育报》也相应失去了事业单位身份，和国家体育总局的各种关系进一步疏远。

（三）内部体制和管理因素

1999—2000年，中国体育报社由正局级的独立事业法人单位，并入正局级的中国体育报业总社，失去独立法人资格，成为中国体育报业总社的一个业务部门。成立中国体育报业总社的初衷，是使原来四家新闻单位进行业务重组，集约化管理，形成集团优势。而实际上合并近20年来，各单位在业务上依然呈现板块分割状态，无法有效整合。在收入分配上，又不得不考虑职工收入水平的平衡，致使经营状况较好的单位和较差的单位，在收入上大致处于同一水平，影响了各单位经营创收的积极性和主动性。

中国体育报业总社按照国家改革部署，在2010年整体转为全民所有制企业后，由于资金缺乏、国有土地划拨无法转为企业用地等，迟迟未能按照改制要求整体转为集团公司，中国体育报社自然也无法转为具有独立法人资格的子公司。作为中国体育报业总社的龙头和主报，《中国体育报》每年的创收如数上缴至总社，无法形成资本积累，始终缺乏发展动力和后劲，缺乏长远的规划和设计。

具有近60年历史的《中国体育报》在历经衰落后，服务体育发展的能力大大下降，已经远远不能满足体育强国建设的需求。

四、建设体育强国对《中国体育报》的客观需求

（一）建设体育强国

中华人民共和国成立后，特别是改革开放以来，我国体育事业取得巨大成就，形成了团结拼搏、不畏艰难、积极向上的中华体育精神，极大地振奋了民族士气，增强了民族自信心、自豪感。

但我们的竞技体育特别是有影响力的集体项目、球类项目水平依然不高，全民健身的氛围有待整体提升，体育产业和体育文化尚处于初级发展阶段。体育发展和经济社会的整体水平，和我国从体育大国向体育强国迈进的步伐不相适应，因此建设体育强

国成为时代课题。

（二）建设体育强国对体育宣传的要求

建设体育强国，需要强有力的舆论引导和传播支持，需要媒体进一步弘扬中华体育精神，并和时代紧密结合，提炼新的时代精神；需要媒体进一步引导群众健身，形成科学健康的生活方式；需要媒体进一步宣传报道体育产业、体育文化，在全社会形成浓厚的体育氛围。

当前，随着自媒体的兴起，体育传播呈现出越来越明显的低俗化倾向，低俗新闻、假新闻层出不穷，极大地干扰了体育工作。公众对网络媒体和自媒体的信任度相对偏低。

同时，媒体对体育的精神本源关注不够，对体育精神的提炼不够，对正确的体育方向引导不够，客观上需要一支强有力的体育新闻队伍，在建设体育强国的进程中起到领头羊、风向标的作用，引导媒体和公众关注、支持、参与体育强国的建设。作为中国体育事业发展的忠实记录者，《中国体育报》责无旁贷，也是最佳选择，因此，扶持、振兴《中国体育报》是具有现实意义的，是具有紧迫性的重要举措。

五、《中国体育报》发展对策

（一）重塑报纸定位

转企后的中国体育报业总社在所有权关系上属于国家财政部，本质上属于政策性挂靠，财政部没有精力和能力管理所有转企后的新闻单位，因此国家体育总局应主动承担责任，将所有权关系转移到总局，作为自己的直属文化企业，并给予政策和资金、资源扶持，将《中国体育报》重新定位为建设体育强国宣传的主渠道、主阵地。

（二）重塑体制机制

作为主管单位，国家体育总局采取得力措施，彻底解决中国体育报业总社的改制难题，使中国体育报业总社整体转制为集团公司，中国体育报社作为中国体育报业总社中具有独立法人地位、具有完全自主市场地位的二级子公司，充分发挥其市场活力，培育其核心竞争力。

（三）重塑业务模式

在国家体育总局政策和资金、资源支持下，《中国体育报》将工作重心重新转移到核心业务上，改变目前采编、经营合一的发展模式。

建立“中央厨房”，实行采访、编辑分离，提高专业化能力和工作效率。

建立体育传播研究和评论员队伍，提高新闻评论质量，提升体育宣传和舆论引导能力。

六、结束语

《中国体育报》由辉煌转向衰落，既是新技术竞争造成的，也有内部的体制机制和管理模式失当的因素。在当前建设体育强国的关键时期，采取强有力的措施，恢复《中国体育报》的传播能力和效率，发挥其在建设体育强国中的作用，显得尤为重要和迫切。

牢固树立安全理念
促进山地救援发展

国家体育总局登山运动管理中心　次　落

摘要： 近年来，随着我国社会经济的快速发展，登山户外运动日渐成为一种休闲和时尚的生活方式，参与人数急剧增长，同时竞技攀岩也正式成为2020年奥运会比赛项目，受益于国家扶持政策和奥运机遇，登山户外运动迎来了一个全面发展的“黄金期”。随着参与登山户外运动的人数急剧增加，因登山户外运动高风险的特点以及参与者对登山户外运动知识和经验的缺乏，安全问题以前所未有的严峻态势摆在了我们面前。

本文对如何提高参与者的安全意识、提升专业救援队伍的整体实力，如何调动社会力量、充分发挥救援志愿者的热情和救援作用，进行了探讨。

关键词： 登山户外运动；事故；山地救援

习近平总书记在党的十九大报告中指出，树立安全发展理念，弘扬生命至上、安全第一的思想，完善安全生产责任制，坚决遏制重大安全事故，提升防灾减灾救灾能力。

为了保障志愿者、志愿服务组织、志愿服务对象的合法权益，鼓励和规范志愿服务，发展志愿服务事业，2017年8月22

日，国务院发布《志愿服务条例》，该条例自2017年12月1日起施行。

近年来，随着我国社会经济的快速发展，登山户外运动日渐成为一种休闲和时尚的生活方式，参与人数急剧增长，目前我国已经有近2亿人参与户外运动。同时，竞技攀岩也正式成为2020年奥运会比赛项目。受益于国家扶持政策和奥运机遇，登山户外运动迎来了一个全面发展的“黄金期”。随着登山户外运动参与人数的急剧增加，因登山户外运动高风险的特点及参与者对登山户外运动知识和经验的缺乏，安全问题以前所未有的严峻态势摆在了我们面前。根据中国登山协会登山户外运动事故调查小组不完全统计，截至2017年11月底，当年全国共发生209起登山户外运动事故，事故人数697人；死亡事故31起，死亡人数36人；失踪事故4起，失踪人数4人。

登山户外运动中伤亡事故屡屡发生，事故的种类越来越多，这些事故依然与登山户外运动参与者的安全意识淡薄有着直接关系，导致山地救援频频出现在荒山野岭、岩壁洞穴、沙漠草原等各种自然环境中。如何提高参与者的安全意识、提升专业救援队伍的整体实力，如何调动社会力量、充分发挥救援志愿者的热情和救援作用，不仅关系到我国登山户外运动全面、协调、可持续发展，也关乎全民健身的广泛开展，更关乎加快推进我国体育强国的建设。

一、国内外开展山地救援的基本情况

（一）山地救援概念

山地有广义和狭义之分。广义的山地包括高原、盆地和丘陵，狭义的山地仅指山脉及其分支。

救援指个人或人们在遭遇灾难或其他非常情况（含自然灾害、意外事故、突发危险事件等）时，实施解救行动的整个过程。

山地救援是指个人或人们在具有一定海拔和坡度的地面进行登山户外运动过程中出现死亡、疾病、伤害、损伤或者其他损失时，施救者找到目标并实施解救行动的整个过程。

（二）国外开展情况

1948年，奥地利登山协会召开会议，来自奥地利、法国、德国、瑞士等国的有经验的高山救援者，成立了一个组织，英文名字是International Commission for Alpine Rescue，即国际山地救援委员会（以下简称“ICAR”）。ICAR是高山救援领域的协会和社团组成的世界性合作组织，是一个世界性的开放交流平台，主要工作包括地面救援、高山空中救援、高山急救和山难预防。

1950年，英国急救委员会下属的登山俱乐部成立了第一个民间山地救援队伍“英国山地救援委员会”。1957年，美国山地救援协会（Mountain Rescue Association，以下简称“MRA”）成立。MRA主要由美国来组织和实施救援活动，救援领域从高山扩大到整个山地地形。

20世纪90年代，韩国、日本山地救援组织开始崭露头角。

（三）国内开展情况

2002年，中国登山协会提出发展山地救援工作；2007年，首次出版《中国大陆登山户外运动事故报告》；2009年，首次举办全国年度山地救援研讨交流活动；2013年，首次开展全国初级山地救援技术培训和全国山地救援技术交流赛；2015年，中国登山协会加入ICAR；2017年，举办“山地救援基础知识公益培训班”。

2014年，《国务院关于加快发展体育产业 促进体育消费的若干意见》颁布，将全民健身上升为国家战略，户外运动又是全民健身的主要项目之一。2016年，国务院发布了《关于加快发展健身休闲产业的指导意见》，发展户外运动成为完善健身休闲服务体系的重点之一。随后，国家体育总局印发了《山地户外运动产业发展规划》，在国家经济快速发展、人民收入水平显著提高、国家政策大力支持的有利形势下，登山户外运动迎来了发展的新时期。

2017年，习近平总书记在党的十九大报告中指出，广泛开展全民健身活动，加快推进体育强国建设，筹办好北京冬奥会、冬残奥会。这是对未来我国体育事业发展提出的全新要求。登山户外运动作为全民健身活动中重要与关键的一项，将会迅速发展到一个全新的高度。

二、当前我国山地救援发展存在的主要问题

（一）户外运动参与者缺乏一定的安全意识

以2017年我国登山户外运动事故不完全统计数据为例（2017年1月至2017年11月）进行分析，户外运动事故发生项目及数量如图1所示。

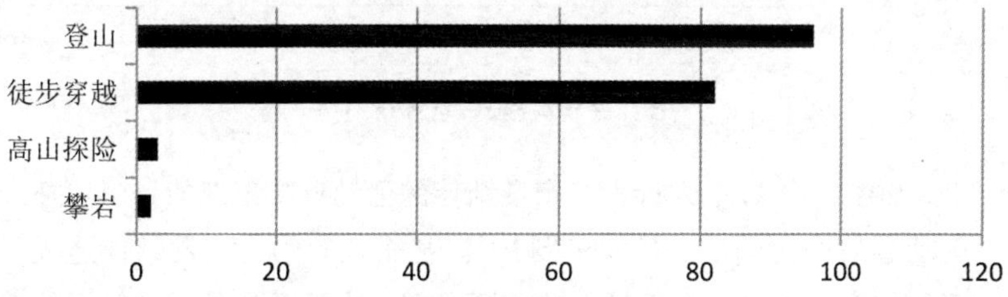

图1　户外运动事故发生项目及数量

从图1中可以看出，登山（低海拔登山）和徒步穿越已成为

事故频发的运动项目。其原因：一方面，这两个项目门槛较低，对技术、装备等方面要求不高，使得参与人群较多，成为大众最易参与的项目；另一方面，发生事故的参与者都存有“小山无风险”“一天无所谓”“随意结伴行”的观念误区而盲目参加活动。

迷路已连续多年成为登山户外运动事故的主要类型之一（图2），根据所发生的案件分析，大部分迷路事故都是队员离队落单、大雾能见度低、行动超时至天黑、挑战新线路等客观情况造成的，而迷路的主要原因有行前计划不到位、未了解当地天气、环境地形不熟、领队失职、队员体能参差不齐或者主观决策失误等。

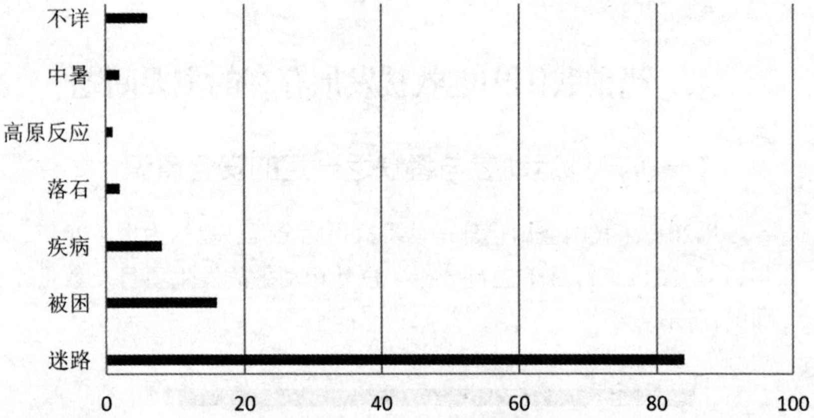

图2　登山户外运动事故类型

2017年，以个人行为、亲友结伴的活动形式出现的登山户外运动事故的比例依然最大（图3）。从个人行为、亲友结伴造成事故的案例来看，他们最大的共同点在于在缺乏户外运动常识的前提条件下对自我和亲友盲目信任，活动中组织松散，遇到风险时抵御能力非常有限，这种无责任主体的活动最容易造成事故。

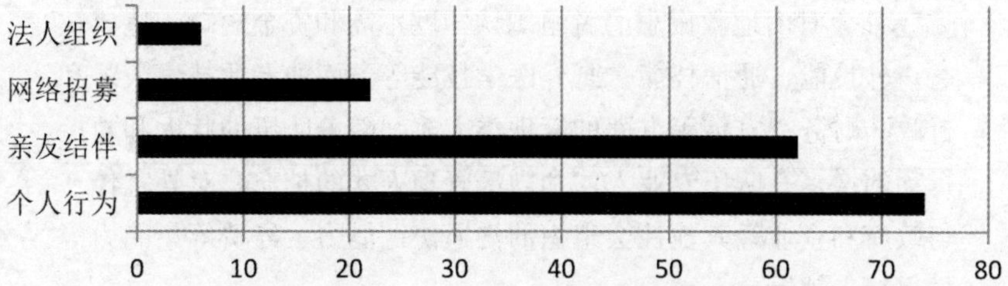

图3　登山户外运动事故的活动形式分类

然而，当前登山户外活动中个人行为、亲友结伴仍是出现事故的主要参与形式，因此要对全民加大户外知识的普及力度，加强户外安全理念的宣传，让更多的人认识登山户外活动组织形式的重要性。同时，要加快专业户外机构的建立，减少组织松散造成的事故。从登山事故数据来看，以法人单位为组织形式的事故数量基本保持在最低，这不仅是因为其有严密的组织团体，更重要的是有专业的人员进行组织保障，如果登山户外参与者具有专业的知识和装备，组织者具有丰富的经验、提供专业的服务，相信登山户外运动的事故会越来越少。

（二）山地救援队伍组织不完善

完善的志愿者组织建设和管理制度不仅是志愿者以及志愿者组织持续发展的重要保障，更是其长期科学发展的基础。目前，我国除了西藏、青海、新疆等高海拔山峰所在地的山地救援队，大部分的山地救援组织是民间志愿者组织。

资金短缺目前是我国志愿者组织面临困难的集中表现，是困扰山地救援志愿者组织发展的主要问题。资金短缺的主要原因是山地救援所需设备价格昂贵，个人必备技术装备近一万元，公用装备从几十万元到几百万元不等；日常培训和演练所需经费无固定来源；参加实地救援所产生的费用找不到埋单的人。

社会对山地救援志愿者组织认知度不高和资金短缺，造成缺乏户外技能、通信技能、野外医学技能等方面的专业技术人才和行政、财务、宣传等方面的管理类人才。随着队伍的壮大和救援行动的增多，队伍专业人才和内部管理人才的扩充，对外宣传、与政府和企业等其他社会组织的沟通协调能力、经费筹集能力等显得越来越重要。

山地救援培训的统一教材缺乏，救援师资力量稀缺，救援培训场地难求等造成开展培训难度大，可操作性不强，无法系统和专业地进行培训，大部分培训仅以基础的志愿服务知识为主，因此在突发性事件应对中发挥的作用有限。

（三）保障机制不健全

参加山地救援的志愿者工作环境危险，日常所需时间多，山地救援志愿者为社会提供无偿的服务，在做出牺牲的同时，无论从制度还是情理上都应得到社会各层面更高的认可和更多的权益保障。

社会公众对山地救援队的支持以口头称赞居多，很少有个人、企业、基金会过问或以捐赠的形式向救援队提供资金支持。

政府购买志愿服务的力度不够，缺乏扶持志愿者组织发展的政策措施，对优秀志愿者的表彰层次不高，激励方式单一。

无针对性专业保险，无法弥补发生事故所带来的损失，户外运动急需的紧急救援保障严重短缺，山地救援中空中救援保障几乎空白。

三、对山地救援发展提出对策和建议

（一）增强参与者的安全意识

凡事都需要未雨绸缪。登山户外运动与自然环境因素、装备因素和人的相关因素有着千丝万缕的联系，又充满众多不确定因素，所以要做到心中有数再出发，才会在活动中拥有更多快乐和安全感。要让更多的人能够科学、安全、环保、文明地参与登山户外运动，就要长期做好知识普及的基本工作。

“全国户外安全教育计划”是在我国登山户外运动快速发展过程中，针对目前户外安全面临的严峻形势，根据国际发展经验和社会需求而推出的一项面向全社会的登山户外安全教育与宣传的大型公益活动，旨在倡导“安全、科学、环保、文明”的理念，增强户外安全意识，普及户外安全常识，推动户外运动健康发展。

要进一步加大“户外安全知识”公益讲座的力度，培养更多的公益讲师团队，组织更多、更广泛的公益讲座，让公益讲座的组织方式从登山协会层面延伸到俱乐部、救援队、社区、学校层面。

大量编辑、出版、发放《户外运动安全手册》、户外运动知识折页、户外知识动漫等宣传资料，通过官方媒体、主流媒体、新媒体等多种渠道，让更多的人了解户外运动的基础知识。

当地政府和活动所在地景区要加强山地资源的管理，在常规路线区域设置导视标识、警示标识、劝示标识、服务指南等；在事故高发地或相对危险区域安装安全防护装置、预警装置、应急救援装置，建设紧急庇护所；在活动集中区域建设服务中心、休息点、露营地等设施。

（二）增强专业救援队伍的整体实力

出台山地救援培训基地的相关标准，推动山地救援培训基地的建设，为山地救援志愿者组织提供更多日常训练的场地。进一步加强对全国各地山地户外救援组织的规范指导，加大山地救援的培训力度，培养山地救援骨干力量，保证安全、及时、准确、有效的救援能力，向民众传播正确的户外运动知识，推动我国登山户外运动事业的健康发展。

普及山地救援基础知识，培养更多山地救援基础知识的讲师队伍，广泛开展山地救援基础知识公益培训，通过培训使新入队和有意向加入救援队的人员掌握山地救援的基础理论和技能，了解山地救援的工作业务，快速适应山地救援的各项工作。

面向加入山地救援工作的志愿者大力开展全国初级山地救援技术培训，使山地救援志愿者具备较高的安全意识，在救援过程中确保自身安全，能够顺利通过各种复杂地形，基本掌握山地救援的基础理论、技术和技能，拥有参与救援的基本标准。

面向热爱山地救援事业者和山地救援工作的小组长，开展中级、高级山地救援技能培训，通过培训，使更多具备初级资格的救援队员熟练掌握山地救援理论、救援技能，深入了解山地救援公益事业，培养山地救援组织所需的综合性管理类人才。

大力开展全国山地救援技术交流比赛，通过山地救援交流赛，山地救援队队员之间能够相互认识和了解，进行良好的沟通和有效的切磋，能将理论与实践相结合，找出山地救援技术操作中存在的问题，提出解决办法，不断改进和完善山地救援技术。同时，各队伍之间能够充分发挥协同救援能力，建立良好的沟通渠道，避免大型救援时产生融入困难的问题等，也可以避免各救援队发生闭门造车、理念滞后、技术落后的状况。

（三）增强保障机制

制定全国山地救援队伍的注册和等级评定标准，注册登记和等级评定标准可以提高山地救援队伍的组织化程度，能够更好地引导和规范山地救援队伍，整合全国山地救援力量，推动山地救援事业有条不紊地快速发展。

组织建设是开展救援工作的组织保障，也是整合山地救援资源的必然途径。成立山地救援委员会，其作为山地救援志愿组织，是连接山地救援队与民政部、公安、医院等单位的桥梁和纽带，使各救援队有了依托，把国家力量与社会力量、综合管理与专项管理有机结合，健全公安、应急办和救援队组织制度建设，初步形成新的救援组织框架。遵照以政府为主导、各地救援组织为骨干、社会参与的指导方针，建立区域救援体系的工作原则，为政府提供完善社会应急登山户外运动救援机制的依据。建立全国和各区域山地救援知识、技术和经验的交流平台，指导各地救援组织的救援工作，协调各界资源和力量，举办区域救援交流活动，发布山难事故报告和山难预防与救援信息等。

学习、吸收国外最先进的登山户外运动保险模式，并结合目前国内现状，根据国内登山户外运动的特点，为登山户外活动的参与者开发多项专业性的保险产品，为山地救援志愿者提供专业救援险并视情况适当给予补助或免费投保。结合当下互联网移动支付、大数据等技术，利用手机就可以完成投保、查询保单、一键报案等一系列的操作，发生事故后，能够第一时间安排救援服务，对于紧急情况，能够提供直升机紧急医疗救援。

建立直升机救援的服务模式，在紧急情况下能够使用直升机将施救对象从事故发生地运送至距事故发生地最近的医院，空中直升机加地面120的救援将强化生命的保障。开展专业的直升机现场救援培训，让山地救援队伍掌握直升机悬停救援的技能，在实施直升机救援时能有效地配合与参与。

四、结论

预防事故，不仅要考虑内在原因，更要考虑外在原因。一方面，要加强参与者户外知识的普及，提高其风险识别的能力，加快急救知识的推广；加强组织者的队伍风险管控能力，使其活动计划严谨完善；加强活动线路上安全信息的警示，建立完善的活动登记制度和应急救援机制。另一方面，要提高山地救援队伍的综合能力和救援效率。

近年来，我国山地救援事业在不断向前发展和完善，逐步受到了社会的广泛关注。提高山地救援队伍的综合能力是一个长期的过程，需要在政府、社会各界和山地救援志愿者的共同努力下，逐步规范山地救援志愿服务活动，完善激励机制，加大权益保障力度，进一步促进山地救援志愿服务事业的发展。相信在参与者、组织者、管理机构和救援组织及社会各界的共同努力下，将会逐渐减少或避免事故的发生，使登山户外运动能够更加繁荣、健康地发展。

参考文献

[1] 张璇.从“玉树地震”看应急志愿者队伍建设[J].社科纵横（新理论版），2010（2）：57–58.

[2] 张光进，王剑成，王品.我国登山运动应急救援社会化服务体系构建研究[J].安全与环境工程，2013，20（6）：137–140，144.

[3] 国务院令. 志愿服务条例[Z].2017.

老年体育功能研究

国家体育总局离退休干部局　许宁宁

摘要：近几年来，人口老龄化问题引发社会广泛关注。2016年2月，习近平总书记强调，有效应对我国人口老龄化，事关国家发展全局，事关亿万百姓福祉。老年体育作为体育事业和老龄事业的重要组成部分，既可以增强老年人体质，促进老年人身心健康，又可以为老年人赢得尊重和关爱，是积极应对人口老龄化的具体措施，对维护社会和谐稳定、全面建成小康社会、促进健康中国建设具有十分重要的意义。本文采用文献分析法、功能分析法和经验总结法等研究方法对全面深化体育改革大背景下老年体育的功能进行研究和分析，坚持以人为本、统筹发展，积极应对社会转型新形态的需求、经济转轨新常态的需求、“四个全面”国家战略新布局的需求、全民健身上升为国家战略新视野的需求，促进老年体育与大健康深度融合，在服务健康中国和体育强国建设中发挥更大的作用。

关键词：老龄化社会；老年体育功能；现状；主要问题；发展路径

近几年来，人口老龄化问题引发社会广泛关注。2016年2月，习近平总书记强调，有效应对我国人口老龄化，事关国家发展全局，事关亿万百姓福祉。老年体育作为体育事业和老龄事业的重要组成部分，既可以增强老年人体质，促进老年人身心健康，又可以为老年人赢得尊重和关爱，是积极应对人口老龄化的具体措施，对维护社会和谐稳定、全面建成小康社会、促进健康中国建设具有十分重要的意义。

一、老龄化社会与老年体育需求

（一）我国正加速进入老龄化社会

中国人口老龄化将伴随21世纪始终。见微知著，以国家体育总局机关的离退休干部为例，目前共有离退休干部288人，其中离休干部39人，退休干部217人，代管人员32人。这里值得一提的是，80岁及以上高龄老年人口总量在不断增加，截至2016年底，90岁及以上老干部有21人，80~89岁有109人，二者占总人数的45%。据2016年国务院印发的《国家人口发展规划（2016—2030年）》统计，到2050年80岁及以上高龄老年人口将增加到4.2亿人，占总人口的29.8%。我国已进入人口老龄化速度最快国家之列。

（二）我国老龄化社会的主要特点

（1）未富先老，老年人口总量一直位居世界前列。资料显示，发达国家在迎来老龄社会时经济实力都比较雄厚，人均国民生产总值也多在5000美元以上10000美元以下。而我国是在人均国民生产总值仅有1000美元的情况下提前进入老龄社会的，经济实力与发达国家相比还有很大差距，自然而然地出现了人们口中常说的“未富先老”现象。

（2）未备先老，老年人口有高龄化、慢病化、失能化的表现。一方面，我国目前应对人口老龄化的经济实力不强，在人力、物力、财力、制度和认识方面都准备不足；另一方面，高龄老人、空巢老人、失能老人数量不断增加，受城乡二元结构的影响，部分农村老年人口缺乏应有的基本社会保障，大大增加了养老金、医疗费用、生活福利等方面的社会负担。

（3）孤独终老，家庭养老功能相对薄弱。在2016年放开“二孩”政策出台之前，中国一直实行独生子女政策。这些独生子女结婚后面临的是既要抚养幼小的孩子又要供养四位老人的残酷现实。受这种金字塔式家庭结构的影响，目前的家庭养老模式不堪重负，很多子女表示工作繁忙、家务繁重，受经济条件的限制和生存压力的影响，没有时间和能力照顾老人。老人们都反映自己的子女忙于工作，别说互相沟通，就是见个面都很难。

（三）“老有所康”成为广大老年人最关切的问题

目前对60~90岁的人来说，健康已成为他们的主要诉求。这些老年人参与了中华人民共和国前30年的建设，经历了后30年的发展，有的甚至还参与了更早的30年。他们冒着生命危险，一步一个脚印地创造了现在的繁荣社会，可以说是对中华人民共和国建设贡献最大的老人们。他们有自觉的需求、充足的时间、庞大的数量和巨大的潜能，对健康的需求十分迫切，必将成为全民健身的生力军。

二、老年体育的主要功能

（一）有利于促进老年人身心健康，推动全民健身事业发展

老年体育让老年人“心态更阳光、身体更强健”，潜移默化地帮助老年人不断提高生活水平和生命质量。它具有四个健身特

性：一是全身活动，全面锻炼；二是动静相间，运动适量；三是个人与集体密切配合；四是与大自然紧密结合。老年人是全民健身大军中最积极、最活跃的群体，他们具有强大的凝聚力，能够通过自身的展示和交流影响并带动更多的人参加体育运动，对推动全民健身事业发展起到了一定的示范作用。

（二）有利于缓解老龄化社会问题，促进社会和谐

老年体育作为一种娱乐和健身价值兼具的运动，是促进社会和谐的有效手段。它坚持以人为本，面向全体老年人，组织丰富多彩的体育健身活动，使老年人尤其是独居老人和空巢老人走出家庭、融入社会，充分展示夕阳风采，在享受健身快乐的同时共享改革开放成果，大大减轻了家庭、单位和社会负担。老有所健、老有所乐、老有所养的实现可以为和谐社会建设添砖加瓦。

（三）有利于加强精神文明建设，维护社会稳定

老年体育的社会效益日益凸显，它在加强社会主义精神文明建设中发挥了不可忽视的作用。通过开展丰富多彩的健身活动，老年人在运动中树立健康科学的健身意识，获得自尊、自信、自立、自强，更好地为“两个一百年”奋斗目标奉献余热。老年人还能够发挥传、帮、带作用，以自己的实际行动带领子孙后代共同传承文明，创建良好家风。

（四）有利于推动体育产业发展，拉动经济增长

随着社会发展，老年人的购买力也在逐步增强。目前，老年人的社会福利保障不断完善，离退休人员的离退休费每年都在增加，越来越多的老年人愿意为健康投资，为锻炼身体而消费，花钱买健康、买舒适、买享受、买方便正成为“银发一族”的生活追求。巨大的市场需求必将推动体育服装、健身休闲等体育产业

的发展，从而拉动整个国民经济的增长。

（五）有利于创造就业岗位，减轻就业压力

老年人体育用品市场、体育健身娱乐市场、体育旅游市场、体育保险市场等“银色市场”的发育和成熟，对人才的需求是多领域、全方位的。积极引导大学生投身老年体育事业，能够有效缓解社会就业压力。

三、老年体育的发展现状

（一）有关老年体育的方针政策日益完善

党和政府十分重视老年体育工作。为充分保障老年人的体育健身权益，我国先后颁布并实施了一系列与老年体育相关的法律及政策规定，如《中华人民共和国体育法》《中国老龄事业发展“十二五”规划》《公共文化体育设施条例》《老年人权益保障法》《全民健身计划纲要》《老年体育发展规划》《全民健身条例》《关于进一步加强新形势下老年人体育工作的意见》等，相对完整的老年体育政策体系为我国老年体育事业的发展奠定了坚实的基础，指明了战略方向。

（二）老年体育人口数量逐年递增并成为健身主体

体育已成为老年人生活方式中不可或缺的重要组成部分。无论参与人数，还是健身热情，老年人都是当之无愧的全民健身骨干力量。无论是清晨还是傍晚，天坛公园里都热闹非凡，这里是老年人的“江湖”。爷爷奶奶们有踢毽子的，有跳舞的，有健步走的，还有慢跑、练器械的，他们一个个红光满面，神采奕奕，切实体会到了运动带给他们的好处。据了解，目前全国经常参加体育健身活动的老年人达5800万人。

（三）老年体育健身组织和健身设施不断加强

老年体育是群众体育的重要组成部分，国家体育总局将其纳入公共服务体系，采取购买服务、社会参与等多种形式先后在城市、乡镇、农村配建了很多质优适用、形式多样、便民利民的体育健身设施，为老年人提供健身场所。努力发展老年体育健身活动，促进老年人参与社会活动，通过建立健全各级老年人体育协会，加强对老年体育活动的组织和指导。

四、老年体育存在的主要问题

（一）老年体育政策体系缺乏具体配套措施

有相当一部分与老年体育相关的法律及政策规定没有具体的实施细则，这些法律、政策的支持措施、保障、监控和评估机制尚不健全；评价指标过于笼统，可操作性不强；监督的方式方法流于形式，没有明确的奖惩规定。同时由于各级政府对老年体育重视程度不同，在贯彻和执行政策的力度上存在偏差，有时会出现虎头蛇尾的现象。

（二）老年体育的管理及服务功能有待提高

老年体育在机构设置和工作方式上相对单一。作为一项公益事业，它需要跳出体育圈，走向社会化，牢牢抓住社区这个“牛鼻子”，由单一行政管理向社会公共服务转变。但受经费有限、发展时间短、场所不健全等因素的影响，老年体育的组织网络并不健全。政府主导的类似于老年人体育协会这样的社会组织，力量薄弱，生存困难，远远不能满足大多数老年人的体育需求。绝大多数的老年人目前还处于自我锻炼阶段，缺乏安全、合理、有效的组织和引导。

（三）老年体育服务型人才严重匮乏

针对老年体育的“银发工程”，需要社会各界的大力支持和帮助，尤其是健身项目和场所的选择、锻炼的方式和方法等都需要社会体育指导员的专业指导。我国社会体育指导员现状的调查显示，参加体育活动的老年人口中“无人指导”与“希望指导”之间存在巨大差距，目前我国的三级指导体系还没有普及，与体育专业相关的且具有较高文化水平的社会体育指导员比例较低，还不能完全地对老年体育进行指导。

五、老年体育发展的思路与途径

（一）加强公共职能，建立健全老年体育政策法规体系

建立健全政策法规体系是老年体育事业发展的重要前提。发展老年体育的最终目的是提高健康水平、增强老年人体质、丰富精神文化生活。要把创新、协调、绿色、开放、共享五大发展理念作为老年体育发展的重要指导原则和思路导向，站在落实全民健身国家战略的高度，认真贯彻落实党和政府制定的与老年体育相关的各项法律法规、方针政策，并不断完善配套措施，制定详细发展规划。把握好老年体育发展过程中创新与继承的关系，从思想和制度上强化政府公共服务职能，不断加强对老年体育工作的协调和指导，维护和保障老年人体育健身权益，使老年体育工作再上一个新台阶。

（二）加强队伍建设，建立健全老年体育组织网络

建立健全老年体育组织网络是老年体育事业发展的关键环节。充分发挥中国老年人体育协会的桥梁纽带作用，按照政社分

开、管办分离的原则，建立各级各类老年体育协会组织和社会体育指导员组织的服务标准和评价体系，加强对老年体育的服务和引导，满足不同地域、不同年龄老年人的不同健身需求。发展和壮大专门针对老年人的社会体育指导员队伍，探索社会体育指导员与人群和项目结合的新模式，研究和发挥非政府形态的体育社会组织作用，组织招募一批为老年人健身服务的志愿者，积极开展全民健身志愿者服务，帮助解决老年体育服务型人才匮乏的问题。

（三）加强宣传力度，建立健全老年体育健身场地设施建设

建立健全老年体育健身场地设施建设是老年体育事业发展的基本保障。老年体育并不缺少需求，缺少的是供给。为满足老年人日益增长的多元化健身需求，政府部门应在积极探索并遵循老年体育工作规律的基础上，大胆改革，努力创新，不断丰富健身产品和活动方式。要依托社区，组织实施老年人体质监测，开展适合老年人的健身科普讲座；集中使用彩票公益金支持体育事业专项资金，配置老年人喜爱、适用面广、便捷实用、健身效果显著的体育器材；充分利用现有的公共绿地、公园、闲置厂房、广场及城市空置商业设施，新建、改建适合老年人体育健身的场地，并配备适宜的健身器材；注重发挥老年体协的作用，引导社会参与，采取政府购买公共服务、社会参与公共服务、项目扶持等多种形式，为体育场地设施免费向老年人开放提供条件，力求老年人能最大限度地享受公共服务。为引起社会重视，老年体育部门还可以借助传统媒体和互联网媒体的影响力，广泛宣传老年体育的功能，努力构建政府、社会、个人“多元投入、资源共享、开放共赢、绿色环保”的合作发展模式。

（四）加强服务意识，进一步开展丰富多彩的老年体育活动

丰富多彩的体育活动是老年体育事业发展的主要抓手。要秉承“健老人之身，乐老人之心，解老人之忧，做老人之友”的理念，将体育健身与文化、教育、旅游、休闲、养老结合，坚持“安全至上”和“自由选择、自主参与、自我管理”的原则，鼓励和支持社会体育组织利用各种节假日及重要节日，开展体育表演展示交流，组织一些小型、分散、灵活多样、富有地方特色的健身活动。加强对空巢老人、残障老人的健身指导，成立帮扶小组，定期到家中为这些具有特殊需求的老年人送健康、送服务、送温暖。后奥运时代，大众体育蓬勃兴起，但适合老年人的项目不多。要不断创新服务理念，丰富活动方式，打造不同特色、不同风格的老年人健身活动体系，推动老年体育广泛深入地开展，引导老年人选择一项自己喜爱的活动、加入一个自己欣赏的团队、享受一种自我释放的快乐，使老年人的健身活动日益规范化、常态化。

在当前全面深化体育改革的大背景下，老年体育工作要坚持以人为本、统筹发展，积极应对社会转型新形态的需求、经济转轨新常态的需求、“四个全面”国家战略新布局的需求、全民健身上升为国家战略新视野的需求，主动融入大卫生、大健康、大体育格局，在服务健康中国和体育强国建设中发挥更大的作用。

参考文献

[1] 刘尚明.老年体育在和谐社会建设中的地位和作用探讨[J].江苏科技信息，2014（21）：96，100.
[2] 李恩荆，李晨光. 老龄化社会演进中我国老年体育发展研究[J].运动，2013（57）：1–3.
[3] 刘洪涛，刘献国.新时期我国老年体育政策执行中的问题及应对策略[J].南京体育学院学报（社会科学版），2016，30（3）：52–55.

满足人民健康服务需求 加快运动康复人才培养

国家体育总局运动医学研究所　李　璟

摘要： 本文以我国运动康复人才培养为研究对象，借鉴国内外相关经验，探讨在建设健康中国和体育强国的进程中，如何解决运动康复人才培养中的招生人数缺口大、范围小、要求少，培养层次不高；人才培养目标不清；培养方案有待完善统一；师资队伍整体水平不高；现阶段运动康复从业人员数量短缺、专业水平不高、人员组成复杂、人才流失严重、职称结构失调和职业发展有限等诸多问题。经过研究得出结论：需要以马克思主义人才观和五大发展理念为指导思想，创新培养理念，树立正确科学的人才观；立足以人为本，构建全面协调的培养模式；推进开放共享，做好持续发展的支持保障，从而真正培养出具有真才实学、有创造性、能为社会做贡献的人才。

关键词： 运动康复；人才培养；教育；健康服务

随着全民健身上升为国家战略，2022年北京冬奥会成功申办带动3亿人参与冰雪运动，体育人口迅速增加，我国正从体育大国向体育强国迈进。运动康复作为一门新兴学科，在人类疾病防治和增强体质的历史上及建设健康中国和体育强国的进程中，都发挥着重要作用。全社会，上至国家运动队，下至普通大众，对运动康复服务的需求更加旺盛，更加多元化和多层次，而目前我们所能提供的有效服务供给不平衡、不充分，尤其是人才队伍匮乏、水平参差不齐的现状，使得两者间矛盾日益突出。为了更好地满足人民群众日益增长的美好生活需要，尤其是满足全民健身和全民健康的需求，全面强化新时代体育工作的责任担当，亟需加快我国运动康复人才的培养。

我国历来重视各种专业人才的培养。在中华人民共和国成立初期，我党坚持以马克思主义作为科学的世界观和方法论，与中国革命实践相结合，形成了中国化马克思主义人才观，即人民性、实践性、现实性和科学性的有机统一。改革开放以来，尤其是进入知识经济时代，人才资源是经济社会长期发展的第一资源，人才问题成为关系一个国家、民族和政党兴衰成败的关键因素。党的十九大报告中指出，人才是实现民族振兴、赢得国际竞争主动的战略资源；中国特色社会主义进入新时代，只有坚定不移地贯彻创新、协调、绿色、开放、共享的五大发展理念（以下简称“五大发展理念”），才能推动化解社会主要矛盾。

当今中国正进入决胜全面建成小康社会、夺取中国特色社会主义伟大胜利的新时代，如何继续坚持中国化马克思主义人才观，并以“五大发展理念”为引领，培养出更多的德才兼备、知识丰富、技术过硬的运动康复专业人才，为国家经济建设和社会发展做出应有贡献，是我们需要认真思考和不断实践的重要课题。

一、研究的目的和意义

本文以马克思主义人才观和“五大发展理念”为指导思想，以我国运动康复人才培养为研究对象，借鉴国内外相关经验，探讨在建设健康中国和体育强国的进程中，如何面对亟待解决的诸多运动康复人才培养问题，提高现阶段人才质量以满足社会需求，改变人才缺口大、专业水平不高、人员组成复杂、人才流失严重、职称结构失调与职业发展有限等不良从业现状，真正培养出具有真才实学、有创造性、能为社会做贡献的人才。

二、研究方法

本文研究方法主要为文献资料法、总结经验法、问卷调查法和专家访谈法。

（一）文献资料法

以“运动康复”和“人才培养”作为关键词，检索有关资料，了解与本课题有关的成果，筛查10年内期刊文献；查询相关政策文件；查阅各高校相关专业的培养目标、培养方案（含课程设置）。结合研究目的，对以上资料进行归纳、梳理、分析与研究，多学科、多角度地对资料进行比较，把握国内外研究动态，借鉴有用的研究成果和经验教训，找到新的亮点，为研究提供理论基础、材料支撑和方法论。

（二）总结经验法

通过研究国内外运动康复人才培养的经验，对其主要的培养模式、路径等进行归纳、分析、演绎、综合、总结。

（三）问卷调查法

向以体育医院作为实习基地的10所高校的运动康复教研室负责实习管理的老师发放调查问卷10份，回收10份，有效问卷10份，有效回收率100%，问卷的信度和效度符合统计学要求。

（四）专家访谈法

借助工作、交流、参会等机会，对有关专家就相关专业的招生、培养、实习、就业及未来发展方向等问题进行访谈，为本研究的框架设计和研究思路提供支持。

三、研究内容

（一）国内运动康复人才培养概况

1. 我国运动康复专业发展概况

随着科技进步和社会发展，人民健康意识不断提高，越来越多的人开始进行体育锻炼，以达到促进身心健康的目的。运动康复正是在这个大背景下发展壮大起来的，由最初的服务于竞技体育，逐渐转向服务全社会。它是研究体育学和康复医学的理论、方法与手段，利用体育活动进行机体功能练习，达到预防和治疗伤病的目的，属于体育学范畴，但其也是医学科学的一方面，是一门相对独立的体育、健康和医学"三位一体"的应用型交叉学科。

运动康复虽然是一个新兴学科，但其人才培养最早可以追溯到1963年运动保健专业招生，在国内高等院校已有50多年的发展历史。2004年，教育部批准在少数高校设立"运动康复与健康"专业。此后，越来越多的高校开办该专业，为了满足不断增大的社会需求，教育部在2012年将该专业统一更名为"运动康复"，属于教育学下的体育学类的特设专业。由此可见，运动康复专业在体育院校已有一定的发展基础。

2. 我国运动康复人才培养概况

我国培养运动康复人才的院校种类不多，主要有体育、医学、师范及综合类大学。根据教育部网站公布的数据，截至2017

年，我国开设运动康复专业的高等院校共44所，2/3是体育院校、师范和综合类大学的体育学院。

目前，人才培养的层次以本科生和专科生为主。本科教育学制多为四年，毕业生授予理学学士或教育学学士学位。研究生培养刚刚起步，2015年全国有10所体育院校成为第一批增设运动康复学二级学科的院校。虽在2016年开始面向全国招收硕士研究生，但高层次人才培养已远远落后于其他专业，直接影响了学科体系的完善、学科水平的提升及师资队伍的建设。

3. 我国运动康复人才培养现状分析

随着运动康复专业人才需求的急剧增加，许多高校相继开设运动康复专业。由于学校性质不同，办学水平、综合实力不等，学科基础存在差异，以及对运动康复学科认识不足、未掌握学科随社会发展的变化规律，在人才培养过程中难免出现诸多问题。

（1）招生人数与需求相比缺口较大，招生范围小、要求少，培养层次不高。随着国家产业结构调整，健康服务业得以快速发展，人类疾病谱与医学模式发生转变，国家卫生事业整体发展规划中对各级各类医疗机构康复科的设置有了规定以及竞技体育争光计划和全民健身上升为国家战略，全社会对运动康复人才的需求呈现“井喷”态势。

但高校人才培养的数量远远满足不了社会需求，缺口极大。据中国康复教育专委会调查统计，2014年实际新上岗的康复治疗专业人才不超过6000人，只占很少比例的运动康复人才人数更少。运动康复专业本科招生的院校官网招生信息资料显示：2014年全国招生总人数仅1421人，即使加上数据不详的专科和高职培养人数，估计培养规模刚刚超过10 000人，无法满足社会对运动康复人才快速增长的需求。

从目前开设运动康复专业的院校来看，可能受到国家招生政策和高校办学能力的影响，招生学校对生源有限制，招生范围有限。这种小范围招生的做法，不仅影响了生源的质量和多样性，也影响了运动康复人才的地区平衡，限制了部分地区运动康复事业的发展。

在招生要求上，运动康复专业与其他专业并无大异。除了西安体育学院要求考生参加所在地区组织的体育专业考试，北京体育大学对学生身高有限制，其他高校均对考生没有任何特殊要求。运动康复专业的培养目标是高级应用型人才，要求掌握的治疗手段是体育运动疗法，大部分知识技能属于体育学范畴。若学生缺乏一定的体育基础，在整个学习过程中，尤其是在对理论知识的理解和把握、实践技能的掌握和运用上，肯定存在一定的困难。

目前，我国运动康复专业学历教育分为三个层次：研究生、本科、大专，其中以本科和大专为主。现有的研究生层次人才，多来自一些如首都医科大学和南京医科大学等医学院校和体育院校。前者为康复医学与理疗学、运动医学等临床医学研究生，后者多为运动人体专业的学术型研究生。2016年开始，运动康复作为二级学科仅在首批10所体育院校面向全国招收硕士研究生，到本文完稿尚没有学生毕业，培养人数也很少。

以上这些现象显然不利于运动康复人才的理论知识体系建立，削弱了其专业技能，也极大地妨碍了专业人才进一步深造学习、提高专业技能。

（2）人才培养目标不清。总体来说，运动康复学起步晚、水平低。目前，对于运动康复专业培养的目标与定位是什么，到底要培养什么样的人才，社会到底需要什么样的人才，毕业后学生的出路在哪里，各院校还有不同认识且一直存在争议，再加上学生毕业后的就业去向、职业资格认证、职称晋升等一些实际问题迟迟未解决，造成全国高校没有达成统一合理的培养目标。

各地院校一般是根据各自对学科的理解、地缘特点、办学特色及师资配置等制定人才培养目标。体育院校、医科院校和师范综合类院校在目标设置上都有各自的问题，一是各有偏好：体育院校重视体育运动实践能力，但医学基础理论知识欠缺；相反，医科院校重视基础理论，但是体育运动实践能力明显不足。二是参照康复治疗学制定培养目标，将两者混为一谈。事实上，运动康复学和康复治疗学属于不同门类、不同范畴下的不同专业。两者在治疗手段、治疗目的和服务对象上明显不同。相对来说，运动康复专业是更为专业的学术领域，治疗手段是体育运动疗法，而康复治疗学专业属于医学技术类专业，以现代医学科学技术与医学相结合为治疗手段。

目前，人才培养需要迫切解决的头等大事就是制定统一、明确且合理的培养目标。因为教学若没有培养目标，就相当于没有培养方向，没有制定规划和实施教学的依据，也没有符合教学设置标准的教学计划、课程与教材，这将如何保证人才培养的质量？

另外，制定运动康复专业培养目标时还要考虑体现体育学范畴。如果忽略这一点，就会失去其专业性和特色性，从而淡化运动功能和运动康复价值，轻视体育技能的学习和掌握，其特殊的服务对象和就业领域就会模糊，并与其他行业混淆。这样就会影响招生、培养、就业等方面，进而对专业发展方向产生不利影响。

（3）培养方案有待完善统一。培养目标不清晰、培养方案有待完善统一，表现为没有成熟的课程体系、统一合理的课程规划方案和相对固定的专业核心教材，没有出台本科专业教学质量国家标准，所以，各院校在教学大纲、课程设置、教材选用、实验室条件及实习机构等方面存在一定的差别和混乱，教学不规范，课程安排、学时学分和考核指标均缺乏客观依据，且实施过程很随意。

学校多结合自身优势和特色制订人才培养方案，课程设置各有侧重、片面单一；因国内没有统一的运动康复专业国家级规划教材，各校教材多采用国外引进的或自编的教材；教学方法多是教授理论知识，而实际操作较少，理论与实践不能有机结合；与专业相关的实验室等配套硬件设施相对落后。

其后果，一是人才培养的质量不高，虽然基本掌握专业知识与操作技能，但实际能力达不到国际学术组织和国际教育认可机构的认定标准，如世界物理治疗师联盟（WCPT）和世界作业治疗师联盟（WFOT）；二是人才标准不统一，人才培养结构性失衡。体育院校和医科院校学生各有优缺点：体育院校的学生动手能力强而理论基础差，医学院校的学生理论知识扎实而运动技能差，不擅长动手。这两种类型的人才到了工作岗位后，均常感觉难以适应工作的需要。

（4）师资队伍整体水平不高。师资水平高低直接关系到人才培养的质量。现有师资中，正规科班出身的，既懂运动知识又了解康复治疗，有一定的实践经验的高学历、高职称、高层次、复合型教师凤毛麟角。体育院校中很大一部分教师是在学习其他相关专业，如运动人体科学或运动训练学专业的基础上，接受了国外短期高级进修学习后转到康复专业的。医学院校中一部分教师可能来自临床，本身专业基础是康复治疗学，有过一段临床实践后走上教学岗位的，但其专业知识背景和实践经验均来自临床医学，虽然其医学基础理论教学比较扎实，但缺乏体育知识背景和运动技能。所以说，我国现有的师资水平不能满足运动康复人才的培养需求。

（二）国外运动康复人才培养概况及其对我国的借鉴意义

1. 国外运动康复人才培养概况

国外运动康复人才培养已近百年，系统日益成熟，具有规模大，入学资格严格，培养层次高、周期长且淘汰率高，课程完善、统一、严格，执业需通过资格认证准入资格考试和专业细化等特点。

现在欧美很多学校均开设相关专业，如美国就有227所高校，并且细分为物理治疗师（PT）、作业治疗师（OT）、言语治疗师（ST）和运动防护师（AT）等，设有独立的PT学院、OT学院和ST学院。

目前，全美范围内大多数学校主要培养硕士学位以上的运动康复人才，而且入学标准严格，培养周期很长。要求本科毕业后，还要经过3年（专职）至5年（业余）临床物理治疗博士（DPT）或临床物理治疗硕士（MPT）教育，完成长达9个月左右的实习（包括住院、门诊及不同专科轮转）后才能毕业，毕业后不能马上执业，还需通过执照考试。之后还可以根据个人意愿，通过美国物理治疗专业委员会的考试，确定不同专业，如神经、骨科、心肺、老年、妇女、儿科或运动。

欧美学校的课程设置合理统一。其设置标准和教学计划制订，均参考国际康复教育认证机构，如世界物理治疗师联盟和世界作业治疗师联盟，或美国物理治疗协会的要求。以澳大利亚为例，四年的本科学习中，理论课1702学时（包括实验课和课间见习），临床实习1050学时，两者之比为1.62∶1，可见重视实践的程度。

所学课程全面、广泛、要求严格。以美国和澳大利亚为例，硕士或博士申请者的本科所修课程，除了一般大学的课程要求，还有医学基础理论、体育科学和社会科学课程；实习科室，除了必修科室，如骨科、神经科、儿科、心脏科，还对选修科室有要求，要包括老年病房、妇产科、假肢和矫形器具、风湿病房、脊髓损伤中心、运动损伤中心或社会健康部等。经过这些课程培训的学生，基础理论扎实，知识结构全面，实践能力强，可以很快上手并独立开展工作。

2. 其对我国的借鉴意义

（1）加强专业基础理论教育。在校期间接受的基础理论知识教育质量，直接关系到康复师本人及本行业、本学科的发展。我们可以参照美国物理治疗专业教育经验，改良课程设置，加强专业基础理论教学力度，延长如解剖、生理、生物力学、运动解剖学、运动生理学、运动生物力学等医学基础和体育基础课程学时；若师资不够，可以从体育系统和医疗系统中挖掘资源，聘请具有临床经验的医生及具有运动队实践经验的康复师担任授课教师；还要开设与具体工作有关的课程，如心理学、社会学、医患关系教育，甚至关于辅导、带教和谈话技术等专业课程，加强与人沟通合作的能力。

（2）加强实践动手能力。运动康复作为一门应用型学科，重要的是具备在实践工作中发现问题、解决问题的能力，这方面我国历来较弱。师生双方都应重视将所学知识用于实践，强调实际的动手操作，可将真实的患者带入教室，在教室模拟治疗场所，或安排学生当患者，两两搭档互换练习，引导学生思考并展开讨论。这样课堂气氛活跃，师生互动频繁，学生们也积极参与其中，能认真分析找出病因及对策。

（3）培养缜密的治疗思路。运动康复师拥有清晰缜密的治疗思路，可以正确迅速地分析临床表现，找到问题所在，并制订恰当的康复方案。这不仅需要扎实的基础理论知识和娴熟的操作技能，还要重视治疗推理分析过程的思路培养，即如何从主诉中找到线索，然后顺着线索实施合理检查，如何将检查结果与功能障碍相关联并快速做出判断，甚至一些细微之处，如使患者积极配合治疗、有效地利用时间、减少患者转运、合理安排检查等就诊流程中的诸多环节，也需要培养训练。

（三）我国运动康复人才从业现状及现存问题分析

1. 我国运动康复人才从业现状

目前，运动康复成为国家重点发展的新兴领域，提供运动康复服务的机构数量成倍增长，社会对运动康复人才的需求剧增。2013年8月，李克强在国务院常务会议上提出，促进健康服务业发展，加快培养康复从业人员。

专业人才的短缺是现阶段运动康复事业所面临的首要问题。近几年，虽然我国运动康复事业有了较大发展，但是因为起步晚、水平低，同需求相比，仍然存在很大缺口，人才供给与市场需求的矛盾进一步扩大。同时，还存在从业人员业务水平不高，人员组成复杂，队伍不稳定、易流失，职称结构不合理，高层次人才严重匮乏而初级人员相对较多，职业发展有限等不良现状。这在一定程度上导致运动康复人才质量达不到康复事业进一步发展的需求，严重影响康复事业的后期发展。

2. 我国运动康复人才从业现存问题分析

（1）人才数量短缺。世界卫生组织推荐，各国每10万人口应配备物理治疗师和作业治疗师70人，而中国仅为0.4人，可见从业人员缺口之大。根据卫生部对综合医院康复科设置和人员配比的规定推测，截至2010年7月，全国综合医院需要治疗师8万人，其中三级医院约为2万人，一级医院约为1万人，而二级医院约为5万人。有学者按照国际标准估计，若再加上全国各类各级残疾人康复机构（19000多家）、运动训练机构、大型专业健身中心等健康服务相关产业，还有各级专业运动队，目前我国人才缺口至少在30万以上。

面对如此大的人才缺口，通过每年新培养人才的方式短期内无法满足市场需求。

（2）专业水平不高。在人才缺口大的基础上，专业人才更是匮乏，表现为国内运动康复人员的理论知识和操作技术远远落后。首先是康复理念落后，没有认识到康复对于竞技体育和全民健身的积极作用，不知晓运动恢复的客观规律，大部分治疗人员还采用“哪痛治哪”的原则，不经功能评估即开始治疗，缺乏整体上对疾病的流行病学、损伤机制、心理评估、体格检查等环节的系统分析。其次，实践治疗操作中治疗手段单一，片面理解为按摩，忽视功能锻炼与牵拉放松，出现伤病后重手术轻康复，缺乏统一的技术标准与操作规范，运动员和教练员没有积极主动参与其中，随意中断治疗，无跟踪随访等现象。

（3）人员组成复杂。因为缺乏运动康复从业人员的资格认证准入制度，目前从业人员组成复杂甚至混乱。从专业来源来看，除了少数正规运动康复专业的毕业生，还有部分康复治疗学专业的毕业生，甚至还有预防医学、护理学等专业经过短期培训转行的人员。从工作岗位来看，在医药卫生系统各级康复机构工作的，因为按照卫生部《康复治疗专业技术人才准入标准（康复治疗师）》规定管理，情况尚可，但其他单位，如私营康复机构、运动队、训练基地、健身俱乐部、养老院和体育科研部门，人员的资质认证管理缺失，专业岗位常常由不专业的人承担。以笔者较为熟悉的运动队为例，由于各运动队普遍缺乏康复师编制，大部分运动康复人员由队医、按摩师、科研人员、体能教练，甚至教练代为担任，而这部分人员根本未经系统的运动康复专业培训。

（4）人才流失严重。更为严峻的事实是，现有人才流失严重。有调查显示，专业本科学生的职业认同感及职业荣誉感较低，自我定位不清，认为自己什么都能干，但又觉得什么也干不好，工作一段时间后转行的现象比较突出，甚至部分学生毕业时找不到自己满意的单位，干脆放弃本专业，跨专业选择工作。以笔者工作单位为例，康复治疗室共有10位运动康复师，在近5年内先后有3位辞职转行。人才流失的原因很复杂，除了因各个学校人才培养目标不清晰、课程设置方案不合理、实验室及实习场所等不足，影响了专业能力之外，还与授予学位、考取执业医师资格、医疗机构就业等存在一定的缺陷不无关系，这些因素使社会对毕业生的认可程度不高，甚至许多用人机构对运动康复专业的毕业生存在偏见。特别是2006年之后，医学院校培养的康复治疗本科毕业生陆续走上就业岗位，因康复治疗专业的职业资格认证、技术职务认定、职称评审等体系非常完备，很受用人单位认可和欢迎，这给运动康复专业毕业生带来了巨大冲击和竞争。

（5）职称结构不合理。世界卫生组织推荐，中等发达国家，高、中、初级卫生技术人员人数比较合理的比例应为1∶3∶1。但是，我国运动康复人员的职称结构严重失调，组成不合理，高级人员严重不足，初级人员相对过多。据笔者调查，包括三甲医院，北京市从事运动康复的高级职称人员在个位数以内。这很大程度上是因为目前卫生系统职称评审中没有运动康复师这个技术职务，当然也缺乏相关技术职称评审等配套政策。

随着大批人才从业时间延长，此问题得不到解决，将严重影响学科发展、人才培养和队伍稳定。

（6）职业发展有限。目前，运动康复人员专业基础先天不足，直接影响其后续职业发展。大部分人员毕业于体育院校，虽热爱体育、动手能力强，但医学基础知识薄弱；来自医学院校的毕业生，医疗基础理论扎实，但动手能力不够，缺乏对体育运动和体育文化的认知。运动康复专业的毕业生参加工作后，因目前体育、医疗和教育等行业间的壁垒，专业设置、业务领域、资格认证、技术职务设置、职称评审和继续教育等方面的政策不够完善，学科专业发展和人才队伍建设不受重视，在国内未形成运动康复专业群体和学术组织，后果一是职业发展受限对人才失去吸引力，使其改行进入其他行业；二是缺乏外界激励作用和内在提高动力，虽不改行但自身业务素质无法提高。这非常不利于康复人才队伍的发展，因为运动康复作为新兴应用型交叉学科，知识更新快，至少需要向医学、体育两方面延伸，缺乏技术职称评审渠道，会使个人职业发展无规划和继续教育无层次，业务水平提高也就无从谈起。

（四）我国运动康复人才的培养思路与对策

马克思主义哲学是科学的世界观和方法论，对其他学科进行高屋建瓴地指导。以马克思主义人才观为指导思想去培养专业人才，既能更好地服务于最广大人民群众，又能善用马克思主义的立场、观点和方法分析和解决实际问题，更能反映时代特征，为时代发展服务，也能从当代世界和中国国情的实际出发，为全面建成小康社会和社会主义现代化强国提供坚强的人才保证和智力支持。

以习近平同志为核心的党中央，根据当今世界变化和我国长期处于社会主义初级阶段的基本国情，提出创新、协调、绿色、开放和共享的五大发展理念。尤其是随着科学技术的飞速发展、国际竞争的日益激烈、知识的日新月异，这“五位一体”的新发展理念，越发成为推动国家经济和社会可持续发展的关键因素。

践行“五大发展理念”和马克思主义人才观，可为运动康复人才培养提供新思路和新举措，对于运动康复人才培养、满足新时代对运动康复人才培养的新要求，具有重要的指导意义。

1. 创新培养理念，树立正确科学的人才观

当今是知识经济时代，知识已成为经济发展、社会进步的动力来源，科学技术成为第一生产力，人力资源成为第一资源，知识本身的种种深刻变化必定引起与之息息相关的人才培养的深刻变革。这种大背景下，要求我们创新培养理念、树立正确的全新的人才观，在坚持社会全面进步和人的全面发展的统一的前提下，创新培养目标，创新培养内容、培养方法等人才培养的各个

环节，这将是满足社会之需、事业可持续发展的必然趋势及根本途径；同时也要牢记，运动康复人才的培养，必须与社会建设发展的全局紧密联系在一起，要立足当前，着眼长远，深刻理解运动康复学科的内涵与功能，既要培养社会和事业急需的人才，也要为社会和事业可持续发展打牢基础、储备后劲。

所以，我们在树立培养理念和人才观方面，要强调能力的培养，重点培养人的学习能力、实践能力、创新精神、创新思维、创新能力，并将其作为整个培养的核心，注重培养会学习、会做事、会合作与生存，具有独立意识、创新精神和创新能力等的综合素质人才，真正的“基础厚、口径宽、素质高、能力强、重创新”的复合型人才，而不再是过去的“知识仓储型”或“技术操作型”的单一型人才，只偏重知识的单纯积累，或只侧重专门知识和技能，或只知机械应用。

另外，在培养专业能力的同时，还要促进人才知识、能力、素质的全面协调发展和综合提高，教会学生做人，思想道德、身心健康和知识技术同等重要甚至更重要，重视人文、社会、科学基础教育的重要地位和作用，这样才能培养出德才兼备、身心健康、学有专长的高素质人才。

2. 立足以人为本，构建全面协调的培养模式

人才培养的主体是人，尤其运动康复人才是应用型人才，他们不仅要适应现有工作岗位，还要适应未来发展变化。这就要求重新审视运动康复专业的本质、功能和定位，明确培养目标，并根据社会发展的需求随时调整；本着立足功能康复的目的、突出体育运动的特色、最终惠及服务大众的原则，制订科学合理的人才培养方案；教学模式应改变传统的以课堂、书本为中心，而要立足于以人为本，创新教学模式使其具有长期效应，使学生具有在工作实践中主动发现问题、应用知识解决问题的能力，并自我完成应用知识、探求知识、再构知识的良性循环。

因此，课程设置应考虑本专业特点及发展规律，打破医学、体育学课程间的分隔，增加医、体、教不同行业、不同学科领域、不同专业课程间的融合，优化重组成新课程，使学生形成对各基础学科知识结构的整体认识，而非分裂独立的知识结构。在具体教学实践中，一是以人为本，老师不能只是简单地进行单向知识传授灌输，一味填塞，学生不能简单地记忆和模仿，而应发挥每个人的主体性，师生互动，学生互动，共同创造开放有个性的环境，从中获得分析问题、解决问题、获取新知识、建构新知识、形成观点和意见的能力，并在与他人互动中，学会做事、学会合作、学会生存。二是因人而异，因材施教，选择适合每个人特点的学习方法进行针对性教学，发挥长处，弥补不足，激发学习兴趣，树立学习信心。三是理论与实践有机结合，将理论知识贯穿实践，并在实践中检验所学知识。

3. 推进开放共享，做好可持续发展的支持保障

现在我国正处于深度融入世界的趋势中，习近平总书记指出，我们的事业是向世界开放学习的事业；关起门来搞建设不可能成功；国家发展过程也是全体人民共享成果的过程。这就要求我们的运动康复事业和人才培养必须顺应趋势，坚持开放中发展，以开放促发展，并让人民共享发展成果，有获得感。

国内外运动康复人才培养各有经验，各有利弊，我们既不妄自菲薄，也不妄自尊大，既要坚持中国国情下具体实践中积累的经验，也要注重学习吸收欧美发达国家这方面的成果，相互借鉴、取长补短，坚持“引进来”和“走出去”并重，为可持续发展提供源源不断的技术支持。“引进来”可以直接引进康复人才或师资力量，也可引进外来康复理念、技术手段、教材设备等。“走出去”既是主动走出去，多看、多听、多学、多交流，吸取别国经验和教训，创造条件争取加入国际专业学术组织，在课程、教材和行业资格认证、执业执照方面与国际接轨，在参照国际标准的基础上，结合中国国情形成中国化成果，并获得国际组织认可；也可积极向外介绍宣传我们的思想和成果，积极参与全球行业标准规范的制定，提供服务和产品的供给，使人才培养走向更大范围、更宽领域、更深层次的开放型平台。

面向世界开放的同时，我们更要在自己内部加强开放包容，整合资源，共享发展，为破解发展难题提供强有力的政策保障。一是积极打破体育、教育和医疗等行业间的壁垒，院校间（尤其是医科院校和体育院校之间）、学校与康复机构间、康复机构间整合并利用共享教学资源，这主要是在师资力量、教学设施和实践基地方面，尝试建立学校间、康复机构间或学校与康复机构间的联合培养机制，从而解决师资力量紧张、教学经验缺乏、教材不够系统、实习基地不足等问题。二是积极打破体育、教育和医疗等行业间的偏见和利益冲突，多部门共同商议合作，完善有关职业资格认证、技术职务设置、职称晋升、业务领域、诊疗科目等方面的支持保障政策，使体育院校和医学院校培养的人才获得同样待遇；建立“学位—执业—晋升”结合模式，2017年，北京在个别培训基地试点康复治疗师规范化培训，如能将运动康复专业研究生教育与规范化培训有机结合起来，毕业后同时获得毕业证和规范培训证，就不仅能规范研究生教育，还能完善毕业后教育，打通职业发展渠道，从而培养不同层次的运动康复人才，满足国家、社会对高层次专业人才的需求，更重要的是每一位人才（包括学生、老师、医疗和康复专业的专家、教授），每一个机构（包括院校、康复机构或企业），每一个行业（包括体育、医疗和教育系统）都参与、都尽力、都受益。

四、研究结论

以“五大发展理念”和中国化马克思主义人才观为指导

思想，探析我国运动康复人才培养中诸多问题，以及从业人员不良现状，提出我国运动康复人才培养改进措施：创新培养理念、树立正确的科学的人才观，立足以人为本、构建全面协调的培养模式，推进开放共享、做好可持续发展的支持保障，探索一条适合中国国情又广泛吸收各国之长的运动康复人才培养之路，以更好地发展运动康复事业，服务于健康中国和体育强国的建设。

参考文献

[1] 邬建卫.实用运动康复学[M].北京：北京体育大学出版社，2015.

[2] 王大安.基于“三位一体”的运动康复人才培养与教学的困境及对策[J].当代体育科技，2017，7（18）：21-23.

[3] 王定宣，陈巧玉，彭博.中国运动康复专业人才需求与培养现状调查[J].成都体育学院学报，2016，42（2）：103-109.

[4] 薛晶晶，王清，燕铁斌，等.国内康复治疗学专业教育现状的调查与思考[J].中国康复医学杂志，2011，26（12）：1149-1151.

[5] 胡精超，赵斌.我国运动康复与健康专业现状与发展对策研究[J].中国康复医学杂志，2014，29（9）：851-854.

[6] 齐大路，方千华.大健康产业视野下我国运动康复专业人才培养改革与创新[J].武汉体育学院学报，2016，50（12）：71-78.

[7] 王国祥，张鑫华.ICF视野下我国高校运动康复专业本科人才培养的思考[J].中国康复理论与实践，2015，21（9）：1002-1005.

[8] 李林，鲍秀芹，麻淑君.国外物理治疗师的培训情况及其对我国的启迪[J].中国康复理论与实践，2002，8（5）：316-317.

[9] 胥皞，张璐.美国物理治疗专业现状、特点及其对我国运动康复的启示[J].中国运动医学杂志，2014，33（2）：179-182.

[10] 高国军，张中豹，魏烨，等.我国大众运动康复人才发展战略研究[J].廊坊师范学院学报（自然科学版），2011，11（6）：93-96.

[11] 张效玮，赵江莉，黄东锋.广东省4所实习机构康复治疗学专业实习生职业认同感的现状和影响因素[J].康复教育，2010，25（4）：364-366.

潜水专业男生体质健康测试状况分析

国家体育总局湛江潜水运动学校　邓新辉

摘要：本文以岭南师范学院潜水专业156名男生为研究对象，采用测试法和数理分析法对其体质健康测试成绩进行分析研究，并结合各年级的教学教法分析产生差异的原因。研究发现：潜水专业男生的BMI指数相对集中，绝大多数处于正常体重范围，低体重和肥胖所占的比例较小；肺活量体重指数从大一学生到大三学生逐渐递减，大四学生出现较为明显的提升；1000米跑成绩，大三学生出现明显滑坡，大四学生略有提升；50米跑、立定跳远、坐位体前屈、引体向上成绩在四个年级当中，没有明显差异。希望通过本文为我国高校潜水专业教学活动的开展提供参考。

关键词：潜水；BMI指数；体质健康

岭南师范学院自2011年起与国家体育总局湛江潜水运动学校探讨联合培养潜水专业人才的方案；2013年开始招收并培养潜水专业学生，这是潜水专业首次在国内实现本科教学；2016年7月，亚洲首个潜水学院在两校挂牌成立，亚洲潜水人才培养工作迈入了正规化、系统化的轨道。由于办学时间较短，课程设计主要参考国外同类教材，在教学实践过程中找到适合本土的教学方法尤为重要。通过对特定人群身体素质各项指标的对照分析，可以找到基本的分布规律，为科学决策打下良好的基础。本文以岭南师范学院潜水专业男生体质健康测试成绩为基础，对其体质健康测试状况进行分析，旨在了解潜水专业男生体质健康指标的分布规律，探讨当前潜水教学对潜水专业男生体质健康的影响，为高校潜水专业课程设计及学生培养提供参考。

一、研究对象与方法

（一）研究对象

本文选取岭南师范学院潜水专业的男生作为研究对象。该专业男生90%以上为广东人，饮食清淡，多在学校食堂进食，平均每天能保证5小时以上睡眠。研究对象在自愿参与的前提下，经询问没有重要内脏器官疾病以及骨骼系统疾病，能够正确理解测试要求并配合完成相关测试。参与测试人数共计156人。

（二）研究方法

1. 测试法

依据中华人民共和国教育部公布的《国家学生体质健康标准》，对岭南师范学院潜水专业的男生进行测试，测试项目主要包括身高、体重、肺活量、1000米跑、50米跑、立定跳远、坐位体前屈及引体向上等体质健康指标。

2. 数理统计法

采用SPSS软件对测试获得的所有实验数据进行处理，结果以“均值 ± 标准差”（$X \pm SD$）的形式表示，统计方法为T检验，$P<0.05$表示数据具有显著性差异，$P<0.01$表示数据具有非常显著

性差异。

二、结果与分析

（一）潜水专业男生BMI指数分布

根据《国家学生体质健康标准》中制定的BMI指数单项评分表，对参加测试的潜水专业男生进行分组：低体重组，BMI≤17.8；正常体重组，BMI为17.9~23.9；超重组，BMI为24~27.9；肥胖组，BMI≥28.0。本文对参加测试的岭南师范学院潜水专业男生的BMI指数分布进行了统计分析，结果见表1。

表1　潜水专业男生BMI指数分布

	低体重组	正常体重组	超重组	肥胖组
人数	1	127	27	1
百分比	0.64%	81.41%	17.31%	0.64%

注：最小值为17.8；最大值为28.4；$X \pm SD$为22.72 ± 2.01。

由表1可知，正常体重组为127人，占比为81.41%；低体重组为1人，占比为0.64%；超重组为27人，占比为17.31%；肥胖组为1人，占比为0.64%。潜水专业男生的BMI指数相对集中，绝大多数处于正常体重范围，低体重组和肥胖组所占的比例较小。通过图1可以看到，潜水专业男生BMI指数分布比较集中，峰值在22.0附近，基本符合正态分布，总体处于良好状态。

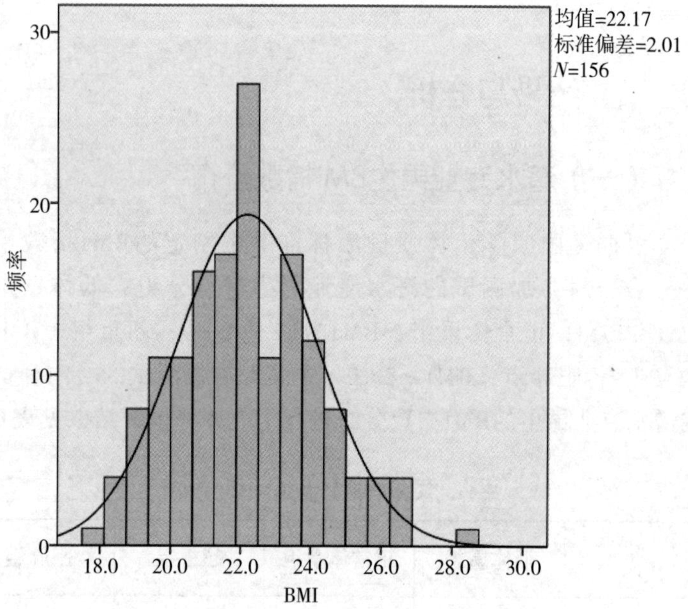

图1　潜水专业男生BMI指数分布直方图

（二）潜水专业男生体质健康指标分析

本文统计了潜水专业四个年级的男生的体质健康指标，并分别对肺活量体重指数、1000米跑、50米跑、立定跳远、坐位体前屈、引体向上六项指标进行了独立样本T检验，结果见表2。

表2　潜水专业四个年级男生体质健康指标

指标	大一	大二	大三	大四	总体
肺活量体重指数（$mL\cdot kg^{-1}$）	59.47±10.92	57.92±8.38	56.14±9.24	60.32±11.09	58.57±10.07
1000米跑（min）	3.98±0.31	3.85±0.23	4.17±0.44*△△	4.07±0.49△	4.02±0.40

续表

指标	大一	大二	大三	大四	总体
50米跑(s)	6.21±0.32	6.18±0.28	6.24±0.35	6.29±0.53	6.23±0.39
立定跳远(m)	245.06±16.04	249.51±26.01	246.24±14.80	249.09±21.08	247.61±20.00
坐位体前屈(cm)	22.14±4.75	21.68±9.70	21.36±5.50	23.98±8.69	22.40±7.57
引体向上(个)	9.89±3.08	9.08±2.89	8.35±4.14	9.26±3.90	9.14±3.59

注：其他三个年级与大一相比，*表示$P<0.05$；大三、大四与大二相比，$^{\Delta\Delta}$表示$P<0.01$，$^{\Delta}$表示$P<0.05$。

通过表2可以看到，肺活量体重指数从大一到大三逐年递减，大四出现提升；1000米跑成绩，大一、大二无明显差异，大三时成绩出现明显下降；1000米跑成绩均值，大三与大一相比出现显著性差异，与大二相比出现非常显著性差异，大四相比大三稍有下降；50米跑及立定跳远，四个年级成绩波动不明显，均无明显差异；坐位体前屈及引体向上，从大一到大三成绩逐年下降，大四出现提升，但变化不明显，均无显著性差异。现代大学生多项身体素质指标呈现逐渐下降的趋势，这受到遗传、社会等因素的影响。在学生大多为广东本地人的前提下，对其教学训练进行分析很有必要。

对大学生的体育运动进行适当干预，是提高大学生身体素质的可行性手段，选取适当的身体素质训练方式十分重要。目前，潜水专业四个年级除进行正常水肺教学的理论和实操课，还进行每周两节、每节课40分钟的体能训练。四个年级的体能训练课侧重点各不相同，如表3所示，大一为水适能，大二为自由潜水，大三为水球，大四为水中曲棍球。水适能主要是培养学生的水性与水感，提升学生对水上运动的兴趣，如水中站立、水中健身操等；自由潜水是让学生不带任何水肺装备，以团队形式进行的尽量往深潜的运动，主要培养学生团队协作的能力；水球与自由潜水的不同在于水球多数是在水面上带球运动，更多需要动脑与动手能力，对速度和灵活性要求比较高；水中曲棍球在我国兴起时间不长，是一个非奥运会项目，更讲究身体对抗，训练强度大。结合体测成绩，大一到大三肺活量体重指数出现一定程度的下降，大四则有一定的提升；耐力素质在大三有显著的滑坡，大四出现好转。这与体能训练项目的开展存在一定的关联性。

表3　潜水专业四个年级体能训练内容

年级	训练内容	训练计划	心率
大一	水适能	游泳练习及水中课程游戏	（220−年龄）×80%
大二	自由潜水	静态屏气和动态屏气相结合的训练	（220−年龄）×80%
大三	水球	在水深1.2米的池子里进行	（220−年龄）×80%
大四	水中曲棍球	在20米×20米、水深1.2米的池子里进行	（220−年龄）×80%

三、结论与建议

（一）结论

潜水专业大学生的BMI指数相对集中，绝大多数学生处于正常体重范围，低体重和肥胖所占的比例较小，说明潜水专业学生身体形态总体保持良好。

肺活量体重指数从大一到大三逐渐递减，大四出现较为明显的提升。说明在大学生身体素质明显下滑的大背景下，普通强度的体能训练无助于改善学生肺活量水平，适当的高强度对抗训练对其作用明显。

1000米跑成绩，大三出现明显滑坡，大四略有提升，说明普通强度的体能训练无助于改善学生耐力素质，高强度对抗训练对耐力素质的提高有一定积极影响。

50米跑、立定跳远、坐位体前屈、引体向上的成绩在四个年级之间，没有明显差异。

（二）建议

（1）应该要求学生维持身体形态，保持正常体重，这对于潜水作业的开展尤为重要。在潜水教学活动中，可适当添加形体训练项目。

（2）在潜水专业教学时可以增加高强度体能训练，譬如水中曲棍球专项训练，这更有利于学生体质健康，尤其是有助于肺活量和耐力素质的提高。

（3）在体能训练课程发生变动以后，应及时监测、了解学生体质健康状况，并将其作为课程评价的重要参考依据。

参考文献

[1] 吴晅晔. 成年女子BMI指数与身体机能和素质的相关性比较研究[J]. 北京体育大学学报，2008，31（8）：1099-1101.
[2] 秦小俊. 体质指数与肺活量体重指数的相关性分析[J]. 科技信息，2011（36）：294-295.
[3] 傅绪明. 学生身体素质攸关民族兴衰存亡——对学生身体素质下降的

思考[J]. 安徽师范大学学报（自然科学版），2012，35（4）：400-404.

[4] 冯晓玲. 我国青少年身体素质下降的成因分析与对策研究[D].北京：北京体育大学，2012.

[5] 刘世海，刘劲松. 加强大学生身体素质干预的实证研究[J]. 武汉体育学院学报，2016，50（4）：90-94.

[6] 崔桂强. 大学生身体素质教学改革研究[J]. 武汉体育学院学报，2003，37（2）：134-135.

切实增强安全意识
确保航校健康发展

国家体育总局安阳航空运动学校　张志强

摘要：本文结合单位和自身工作实际，以习近平总书记系列讲话精神和党的十九大精神为指导思想，介绍了我国通用航空运行现状、安阳航空运动学校运行情况和存在的问题，分析了“556”发展战略计划的内容及带来的安全问题，并有针对性地提出持续更新安全理念、强化安全意识、构建安全责任体系、依法依规指引和管理安全工作、建立健全安全培训体系、加强队伍建设、抓好资质和能力等几点对策和建议。

关键词：通用航空；安全；健康发展

一、我国通用航空安全运行现状

（一）我国通用航空发展的现状

综合交通运输体系，我国交通运输主要领域都已经居于全球前列。我国在高速公路总里程和汽车总产销量、高铁运行里程和铁路装备制造产值、港口运输量和船舶制造量等方面均处于全球第一。2017年我国运输飞行首次突破千万小时，预计全年运输总周转量将达到1083亿吨千米，旅客运输量将达到5.49亿人次，稳居世界前列。与交通运输其他领域相比，我国通用航空发展落后。

（1）从通用航空器保有量的世界排名来看，2015年我国仅仅排在第19名，排在西班牙、新西兰、瑞士、荷兰等国之后。我国通用航空机队规模不仅落后于发达国家，而且在“金砖五国”中也是最小的，仅为巴西的10%、南非的17%，五国总量的5%。

（2）从通航机场数量来看，2015年我国拥有通航机场407个，而美国拥有通航机场约2万个，是我国的50倍。

（3）从民航业两大分支的对比来看，美国的通用航空飞行量（约2400万飞行小时）超过了航空运输飞行量（约2000万飞行小时），我国目前通用航空飞行量（2016年为76.47万飞行小时）仅为航空运输飞行量（2016年为949.4万飞行小时）的8%。

（二）我国通航发展的问题

2017年，民航业深入贯彻党中央、国务院领导对民航工作的重要精神，围绕学习贯彻党的十九大精神这条主线，认真落实“一二三三四”新时期民航总体工作思路，使得通用航空稳步前行。这一年里，新增通航机场5个，新增通航企业56家、通用航空器2272架，完成通用航空生产飞行73.5万小时。

我国各通航企业规模不一，从事的作业项目也各不相同，呈现出各自为政的松散结构。从飞行作业项目的结构上看，我国通航运营项目还是以执照培训为主，而真正盈利较多的消费型应用领域还没有开发，有较大发展空间。

就企业规模而言，90%的企业属于中小型企业。这些通航企业大多处在通航产业价值链底端，产业结构不优，产业附加值低。多数企业采取粗放型经营模式，企业管理、文化建设、品牌经营等方面都比较落后。受到空域限制、禁飞条件制约以及飞行季节性强等因素的影响，飞行任务较少，难以支撑队伍建设，造成了专业技术人才流失、队伍不稳定的现象。

（三）目前通航事故的情况

随着通用航空的快速发展，国内通航事故时有发生，安全问题一直在敲响警钟。根据系统安全工程理念，可以努力减少事故，但不能完全避免。

据不完全统计，2014年，国内（不含港澳台地区，下同）发生6起通航事故，致7人死亡；2015年，国内发生12起通航事故，致18人死亡；2016年，国内发生23起通航事故，致26人死亡；2017年，国内发生33起通航事故，致8人死亡，每10万飞行小时致命事故率为0.54。安全事故频发，不仅造成通航市场难以做大，还会导致行业萎缩甚至夭折。美国通航致命事故率一直保持在一个相对稳定的数值，每10万飞行小时致命事故率稳定在1.1左右，年均致命飞行事故265起，年均死亡453人。因此，我们应该理性看待通航安全，避免仅仅因为发生了几起通航事故就过度恐慌。安全与发展是辩证统一的关系，我们应该正确对待。

二、安阳航空运动学校目前的运行情况和存在的问题

（一）目前的运行情况

安阳航空运动学校（以下简称“安阳航校”）创建于1955年6月，是国家体育总局直属的航空体育事业单位，是中国航空运输协会最大的综合性航空俱乐部和航空体育训练、比赛中心。常年承担国内外跳伞、滑翔、轻型飞机、直升机、热气球、动力伞、航空模型等项目的训练比赛、航空表演、飞行培训和普及航

空科学知识等任务。

安阳航校占地面积3178亩（约2.4平方千米），有两条1000米×60米的南北向水泥跑道，拥有独立使用的飞行空域，是目前国内外较大的航空训练、比赛基地。

安阳航校现有各类适航飞机、直升机、滑翔机共11个机型36架；教练员6名，其中高级教练员（高级职称）5名；飞行教练员16名；国家民航局授予的飞行技术检查委任代表4人；具有机务维修能力的人员38人，其中持民航维修执照的31人；此外，保障人员包括航油押运人员2名，航医1名，航材管理员1名。

安阳航校是中国民用航空局批准的民用航空器飞行驾驶执照培训单位，具有固定翼（C-172、Y5）机型私照培训资质，直升机（R22、R44）机型私、商照和教员照培训资质。

2017年全年安全飞行，共组织飞行350个场次，总飞行时间达4433小时32分钟。其中外训3364小时55分钟，内训637小时30分钟，通航作业431小时7分钟。

（二）存在的问题

随着我国体育全面、协调、持续地发展，我们面临着体育改革、体育强国建设、全民健康战略这样的新形势、新任务、新要求。要进一步适应发展方向和步伐，我认为安阳航校还存在以下问题。

1. 安全隐患问题

安阳航校一直把飞行安全视为头等大事，把飞行安全视为发展的生命线。因此，更应该找准、深挖隐患问题，解决隐患问题，并把隐患治理做成常态化工作。目前主要存在以下安全隐患问题。

（1）安全培训不够系统化，缺乏一定的主动性和前瞻性。

（2）个别制度落实不够到位。根据国际数据统计，80%的事故都源于人为因素，而人为因素中绝大多数是没有按照规章制度操作。安全制度是用来保护人不受意外伤害的，我们应该严格遵守。

（3）个别人员思想松懈。从安全人机系统学来说，人的生理特性决定了人是会疲劳的，无法365天每天都集中精神工作。飞行训练活动强度大，天气等不可控因素多，飞行路线重复性高，飞行人员思想上容易疲劳、放松，进而演变成更为严重的思想麻痹。这都是应该采取措施去控制的。

2. 内部问题

（1）机型多、任务杂。安阳航校拥有各类适航机型11种。每天经常是多种机型、多个任务同场同时进行，这要求安阳航校不仅要有更多技术过硬的飞行员，而且要有相匹配的专业维修人员和地面保障人员。这给安阳航校的保障工作也带来很大的难度。特别是一些老旧机型，容易出故障，更是给安全埋下了隐患。

（2）设备更新不及时。安阳航校从事航空体育运动起步早，很多设备都沿用至今。而随着航空科技的不断进步，各种多功能、高性能、高可靠性的新仪器、新装备层出不穷。这些新设备正在被新成立的通航单位使用，具有很好的安全性，且更为便捷，也获得了良好的口碑。

（3）人才队伍需要扩充。安阳航校可以承担多种航空体育运动，但是由于种种原因，目前业务主要集中在跳伞、轻型飞机和直升机培训上。随着体育改革浪潮的推进和航空体育的发展，必将开展其他的航空运动项目，并将其做大做强。这些都离不开相应的专业技术人才，需要采取一系列措施，健全激励机制和建立企事业文化，培养优秀的专业队伍。留住人才、发展人才，努力形成人人渴望成才、人人努力成才、人人皆可成才、人人尽展其才的良好局面。以人才来支撑运动项目，以人才来做强比赛，以人才来打造国际一流航空体育单位。

3. 外部环境问题

机场净空环境正受到破坏。安阳航校能够安全地发展多项航空体育项目需要空域和良好的净空环境。虽然空域主管部门给安阳航校划分了独立的空域，但是随着当地城市的发展，各种高楼大厦和信号塔林立，安阳航校的机场净空遭受一定程度的破坏。这不仅加大了航空体育训练飞行的难度，也在飞行中给飞行人员和运动员的人身安全造成了较大的影响。

三、“556”发展战略计划的内容及带来的安全问题

（一）“556”发展战略计划的内容

2017年7月26日，国家体育总局副局长赵勇来到安阳航校调研，围绕安阳航校怎样实现跨越发展提出了“556”发展战略计划。

（1）习近平总书记对体育事业知之深、爱之切，高度重视、亲切关怀。党的十八大以来，习近平总书记多次就体育工作发表重要讲话，做出重要指示和批示。集中起来就是五个战略，我们要牢牢把握。一是要牢牢把握体育强国梦与中华民族伟大复兴中国梦息息相关的战略定位。二是要牢牢把握体育要着眼于提高人民的健康水平和生活品质，实现人民对幸福生活追求的战略方针。三是要牢牢把握由体育大国迈向体育强国的战略目标。四是要牢牢把握群众体育和竞技体育全面协调发展、全民健身与全民健康深度融合的战略思路。五是要牢牢把握以改革创新为根本动力的战略举措。

（2）现在航空体育进入了一个黄金时代，要把安阳航校建

成国内一流、国际知名的航空运动学院，就要围绕体育强国的五大支柱，从五个方面做大做强。一是要做大做强竞技体育。要把航空运动的四个主流项目——跳伞、热气球、滑翔机、航空模型，再提高到一个新的水平。二是要做大做强群众体育。要适应群众要求，开展大规模的航空运动培训，并把这项任务摆在一个突出的位置。三是要做大做强体育产业。要把培训当产业来做，要建设航空运动小镇。四是要做大做强体育文化。习近平总书记在会见第31届奥运会中国体育代表团时指出，要在全社会广泛宣传我国体育健儿在奥运会赛场上展现的拼搏精神，使之转化为全党全国各族人民团结奋斗的强大精神力量。五是要做大做强体育外交。要在进一步做好竞技外交的同时，加强民间外交。

（3）安阳航校要承担更重要的任务，实现跨越式发展，首先要把基础建设搞好，完成好六个建设的任务。一是加强班子建设。把班子建设得年富力强，建设得坚强有力，要建成一个创新、廉洁、团结、干事的班子。二是加强队伍建设。队伍是关键，核心是飞行员队伍、教练员队伍和保障队伍，三支队伍都要强，特别是教练员队伍。三是加强学科建设。学院既要有学历教育，又要有职业技术培训，以多种方式把学科建设做好。四是加强校园建设。安阳航校要找新的空间才能有更大发展。五是加强安全建设。飞行安全是头等大事，要确保“五个到位”。六是加强党风廉政建设。党风廉政建设永远在路上，要筑牢信仰之基、补足精神之钙、把稳思想之舵，这是党建的基础。

（二）“556”发展战略计划带来的安全问题

1. 发展与安全的关系

根据赵勇副局长提出的“556”发展战略计划，安阳航校将会在竞技体育、群众体育、体育产业、体育文化、体育外交五个方面做大做强，建设航空运动小镇，建成国内一流、国际知名的航空运动学院。这样的跨越式发展不仅考验着人才、技术、管理等资源、能力，更是对安全保障能力的一大考验。

习近平总书记曾作出过重要指示："发展绝不能以牺牲人的生命为代价。"民航局前局长李家祥也曾表示："抢市场、抓效益，不能以牺牲安全裕度为代价。"安全与效益并不是对立的，而是相辅相成的。安全为效益最大化奠定了基础，效益又为安全投入提供了物质支撑。要有大的发展，就必须有更高的安全性与之匹配。

2. 发展带来的安全问题

（1）设备设施落后。建设航空运动学院，首先要从硬件抓起。安阳航校的安全设施设备均是按照预算规划，一步步、一年年，才有了今天的规模。目前安阳航校仍存在办公楼建成年久变成危楼、消防设施老旧不满足现行标准规范、管网不够系统、缺少先进的辅助飞行设备和安全飞行装置等问题。待到建成新的航空运动院校，一定会需要大量配套的、先进的、符合最新国家标准和行业标准的安全设施设备。

（2）知识结构的冲击。建设航空运动学院，除了需要硬件的支撑，还需要学科建设的支撑。一个一流的院校离不开若干个一流的学科。航空运动的相关学科，特别是航空运动安全的相关学科在国内基本空白，缺少参考对象，需要我们开辟道路去探索，而学科建设必须有相关专家来支撑。目前来看，笔者认为，可以把航空运动安全设定为航空科学、运动科学、安全系统工程等专业的交叉学科，并进行试点研究，从而开创出一门新的专业学科。除了学科建设，航空运动学院的建设不同于一般的大学，必然还会带来更加复杂和多元化的职能结构。航空体育项目的安全管理大多依赖教练员的经验，专职的安全管理人员对相关知识的认知十分欠缺。知识结构如不提前更新，将很难满足学校升级成学院的需要。

（3）人才储备紧张。安阳航校现在是一个多功能的航空训练、比赛基地，现有技术、保障、管理等人员共计126人。从人力资源配置角度看，在保障安阳航校现在的稳步前行上都捉襟见肘，那么建设更大的院校呢？一定会暴露人才不充足的问题。从安全角度出发，主要需要安全保卫人员、安全技术人员、安全管理人员、安全监督人员等。

四、安阳航校安全运行的对策、建议

党的十九大指出，经过长期努力，中国特色社会主义进入了新时代，这是承前启后、继往开来、在新的历史条件下继续夺取中国特色社会主义伟大胜利的时代。

在新时代下的现代体育也进入了一个黄金时代。一是以习近平同志为核心的党中央对体育事业的关心、重视和支持前所未有。二是人民群众对体育的需求前所未有。人民群众对健身和健康的追求，实际上是对幸福生活的追求。三是社会力量、社会资源投入体育的热情前所未有。现在，这么多的社会资本进入体育行业，搞国家俱乐部、搞赛事、搞产业，这是过去从来没有过的。

同时，我国民航进一步解放思想，全面推动通航安全发展。在“放管结合，以放为主”的发展思路下，建立独立的通航规章标准体系，创立包容的通航行业监管模式，创造便利的通航运营环境，简化飞行计划审批报备程序。

在这种背景下，航空运动也越来越显现它的独特魅力，安阳航校也要更好地发挥在体育强国建设中的重要作用。安全是健康发展的重要基础，也是运行的一道生命线。笔者结合自身16年的飞行经历和多年的安全管理经验，认为应该从以下6个方面来促进安阳航校的持续健康发展。

（一）持续更新安全理念

全面贯彻党的十九大精神，深入学习贯彻习近平总书记系列重要讲话精神，认真落实党中央、国务院决策部署，紧紧围绕统筹推进“五位一体”总体布局和协调推进“四个全面”战略布局，树立安全发展理念，遵循安全生产客观规律，理性看待通航安全。

（二）夯实安全基础，强化安全意识

要夯实安全基础，不断强化安全意识。把“安全隐患零容忍”落实到安全制度和日常工作之中，增强预判安全运行态势的能力；不断提高安全风险防控水平，紧跟形势加快推进安全绩效管理及民航应急管理和信息处置平台的使用；不断提高“三基”建设水平，实现“抓基层、打基础、苦练基本功”常态化、机制化。

（三）构建安全责任体系

建立健全“党政同责，一岗双责，齐抓共管，失职追责”的安全责任体系。落实单位的安全主体责任、主要负责人的领导责任、安全管理人员的主要责任、专业技术人员的直接责任和保障人员的间接责任。不仅把责任体系建立起来，而且要避免责任停留在文件上，要对相关人员进行教育培训考核，使相关人员更加明确自己的安全职责、安全权利、安全义务，进而在工作中用心里自然形成的准绳来规范自己的行为及操作，从思想源头上消除部分安全隐患。

（四）依法依规指引和管理安全工作

《安全生产法》《航空安全信息管理规定》等相关法律规范都有了较大的修订，这说明法治社会在有力推进、经济社会在

发展。这需要在新的安全生产法律规范解读上下足功夫，利用公众互动交流信息平台，进一步健全普法宣传教育机制。用法律法规、规章制度来引导安全工作，把握安全工作的方向，切实保护好每一位工作人员的安全利益。

（五）建立健全安全培训体系

一直以来，安阳航校的安全培训都处于被动模式，且零星分散，形式单一，效果有限。一方面，表现在接受过安全培训的人，如不再次接受复训，知识很难得到巩固。而且强制性培训又大多把重点放在表面上，培训效果则主要表现在强化思想上，深层次的个人影响力及周围辐射力有限。另一方面，表现在没有机会接受安全培训的人，自身的安全意识、安全知识、安全技能大多依靠外界宣传和经验常识。安全工作的发展趋势是人人都有安全责任，人人都懂安全，人人都要安全。那么构建一个有框架、有内容、全覆盖、重效果的安全培训体系是很有必要的。应该建立安全培训体系，落实安全培训体系，改进安全培训体系，进而提升全员的安全素质。

（六）加强队伍建设，抓好资质和能力

安阳航校的运行和发展，离不开人才和队伍，而队伍的核心是飞行员队伍、教练员队伍和保障队伍。这些通用航空专业人才与安全最直接相关。人的因素是航空安全的根本因素，而思想教育又是影响人的因素的重要环节，一定要把队伍的思想统一起来，引领好这三支关键队伍，才能形成巨大合力。抓飞行安全，关键是抓资质和能力，而且要常抓不懈。从日常管理入手，严格落实飞行过程的“四个阶段”，进一步提升飞行人员的遵章守纪意识，保持优良的飞行作风。同时要注重仪表飞行、夜间飞行、特情训练三个技能的训练与检查，切实提高飞行员处理意外情况

的保命能力。还要突出抓好关键岗位、重点环节和具体流程的管控工作，高度重视“表演类”“体验类”通航飞行的运行组织和风险管控工作。

打铁必须自身硬。做好安阳航校的航空安全工作，必须在“556”发展战略计划的基础上，在动力和环境等方面下苦功、打硬仗，在坚持不懈中谋求新作为，在持续努力中呈现新气象。要持之以恒地加强安全科技创新工作，不断推进“556”发展战略计划，提高安全保障能力和管理能力，锐意进取，埋头苦干，为推进“556”发展战略计划、实现跨越式发展和航空体育强国梦继续奋斗！

参考文献

[1] 习近平.决胜全面建成小康社会　夺取新时代中国特色社会主义伟大胜利[M].北京：人民出版社，2017.

人民体育出版社发展对策研究

中国体育报业总社　吴永芳

摘要：本文运用在党校学习掌握的理论和方法，使用文献资料法、调查法、SWOT分析法等研究方法，对中小型专业出版社——人民体育出版社的发展现状、存在问题、面临的机遇与挑战等从主观、客观两方面进行分析和研究，并提出建设性的系统破解出版社发展难题的对策和建议，以更好地指导体育图书出版工作实践。

关键词：SWOT分析法；体育出版；专业出版社；对策建议

作为目前国内唯一的国家级体育专业图书出版单位，有着60多年历史的人民体育出版社在发展中面临诸多挑战，有来自其他竞争主体的影响，有来自新媒体技术对传统出版的影响，也有来自内部的如人才、经营管理等各方面因素的影响，其发展面临着底子薄、积累少、缺乏发展动力，市场化程度低、事业化管理模式影响深远、观念转变困难及人员结构复杂、负担重等诸多困难，自身发展遭遇瓶颈。如何破解发展中遇到的难题，重新认识体育出版的社会责任、功能和定位，充分发挥体育出版的独特作用，是人民体育出版社发展亟待解决的问题。

一、人民体育出版社发展战略的SWOT分析

（一）优势

1. 悠久的历史，专注于体育图书的出版

人民体育出版社于1954年1月1日成立，是中华人民共和国成立后的第一家体育专业出版社，也是中华人民共和国成立后的第十五家出版单位。同人民文学出版社、人民邮电出版社、人民美术出版社、人民音乐出版社、人民卫生出版社等九家“人字头”出版社一起，定位为专业出版社。60多年来，一直专注于体育图书的出版。

2. 拥有优良的传统

人民体育出版社始终坚持质量立社的理念，始终坚持质量第一的原则，坚持有所为有所不为，坚持对作者负责、对读者负责的态度，严格遵循三审三校的图书质量管理流程，确保出版高质量的图书，赢得了广泛的尊重和认可。

3. 拥有一支专业的编辑队伍

编辑队伍向年轻化、高学历方向发展，老、中、青结合，立足于培养专业性和专家型相结合的编辑队伍。专业分工明确，有专职的足球、篮球、排球、乒乓球、羽毛球、网球、高尔夫球等球类编辑，有专职的围棋、象棋、国际象棋、桥牌等棋牌编辑，有运动医学、运动康复伤病防治、健身方法指导等方面的编辑，还有体育人文方向的编辑等。

4. 自身资源丰富

（1）作为国家体育总局（以下简称“总局”）的直属单位，人民体育出版社多年来服务总局各项工作，从政策解读、法律法规宣布、课题成果汇编，到奥运公关项目成果出版、引进国外先进训练理论与方法、提供大众科学健身指导、弘扬体育文

化、培养体育专业人才，一直与总局机关及其下属各中心、协会、体育院校、各地体育局、省市级科研所联系紧密。这是人民体育出版社多年积累下来的一项令无数企业艳羡的资源。

（2）拥有庞大的读者群体，人民体育出版社在武术、棋牌、运动技术及体育专业系列教材的出版方面占据独特优势，拥有大量忠实的读者。

（3）隶属于中国体育报业总社，中国体育报业总社下属31个部门，集书、报、刊、新媒体中心、中国奥委会官方网站、北京中体视讯文化传媒有限公司（以下简称“中体视讯”）于一体，除了传统出版，更拥有新媒体融合发展的平台和渠道，从专业领域到市场化运作管理，分工协作，有效配置各项资源。

（4）成立60多年来，共出版图书8000多种，占体育类图书总量的1/3，为后续数字化出版积累了大量的内容资源。

（二）劣势

人民体育出版社同其他中小型专业出版社一样，面临着诸多困难，主要表现如下。

1. 规模小，缺乏发展的动力

人民体育出版社属于中小型专业出版社，总体体量小，每年出版图书品种仅200余种；编辑队伍仅20多人，加上出版、发行、设计、校对人员共计40多人。图书生产规模小，人员规模小，使出版社日常的生产安排和计划只能按照惯性发展，没有更多的精力和人力去开拓新的出版领域。

2. 非法人主体地位

历史上人民体育出版社经历了多次分分合合，致使其成为国内目前仅有的两家非法人主体地位的出版单位之一，在对外合作、投标等实际经营实践中，受到众多因素掣肘。

3. 市场化程度低

教材是专业出版社的一项特有的资源，约占发行总量的50%，主要面向体育专业院校和一些综合院校的体育院系，故其发行渠道相对固定。加上一些面向总局、各中心、各地方体育局的政策类图书，主要服务于体育工作，故真正走向市场的图书品种和数量有限，虽然人民体育出版社一直是事业单位企业化管理，在2012年完成了转企改制的工作，但是实质上，仍未真正走向市场，市场化程度较低。

4. 事业化管理模式影响深远，观念转变困难

转企改制，更多地表现为形式上的完成，撤销了事业法人的执照，全体员工加入社保，但是集团内部受事业化管理模式影响仍然很大，各部门、各个媒体之间尚未形成合力，资源未被充分整合，“等、靠、要”“不患寡而患不均”等思想仍较为严重。

管理上存在经验管理、惯性思维、缺少规划，内部制度体系不健全，人才培养跟不上，企业文化建设滞后等诸多问题。

5. 人员结构复杂、负担重

集团内部现有员工400人，退休员工约450人，几乎是1∶1的比例，其中5年过渡期的员工有130多名，故虽然在职员工集体加入社保，但是在相当长的一段时间内每年仍然要支付一笔费用补足退休金，无形中增加了各部门的经营压力。

（三）机遇

1. 体育新功能、新定位

习近平总书记关于体育工作的系列讲话，对新时期体育工作的功能、定位有了新的要求。党中央、国务院把体育事业看作中华民族伟大复兴的标志性事业，把体育产业作为推动经济转型升级的重要力量。体育出版因其在传承文化、传播知识方面的突出作用，将承担更多责任，如为老百姓提供科学健身指导、传播体育文化、诠释中华体育精神等。

2. 政策利好

从体育业内大家熟悉的《关于加快发展体育产业促进体育消费的若干意见》开始，到足球改革，再到《全民健身计划纲要（2016—2020年）》《“健康中国2030”规划纲要》的发布，无不昭示着体育是拉动国民经济发展的朝阳产业，为体育各项工作的发展带来了政策利好。

在国家实施“一带一路”国家战略、全民健身战略、全民阅读战略的过程中，国家相应的如丝路书香、经典中国、国家出版基金、主题出版等出版工程项目，对体育图书出版行业的发展起到了战略性引领作用。

3. 体育健身需求持续增长

近年来，体育的热度持续高涨。“花钱买健康”“请人吃饭不如请人流汗”的理念深入人心。预计到2020年，全国经常参加体育锻炼的人口将达到4.35亿。在这一市场预期下，对科学健身相关知识的需求迅速增长。尽管各种指导健身的小文章、小视频不断在各类媒体和微信平台中流行转发，但是其缺乏系统性、完整性而常常各说各话，甚至自相矛盾，人们迫切需要真正专业、权威的指导，这无疑给科学健身类图书的出版带来了新的机遇。

4. 新媒体技术发展为传统出版插上翅膀

人民体育出版社于2014年获得财政部1000万元的出版社数字出版转型升级项目资助，开发的“全民科学健身指导”平台项目已经通过项目验收，正处于商务开发运营阶段。利用项目经费，完成了人民体育出版社成立以来内容资源的整理，同时拍摄了大量运动技术和运动损伤防治的视频，为人民体育出版社未来传统出版与新媒体技术的融合发展奠定了坚实的基础。

（四）威胁

1. 竞争主体剧增

体育热潮席卷全国，在体育出版行业，北京科技出版社通过对传统武术的挖掘整理进入武术图书出版领域，人民邮电出版社、科学出版社、机械工业出版社纷纷成立或正在筹建体育分社，力图在体育图书出版领域分得一杯羹，其他500多家出版社也有出版生活类和健身类体育图书。

2. 竞争环境发生重大变化

占收入50%的教材出版面临危机。由于各个学校教材的选用自主性加大，而且很多学校鼓励使用校本教材；学校取消统一订购教材，其他出版社和文化公司渗透体育专业教材出版领域等，人民体育出版社教材发行受到巨大冲击，出现教材品种增加但总体发行量下降的趋势。

3. 新媒体技术影响日益凸显

人民体育出版社发展面临两难的境遇。一方面，传统出版受到新技术发展的影响显而易见，人民体育出版社在做好传统出版的同时不能忽视新技术的影响；另一方面，新媒体技术与传统出版的融合，需要平台、技术、资金、人员的大量投入，由此带来的收益存在诸多不确定因素，盈利遥遥无期，人民体育出版社如何背负或寻找途径分担相关费用，成为一个必须解决的难题。

4. 成本持续上升

（1）人工成本上升。转企改制后，人民体育出版社全员加入社保，五险和企业年金的支出使人员成本大幅度上升。

（2）生产成本上升。2016年10月后，纸张价格直线上升，给人民体育出版社带来巨大影响。

二、人民体育出版社发展的对策建议

（一）明确核心竞争力，重新定位

高水平的作者队伍和专业的体育图书编辑队伍，以及长期以来在专业领域形成的品牌影响力是人民体育出版社的核心竞争力。

正视人民体育出版社的发展现状，认真分析、理性思考，客观审视发展面临的外部环境，根据人员结构、出版结构情况，重新定位，提倡“专而美”的出版定位，“专”是指体育专业，“美”是指图书出版的品质，无论是内容、形式，还是载体、渠道，均充分发挥人民体育出版社在体育专业出版领域的优势。

（二）开门办社，走社会化发展之路

利用社会力量，扩大生产，缩短生产周期，提高生产效率。在出版行业分工极为细致的今天，在排版、设计、校对等生产环节均可开展队伍合作。

开展多种形式的对外合作。充分利用文化公司经营灵活、效率高、视角独特的特点，及其在相关领域的经验、资源优势，展开出版项目的合作，确保质量，提高产量，丰富出版品种。

以图书为载体，充分利用各项资源和新媒体技术，通过商务合作，探索新的收入来源。

（三）传统出版与新媒体融合发展

借助新媒体技术，实现内容的复制和传播，培育出版社新的利润增长点。继续开展与中体视讯合作的中国移动手机阅读基地项目，提供相关产品和服务，并跟踪调研、分析、思考新媒体技术对传统出版的影响，从选题策划就开始逐步调整出版形式、内

容角度的选择、写法、展现方式等。

（四）优化产品结构

通过把好选题论证关，逐步优化产品结构。

鼓励引进外版书。制定“外版书引进规划”，对目前国内基础研究薄弱、作者整体水平较弱的运动医学、体能康复、体能训练、冰雪运动普及等图书给予重点关注。

鼓励编辑深入开展市场调研工作。充分的市场调研是做好选题策划的基础。

政策引导，鼓励编辑策划优秀本版书。针对个别编辑注意力集中于资助出版图书的现象，可以通过出台奖励政策、经常性内部学习交流制度，并通过提供参加学术交流、论坛的机会，鼓励先进，引导编辑做好本版书的选题策划。

（五）加强管理，持续改进

（1）加强组织管理和决策管理。制定《编委会工作职责》，实行编委会例会制度，明确编委的分工，各负其责，抓整改落实。

（2）加强选题管理。强化选题论证的科学性，严格遵照执行“选题三级论证制度”，科学制订年度选题计划和月生产计划。

（3）加强流程管理。引进图书编务管理系统，整合发行管理模块、出版管理模块，整体提升图书生产流程管理水平。

（4）加强成本管理。科学选择印刷厂、纸张，制定工价标准，在保证质量的前提下，有效控制成本。

（5）加强生产情况的统计分析。注重发稿量、本版书、选题、造货量、发货量、回款实洋、用纸量等指标的统计，定期召开经济分析会，客观分析人民体育出版社的实际创利能力、生产能力、产品结构，根据数据分析做决策。

三、结语

新时期，人民体育出版社以“讲好中国故事，传播体育文化”为己任，全力打造传统出版、数字出版、新媒体融合发展的全媒体出版平台，成为体育图书的出版者，体育知识、体育文化、体育思想的传播者，健康生活方式的倡导者，以及有社会责任感、历史使命感的体育文化产品创造者。为体育大国迈向体育强国，承担起体育出版应负的责任。

参考文献

[1] 谢爱友.专业出版社发展战略的几点思考——以湖南美术出版社为例[J].中国出版，2015（19）：55–57.

[2] 吴永芳.中小型专业出版社发展困境的探究[J].现代商业，2014（17）：48–49.

[3] 阮丹生.专业类出版社发展与转型的思考[J].出版发行研究，2013（3）：36–38.

[4] 李龙传.论出版社发展的几个支撑要素[J].中国传媒科技，2012（16）：157–158.

[5] 卢俊林.广西师范大学出版社发展研究[D].南宁：广西民族大学，2012.

我国体育行业技能人员职业资格制度改革研究

国家体育总局人力资源开发中心　魏　来

摘要： 当前，我国的职业资格证书制度正处于由集中清理规范向科学合理、健康有序发展转变的关键时期。体育行业技能人员职业资格管理改革，不仅要遵照国家职业资格管理改革的总体要求和部署，解决职业资格制度自身存在的突出问题，也要解决适应体育事业发展新形势、新任务、新要求所面临的创新发展问题。体育行业技能人员职业资格管理改革与国家的职业资格证书制度规制程度、体育行业职业发展程度和水平、行业专业教育供给水平、市场需求水平和行业组织发育程度等密切相关，体育行业技能人员评价方式应以职业目录清单和职业判定为基础，建立多元的评价体系和评价方式。

关键词： 体育行业；技能人员；职业资格；管理改革

我国职业资格证书制度包括技能人员职业资格证书制度与专业技术人员职业资格证书制度两大体系。现行体育行业技能人员职业资格制度是国务院体育行政部门依据技能人员国家职业资格证书制度的总体要求，在国务院人力资源和社会保障部门的指导下，按照国家相关法律、法规、制度建立并推行的行业技能人才评价制度和工作体系。

经由原劳动和社会保障部批准，国家体育总局于2004年6月成立了职业技能鉴定指导中心，在体育行业推行国家职业资格证书制度，在全国范围内开展体育行业特有职业的职业技能鉴定工作。十余年来，共计28万余人次取得职业资格证书，为推动全民健身、促进体育产业发展提供了重要的人才支撑和基础保障。

2013年3月，党的十八届二中全会和十二届全国人大一次会议审议通过了《国务院机构改革和职能转变方案》。该方案提出了“减少资质资格许可和认定”的改革要求，由此拉开了职业资格管理改革的大幕。

自2014年，国务院先后分7批取消了434项国务院部门设置的职业资格许可和认定事项。体育行业四类技能人员职业资格：社会体育指导员、游泳救生员、体育经纪人和体育场馆管理员，虽无一被取消，但体育经纪人和体育场馆管理员并未被列入公示的职业资格目录清单。根据《人力资源和社会保障部关于印发进一步减少和规范职业资格许可和认定事项改革方案的通知》（以下简称《职业资格改革方案》），“实施国家职业资格目录清单管理……清单之外一律不得许可和认定职业资格，清单之内除准入类职业资格外一律不得与就业创业挂钩”“做好职业资格制度与技能人才职业技能等级认定政策的衔接”等内容要求，顺利推进体育行业职业资格管理改革，制定体育行业技能人员评价框架体系，是行业部门面临的现实而紧迫的课题。

体育行业技能人员职业资格管理改革，不仅要遵照国家职业资格管理改革的总体要求和制度设计，解决目前职业资格制度自身存在的突出问题，也要解决适应体育事业发展新形势、新任务、新要求所面临的创新发展问题。

体育行业技能人员职业资格管理改革的背景、困境、动力、可能的选择及路径是体育行业技能人员职业资格管理部门进行新的框架体系构建亟需回答的理论与实践问题。同时，在国家职业资格证书制度由集中清理规范向科学合理、健康有序发展转变的关键时期，体育行业的实践探索，也将为国家职业资格管理整体制度设计提供行业参考。

一、体育行业技能人员职业资格制度发展历程及主要经验

（一）发展历程

对过往发展历程进行回顾，分析经验与不足，由此形成基本的判断，是分析研究体育行业职业资格管理改革问题的重要起点。

经久的时间是一项制度能够定型不可或缺的重要因素。现代职业资格证书制度在发达国家已有上百年的发展历史。我国技能人员职业资格制度从1994年确立至今，经历了二十几年的发展，而体育行业技能人员职业技能鉴定工作，只有十余年发展历史，整体上还处于发展的初期。但为了厘清这十年的发展脉络，更好地进行总结，为后续研究提供一个思考的角度，本文将这十余年划分为以下三个阶段。

1. 初创阶段（2004—2008年）

技能人员职业资格证书制度是随着社会主义市场经济体制建立而形成和发展起来的。1994年的《中华人民共和国劳动法》（以下简称《劳动法》）第六十九条规定："国家确定职业分类，对规定的职业制定职业技能标准，实行职业资格证书制度。"首次确立了职业资格证书制度的法律地位，从法律的层面确立了我国职业资格证书制度的合法性和有效性。

1999年颁布的第一部《中华人民共和国职业分类大典》中，首次将社会体育指导员、体育场地工作为正式职业列入国家职业

分类大典，这是体育行业最先进入职业大典的职业类别。由人事部门开展的场地工考核定级和晋级及社会体育指导员技术等级制度等，可以看作是体育行业技能人员职业资格制度的早期形态。

为适应新形势下体育事业发展的需要，经由原劳动和社会保障部批准，国家体育总局于2004年6月成立了职业技能鉴定指导中心，在体育行业推行国家职业资格证书制度，在全国范围内开展体育行业特有职业的职业技能鉴定工作，并将国家体育总局职业技能鉴定指导中心的办事机构设立在国家体育总局人力资源开发中心。至此，体育行业职业资格制度开始进入规范化发展的阶段。

2004年至2008年，体育职业技能鉴定工作完成了顶层设计和系列制度建设，搭建了工作框架，建立了组织实施体系，形成了运转有序的工作机制，为此后技能人员职业资格制度的快速发展奠定了坚实的基础。

首先，完成了一系列的制度建设。陆续出台了一系列相关法规和政策，包括《体育行业特有工种职业技能鉴定实施规程（试行）》《体育行业特有工种职业资格证书管理办法》《体育行业特有工种职业技能鉴定考评人员管理办法》。国家体育总局先后两次召开以运动员保障和体育职业技能鉴定工作为内容的全国性会议，推动工作的开展。

其次，形成了基本的工作机制和工作体系。在工作层面上，国家体育总局确立了由相关职能部门共同组成的职业技能鉴定工作联席会议制度；成立了体育行业职业技能鉴定专家指导委员会；建立各省、自治区、直辖市体育行业职业技能鉴定站。在体育行业职业鉴定行政管理系统基本建立的基础上，国家体育总局职业技能鉴定中心加快了全国各省、自治区、直辖市职业技能鉴定站的建设工作，逐步完善职业技能鉴定的组织实施与实际动作系统（图1）。

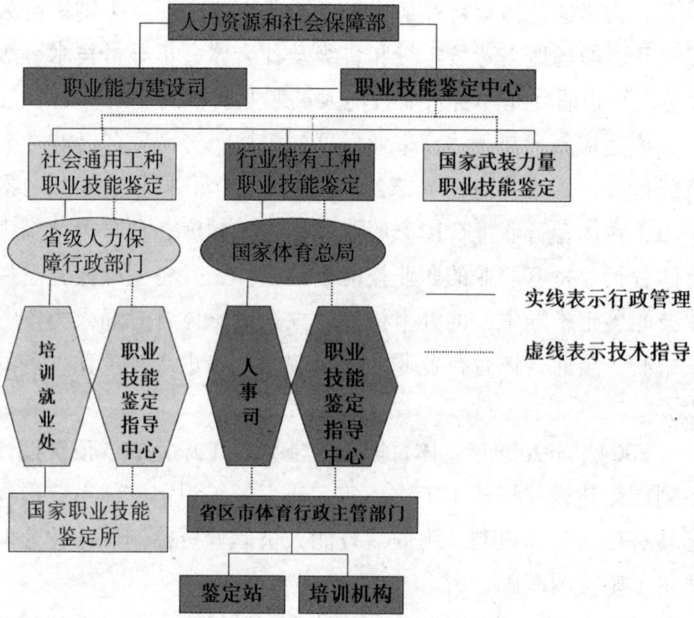

图1　职业技能鉴定组织实施体系

2005年11月，全国第一家体育行业职业技能鉴定站在广东成立。随后，北京、河北、黑龙江、上海、浙江、陕西等省、直辖市陆续成立鉴定站。2006年3月，首批社会体育指导员职业技能鉴定在滑雪项目中开展，体育行业职业技能鉴定工作正式启动。此后，28个省、自治区、直辖市建立了鉴定机构。

最后，技术支撑体系建设成绩显著。2001年、2006年分别发布了社会体育指导员、体育场地工职业标准，2007年完成游泳救生员新职业申报，2008年完成体育经纪人新职业申报，奠定了体育职业技能鉴定四个特有职业的基础。这一时期累计获证人员规模为9132人次。

2. 持续发展阶段（2009—2016年）

首先，法律法规制度的重大推进，特别是准入类职业资格的确立，为体育行业技能人员职业制度推行提供了强大的支撑。

2009年，国务院颁布了《全民健身条例》，第三十一条规定："国家对以健身指导为职业的社会体育指导人员实行职业资格证书制度。以对高危险性体育项目进行健身指导为职业的社会体育指导人员，应当依照国家有关规定取得职业资格证书。"

2013年，国家体育总局等五部委联合公布了《第一批高危险性体育项目目录公告》，确定游泳、滑雪、攀岩、潜水进入第一批高危险性体育项目目录。2013年2月，国家体育总局发布《经营高危险性体育项目许可管理办法》，进一步加快并规范了高危险性体育项目社会体育指导员的职业技能鉴定工作。

2013年之后，随着高危项目指导和救助人员职业资格许可制度的实施，这些职业相应的鉴定规模也在持续快速增长。以游泳救生员和滑雪指导员为例，可以清晰地看到这个变化趋势（图2、图3）。

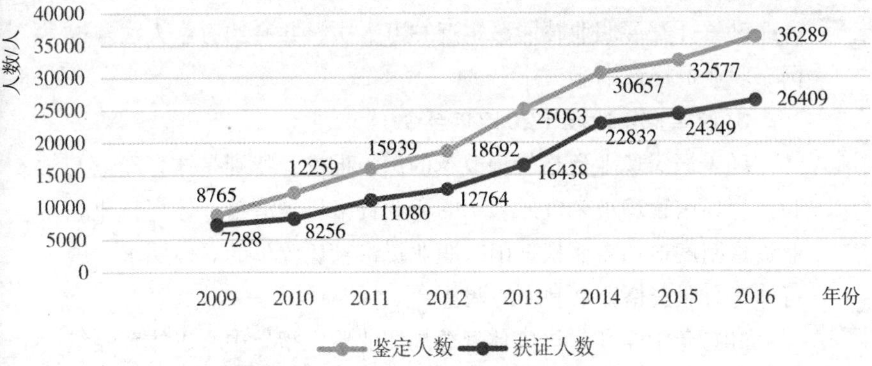

图2　2009—2016年游泳救生员全国鉴定人数、获证人数

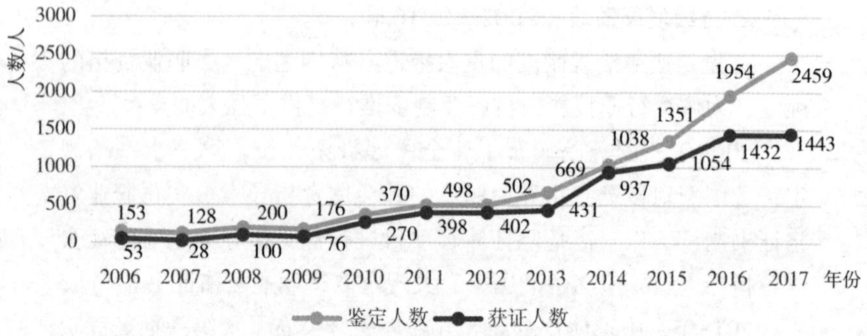

图3　2006—2017年滑雪指导员鉴定人数、获证人数

其次，体育职业技能鉴定工作的技术支撑体系、组织实施体系、专业人才队伍体系建设等都得以快速推进，为体育职业鉴定工作的开展提供了坚实的保障和支撑。

体育职业技能鉴定工作历经10余年发展，全国已培养各特有职业考评员2016名，培训教师1190名，质量督导员41名。成立体育行业职业技能鉴定专家指导委员会，游泳救生专业委员会，健身教练、潜水指导员、羽毛球指导员专业委员会；全国已形成一支相对稳定的职业技能鉴定管理人员队伍。截至2016年底，体育行业已累计开展职业技能鉴定近33万人次，共有24万余人次获得国家职业资格证书。

3. 改革探索阶段（2017年至今）

随着国家职业资格管理改革的深入推进，特别是体育经纪人和体育场馆管理员未进入公示的职业资格目录清单，体育行业职业资格制度迫切需要根据国家职业资格管理改革的总体要求，进行体育行业资格证书制度的调整。

2017年上半年，国家体育总局职业鉴定指导中心以体育经纪人和体育经理人等级培训为试点，尝试探索行业等级评价的可行性与模式。

（二）主要成效及问题

回顾体育行业职业技能鉴定工作进程，有以下成效及问题。

1. 主要成效

一是建立了适应体育事业发展需要的技能人才评价工作体系。10余年来，体育行业已逐步构建了以职业技能鉴定为主要依托的体育技能人才评价工作体系。

二是培养了一大批服务于体育事业发展的体育技能人才队伍。10余年来，体育行业职业技能鉴定培养了一大批掌握职业技能的高素质体育市场从业人员和社会体育工作者，截止到2016年10月底，这一群体的总人数已超24万人。他们中有服务于体育市场一线的社会体育指导、救助人员，有保障竞技体育和群众体育活动正常开展的体育场馆管理员，也有在体育产业中促进资源深度融合的体育经纪人，他们在各自的岗位上，以标准化、规范化、专业化的职业技能服务于体育事业发展。

三是促进了体育健身消费市场的规范有序发展。开展体育职业技能鉴定，有效提升了体育市场从业人员的职业素质和职业能力，为推动全民健身活动广泛开展、推进科学健身指导服务提质增效、满足群众多元健身需求提供了坚实的人力资源基础。国家体育总局对社会体育指导员职业的调研显示，以2016年为例，有9.29万人获得社会体育指导员国家职业资格证书（不包括健身教练），按照此次调研数据推算，当年约为2093万名学员传授了运动技能，提供了健身指导，每年可带动约616亿美元的直接体育健身消费。

四是为退役运动员就业、创业开辟了新途径。体育行业职业技能鉴定工作始终在为推动运动员的职业培训、提高他们的职业素质、增强他们适应社会和融入社会的能力而努力。目前，已经有一大批经过体育行业职业技能鉴定培训成功实现职业转型的优秀运动员，他们活跃在体育服务市场一线，用规范的职业标准和专业的职业能力，为全民健身提供科学的指导和服务。

五是为技能人才成长提供了通道。自2012年起，陆续在全国范围内组织开展了不同职业的职业技能竞赛活动，共计选拔培养了12名“全国技术能手”，产生了38名“省级‘五一’劳动奖章”“省级技术标兵”等相关荣誉获得者，以及4名“全国‘五一’劳动奖章”获得者。通过组织开展体育职业技能竞赛，选拔培养了人才，整体提升了从业人员技能水平，促进了全民健身公共服务体系专业化建设。

2. 突出问题

一是鉴定能力与市场需求之间的矛盾日益凸显。随着环境的变化，原先制度产生的不均衡开始逐步显现，突出表现在鉴定机构鉴定能力不能满足市场对技能人员职业资格的需求。

二是高危项目鉴定保障机制问题。依法开展体育职业技能鉴定工作，落实职业资格准入制度，是保障群众从事高危险性体育项目健身活动安全的重要前提和条件。但是，高危险性体育项目从业人员职业技能鉴定现状不能满足行政许可工作要求，有关体育行业职业技能鉴定的各项规定不能适应实践中出现的一些新情况、新问题，亟须通过系统性调整和改革加以规范。

三是培训基地管理模式亟需调整。随着鉴定规模的不断扩大，培训市场也在不断扩大，由此引发了虚假宣传、恶意竞争等问题，对国家职业资格证书造成了不良的影响，严重影响了正常的工作秩序。由于政府行政审批事项收紧，部分省市不再审批培训基地，对现有的管理体制也造成了一定的冲击。当务之急是要在国家大的政策框架下，探索出一种既能充分发挥市场作用，又能实现有效管理、维护市场秩序的新型培训机构管理模式。

四是与单项协会形成的工作机制需要重新设计。近些年来，越来越多的单项协会愿意主动了解职业资格体系，单项协会越来越多地参与体育职业技能鉴定工作的组织实施。将单项协会在运动项目方面的技术优势和体育职业技能鉴定指导中心在人才培养方面的优势相结合，通过体育职业技能鉴定工作提高运动项目人才培养的规范性，形成合力，实现共赢。

（三）为后续改革提供的基本经验

首先，体育市场和产业的需求为体育行业职业技能鉴定工作提供了强大的内生动力。从文献研究看，职业资格认证是提高质量还是限制竞争，是专业主导还是国家干预，这些问题是长期争论的话题。但所有这些并没有影响世界各国通过职业资格证书制度对特定的职业进行规范，以达到提高专业服务质量、优化人力资源配置和保障消费者利益等目的。

从我国体育行业实行职业资格证书制度10余年来的实践探索看，职业资格制度极大地促进了技能人才队伍的建设，也促进了运动项目的推广和产业的发展。目前，我国的职业资格制度还处于初创期，职业资格证书无论在数量上还是质量上都有巨大的发展空间（图4）。

其次，先期制度设计的系统性、完备性和行政推动力，为后续发展奠定了坚实的基础。10余年来，体育行业已逐步构建了以职业技能鉴定为主要依托的体育技能人才评价工作体系，大力推动了体育技能人才队伍的建设和发展。在当前的体育行业职业资格改革中，整体设计和系统规划，加强改革的协同性与全局性是今后体育行业技能人员职业资格制度的重要保障。

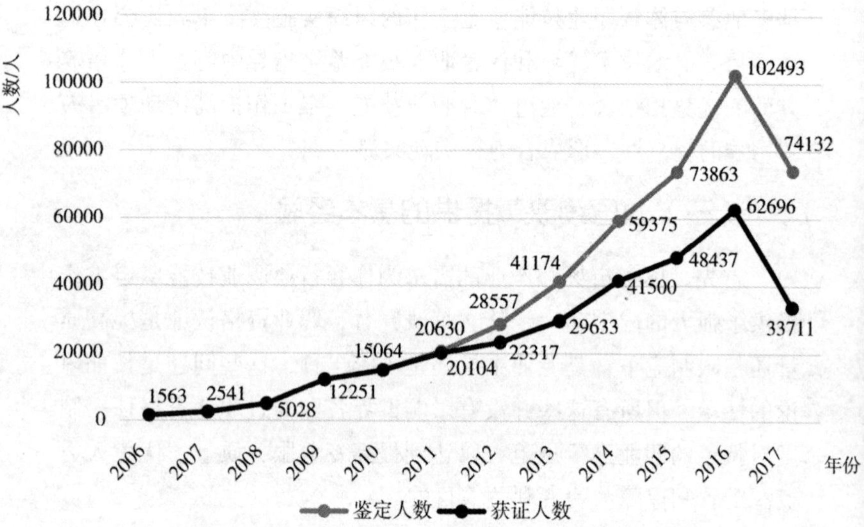

图4 2006—2017年全国鉴定人数、获证人数

最后，凡是推行得好的职业资格，如健身教练、游泳救生员等，都有一个共同特征，那就是其职业技能标准与岗位的实际需要高度贴合；从工作现场的实际出发，制定真正符合岗位要求的能力标准是技能人员职业资格制度的核心和基础。

二、体育行业技能人员职业资格管理改革与框架体系重构的必要性

（一）国家职业资格管理改革对体育行业提出了无法回避的命题

纵观中国职业资格证书制度实施的20多年，职业资格制度在人才评价方面显示出了客观、公正、高效的制度优势，为国家经济社会发展培养和选拔了大量优秀人才。与此同时，也出现了职业资格设置过多、过滥的情况，特别是准入类职业资格设置扩大

化。一些职业资格“含金量”低，耗费人力物力取得的证书却没有太大用处。

中国的职业资格证书既存在供给过剩，同时也存在供给不足；既面临着职业资格证书制度本身与时俱进进行矫正，也面临着对制度运行过程中产生的制度偏差进行矫正。

国家推进职业资格改革，一方面，在减少和规范国家职业资格许可和认定事项；另一方面，也在制定技能人才职业技能等级认定政策，推动由行业组织自主开展技能评价，实际上给行业和社会组织更大的自主性。体育职业技能鉴定要把握好政策导向，抓住机遇，拓展体育职业技能鉴定的工作领域，做大体育职业技能鉴定平台。

（二）体育行业技能人员职业技能鉴定工作自身存在的问题需要改革加以破解

国家体育总局目前正按照中共中央的要求，加快推进体育改革创新步伐，体育社会组织改革是其中一项重要工作。社会组织改革是一项复杂的系统性工作，是本届政府机构改革和职能转变方案中的重要内容，本质上是政府、市场、社会各自边界新的界定，以及三者互动方式的深刻调整。方向和趋势是加强社会组织的功能和力量，发挥社会组织的独特优势，弥补政府失灵和市场失灵，完善社会治理结构。

职业资格制度改革与单项协会改革，当前都属于体育改革发展大局的一部分，单项协会的发展需要运动项目人才的支撑，职业技能鉴定工作要保证培养人才的专业化水平需要借助单项协会的技术力量，体育职业技能鉴定工作需要大力协同单项协会和社会力量，打破部门利益、条块分割，构建体育职业技能鉴定工作的大格局。要在改革中增强协同性和整合性。实现体育行政机构、体育社会组织、体育企业、院校通过体育行业技能人才的国家职业资格与鉴定认证制度同频共振。

（三）健康中国与全民健身国家战略背景下，体育行业技能人员职业资格制度需要通过改革解决发展问题

全民健身国家战略，健康中国国家战略，体育与医疗、旅游等多业态的融合发展……在体育事业发展重大历史机遇与空前繁荣背景下，充分暴露出技能人才不足的深层次问题：中低端人才“产能过剩”，创新型人才供给不足，已经严重制约了体育事业的健康、和谐、可持续发展。

当前的实际情况是：很多方面的人才供给是不到位的，比如缺乏高素质的体育经纪管理人员，缺乏能够融合体育运动知识和医学知识的运动健康指导人员；有些运动项目群众基础薄弱，缺少专业的教练，尤其是现在要发展冬季项目，社会体育指导人员、场地的维护管理人员等都还不够。体育职业技能鉴定工作要打破制约体育发展的人才瓶颈，破解体育技能人才不足、结构失衡的实践难题。

三、体育行业职业资格框架体系重构

（一）基本遵循及主要思路

国家职业资格制度改革框架为体育行业提供了基本遵循。国务院关于改革和完善国家职业资格制度的一系列重要决定，为体育行业职业资格制度科学合理、健康有序发展提供了基本遵循。

《国务院机构改革和职能转变方案》提出了“减少资质资格许可和认定”的任务要求，包括两个方面：一是减少资质资格许可和认定数量，既包括准入类职业资格，也包括水平评价类职业资格，都要精减；二是改变水平评价类职业资格的具体认定方式。“按规定需要对企业事业单位和个人进行水平评价的，国务

院部门依法制定职业标准或评价规范，由有关行业协会、学会具体认定。”

2017年1月，人力资源和社会保障部颁布的《进一步减少和规范职业资格许可和认定事项的改革方案》中，明确提出：

（1）实施国家职业资格目录清单管理。清单之外一律不得许可和认定职业资格，清单之内除准入类职业资格外一律不得与就业创业挂钩。

（2）完善技能人才职业技能等级认定政策，并做好与职业资格的衔接。研究制定职业标准和评价规范，积极推动由企业和行业组织自主开展技能评价。做好职业资格制度与技能人才职业技能等级认定政策的衔接，建立职业资格、职业技能等级与相应的职称、学历比照认定制度，畅通技能人才职业发展通道。

（3）体育行业技能人员职业资格基本制度稳定，为制度的发展与完善提供了基础。2017年初，国务院公布了职业资格目录清单，其中，体育行业游泳救生员、社会体育指导员两个职业进入清单，游泳救生员和社会体育指导员（游泳、滑雪、潜水、攀岩）被列入准入类职业资格，其他项目的社会体育指导员为水平评价类职业资格。这一清单，确保了体育行业职业技能鉴定主体工作的稳定。

（4）体育经纪人及体育经理人等级培训与评价的探索实践，为重构技能人员职业资格制度框架提供了可供参考的经验。

（5）体育社会组织的改革为职业资格协同改革提供了可能性。

（二）应把握的原则

（1）整体规划：加强顶层设计，改革和完善职业资格管理体制，建立健全职业分类体系、资格设定评估体系、职业标准体系、考试考务管理体系、证书管理体系和质量保障体系，增强制度安排的系统性、整体性和协调性。

（2）适度规制：严格控制许可类职业资格数量，要通过资格设定评估体系，对各类职业的潜在风险、公众有无替代保护手段、历史安全数据和信息进行分析，确定准入类职业范围。

（3）规范有序：促进职业资格规范化管理，建立目录清单内职业资格与行业等级评价及市场、社会组织自主评价沟通协调机制。

（4）共同治理：逐步建立由政府主管部门，协会、学会等社会组织，教育机构参加的工作协调机制，强化专业委员会的职能和技术专长，重点发挥专业委员会在标准开发、基础内容建设、质量评估等方面的作用。

（三）构建体育行业技能人员多元评价框架体系的建议

体育行业设置哪些职业资格、采取怎样的评价模式，与国家职业资格证书制度的规制程度、体育行业职业发展程度和水平、行业专业教育供给水平、市场需求水平和行业组织发育程度等密切相关（图5）。

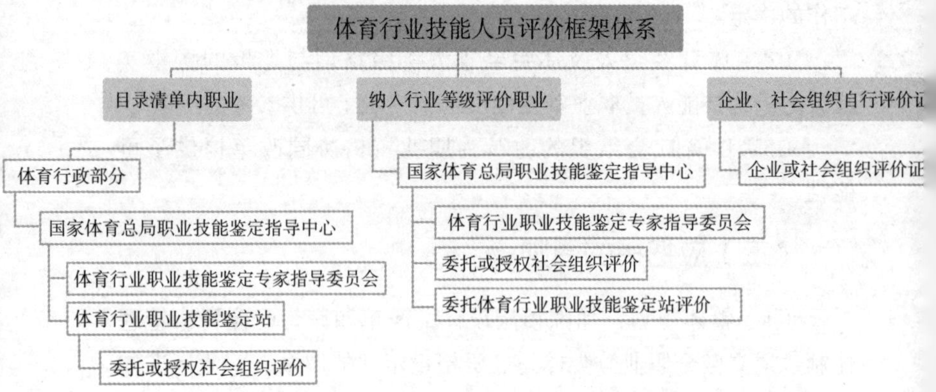

图5　体育行业技能人员评价框架体系

（1）目录清单内准入类职业资格管理，评价主体为经批准的鉴定站。按照目前体育职业技能鉴定工作体系基本架构，即体育行政主管部门——行业鉴定指导中心——省市鉴定站三级运行体系，鉴定合格者颁发国家职业资格证书。不同的是要强化专家指导委员会的技术支撑和专业功能，释放国家体育总局职业技能鉴定指导中心承担的大量标准制定、教材题库开发等技术工作，加强对此类涉及安全的职业资格的质量管理和监控。

（2）目录清单内水平评价类职业资格管理，评价主体为经批准的鉴定站或经授权和委托的社会组织。根据国务院职业资格管理改革精神，水平评价类职业资格的具体认定方式可交由行业协会负责。体育行业职业技能鉴定专家指导委员会对申请承担认定工作的协会能力进行评估，由国家体育总局职业技能鉴定指导中心授权或委托协会承担水平评价类职业资格的具体认定工作；没有行业协会或行业协会目前不具备承担能力的职业或工种，仍由体育行业职业技能鉴定站负责鉴定，鉴定合格者颁发国家职业资格证书。由协会承担水平评价类职业资格的具体认定工作，将缓解体育行业职业技能鉴定站鉴定能力不能满足社会需求的压力。

（3）行业等级评价方式，评定主体为社会组织或企业。国家体育总局职业技能鉴定指导中心负责此类职业判定、职业标准开发，建立行业等级与职业资格证书的衔接渠道；鼓励协会和企业承担评定工作。没有行业协会或行业协会目前不具备承担能力的职业或工种，可委托体育行业职业技能鉴定站负责评定。

（4）企业和其他社会组织自行评价的证书。企业和其他体育社会组织根据自身人才培养需要开展的评价活动，此类证书发展到一定阶段，较为成熟后，可自愿申请进入行业等级评价体系，相关人员享受行业等级评价人才政策，推进职业的规范化发展。

（5）突出专家指导委员的功能与作用（图6）。国家体育总局职业技能鉴定指导中心负责设立专家指导委员会，专家指导委员会对职业技能鉴定指导中心负责，下设技术委员会、质量监测委员会、机构评估委员会和各职业（工种）专业委员会。各委员会由本行业内院校、企业、协会和行业专家等组成，技术委员会负责基础内容开发；质量监测委员会负责对鉴定质量、培训质量进行监测，机构评估委员会负责对委托或授权的机构进行能力评估，也要对体育行业职业技能鉴定站承载能力进行评估，可根据需求扩充鉴定机构数量或进行重新布局；取消培训基地的审批制，取而代之的是由委员会对各类培训机构的培训能力和质量进行评价，每年公布评估结果，形成优胜劣汰机制。各专业委员会负责制定本职业（工种）的发展规划、人才培养计划与实施方案等。

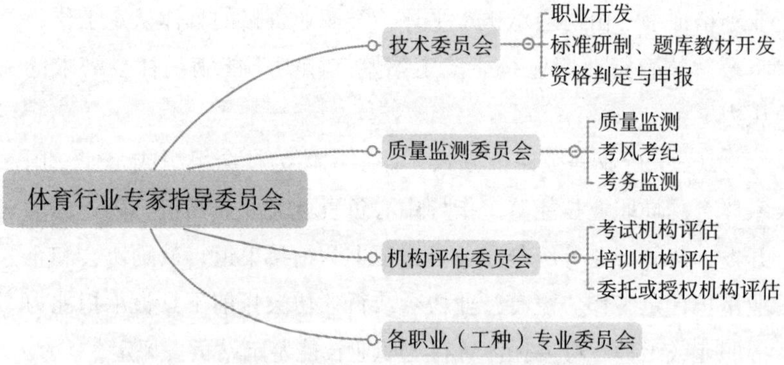

图6　体育行业专家指导委员会功能与结构重构

新时代青少年武术运动发展的思考

国家体育总局武术运动管理中心　李小杰

摘要：本文以新时代为引领，从青少年武术发展的视角出发，指出当前青少年武术运动在整体性规划、武德礼仪教育、后备力量建设、传统武术传承等方面存在的问题，围绕青少年武术运动发展，提出积极开展全民健身教育、传统武术文化弘扬与传承，加强教练员培养、青少年习武者教育及科学规划武术运动后备力量等发展对策。

关键词：新时代；青少年；武术发展

党的十九大报告的主题是“不忘初心，牢记使命，高举中国特色社会主义伟大旗帜，决胜全面建成小康社会，夺取新时代中国特色社会主义伟大胜利，为实现中华民族伟大复兴的中国梦不懈奋斗。”十九大报告指出：“全民健身和竞技体育全面发展，广泛开展全民健身活动，加快推进体育强国建设，筹办好北京冬奥会、冬残奥会。”体育强则中国强，少年强则中国强。党的十八大以来，青少年武术不断发展，青少年武术练习人口呈现令人鼓舞的积极变化，人数不断增加；为青少年武术爱好者提供的服务不断完善；武术后备人才培养渠道不断拓宽；武术健身操与武术段位制进了校园，武术在各级各类学校的开展进一步得到巩固；青少年武术竞赛体系日渐完善；青少年武术活动蓬勃开展；

青少年武术运动员在国际赛场上取得了优异成绩；青少年武术组织建设开始受到重视。

一、研究目的

展望未来，以青少年武术练习者的社会主义核心价值观教育、文化教育及爱国主义教育为主题的尚武精神教育、武德教育备受关注，武术段位成为学校武术教育的重要内容，师资培训依然是青少年武术教育的难点。在国内、国际武术赛事及交流活动中，传播和推广中华优秀传统武术文化，提升软实力，面临竞争和挑战。青少年是武术运动的生力军和传承人，在全民健身国家战略、健康中国国家战略、发展体育产业国家政策的大背景下，如何改革创新适应新时代发展需要，如何使武术这一民族文化瑰宝在青少年中发扬光大，解决好美好生活需要和不平衡、不充分的发展之间的矛盾问题，是武术运动健康、可持续发展的重要议题。

二、研究方法

文献资料法：本研究通过运用文献资料法，围绕武术在青少年中“叫好不叫座”、普及难度大、武术教材不统一、训练成才周期长、竞技与传统结合少、相关信息查找困难、大学—中学—小学武术训练体系没有连贯性等问题展开了文献资料收集与分析。

综合分析法：本研究运用综合分析法，以新时代为引领，针对青少年武术教育、训练、竞赛、活动及后备人才培养等内容进行综合分析，认为青少年武术运动的发展问题是中国武术，中国武术是未来中国民族传统体育发展的重中之重。

三、研究内容

（一）青少年武术运动发展现状

1. 竞技武术

青少年竞技武术训练竞赛是青少年武术工作的重要方面，我们要牢牢抓住竞赛杠杆，每年组织举办全国青少年武术套路锦标赛、散打锦标赛、武术学校套路比赛、散打比赛等全国青少年武术赛事。2016年10月，第6届世界青少年武术锦标赛在保加利亚布尔加斯举行，在共有51个国家和地区参加的比赛中，中国青少年武术运动员取得19枚金牌、1枚银牌的优异成绩。青少年竞赛进一步促进了青少年武术的发展。

2. 学校武术

伴随着我国课程改革的深化，武术在学校迎来了新的发展机遇，《全国中小学生系列武术健身操》《中国武术段位制系列教程》在中小学的推广与实施，为武术教育发展提供了丰富内容，武术受到了各级学校的重视，在学校体育课和体育活动中占据的比重逐渐增大。2016年以“传承中华传统文化、争做阳光好少年”为主题的武术进校园试点单位成果展示交流大赛在江苏太仓成功举办。

武术学校是武术项目特有的一种社会现象。它创办于我国改革开放初期，是完全依靠国家政策由社会力量投资兴办的民间武术专门教学机构。历经30多年的发展，现已成为武术项目重要的人才培养基地和教育阵地，为武术项目发展培养、输送了大批人才，做出了巨大贡献。迄今，优秀武术运动员中，60%的套路运动员，90%的散打运动员，40%的体育院校武术专业学生都来自武术学校。同时，武术学校也成为拳击、跆拳道、柔道、举重等体育项目运动员及武打影视演员的来源地。

3. 武术培训

自2013年中央文明办、教育部和国家体育总局将武术正式纳入乡村学校少年宫德育教育内容以来，国家体育总局武术运动管理中心（以下简称“武管中心”）十分重视此项工作，制定了详细的工作方案。但武术师资匮乏仍然是制约农村中小学开展武术教育活动的瓶颈。鉴于此，武管中心将师资培训作为武术走进乡村学校少年宫的重点工作。4年来，武管中心已在11个省举办了中华武术走进乡村学校少年宫试点学校师资培训班，共有900多名体育教师参加了武术培训。参加试点的乡村学校少年宫，通过武术兴趣班传授武术基本技能，丰富课外德育活动内容，引导农村地区的中小学生在九年义务制教育的正常学习之外，充分利用课外时间掌握武术健身方法，增进对武术这一优秀传统文化的认知与认同。蓬勃开展的农村中小学武术教育活动，将发挥越来越重要的教育作用，以武术为载体引导农村青少年弘扬传承中华优秀传统文化的目标必将得以实现。

青少年宫是推动青少年素质教育、促进青少年健康成长的综合性校外阵地。武管中心联合中国青少年宫协会通过青少年宫系统向青少年人群推广武术。它们先后成功举办了2017全国青少年宫系统武术教学带头人培训班、京津冀优秀少先队员武术体验公益夏令营和全国青少年宫武术套路比赛。

社会上的武术俱乐部、武术培训机构的数量也开始快速增长，这都表明青少年已经成为参与武术运动的主要群体。

（二）青少年武术运动发展存在的问题

1. 青少年武术训练缺乏科学化的指导

如何顺应社会的快速发展实现运动员技术水平和运动成绩的提升，教练员自身执教水平和综合素质至关重要。训练是一个系统，是科学。一名武术套路教练员不仅要完成技术训练，还要对比赛服装、体能、音乐、编排等进行统筹指导。凭教练员的经验进行传统的程序化训练，运动损伤率高，淘汰率高，往往需要在难度动作和伤病之间做两难选择，难度动作做不好，很难拿到好名次，强化难度训练，又很容易受伤。另一个重要问题是，青少年教练员缺乏继承传统武术的各种技术要素和学习借鉴其他同类项目的意识，如体操、花样滑冰等套路编排方式，缺乏为武术套路全新创作提供要素的能力和灵感。创新是武术套路发展的根本动力，显然，近几年的规则和长期观念的束缚限制了套路创新的空间。

2. 青少年武德教育缺少系统性

青少年习武者，特别是运动员的文化素养有待提高，目前的训练体制容易产生“训”和“学”脱离的问题，各省、自治区、直辖市武术协会应与高校联合培养优秀运动员，使“训”和“学”相结合。武校与高校相结合，使武校在管理、文化课和学习素养方面有所提高。青少年武德礼仪教育的缺失，主要体现为运动员素养差，缺少以爱国主义为主题的尚武精神教育和文明、礼貌、守纪教育。高等院校高水平运动员投入训练时间较多，很难跟上大多数学生的学习进度，这也成为青少年文化教育、武德教育不够的原因之一。

3. 优秀运动队中青少年管理缺少整体性的规划

管理是一个运动项目发展的重要问题。武术运动当前主要存在管理松散，教练员选用方法不当，训练不科学、不系统，激励制度不健全等问题，成年与青少年运动员青黄不接问题尤为严重。以散打队伍培养过程为例：一是运动员提前退役普遍，后备运动员跟不上；二是生源缺乏；三是生源质量差。同时，运动员注册规定太死板，有的运动员注册后没有参赛机会，也不允许代表其他运动队参赛，这不利于运动员的流动和培养。某些体育院校的学生运动员，由于长期在国家队和省队训练，旷课超过1/3，不能参加考试，次年需要重修。优秀运动队过于注重专业技能培养，忽视文化课学习这也是管理的一大问题。因此，需要通过多部门齐抓共管，综合施治，提高运动队管理水平和实效。

4. 青少年武术后备人才培养缺乏现代化的建设

当前优秀运动队后备人才断层，武术馆校及体育院校武术专业生源减少，优秀的武术青少年人才难寻，后备人才培养问题堪忧。问题不在于武术好不好、精不精彩，而是在于武术项目在国人思想里概念不清。大众对武术功能与效益等都不太清楚，以为武术要么可以打人，要么就是花拳绣腿；武术以什么形态出现，大众也不了解。因此，去除模糊色彩对于武术发展至关重要。初学时武术给初学者的体验更多的是太苦太累，许多初学者会因此放弃学习武术，武术需要改变"练武术太苦，枯燥乏味"的形象。零基础的学生接触竞技武术比较难，并且在练习过程中得不到任何的加分和奖励，使得武术无法吸引更多的学生参加。目前，高校武术与民族传统体育专业的招生条件是具有二级运动员资格，故而录取的多为武校的学生，而其他习练传统武术的学生由于没有二级运动员资格，无法考入高校武术与民族传统体育专业。这主要是由于一些习练传统武术的学生没机会参加全国或省级传统武术比赛，无法获得二级运动员资格。武术不是升学考试的重要考查科目，这不利于武术在校园的发展。

（三）青少年武术运动发展对策

1. 积极开展专项化训练

以武术套路训练为例，应以武术套路基本功、基本技术和基本技能训练为主，继承传统武术演练技巧，突出现代竞技武术套路高、难、力、美、新、稳的特点，同时兼顾技击特征以及艺术编排技巧，使武术套路既具有符合时代特征的美学，又融合传统技击和套路编排特点；既有传统武术要素，又运用现代美学表现手段、创作出新的套路审美格调和风格，让教练员能发挥其创作能力，不断创新。只有保障并激发武术人员的创作动力，才能提高套路的发展水平，无论是竞赛还是表演，没有创新或者说没有了新的融合与突破，只是重复，是谈不上发展的。可采用与民间拳师讨论、学习、编排和艺术创作能力培养的方式提高教练员和运动员的套路表现能力。随着运动员的水平不断提高，教练员专项执教能力提高是必然的结果。可根据套路竞赛项目分类进行专项化教练员试点或试验，同时应制定青少年训练大纲和各年龄段的评价体系。教练员的岗位培训对教练员的专项化提高是非常重要的。

青少年训练中，科研、医疗与技术三者缺一不可，将科研、医疗与技术相结合，可有效、科学地提高训练质量。科学化训练是一个综合指导过程，不再是一个教练员能够独立完成的，需要一个教练团队来共同实施，包括请武术名家来培训，增加青少年运动员学习传统武术的机会。适时组织专家制定、修订《青少年武术套路教学训练大纲》《青少年武术散打教学训练大纲》，建立科学的后备人才教学、训练体系。

2. 青少年运动员培养要建立武德礼仪学习平台

武术与跆拳道的区别主要在于文化，武术需对课堂教法及礼仪教育进行专门的设计，需要传统文化的融入。中国传统武术的思想文化和技术动作的传承，在现代训练中显得不足；竞赛也需要多样化，可以多开展趣味性的比赛，增加大众的参与度；师资需要进行培训，如何在教学过程中进行武术文化的传承，教学元素及教学项目的广泛性是重点。武术段位制的含金量过低，广大武术爱好者对武术段位制的概念及价值了解不够，应形成标准化来提高段位制的含金量。武德教育，应提供武术技理、技法、文化的学习培训平台，增进教师对武术的理解，真正形成有实战理论、有文化内涵的教学模式。对武术初学者的教学，教学内容应该更加简易，教学手段应该更注重趣味性，这样才能更加有效地向大众推广武术。要提高运动员文化水平，而不是一味地利用降分制度吸引学生学习武术。

在武术馆校中增加武术传统文化的礼仪及课程形式，对武校的管理以及人才的培养进行规划，对学生的文化基础（语文、数学、英语等各类课程）和文化素养提高要求，使武校的学生能更好地与高校接轨，同时还应对师资进行培养，增加传统文化培训，对教练员的职称评定和评奖、评优进行规划。

3. 加强青少年教练员培养

教练员除了要进行专业能力培养之外，还要进行职业素养教育。培训内容还应包含武术体能训练、武术音乐编辑、运动员伤病康复等。运用新媒体搭建教练员交流平台，运用制度管理等方式加强对教练员晋级、考核、奖励等方面的管理。大力提高教练员与运动员对技术创新的认知度和行动力，专业队应该聘请传统拳师教授传统拳术。增加青少年队员参加高水平集训的机会，提高教练员教学质量和内涵，提高教学手段，丰富教学内容，提升创新意识。

4. 加强青少年训练队伍的综合管理

青少年训练队伍管理，需要规范武术礼仪、训练服装和训练馆布置，促进德育教育，达到习武育人的目的。必须加强武德武礼教育，加强文化学习。武术是一种文化，没有文化的熏陶，运动员就无法理解武术的内涵。国家队选拔运动员应根据全国比赛成绩和省队推荐结果，双管齐下。被选派参加国际性比赛的运动员，政治思想素质、武德礼仪等应符合规范，具备一定的专业技术等级，达到顶级选手参赛资格。

5. 要科学规划青少年后备力量选材体系

应根据项目特征和规律，制定出一套完整科学的选材体系，提高运动员的运动质量和运动能力，延长竞技运动年限。根据生长发育的阶段性和专业水平（青少年、中老年，初学者、专业运动员），制定一套适合对应人群的武术运动体系及评判标准。放宽和加大运动员技术等级的审批，对武术项目的发展有促进作用。散打项目开展至今已37年，运动员的技战术水平、比赛能力均较高，而获得技术等级只有省级比赛和全国比赛两种渠道，远远满足不了运动员的实际需求。就目前而言，各大体育院校的特招生源急剧下降，这在很大程度上影响了武术项目的普及程度。

6. 在青少年中加大武术宣传力度，大力推广普及武术

宣传武术要植根于人心，打造品牌要从娃娃抓起，打造的方式可从武术的核心开始，内容要简单，形式要多样，关注到不同人群和年龄层。只有融入老百姓的生活，才能让他们有意识地学习；只有给予好的形式，才有不同人群来体验；只有让人体验好，才能宣传和弘扬品牌。文化的宣传，可从形式上进行改变，以简单有效、贴近生活的方式带动大众认知，以简单的动作表达内涵与知识点。武术应走进校园，并与业余体校青少年武术训练相互补充，构建青少年训练体系。加强与教育系统的沟通，积极推动武术成为高考、中考等的必考内容，提高武术进学校的力度，扩大武术后备人才基数。在不同类别的学校中，适当凸显各具特色的校园武术文化，搭好学生从不懂武术到会武术的学习桥梁。在不脱离武术特殊本质的前提下构建青少年不同年龄阶段的技术体系，如构建从小学、初中、高中到大学逐步增加难度的技术体系。

四、结语

青少年武术普及难度大、训练成才周期长、竞技与传统结合少、相关信息查找困难、小学—中学—大学武术训练体系没有连贯性等成为青少年武术发展存在的主要问题。通过段位制将广大青少年纳入武术后备人才培养，以规避武术后备人才断层等问题；武术馆校与青少年业余体校等都面临着生源萎缩的问题，青少年业余体校还面临着青少年优秀运动员生源少、青少年训练体系不规范等问题，加快武术馆校转型发展与科学规划青少年武术训练体系成为改善武术馆校困境的主要对策。“关于学校武术教育改革与发展的研究”课题调查结果显示：中小学武术课主要由一般体育教师担任，一般体育教师所占比例达到70.8%，武术专业教师只占29.2%。武术师资力量不足是多年来影响学校武术教育发展的重要因素，这一问题并非短期内所能解决的。目前，我国共有50所高校设有武术与民族传统体育专业，每年招收近2000名大学生。从就业情况来看，只有一部分武术专业的大学生毕业后到中小学担任武术教师，这远远不能解决学校武术教育师资匮乏的问题。目前，切实可行的方法是加强在职体育教师的武术培训，通过举办各种类型的体育教师武术培训班，进一步提高体育教师的武术技能与教学水平。此外，中小学校也可聘请民间拳师到学校授课，利用社会武术力量解决中小学尤其是农村学校武术师资严重匮乏的问题。总之，在今后乃至相当长的一段时间内，武术师资培训依然是青少年武术教育的重点。

参考文献

[1] 习近平.决胜全面建成小康社会　夺取新时代中国特色社会主义伟大胜利[M].北京：人民出版社，2017.

[2] 郭玉成.中国民间武术的传承特征、当代价值与发展方略[J].上海体育学院学报，2007（2）：40-44.

[3] 郭玉成.传统武术在当代社会的传承与发展[J].上海体育学院学报，2008（2）：51-57.

[4] 梅汉超，贾亮. 论现代武术训练的发展趋势[J]. 武汉体育学院学报，2000（3）：47-49.

[5] 刘军. 武术训练课质量评估方法的研究[J]. 体育科学，2002，22（1）：31–33，36.
[6] 周伟良. 论传统武术训练中的形神兼备与内外相合[J]. 北京体育大学学报，2003（2）：252–255.
[7] 姜南. 传统武术对青少年身体的规训与救赎[J]. 沈阳体育学院学报，2016，35（2）：123–127.
[8] 吕旭涛. 社会化视野下青少年传承武术文化的路径寻绎[J]. 沈阳体育学院学报，2011，30（4）：136–137，140.
[9] 汤立许，蔡仲林，饶英. 北京奥运会武术礼仪文化研究[J]. 体育文化导刊，2008（7）：58–60.
[10] 张云崖，王震. "三艺通备"理念下武术专业人才培养模式的构建与实践[J]. 上海体育学院学报，2008（3）：88–91.
[11]《关于学校武术教育改革与发展的研究》课题组.我国中小学武术教育状况调查研究[J].体育科学，2009，29（3）：82–89.

引导高校学生正确参与电子竞技运动的研究

国家体育总局体育信息中心　高轶凡

摘要： 电子竞技运动是具有全新形式的、充满机遇和挑战的信息时代的体育项目，是一项信息时代的新兴体育运动，它是体育、科技、文化等行业的融合体。当前世界上有5亿电子竞技爱好者，据国际电子竞技联盟（International e-Sports Federation，IeSF）统计，电子竞技运动已成为当今青年人最为喜爱的运动。

但同时电子竞技在我国社会也是备受争议的体育项目，甚至被当作负面的社会问题。如何引导青少年正确参与电子竞技运动，是我们必须面对的首要问题。

本文通过文献研究法、调查法、经验总结法，对青少年参与电子竞技运动中的问题进行分析，分析问题产生的内在原因，从项目主管部门的政策和管理、社会舆论正确引导及高校学生合理参与这几个不同角度给出建议。

关键词： 电子竞技；高校；学生

一、研究目的及现状

电子竞技运动作为一项产生于互联网社会的新兴体育运动项

目，受到了广大青年爱好者的喜爱。据调查，在我国，16~30岁的青年电子竞技爱好者约占全国电子竞技爱好者总数的80%。从受教育程度上分析，这些青年电子竞技爱好者中，大专、本科、硕士或以上的高校学生占全国青年电子竞技爱好者总数的50%以上。

随着国家体育总局将电子竞技运动的管理纳入正轨，相关部委、地方政府、游戏厂商、硬件厂商与媒体广泛参与，近几年电子竞技运动项目在我国呈现爆发式发展，其中，拥有大量爱好者的高等院校成为开展电子竞技运动的重要场所。电子竞技项目作为最新兴的体育项目，在高校内蓬勃发展，已经成为足球、篮球之外，学生参与最积极的项目。

本文采用文献研究法、调查法、经验总结法，通过对电子竞技管理部门、在校学生和社会主流媒体进行调研，研究高校学生参与电子竞技运动的现状，分析高校学生参与电子竞技运动产生的问题，提出解决这些问题的建议，引导高校学生正确参与电子竞技运动，为高校管理者提供管理建议，从而促进我国高校电子竞技运动健康、快速、可持续发展，对我国电子竞技运动发展及人才培养具有重要的现实意义。

二、高校开展电子竞技运动面临的问题及解决建议

（一）高校学生参与电子竞技运动面临的网络沉迷问题

1. 沉迷网络，影响学习与生活

部分高校学生参与电子竞技及网络活动时间过长，将对其在校学习、生活、兴趣拓展及交友等方面产生不同程度的不良影响。

长期无节制地沉迷于电子竞技及网络活动将严重影响高校学生的学业。许多高校学生将大量的课余时间用于参与电子竞技运

动及其他网络游戏活动，甚至不惜编造理由旷课，这些行为势必影响其在校的学习生活。

2. 过度沉迷，导致现实环境中交往障碍

电子竞技运动以网络对战平台为主要竞技场所，高校学生如果长时间在对战平台中停留将造成现实人际交往能力的欠缺。

高校学生投入大量时间参与电子竞技运动，势必减少其在现实生活中与家人、朋友、同学的真实交往与沟通联系，造成家人感情淡薄、朋友之间逐渐疏远，最终体现就是高校学生“独”，尤其现阶段高校学生普遍是独生子女，“独”的特点表现得更为明显，缺乏人情味，甚至出现现实人际交往障碍，自我封闭，不擅、不愿与人交流，不愿参加集体活动，只愿意生活在虚拟的网络世界中。

（二）高校学生参与电子竞技运动面临的诚信问题

高校学生在电子竞技运动中面临着许多诚信问题，比较突出的是私自架设服务器侵害版权，电子竞技运动中使用外挂程序，在竞赛中找枪手代打，电子竞技比赛中作弊和虚拟物品违规交易。

高校学生在电子竞技运动中的不诚信行为可能会对现实生活中的诚信记录产生影响，甚至对自身的诚信行为产生负面影响，其主要表现为助长投机取巧的不良风气，导致急功近利的思想，造成弄虚作假的行为。电子竞技运动中为了达到取胜的目的可以通过作弊软件和其他手段来欺骗对手，这在现实生活中可能会导致一系列的不诚信行为。

（三）高校学生参与电子竞技运动面临的暴力行为问题

高校学生在参与电子竞技运动中的暴力行为根据发生性质和

场所不同可以分为语言暴力和行为暴力。电子竞技运动中语言暴力主要表现为参与者之间语言上的相互谩骂、攻击和歧视。电子竞技运动中行为暴力主要表现为外在直观的暴力方式，如，电子竞技参与者在虚拟环境对战中的攻击、杀灭对手，或者由此产生的现实生活中肢体暴力方式等。

高校学生在电子竞技运动中的暴力行为如果不能被有效引导可能会对现实生活产生一定的负面影响，主要表现为电子竞技运动中的暴力行为可能会唤起参与者的攻击行为、强化攻击认知、产生暴力冲动。同时，有些电子竞技爱好者还会将对战项目中对现实社会规则的颠覆带入现实，认为任何冲动都不需要承担社会责任，依靠暴力可以解决棘手的问题，只有“强者”才可以在不公平的社会中生存等，他们一旦遇到现实纠纷便会产生暴力冲动，首先想到的是用暴力解决一切。高校学生在这种潜意识的支持下，会认同暴力冲动是正常的行为，依靠暴力可以解决许多棘手的问题，认同暴力是解决问题可选择的方式之一。这种对暴力行为的容忍和认同对高校学生正确道德观的形成和发展产生了巨大的负面冲击，不利于其健康成长。可见，电子竞技运动中的暴力因素可能会唤起高校学生的攻击行为，降低对暴力行为危害的认识，甚至直接导致暴力冲动的产生。应该引导高校学生正确对待电子竞技运动中的暴力行为，趋利避害，减少电子竞技运动中暴力行为对高校学生的不利影响。

（四）高校学生参与电子竞技运动面临的过度消费问题

电子竞技运动是在互联网背景下，运动员使用高科技的软硬件设备作为运动器械，在单位时间内，进行人与人之间的智力对抗，最终分出胜负关系的运动项目。其使用的运动器械是各式各样的电子产品，具体来说包括电脑硬件、电脑软件及外周设备等，周边及服务产品包括游戏点卡、网络、网吧、相关通信等。

各大电子产品的软件、硬件和周边产品生产商看好电子竞技运动在校园发展的前景。高校学生喜欢新鲜事物、追求最新的电子产品、敢于超前消费的习惯使其成为各厂商重要的消费群体，高校校园也成为各类厂商营销其产品的重要阵地。

将电子竞技运动引入高校，在高校中推广电子竞技运动，培养一批电子竞技爱好者，可以极大拓宽相关硬件、软件、周边产品的消费渠道。同时，高校学生走入社会后，作为未来主流社会的重要消费群体，可以使相关产品的消费具有可持续性。而且，高校学生群体在消费中的从众效应、辐射效应，甚至攀比心理都成为相关厂商关注高校校园的重要因素，这个庞大的消费群体所产生的商业价值无法直接估计。知名电子产品厂商对高校电子竞技运动的支持、赞助，甚至将世界性电子竞技比赛放在著名高校内举办，都是着眼于高校学生消费群体的巨大消费潜力。因此，在高校校园中占有一席之地，将高校学生转变为各厂商产品的消费者，是电子竞技各厂商的重要工作。

电子竞技赛事活动与各类厂商活动在校园内的积极开展，不但促进了高校学生购买各类电子产品，而且调动了厂商对电子产品研发的积极性。但是，各大厂商利用电子竞技这一平台，通过赞助、电子竞技明星代言等积极的营销手段，吸引高校学生购买自身的电子产品，从而营造一个有利于自身电子产品消费的环境，在一定程度上造成高校学生的超前消费，不利于其养成健康的消费习惯。

（五）高校学生参与电子竞技运动产生的不利学习问题

高校学生对参与电子竞技运动所产生的消极影响也有清醒的认识。多数学生认为，如果不能合理安排时间，长时间过度参与电子竞技运动，对学习行为会产生消极影响。

过度参与电子竞技运动导致高校学生学习动机减退。高校学生正处于生长发育期及生理、心理急剧变化期，学生个体受外界环境影响大，长时间没有节制地参与电子竞技运动会产生社会角色和虚拟角色的错乱，学生在学习时会幻想电子竞技场景，常用幻想代替现实，造成现实生活和虚拟世界的混乱，这势必造成部分高校学生大脑反应迟钝，学习效率降低，影响学生学习的积极性和主动性。

过度参与电子竞技运动还可能导致高校学生放松学习要求和缩短学习时间。调研和访谈结果显示，部分过度沉迷电子竞技运动的高校学生由于不能合理安排学习和电子竞技运动，造成上课时注意力不集中，理解能力、接受能力下降等学习障碍，进而导致对自身的学习要求放松、学习成绩下降，这将不利于高校学生顺利完成学业。由于多数学生主要是利用课余时间参与电子竞技运动，这样大量本该用来学习的课余时间将被占用，打乱了学生的学习计划，造成学生学习时间无法保证、成绩下滑。

高校学生参与电子竞技运动对自身的学习行为存在消极的影响，过度参与电子竞技运动将影响自身的学习动机、降低学习效率、放松学习要求，进而造成学习成绩下降。因此，如何趋利避害，减少电子竞技运动对高校学生学习行为的消极影响是学生个人、高校管理工作者亟待解决的问题之一。

（六）高校学生参与电子竞技运动面临的健康生活方式问题

高校学生生活方式主要指学生在学校就读期间的学习、娱乐、消费方式。电子竞技运动作为高校学生重要的娱乐方式之一，对学生生活方式势必产生影响。长时间参与电子竞技运动会对高校学生的健康状况、作息规律、宿舍管理产生一定的消极影响，这些消极影响有时甚至造成学生的终生遗憾，应该引起学生、学校管理工作者和家长的重视。高校学生在校就读期间，健康的生活方式是保证其精力充沛、完成学业的重要保障。

高校学生沉迷于电子竞技及网络活动对身心健康产生不利影响。长期沉迷于电子竞技运动会打乱高校学生的作息规律，睡眠时间不足、饮食不规律必然造成学生体质下降、精神萎靡。例如，面对电脑与手机，长期高强度地用眼，可能会导致用眼过度，诱发近视或其他眼科疾病，严重时甚至致盲。电子竞技运动中长时间戴耳机可能造成听力障碍。特别是在寝室、网吧等场所，为了不影响他人，电子竞技运动都需要佩戴耳机，大音量、长时间、无节制地使用耳机可能会造成听力损伤或丧失。长时间不正确的坐姿容易引起视力下降、骨骼变形和肌肉劳损。电子竞技运动参与者主要通过对键盘、鼠标的快速操作来完成比赛任务，而熟练的操作技能都是建立在大量重复练习的基础上的，为了提高自己的竞技水平，打败对手，获得比赛的胜利，参与者必须长时间坐在电脑前练习，这种长时间的伏案工作会对骨骼产生不利影响。对于身体处于发育期的高校学生来说，不正确的坐姿会造成脊柱侧弯，长时间保持坐姿会使颈椎、腰椎疼痛，影响学生身体健康。

（七）高校学生参与电子竞技运动面临的校园管理问题

合理的作息制度是校园管理的重要组成部分，但部分学生在参与电子竞技运动后出现作息时间紊乱、生活不规律等现象，甚至出现违规用电、私自接线等违反学生宿舍管理规定的行为，这些不良行为影响了学生的正常作息制度，给校园管理工作带来不便。

过度参与电子竞技运动容易造成高校学生作息时间紊乱。此外，高校学生过度参与电子竞技运动还给宿舍管理工作带来不便。因此，在电子竞技运动在高校校园日益流行的今天，如何加强学生管理工作、健全宿舍管理制度，因势利导地减少高校学生参与电子竞技运动的负面效应，将是学生管理工作者面临的一个全新的课题。

（八）解决建议

（1）控制参与电子竞技运动的时间，以2小时内为佳，尽可能不影响其他同学的学习、生活秩序，增强自律意识，遵守学校的各项规章制度，从而健康地参与电子竞技运动。

（2）加大宣传力度，使高校学生充分认识过度参与电子竞技运动的危害，自觉自愿地规范自己的行为。学校在校园电子竞技运动中通过标语、横幅等形式加强宣传，提高学生的自律意识，营造健康、文明的校园电子竞技环境。

（3）面对校园电子竞技运动的不断发展和形式多元化，越来越多的学生积极参与其中，各级学校管理部门、校园管理者、学生社团管理者都应认真思考，积极采取适合当今高校学生群体的管理措施，引导学生正确参与电子竞技运动。

（4）学校应该在课程设置、教学管理、教法改革和课外活动方式创新上下功夫，减轻高校学生的学习压力。校方应积极设计新式课程、开展多种多样的校园文化和体育活动，吸引高校学生积极参与，缓解高校学生的焦虑、烦躁等不良情绪，帮助高校学生树立健康正确的人生观、价值观、生活观，使高校学生中的电子竞技爱好者真正成为自信、自强、自尊和积极向上的群体。

（5）建立与完善高校电子竞技组织，以便管理高校电子竞技运动，在引导学生健康参与电子竞技运动方面发挥积极作用，为学生电子竞技爱好者提供组织、工作、交流平台，为校园电子竞技运动发展构建良好的环境。

（6）提高学生电子竞技组织的组织管理水平，理顺校方与学生组织的关系，对校园电子竞技运动的健康有序发展具有重要作用。要调动各方积极性，主动参与校园电子竞技运动的组织和管理。

（7）将学生电子竞技运动社团纳入学校体育部进行管理，可以发挥体育部管理体育项目的优势和经验，将校园电子竞技赛事活动纳入学校年度比赛计划，用正规赛事的组织标准要求，使校园电子竞技比赛更加专业和规范。

（8）建议高校加强对电子竞技运动的研究，通过对电子竞技运动项目的探索和研究，提升高校学生对电子竞技运动的认识，从实践中总结出经验，把经验升华成理论，将理论用于实践，这样循环往复，为我国电子竞技运动的发展储备人才。

三、结论

（1）高校校园是电子竞技运动开展的重要场所，高校学生是参与电子竞技运动的重要人群。其拥有电脑及其他电子产品比例高是电子竞技运动得以在校园存在的物质基础，较强的消费能力和超前的消费意识也是各电子产品厂商争相参与校园电子竞技活动的原因所在。电子竞技运动具有良好的互动性、群体性，使其成为高校校园体育文化的重要组成部分，亦满足了高校学生突出个性、展示自我的需求。

（2）高校学生参与电子竞技运动面临网络沉迷、诚信缺失、暴力行为、超前消费、影响学习成绩、生活方式不健康、精神萎靡懈怠、校园管理等问题。

（3）充分认识与理解电子竞技运动，并以合理的方式参与电子竞技运动，使高校学生克服参与电子竞技运动的消极因素，做到健康参与，扬长避短，让电子竞技运动成为高校学生缓解压力的减压器、提高交往能力的有利工具。

（4）立足体育文化，创新发展独特、健康的电子竞技文化。将体育精神融入电子竞技文化，借助高校学生参与为主的综合性运动来展示信息时代体育项目的风采，扩大主流价值观念的影响力，创建并发展具有中国特色的电子竞技文化。

参考文献

[1] 何慧娴.让数字演绎体育无限精彩——电子竞技运动及在中国的发展[J].体育文化导刊，2004（8）：3-7.

[2] 雷曦，夏思咏.对我国电子竞技体育产业发展现状及对策思考[J].北京体育大学学报，2005（8）：1033-1035.

[3] 霍炎，林祖明.我国电子竞技运动发展问题探析[J].科技信息，2010（36）：417.

[4] 叶国玺.电子竞技运动在我国发展的可行性研究[J].黑龙江科技信息，2009（35）：124-125.

[5] 余千春.高校体育课开设电子竞技项目的可行性研究[J].北京体育大学学报，2007（S1）：426-427.

[6] 李莉，李小兰，吕延利.我国电子竞技运动现状研究[J]. 山西师大体育学院学报，2005（2）：113—114，117.

[7] 高志飞.大学生与电子竞技[J].体育科技文献通报，2010，18（5）：97—98.

[8] 王泽.上海市高校学生电子竞技参与现状及对策研究[D].上海：上海师范大学，2015.

小　组
课题成果

体育领域“放管服”改革研究

——以体育赛事制度改革为重点

执笔人：陈华栋　魏　勇

摘要：党的十八大以来，以习近平同志为核心的党中央把转变政府职能作为深化经济体制改革和行政体制改革的关键，多次作出部署。本届政府紧紧围绕处理好政府与市场的关系，按照使市场在资源配置中起决定性作用和更好发挥政府作用的要求，始终抓住“放管服”改革这一“牛鼻子”，坚持不懈地推进政府职能转变。

体育部门坚决贯彻党中央、国务院的重大决策部署，积极推进行政审批制度改革，取消、下放一批行政审批项目。重点推进体育赛事管理体制改革，坚决取消商业性和群众性体育赛事活动审批，制定配套政策措施，激发市场活力，取得了良好的社会效益。

改革不是一蹴而就的，对体育赛事管理制度改革过程中出现的新情况、新问题，进行深入分析，对下一步深化改革、优化公共服务、吸引社会资本进入体育领域，提出有针对性的政策建议。结合体育赛事实际情况，将可采取的政策建议分为近期采取的措施和逐步采取的措施，以便政策的制定和执行。

关键词：体育；放管服；赛事；改革

一、选题依据

（一）问题的提出

深化简政放权、放管结合、优化服务改革是党中央、国务院做出的重大改革措施，是推动社会经济持续健康发展的战略举措。2013年以来，国务院每年召开全国范围的专题电视电话会议，李克强总理发表重要讲话，并部署“放管服”改革相关工作。体育部门认真贯彻落实党中央、国务院的重大决策部署，积极推进行政审批制度改革，切实加强事中、事后监管，大力提高公共服务的质量和效率，不断提高行政管理科学化、规范化水平。

2014年，国务院出台《关于加快发展体育产业 促进体育消费的若干意见》，明确要求取消商业性和群众性体育赛事活动审批。国家体育总局坚决贯彻国务院要求，积极主动采取有力举措，深化体育赛事审批制度改革，出台了一系列文件，取得了切实成效，得到广泛好评。

本课题拟重点研究商业性和群众性体育赛事活动审批取消后，在吸引社会力量办赛方面仍然存在的困难和问题，并试图对今后如何在优化服务和加强监管等方面采取有效措施提出对策建议。

（二）选题意义

国务院高度重视行政审批制度改革，将之作为简政放权、放管结合、优化服务改革的突破口和重头戏，公开承诺在本届政府任期内，国务院部门实施的行政审批事项要减少1/3以上。体育赛事审批，严格意义上是指举办全国性和国际性体育竞赛的审批，属于非行政许可审批事项，按照《国务院关于清理国务院部门非行政许可审批事项的通知》属于需要清理的非行政许可审批范围。另外，《关于加快发展体育产业促进体育消费的若干意见》明确要求取消商业性和群众性体育赛事活动审批。按照国务院文件精神和要求，体育赛事审批必须予以清理。

体育赛事是培养和发现高水平运动人才的重要平台，是调动各种社会资源的强大杠杆，是体育事业发展的核心环节之一。通过体育赛事可以调动社会多方面的积极性。横向来说，既包括政府与社会、政府与市场，也包括体育与教育、体育与经济、体育与人才、体育与外交等重要内容；纵向来说，既包括中央与地方、管理者与参与者，也包括精英体育、大众体育、青少年体育等重要方面。体育赛事制度属于体育行业的核心制度，保证了体育赛事高效、有序的开展，有利于体育赛事科学化、体系化、制度化。体育赛事制度还同运动成绩认定、全国纪录管理、运动员技术等级、反兴奋剂等体育事业的重要制度密切相关。

因此，体育赛事制度改革不能一放了之，需要科学规划、合理设计，加强赛事体系建设，推动体育赛事发展，研究制定管理办法和服务举措，完善赛事监管体系，充分发挥体育赛事在体育事业中的重要作用。

（三）体育领域“放管服”改革及体育赛事制度改革综述

1. 取消和下放行政审批事项进展情况

按照党中央、国务院要求，国家体育总局积极推进行政审批制度改革，2013年以来，共取消4项行政审批，下放1项行政审批，清理全部非行政许可审批。其中，取消了国家正式开展的体育竞赛项目立项审批、运动员交流协议批准、国家级裁判员审批、体育竞赛全国纪录项目审批，下放了经营高危险性体育项目许可。

目前，国家体育总局共有行政审批事项5项，包括举办全国性、跨省（区、市）的健身气功活动审批，举办攀登7000米以上山峰活动和外国人来华登山活动审批，携带射击运动枪支弹药出入境审批，兴奋剂检测机构资质认定和举办国际性或全国性航空体育竞赛活动审批（正在履行新设行政许可程序）。

2. 规范和改进行政审批工作情况

坚持依法审批，规范行政审批受理、审查、决定、送达等各环节，确保行政审批全过程依法有序进行；不断简化审批程序，优化审批流程，依法限时办结，进一步改进行政审批工作，缩短办理时间，提高审批效率。2015年，国家体育总局逐项编制了《行政审批服务指南》《审查工作细则》等材料，并报国务院审改办备案。严格实行办理时限承诺制，按照审批工作细则，在法定审批时限内完成审批工作，建立审批时限预警和督促机制，确保行政审批“零超时”。

为方便群众办事创业，国家体育总局于2016年6月1日开始，对《体育总局行政审批事项公开目录》中的事项实行“一个窗口”受理，实现申请人只进一个办公室，只找一个司局。国家体育总局行政审批办公室承担行政审批受理工作，跟踪业务部门审查行政审批具体事项的进展情况，督促业务部门按时依法办理。

3. 工商登记后置审批工作

2016年2月，国务院对《全民健身条例》进行了修改，经营高危险性体育项目许可由工商登记前置审批改为后置审批。国家体育总局及时启动部门规章的修改工作，完善工商登记后置审批程序。2016年5月，国家体育总局修改了《经营高危险性体育项目许可管理办法》。

关于举办健身气功活动及站点审批的工商登记后置审批工作，国家体育总局拟定了该事项工商登记后置审批工作方案，在征求意见的基础上，予以修改完善，于2016年7月印发《举办健身气功活动和设立站点工商登记后置审批工作方案》。

4. 严控新设行政许可情况

按照《中华人民共和国行政许可法》和《国务院关于严格控制新设行政许可的通知》的要求，严格控制新设行政许可数量，规范行政许可设定审查程序，加强合法性、必要性和合理性审查论证。

2015年5月，国务院常务会议决定，将举办国际性或全国性航空体育竞赛活动审批列为履行新设行政许可程序项目。国家体育总局在前期研究的基础上，启动举办国际性或全国性航空体育竞赛活动审批新设行政许可工作的立法工作。

5. 体育赛事审批制度改革情况

按照国务院文件要求和行政审批制度改革精神，国家体育总局制定了体育赛事审批制度改革的基本原则和具体措施，印发了《体育总局关于推进体育赛事审批制度改革的若干意见》《体育总局关于印发〈全国性单项体育协会竞技体育重要赛事名录〉的通知》和《体育总局关于印发〈在华举办国际体育赛事审批事项改革方案〉的通知》。

根据上述管理文件，除全国综合性运动会和少数特殊项目赛事外，包括商业性和群众性体育赛事在内的全国性体育赛事审批一律取消。全国运动会、全国冬季运动会、全国青年运动会，以及由中央国家机关有关部门牵头主办的全国综合性运动会，仍由国务院批准举办。特殊项目赛事主要包括攀登7000米以上山峰活动和外国人来华登山活动，全国性及跨省（区、市）的健身气功活动，国际性或全国性航空体育竞赛活动，均继续执行国家和有关主管部门的规定，按程序办理相关手续。

赛事审批制度改革前，国家体育总局每年列入“全国体育竞赛计划”的体育赛事有1000项左右。经过上述改革，需要审批的全国性和国际性体育赛事大幅度减少，仅为200项左右。

为深化体育赛事审批制度改革，进一步清理规范赛事收费，切实激发市场举办各类体育赛事的积极性，国家体育总局还印发了《体育总局办公厅关于进一步清理规范赛事收费的通知》。

二、研究对象与研究方法

（一）研究对象

全面梳理体育赛事管理制度的历史沿革，正确认识体育赛事管理制度改革取得的进展和面临的问题，探讨如何采取有效措施，不断优化赛事公共服务，以吸引社会力量举办体育赛事活动、激发市场活力为突破口，使市场在资源配置中起决定性作用、更好地发挥政府作用。

（二）研究方法

文献研究法、历史研究法、调查研究法、经验总结法、个案研究法。

三、研究内容

体育赛事是发展体育产业的核心资源，具有低污染、高产出、产业链长等特点，既符合信息时代“互联网+”的需求，又具有突出的行业特色。

（一）全国性和国际性体育赛事分类

全国性体育赛事主要包括以下几类：第一，全国综合性运动会，如全国运动会、全国学生运动会、全国少数民族传统体育运动会等。第二，由国家体育总局各运动项目管理中心或全国性单项体育协会主办、自行承办或由地方体育局承办的体育赛事。第三，由国家体育总局各运动项目管理中心或全国性单项体育协会主办，企业、社会组织等承办的体育赛事。第四，由个人、企业、社会组织等主办的体育赛事。

在华举办的国际性体育赛事主要包括以下几类：第一，国际、洲际、区域性体育组织主办的综合性运动会，如奥运会、亚运会、东亚运动会等。第二，国际、洲际、区域性单项体育组织主办的体育赛事，如世界游泳锦标赛、男足亚洲锦标赛、男足东亚锦标赛等。第三，国家体育总局各运动项目管理中心（或全国性单项体育协会）与地方政府（或地方体育局）合作主办的国际体育赛事，如公开赛、邀请赛、对抗赛、表演赛等。第四，国内外个人、企业、社会组织举办的体育赛事，如NBA季前赛、鸟巢意大利超级杯等。

（二）取消体育赛事审批，启动管理制度改革

体育赛事审批制度改革的指导思想：以党中央、国务院深化行政审批制度改革精神为指导，以转变政府职能为核心，正确处理政府与市场的关系，使市场在资源配置中起决定性作用，正确认识体育赛事在体育事业中的作用，完善体育赛事管理制度，加强事中、事后监管。

体育赛事审批制度改革应坚持的基本原则包括：第一，严格按照国务院及国务院审改办要求，取消商业性和群众性体育赛事活动审批。第二，对各类体育赛事统筹考虑、通盘研究，实行分级分类管理，不搞“一刀切”。根据赛事规模、组织形式等方面的特点，采取不同的管理模式。第三，借鉴目录制度，按照体育赛事主体是否包括专业运动员，经费来源是否包括财政拨款，运动成绩是否与运动员、教练员等相关人员的津贴待遇、运动员技术等级、专业技术职称评定密切相关的标准，把全国单项体育比赛中的重要

赛事编成名录，公开发布。第四，坚决禁止利用确定赛事承办单位之机收取任何名目的费用，逐步规范体育赛事服务收费标准，让市场主体依法依规自由举办赛事，激活体育市场。第五，及时回应社会关切，主动向社会通报改革措施，解读体育赛事管理制度内容，让社会了解体育赛事审批制度改革的方向与进展。

（三）完善相关配套制度，推动管理制度改革

对于在华举办的其他国际体育赛事，则按照我国外事管理法律、法规、制度以及国际体育组织的管理规定，分A、B、C三类管理。今后，此类审批更加公开透明，便捷有序。其中，B类和C类国际体育赛事原则上由承办地有外事审批权的地方人民政府或有关部门审批。

国家体育总局印发《体育总局办公厅关于进一步清理规范赛事收费的通知》，坚决禁止利用确定赛事承办单位之机收取任何名目的费用。明确规定，各类体育赛事，均可由主办单位和承办单位协商，合作进行市场开发，筹措赛事经费。所签合同应公平、公正、合理、合法，维护赛事主办单位和承办单位双方的合法权益。

国家体育总局要求全国性单项体育协会向社会办赛主体提供技术指导和服务，允许全国性单项体育协会根据其在体育赛事中提供的服务，依法合规地收取相应费用。但是，明确要求全国性单项体育协会公示服务内容及收费情况，广泛接受社会监督。全国性单项体育协会不得强制提供服务，不得滥用垄断地位收取高额费用，不得只收费、不服务，不得高收费、少服务。

国家体育总局坚决杜绝对已经取消的审批项目以其他名目搞变相审批，严格禁止各厅司局、直属单位针对已经取消审批的体育赛事（不包括纳入A、B、C三类管理的在华举办的涉外赛事）出具或印发含有同意、支持、批准、许可、授权、备案意义的文件。对

违反规定的，将严肃追究相关单位和部门及相关人员责任。

（四）体育赛事审批制度改革后的基本情况

体育赛事审批制度改革取得了较好的社会效果。政府在赛事组织中的作用进一步明确和细化，集中力量做好医疗、安保等公共资源协调及事后监管工作；全国性单项体育协会服务意识增强，服务专业化水平不断提高，进一步促进其能力建设，加快其实体化进程；体育赛事市场活力明显增强，从事体育赛事运营的公司不断增加，赛事产品供给数量增加，种类更加丰富，形式更加灵活，充分满足群众需求；体育行政部门的角色由赛事审批方转变为赛事管理方、赛事服务方，避免了行政手段对赛事筹备过程的干预，降低人为因素，减少不确定性，节省了赛事筹备时间。赛事公开招投标，减少了权力寻租机会和暗箱操作，降低了腐败风险，净化了行业风气。

以马拉松赛事为例，取消赛事审批后，各地纷纷举办各种类型的马拉松赛事，参与人数多、市场反响好，赛事运营企业不断增多，体育市场的活力明显增强。社会各界积极肯定体育赛事审批制度改革的态度、行动和成果。

改革不可能一蹴而就，通过听取地方体育管理部门、其他政府管理部门、全国性单项体育协会、体育赛事主办方等各方主体的意见，以及社会舆论反映的情况，了解到体育赛事审批制度改革以后，仍然面临两方面的问题和困难：一是体育部门取消审批后，其他部门并未及时跟进；二是取消事前审批后，事中、事后监管措施有待加强。

体育赛事尤其是大型赛事涉及面广，参与人数多，在办理赛事相关手续时往往涉及公安、卫生、消防、工商、交通、广电、外事等部门。据人民网2015年12月的报道《中文观潮：民间办赛，没了审批也愁人》所载，赛事审批权放开之后，就在社会力量放开手脚准备大干一场之时，新的烦恼不期而至：以往愁审批路径不通畅、担心审批时受刁难，而今愁的却是想过赛事安保关，没有审批单位反而成了阻碍，有的赛事不得不想尽办法重新找个盖章的“婆婆”才得以让赛事成行。体育赛事审批制度改革如果只是体育部门一家取消赛事审批，而其他部门的相关制度不做调整，赛事主办方与承办方在同公安、卫生、消防、工商、交通、广电、外事等部门协调时，仍会遇到很多困难。

取消商业性和群众性体育赛事活动的审批后，体育赛事活动大量增加，现有监管力量严重不足、行业标准缺乏等问题日益显现，特别是监管手段的欠缺使体育部门的事中、事后监管相对乏力。体育赛事活动还普遍存在服务水平较低、质量不高等问题，市场秩序有待加强。

（五）解剖“麻雀”，开展专项调研

为深入了解体育赛事管理现状，确定对马拉松、汽车露营、户外徒步这三个群众广泛参与的项目开展调研，选取赛事组织者、管理者、推广者、参与者、专家学者等作为调研对象，旨在全面掌握社会主体举办体育赛事的流程和条件，梳理阻碍社会主体举办体育赛事的制度障碍。

1. 马拉松项目调研情况

（1）项目简介：马拉松不仅是一项充满活力的运动方式，更是群众体育、竞技体育、体育产业和体育文化相结合的运动，已经成为推动全民健身、引领社会风尚、丰富城市文化、促进城市和谐与社会经济发展的排头兵，也是各地政府履行公共服务职能、提供公共体育产品的优先选择。2015年底，在中国田径协会注册备案的马拉松及相关赛事达到了134场，较2014年增加83场，增幅超过 160%。从覆盖区域看，马拉松赛事已经涵盖了4个直辖市和23个省、自治区的79个城市，较

2014年增加了34个城市。截至2016年9月，在中国田径协会注册备案的马拉松及相关运动赛事达到近300场。全国马拉松赛事数量实现了爆炸式增长。

（2）存在的问题：马拉松因其特殊性，使参与者的生命、健康面临一定风险，赛时对城市道路、交通、公安、消防、医疗急救、卫生等多种公共资源的要求较高。由于缺少赛事安保等级标准，赛事举办城市为了公共安全，在安保上动用的警力、物力非常巨大，相关费用很高，在赛事经费总数确定的情况下，势必会影响对跑者参赛服务保障的投入，使赛事服务出现问题。赛事医疗急救方案也存在缺少标准的问题。实践中，既出现过赛事医疗急救方案超过赛事相应规模，投入过多、效果不明显的情况，也出现过赛事参与者死亡、受伤等事故。由于缺少专业的医疗急救标准指导，从而难以厘清赛事组织者的责任。目前，赛事人身保险类别较单一、赔付额度较低，还不够完善。另外，央视直播赛事费用过高，占用了较大的竞赛组织费用，不利于赛事的可持续发展。

2. 汽车露营调研情况

（1）项目简介：汽车露营起源于美国，是为组织青少年在自然环境中开展理想教育而发起的。由于这项活动既能强健体魄、磨炼意志，又能使参与者体会到人与自然亲近的种种乐趣，所以发展得很快。近年来，随着我国人均收入不断增加，生活水平显著提高，汽车产业不断发展，汽车露营发展十分迅速。作为大众参与度日益提升的群众性体育活动，汽车露营在全民健身中占有重要地位。除全国性单项体育协会组织的汽车拉力赛、汽车集结赛等专业性比赛外，各地社团和民间团体也会组织一些汽车房车集结赛、汽车房车巡游活动、汽车房车观光赛等商业性和群众性汽车露营活动。

（2）存在的问题：随着社会力量的进入，汽车露营赛事运营市场的活力被逐渐激发，与此同时，赛事活动组织不规范，引导政策和保障制度不健全等问题也制约着汽车露营赛事活动的发展。汽车露营营地被列入商业服务业设施用地中的康体用地子类，而不是公共管理和公共服务用地中的体育用地。一方面，营地建设初期进行的各种论证中，基本不会考虑体育部门的意见，导致设施配置标准可能达不到赛事活动的标准要求。另一方面，商业服务业设施用地的土地使用权估价和市场交易价格较高，直接影响后期的营运成本与消费价格。此外，营地基础建设考虑不周全，垃圾回收、卫浴设施、污水处理系统等设计不合理，住宿、餐饮、休闲娱乐及配套的汽车保养、维护和救助服务水平亟待提高。

3. 户外徒步调研情况

（1）项目简介：户外徒步是一种在自然环境中行走的体育运动，通常是在步道上进行。其起源于18世纪的欧洲，根据穿越区域和距离的不同，分为多种类型。户外徒步基于其易参与、低成本、便推广等特点，成为开展最广泛的户外运动之一，近年来，在全国各地如火如荼地开展起来。户外徒步多选择在景区公园路面、山间野路、登山步道进行，参与者既可以通过运动健身，享受运动快乐，还可以亲近大自然。相关研究数据显示，截至2015年，我国经常性参与户外运动的人群数量已经达到了1.21亿人次，其中户外徒步的参与人数排名第二。

（2）存在的问题：赛事审批放开后，各类户外徒步活动鱼龙混杂，水平参差不齐，出现了很多问题。不少户外徒步赛事活动缺乏专业的教练和工作人员，使得赛事活动组织混乱无序，隐患极大。许多户外徒步活动因为缺乏周密的徒步计划、有经验的领队、较成熟的徒步线路等，常常会出现安全方面的问题，甚至造成生命财产损失。有的地方政府主办的徒步项目，为增加徒步人数，往往不收取任何费用，但此类活动通常只举办一次，无法形成可持续模式。另外，由于缺少对徒步参与者的必要培训及参赛条件限制，很多参与者盲目跟风，产生不良效果。有些参与者没有任何徒步经验，容易受伤；有些参与者缺乏环保意识，造成许多徒步线路上垃圾遍地，对环境造成严重破坏；有时候，参与者计划不周和能力不足、徒步线路自身存在的风险、天气急速变化及其他突发因素，使徒步参与者处于危险境地。

（六）优化体育赛事服务，深化管理制度改革

针对体育赛事活动审批取消后面临的主要问题和困难，国家体育总局首先从自身做起，深化体育赛事管理制度改革，采取有效措施，不断优化体育赛事服务，分步解决相关问题和困难。

进一步深化体育赛事管理制度改革的立足点和出发点：体育赛事是体育事业发展的核心环节之一，是调动各种社会资源的强大杠杆，可以调动社会多方面的积极性。体育赛事管理制度改革应当依据国家法律法规，贯彻创新、协调、绿色、开放、共享的发展理念，按照体育赛事满足人民群众需求、符合市场规律和体育运动规律的原则，对商业性和群众性体育赛事的设置和规模进行宏观指导、合理规划和统筹管理，确保赛事举办的科学化、体系化、制度化，采取措施优化赛事服务，加强事中、事后监管，不断推动体育赛事的可持续发展。

深化体育赛事管理制度改革首先要做好赛事优化服务工作，及时答复赛事主办方的咨询、解决办赛过程中的问题。国家体育总局选取部分群众广泛参与的项目，研究确定相关赛事开展的基本条件、标准、规则和要求，满足社会力量办赛要求，鼓励体育领域大众创业、万众创新。

（七）应尽快采取的措施

（1）继续推动体育赛事简政放权。争取公安、卫生、消防、工商、交通、广电、外事等涉及体育赛事管理的业务部门支

持，建立联动工作机制，明确各自职责，推动各地、各部门落实有关政策，打通赛事服务渠道和对口衔接，帮助赛事运营企业进行赛事协调，并在政策方面给予扶持、引导。

（2）进一步加大政策宣传力度。使民间资本和社会力量充分了解体育赛事的最新政策和改革进展情况，让体育赛事的组织者、承办者、参与者知晓权利和义务，鼓励各类社会主体参与体育赛事。

（3）推进放管结合，优化服务，制定相关标准，加强赛事监管，提高赛事服务能力和水平。在马拉松、汽车露营、户外徒步项目确定和公布赛事开展的基本条件、标准、规则和要求的基础上，不断总结经验，丰富和完善相关制度。鼓励和引导越来越多的体育项目制定赛事相关标准和规则，并尽快向社会公布，为赛事主办方提供技术服务，培育新生的社会体育组织和体育企业。

（4）健全和完善运动成绩认定、全国纪录管理、业余运动员技术等级等配套制度，真正打通群众体育和竞技体育，激发广大群众参加体育赛事的热情，吸引更多的群众参加全民健身，厚植竞技体育沃土，拓展体育消费市场，促进体育事业的全面、协调、可持续发展。

（5）督促地方政府体育主管部门出台政策，取消地方商业性和群众性体育赛事活动审批，按照社会主体办赛的需要，积极主动提供服务。

（八）应该加强研究、逐步采取的措施

1. 正确使用“中国”“全国”“国家”“中华”“世界”“亚洲”字样或具有类似含义的词语

为了扩大赛事知名度，获取丰厚的经济收益，有些体育的赛事主办方希望将赛事冠以“中国”“全国”“世界”等字样。根据现行管理制度，全国性单项体育协会主办或作为主办单位之

一的体育赛事，其名称可以使用“中国”“全国”“国家”“中华”字样或具有类似含义的词语。未经相关部门确认，其他体育赛事名称不得使用以上字样或具有类似含义的词汇。未经相应的国际体育组织确认，体育赛事名称不得冠以“世界”“亚洲”字样或具有类似含义的词语。

对于全国性单项体育协会以外的办赛主体是否可以在其主办的体育赛事中使用“中国”“全国”“国家”“中华”字样或具有类似含义的词语应予以明确。如果允许使用，应将有权同意使用的部门、需要满足的条件、应提交的材料和履行的程序向社会公布，而不应笼统地规定为“未经相关部门确认不得使用”。如果不允许使用，应采取禁止性立法的模式予以明确规定，并辅以相应的管理和惩处措施。

2. 加强体育赛事权益保护

体育赛事的权益主要包括标志、版权、冠名权等相关产权，是体育赛事的核心价值，是体育赛事市场化的基础，相关产权能够依法得到充分保护，是体育赛事能够蓬勃、有序、可持续发展的必要条件。

体育赛事的标志、版权、冠名权的权利主体、范围和内容应该通过法律、法规的条文确定下来，并明确保护手段和维权方式。体育赛事的标志一般包括名称、徽记、旗帜及吉祥物等，版权包括转播权、信息网络传播权、复制权、汇编权等。体育赛事冠名权实质上是一种特殊的广告形式，是指体育赛事活动的举办方在赛事活动中标注冠名企业的企业名称或商号，由冠名企业向体育赛事活动的举办方提供资金或实物作为回报。

3. 建立健全执法机构，及时高效保护体育赛事权益

体育赛事权益与一般物权、债权有很大不同，短期性、时效性的特点较为明显。只有在侵权行为发生的同时或者很短时间内，采取法律手段进行制裁，才能及时有效地保护体育赛事权益。

2008年北京奥运会期间，依据《奥林匹克标志保护条例》，我国建立了符合国情，由各级工商行政管理部门负责，保护奥林匹克标志、依法快速查处侵权行为的工作机制。经过实践检验，该工作机制运行良好，绩效显著，为健全和完善我国知识产权保护行政执法体制、机制做出了重要贡献，获得了国际奥委会的充分肯定和赞扬，得到了国内外舆论的普遍认可与好评。但是，该工作机制仅仅是保护2008年北京奥运会相关奥林匹克标志，并不保护一般的体育赛事权益。

为了达到快速高效保护体育赛事权益的执法效果，应该借鉴2008年北京奥运会的经验，建立健全专门执法部门，并对执法人员进行相关法律法规知识培训，使其熟悉和了解体育赛事侵权行为的特点、应采取的法律手段，提高执法人员处理相关案件的能力。针对体育赛事直播难以被迅速发现、体育赛事标志网络保护难度增大、相关证据难以搜集等现象，行政执法部门必须创新执法手段，借鉴国外行政禁令和法院禁令形式，对现有的保全措施进行程序优化，通过发送告知函的形式，采取断网、证据保全、责令软件下架等技术手段处理侵权案件。

四、结论

体育赛事管理制度改革取得了较好的社会效果。但是体育部门取消审批后，其他部门并未及时跟进，社会力量办赛仍然存在一定困难，需要进一步深化行政审批制度改革。

体育赛事是培养和发现高水平运动人才的重要平台，是调动各种社会资源的强大杠杆，是体育事业发展的核心环节之一。体育赛事制度改革不能一放了之，需要科学规划、合理设计，加强赛事体系建设，推动体育赛事发展，完善赛事监管体系，充分发挥体育赛事在体育事业中的重要作用。

针对取消商业性和群众性体育赛事活动审批后体育赛事活动存在的问题，如体育赛事服务水平较低、市场秩序有待加强、行业标准缺乏、现有监管力量严重不足等，体育部门应当抓紧制定配套政策措施，优化体育赛事服务，加强赛事规划和监管，满足社会力量办赛要求。

五、致谢

本课题是由陈华栋和魏勇执笔，在第二小组靖相国、王健、杜丽惟、周波、许宁宁、赵春燕、凌琳以及班里其他同学的帮助下共同完成的。大家在课堂学习、小组研讨、全班交流、文献查找、案例搜集、调查研究等诸多方面，做了大量工作，对课题的完成给予了很大启发和帮助。他们为建设体育强国而上下求索的担当意识、严谨治学的态度鼓舞着我们，他们精益求精的不懈追求、从容平和的境界感染着我们。在论文的选题和完成过程中，还得到了夏伦好、孙葆丽、廖雨霖、刘洋几位老师的鼓励和支持，他们扎实的理论知识、合理的意见建议，让本课题变得更加贴近工作，符合实际，富有成效。

为期三个月的党校生活即将结束，开学典礼仿佛就在昨天，三个转变似乎刚刚完成，但我们却切切实实地经历了一次精神的升华、党性的锻炼。感谢人事司给我们来党校学习的机会，感谢国家体育总局工作单位让我们能够全身心地投入学习，感谢国家体育总局干部培训中心的关心和照顾。

参考文献

[1] 崔国斌.著作权法：原理与案例[M].北京：清华大学出版社，2014：510.

[2] 张林，黄海燕.中国体育产业发展报告[M].北京：人民体育出版社，2013：71.

[3] 梁慧星.民法总论[M].北京：法律出版社，2011：71.

[4] 于善旭.我国体育无形资产法律保护的研究[M].北京：北京体育大学出版社，2009：125.

[5] 黄世席.奥运会法律问题[M].北京：法律出版社，2008：141.

[6] 韩勇.体育法的理论与实践[M].北京：北京体育大学出版社，2009：138-140.

[7] 郭树理.外国体育法律制度专题研究[M].武汉：武汉大学出版社，2008：242.

[8] 李齐，方春妮.我国城市马拉松赛事参赛者服务比较研究[J].体育文化导刊，2017（5）：15-19，29.

[9] 李杨.体育赛事视听传播中的权利配置与法律保护[J].体育科学，2017，37（5）：88-97.

[10] 梁国力.我国城市马拉松赛事问题审视及对策[J].体育文化导刊，2017（4）：36-40.

[11] 龙海波.简政放权这五年[J].紫光阁，2017（4）：50-52.

[12] 杨杰夫，旷晓琴.休闲类徒步运动研究进展的综述[J].当代体育科技，2017，7（3）：231-233.

[13] 赵阳，汤卫东.体育赛事法律性质的民法解读——以《民法典·民法总则(草案)》为背景[J]. 武汉体育学院学报，2017，51（2）：51-53，100.

[14] 张玉超.我国体育赛事产业的法律保护研究[J].体育科学，2016，36（10）：10-17.

[15] 冯春.体育赛事转播权二分法之反思[J].法学论坛，2016，31（4）：126-132.

[16] 姚鹤徽.论体育赛事类节目法律保护制度的缺陷与完善[J].体育科学，2015，35（5）：10-15，97.

[17] 曹立，田时雨.深化行政审批制度改革要破解三大难题[J].中国党政干部论坛，2014（11）：63-65.

[18] 袁绍义.论体育赛事民商事法律关系的类型化[J].体育科学，2013，33（3）：3-12.

[19] 黄海燕，张林.体育赛事综合影响框架体系研究[J].体育科学，2011，31（1）：75-84.

[20] 潘建华.体育赛事品牌的法律保护研究[J].西安体育学院学报，2010，27（2）：158-161.

[21] 祝建军.体育赛事冠名权与商标权的冲突与解决[N].人民法院报，2017-05-25（007）.

基于财务风险的国家体育总局系统事业单位内部控制的问题及对策研究

执笔人：高建玺　杜丽惟

摘要：国家治理水平的不断提升，要求事业单位全面建立、有效实施内部控制，确保内部控制覆盖单位经济和业务活动的全范围，贯穿内部权力运行的决策、执行和监督全过程，规范单位内部各层级的全体人员。本文运用文献研究法、观察法、个别访谈法、对比研究法、调查问卷法、定量分析法等，从财务角度出发，通过了解国家体育总局系统事业单位内部控制实施的现状，针对存在的问题，在单位层面、业务层面及评价监督方面提出改进对策。

关键词：国家体育总局系统；事业单位；内部控制

一、选题背景与意义

（一）选题背景

党的十八大报告关于中国体育事业发展的建议中，明确指出要“广泛开展全民健身运动，促进群众体育和竞技体育全面发展”。

近年来，习近平总书记多次对体育工作做出指示。2014年，习近平总书记在看望索契冬奥会中国体育代表团时指出，我们每个人的梦想、体育强国梦都与中国梦紧密相连。2017年，习近平总书记在考察首都体育馆时强调，少年强中国强，体育强中国强，推动我国体育事业不断发展是中华民族伟大复兴事业的重要组成部分。习近平总书记在2019年2月考察北京冬奥会、冬残奥会筹办工作时的讲话提到，发展体育事业不仅是实现中国梦的重要内容，还能为中华民族伟大复兴提供凝心聚气的强大精神力量。

体育是综合国力的体现，没有中国特色体育的大发展，就没有中国人民的大健康，就没有国际地位的大提升，就没有实现中国梦的大前提。国家体育总局系统的事业单位是发展我国体育事业的重要载体，其健康发展对我国体育事业的发展至关重要。

与此同时，国家改革的进程不断推进。党的十八届三中全会通过的《中共中央关于全面深化改革若干重大问题的决定》提出，要“推进国家治理体系和治理能力现代化”。治理的核心是制衡，要求决策、执行、监督三权分离，这恰恰也是内部控制的核心内容。党的十八届四中全会通过的《中共中央关于全面推进依法治国若干重大问题的决定》明确指出，要“对财政资金分配使用、国有资产监管、政府投资、政府采购、公共资源转让、公共工程建设等权力集中的部门和岗位实行分事行权、分岗设权、分级授权，定期轮岗，强化内部流程控制，防止权力滥用”，为行政事业单位加强内部控制建设指明了方向。党的十八届六中全会公报提出：“建设廉洁政治，坚决反对腐败，是加强和规范党内政治生活的重要任务。必须筑牢拒腐防变的思想防线和制度防线，着力构建不敢腐、不能腐、不想腐的体制机制。”

财政部于2012年发布《行政事业单位内部控制规范（试行）》（以下简称《内部控制规范》），要求自2014年1月1日起施行；2015年发布《关于全面推进行政事业单位内部控制建设的指导意见》；2017年发布《行政事业单位内部控制报告管理制度（试行）》。财政部发布的一系列关于内部控制的文件对国家体育总局系统事业单位的内部控制提出了工作要求，同时也提供了参考和规范。在当前事业单位改革即将大规模启动之际，国家体育总局系统事业单位应该以此为契机，努力加强财务风险防范机制建设，规范内部控制，提高内部管理水平，提升体育服务效率。

（二）选题意义

理论界对内部控制的研究，无论深度还是广度都已经十分深入和全面，但是关于内部控制的论文和著述多集中在企业方面，对事业单位内部控制的研究还不够深入，特别是对体育事业单位的内部控制的研究更是屈指可数。我们搜索中国知网发现，在《内部控制规范》出台后，关于体育事业单位的内部控制研究，只有蒋小兰的《体育事业单位预算绩效管理与内部控制研究》、咸雯的《财政资金支持下体育场馆的内部控制》和惠弋的《体育事业机构内部控制的瓶颈与对策研究》三篇文章，而且分别侧重于预算绩效、体育场馆和审计监督，研究内容局限于内部控制的某一方面，并且没有对《内部控制规范》实施效果的分析研究。这与我国体育事业的发展和体育事业单位内部控制的实际需要不匹配。本文希望能通过对理论和工作实际效果的调查研究，推动国家体育总局系统事业单位内部控制理论的研究进程，对国家体育总局系统事业单位建立符合自身特点的内部控制体系贡献一份力量。

二、研究内容

（一）内部控制的概念

根据《内部控制规范》第三条规定，内部控制是指单位为实现控制目标，通过制定制度、实施措施和执行程序，对经济活动的风险进行防范和管控。

（二）事业单位内部控制与企业内部控制的异同比较

1. 事业单位与企业内部控制目标的异同比较

事业单位内部控制的目标主要包含合理保证单位经济活动合法合规、资产安全和使用效率、财务信息真实完整，有效防范舞弊和预防腐败，提高公共服务的效率和效果。

企业内部控制的目标主要包含合理保证企业经营管理合法合规，合理保证企业资产安全，合理保证企业财务报告及相关信息真实完整，提高经营效率和效果，促进企业实现发展战略。

事业单位与企业内部控制目标的相同之处在于：事业单位与企业都必须确保经济活动或经营管理合法合规，保证资产的安全，以及提供真实完整的财务信息。

事业单位与企业内部控制目标的不同之处在于：事业单位内部控制的核心是财务风险的防范，提供真实可靠的会计报告和财务信息是对事业单位的基本要求，其根本目标是有效防范舞弊和预防腐败，提高公共服务的效率和效果；通过建立、实施内部控制，确保单位内部控制制度的可行性、完整性和适用性，从而全面提高单位管理的整体效能。企业更多地关注经营效率和效果的提高，更侧重的是企业的经济利益，实现利润最大化，提高企业管理水平和风险防范能力。

2. 事业单位与企业内部控制原则的异同比较

事业单位内部控制的原则包括全面性原则、重要性原则、制衡性原则、适应性原则。

企业内部控制的原则包括全面性原则、重要性原则、制衡性原则、适应性原则和成本效益原则。

从内部控制的原则上看，事业单位与企业的相同之处在于都包含以下原则。

（1）全面性原则：内部控制工作不是仅仅局限于财务工作范畴，而是覆盖单位的各项业务，在工作流程上渗透决策、执行、监督等各个方面。

（2）重要性原则：在兼顾全面性的基础上重点突出重要业务和事项，高风险环节和领域，对其采取更加严谨全面的控制方法，防止出现重大的漏洞和缺陷。

（3）制衡性原则：在管理层面、岗位设置和权责配置等方面起到相互制约、相互监督的作用，确保各项工作有效地运转。

（4）适应性原则：内部控制要与单位的发展规模、业务特点和范围、风险水平等相适应，随着内部环境和外部环境的变化而调整。

事业单位与企业内部控制原则的不同之处在于：事业单位内部控制原则不包括成本效益原则，事业单位的绩效难以量化考核，难以有效权衡实施内部控制的成本与效益的关系。而企业要考虑成本与效益，即内部控制应当权衡实施成本与预期效益，以适当成本实现有效控制。

3. 事业单位与企业内部控制方法的异同比较

事业单位采用的内部控制的方法包括不相容岗位分离控制、内部授权审批控制、归口管理、预算控制、财产保护控制、会计系统控制、单据控制、信息内部公开控制等。

企业采用的内部控制的方法包括不相容岗位分离控制、内部授权审批控制、预算控制、财产保护控制、会计系统控制、运营分析控制和绩效考评控制等。

从内部控制的方法看，事业单位与企业的相同之处在于均使用以下方法。

（1）不相容岗位分离控制：采取合理设置关键岗位，明确权责，定期轮岗等控制方法。

（2）内部授权审批控制：在重大经济决策上，集体研究讨论通过；按照不同的授权批准权限审批控制等。

（3）预算控制：全面编制预算，强化预算管理。

（4）财产保护控制：建立财产日常管理和定期盘点制度，各种财产的变动要登记记录、建档，明确工作流程等。

（5）会计系统控制：包括会计机构设置、会计人员的配置、会计基础工作的规范、会计档案的加强、会计账簿凭证、会计报告处理等各项会计业务的工作流程。

事业单位与企业内部控制方法的不同之处在于：事业单位在内部控制活动中融入了归口管理、单据控制和信息内部公开等具有事业单位特点的措施。企业在运营分析控制和绩效考评控制方法上，侧重分析查找企业运营中的各种问题，对绩效考核评价进行控制，将风险控制在企业可承受的范围内。

（三）研究方法

本研究运用了文献研究法、观察法、个别访谈法、对比研究法、调查问卷法、定量分析法等。

三、国家体育总局系统事业单位内部控制的现状及存在问题

国家体育总局系统有41家直属事业单位，目前已初步建立了

内部控制体系，从制度规定、业务运行、评价监督等方面进行内部控制。但与此同时，在内部控制体系建设及运转方面仍存在一些问题，需要予以规范、加强或完善。

（一）国家体育总局系统事业单位内部控制的现状

2017年6月，本课题组对国家体育总局系统事业单位内部控制的现状进行了调查。本次调查选取国家体育总局系统事业单位第38期党校班学员作为调查对象，共发放问卷22份，回收问卷20份，有效问卷19份。通过分析调查数据，对国家体育总局系统事业单位内部控制的现状进行了解。

1. 单位层面内部控制的现状

（1）单位组织建立内部控制制度的方式。调查结果显示，42.11%的单位成立了一个由相关部门、人员组成的内部控制实施团队组织实施；21.05%的单位聘请外部顾问团队实施，单位内部团队配合实施；另外，有36.84%的单位成立了一个由相关部门、人员组成的内部控制实施团队组织实施，聘请外部顾问咨询和指导（图1）。通过调查数据可以看出，组织建立内部控制制度的方式中，单纯依靠单位自身力量和借助外部专家团队的比例基本各占一半。

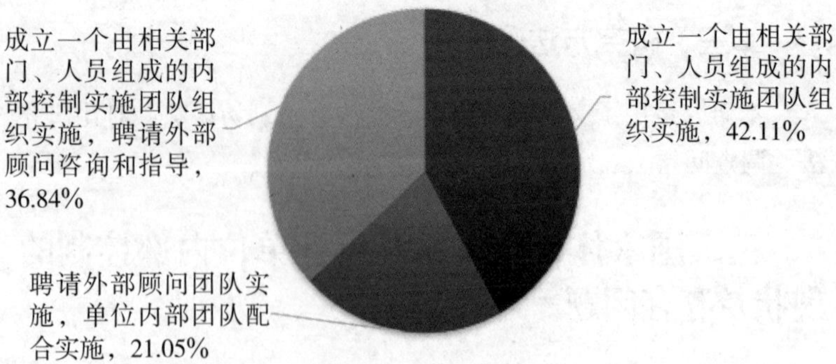

图1　单位组织建立内部控制制度的方式

（2）内部控制工作领导小组成立情况。调查结果显示，84.21%的单位成立了工作领导小组，10.53%的单位没有成立工作领导小组，另有5.26%的调查对象不清楚情况（图2）。已成立工作领导小组的16家单位中，组长是单位主要领导的有13家，占比81.25%；组长是单位分管领导的有2家，占比12.50%；另有1家不清楚情况，占比6.25%（图3）。从以上数据可以看出，大多数单位成立了领导小组，组长多为单位主要领导或分管领导。

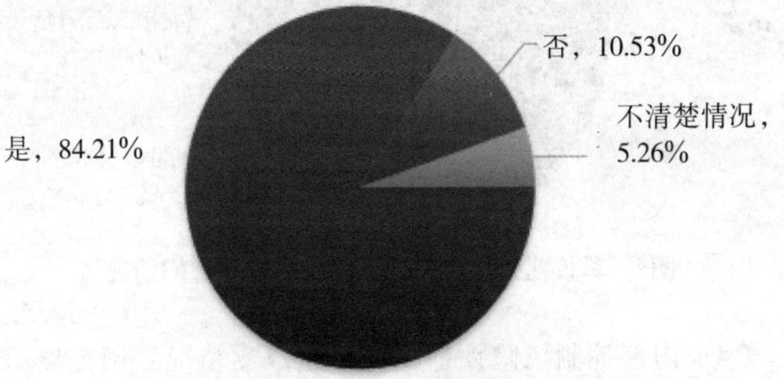

图2　单位是否成立了内部控制工作领导小组

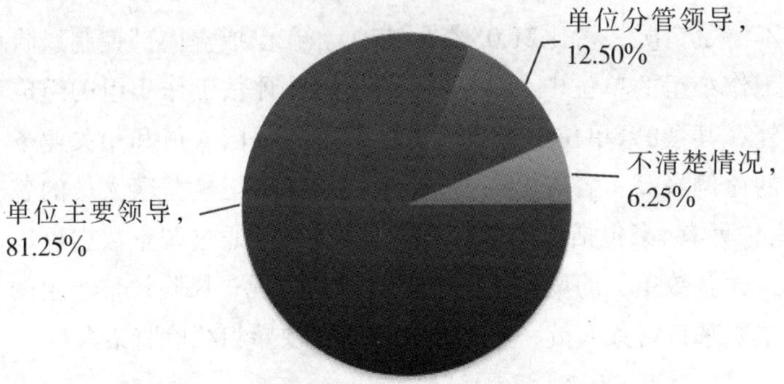

图3　单位内部控制工作领导小组组长任职人员情况

（3）建立与实施内部控制的牵头部门。调查显示，牵头部门是财务部门的最多，占比63.16%；其次是办公室，比例为26.32%；另外，内部审计部门和暂未有部门负责的各占5.26%（图4）。

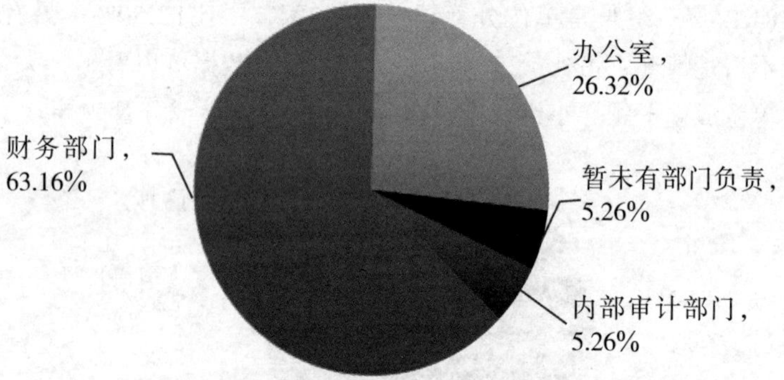

图4　单位建立与实施内部控制的牵头部门情况

（4）内部控制风险评估工作小组成立情况。调查显示，9家单位已成立内部控制风险评估工作小组，占比47.37%；6家单位未成立内部控制风险评估工作小组，占比31.58%；另有4家单位不清楚情况，占比21.05%（图5）。在已成立内部控制风险评估工作小组的单位中，除1家不清楚风险评估工作小组的组成人员外，其余8家单位中组成人员包括财务部门人员和相关业务人员的比例最高，各有7家；包括单位领导和纪检监察人员的各有6家；另有4家包括内部审计人员（表1）。通过调查数据可以看出，大多数单位的风险评估工作未得到重视；风险评估小组的成员主要来自财务人员、业务人员、单位领导和纪检监察人员。

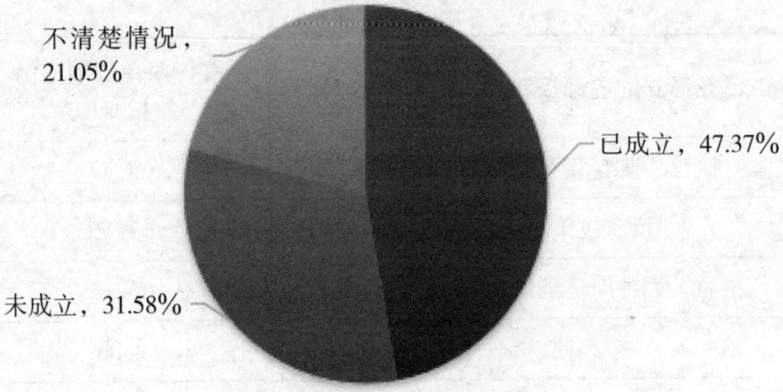

图5　单位内部控制实施的风险评估工作小组成立情况

表1　单位内部控制风险评估工作小组组成人员情况

风险评估工作小组的组成人员类型	数量	占8家单位的比例（%）
单位领导	6	75.00
相关业务人员	7	87.50
内部审计人员	4	50.00
纪检监察人员	6	75.00
财务部门人员	7	87.50

（5）单位已经建立的内部控制工作机制情况。调查显示，13家单位已建立决策、执行、监督相互分离的工作机制，12家单位已分别建立议事决策机制和关键岗位责任制（表2）。可以看出，内部控制工作机制在不同程度和侧重点上已经建立。

表2　单位已经建立的内部控制工作机制情况

单位已经建立的内部控制工作机制种类	数量	占19家单位的比例（%）
决策、执行、监督相互分离的工作机制	13	68.42
议事决策机制	12	63.16
关键岗位责任制	12	63.16
其他	0	0.00

（6）重大经济事项的决策机制和决策办法。调查显示，19家单位均已明确重大经济事项的决策机制和决策办法，其中11家单位由领导班子集体研究决策，占比57.90%；8家单位采取集体研究、专家论证和技术咨询相结合的议事决策机制，占比42.10%（图6）。

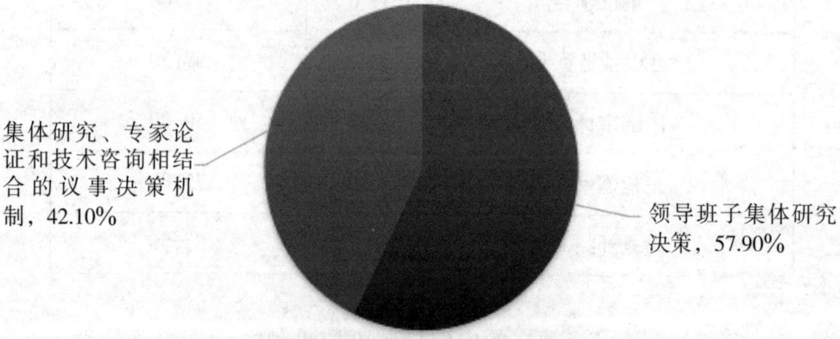

图6　重大经济事项的决策机制和决策办法

（7）单位各部门的岗位职能情况。调查显示，19家单位均进行了职能分工，其中13家单位已经按照单位组织与部门相关工作职能，进行了明确的岗位职责权限划分，占比68.42%；6家单位仅在实际工作中有工作分工，但没有明确各个岗位职责权限，占比31.58%（图7）。

图7　单位各部门的岗位职能情况

（8）单位领导者组织内部工作权限与授权管理情况。调查显示，19家单位均有工作分工，其中15家单位已经按照单位组织与部门相关工作职能，进行了明确的工作权限与授权管理，占比78.95%；另外4家单位仅在实际工作中有工作分工，但没有明确的领导者工作权限与授权管理，占比21.05%（图8）。

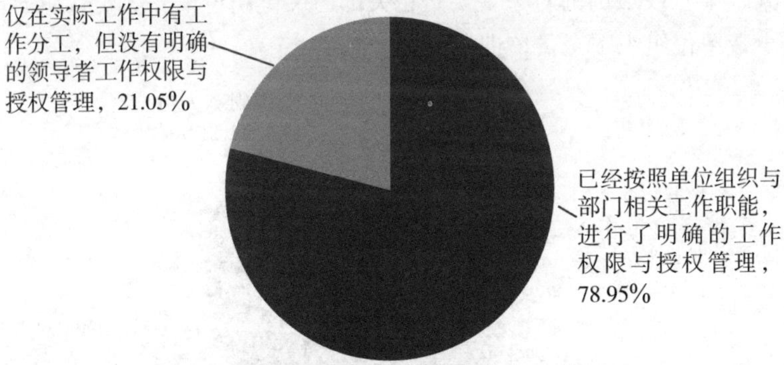

图8　单位领导者组织内部工作权限与授权管理情况

（9）单位组织内部控制的学习或培训情况。调查显示，最近三年中，单位组织内部控制的学习或培训的次数为1次的有7家单位，占比36.84%；2次的有4家，占比21.05%；3次及以上的有7家，占比36.84%；另有1家不清楚情况，占比5.26%（图9）。

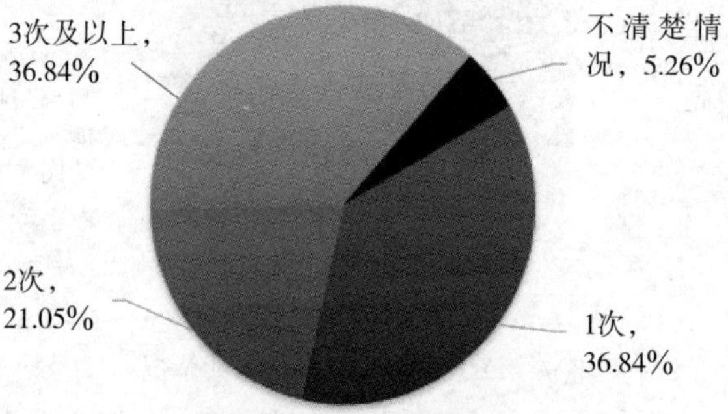

图9　最近三年单位组织内部控制学习或培训情况

在18家组织过培训的单位中，7家单位组织全员参加学习或培训，占比38.89%；9家单位组织内部控制相关部门关键岗位工作人员参加，占比50.00%；2家单位只有财务人员参加，占比11.11%（图10）。学习或培训的次数为2次及以下的单位占比较大，学习或培训的对象主要是相关部门关键岗位工作人员，只有少数单位组织了全员培训。

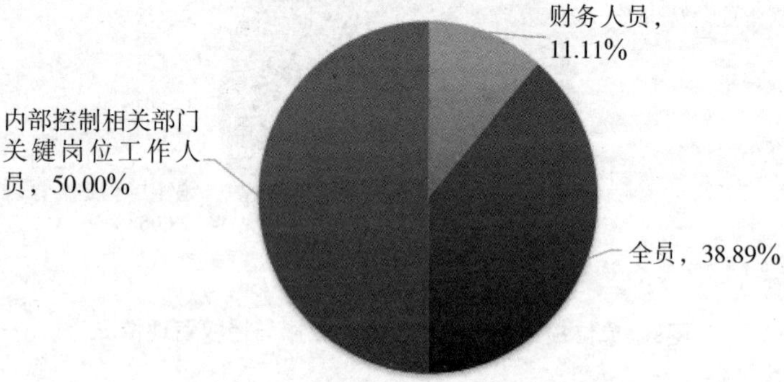

图10　单位内部控制学习或培训的对象

（10）调查对象对本单位内部控制建设的了解程度。调查显示，6名调查对象对本单位的内部控制建设非常了解并系统学习过，占比31.58%；9名调查对象一般了解，未接受过系统学习，占比47.37%；有4名调查对象听说过但不知道详细内容，占比为21.05%（图11）。可以看出，大部分调查对象对本单位内部控制建设的了解程度停留在一般了解或不清楚详细内容的阶段，说明内部控制的宣传培训工作有待加强。

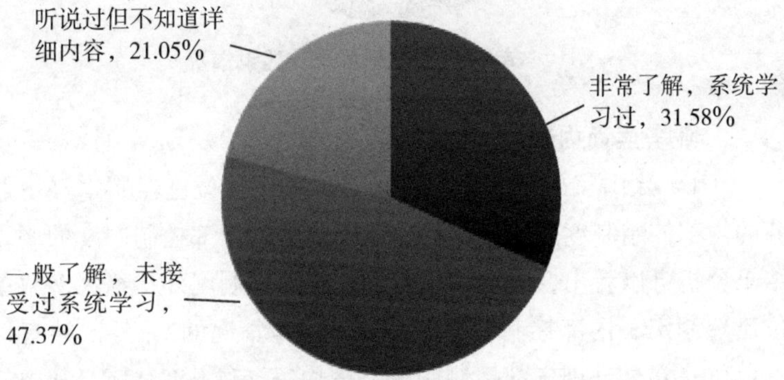

图11　对本单位内部控制建设的了解程度

（11）单位内部控制信息化建设情况。调查显示，没有一家单位实现内部控制的全面信息化；9家单位已实现会计内部控制信息化，占比47.37%；7家单位暂未实行内部控制信息化，占比36.84%；1家单位未全面实现信息化，占比5.26%；另有2名调查对象不清楚情况，占比10.53%（图12）。

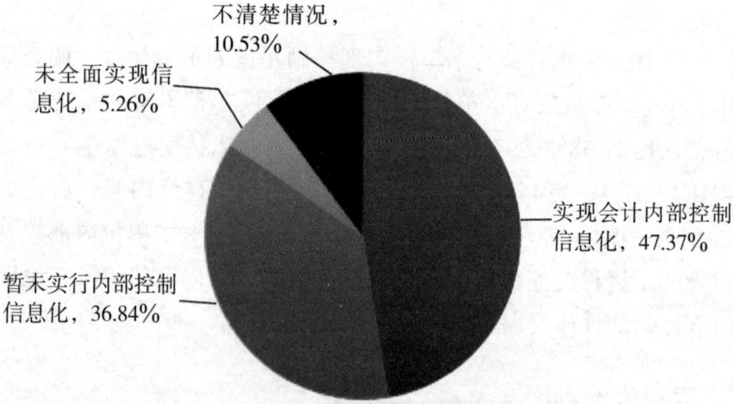

图12　单位内部控制信息化建设情况

2. 业务层面内部控制的现状

（1）除国家出台的相关管理制度外，单位已经制定经济业务的内部控制制度。通过对单位已经制定的内部控制制度的调查结果分析可以看出，除国家出台的相关管理制度外，绝大多数单位已经制定了内部控制制度。除去不清楚情况的2家外，共有17家单位建立了74项内部控制制度，平均每家建立4.35项。其中：建立政府采购业务和合同业务的内部控制制度的单位最多，各有14家；建立预算业务内部控制制度的单位有13家；建立收支业务和资产业务内部控制度的单位各有12家；另外，有9家单位已建立建设项目业务内部控制制度（表3）。

表3　已制定的内部控制制度种类及比例

制度名称	数量	占17家单位的比例（%）
政府采购业务	14	82.35
合同业务	14	82.35
预算业务	13	76.47

续表

制度名称	数量	占17家单位的比例（%）
收支业务	12	70.59
资产业务	12	70.59
建设项目业务	9	52.94
其他	0	0.00

（2）单位制定的内部控制制度的可操作性。调查显示，对单位制定的内部控制制度的可操作性的评价不尽如人意。有68.42%的受访者认为单位内部控制制度的可操作性一般，仅有26.32%的受访者认为单位内部控制制度的可操作性强，另外有5.26%的受访者不清楚内部控制制度的可操作性情况，也从侧面说明内部控制制度的宣传培训力度不够，在日常工作中没有得到有效的实施（图13）。

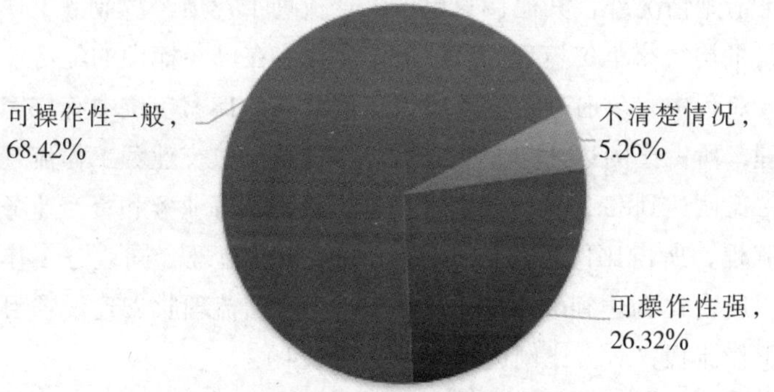

图13　单位制定的内部控制制度的可操作性

（3）实际工作过程中对内部控制制度的运用方式。调查结果显示，在实际工作过程中，调查对象都会或多或少地运用内部控制制度，但是能够将内部控制制度的要求自觉落实到实际工作的调查对象只占26.32%；68.42%的调查对象会在实际工作中遇到问题时，随时查阅内部控制制度；另外，有5.26%的调查对象会偶尔翻看内部控制制度（图14）。

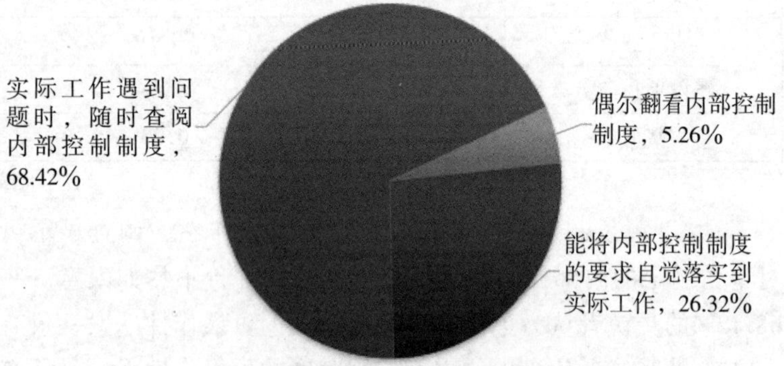

图14　实际工作中对内部控制制度的运用方式

（4）单位已经梳理的经济业务工作流程情况。调查结果显示，绝大多数单位已经梳理了经济业务工作流程，除1家调查对象不清楚情况外，其他18家单位已经梳理了78项经济业务工作流程，平均每家单位梳理4.33项工作流程。在已经梳理的经济业务工作流程中，政府采购业务所占比例最高，18家单位中有16家已梳理，所占比例达到88.89%；有15家已梳理收支业务工作流程，所占比例达到83.33%；分别有13家已梳理预算业务和资产业务工作流程，所占比例各达72.22%；有12家已梳理合同业务工作流程，所占比例达到66.67%；另外，有9家已梳理收支建设项目业务工作流程，所占比例达到50.00%（表4）。

表4　单位已经梳理的经济业务工作流程情况

单位已经梳理的经济业务工作流程类型	数量	占18家单位的比例（%）
预算业务	13	72.22
收支业务	15	83.33

续表

单位已经梳理的经济业务工作流程类型	数量	占18家单位的比例（%）
政府采购业务	16	88.89
资产业务	13	72.22
收支建设项目业务	9	50.00
合同业务	12	66.67

（5）单位在制度建设方面采用的手段。调查结果显示，除1家调查对象不清楚情况外，其他18家单位已经梳理了79项制度建设工作流程，平均每家单位梳理4.39项工作流程。可以看出，绝大多数单位采用多种手段进行了制度建设。开展全面预算的单位最多，有16家，所占比例达到88.89%；有13家采用归口管理，所占比例达到72.22%；分别有11家采用内部授权审批控制和单据控制，所占比例各达61.11%；有10家采用会计控制，所占比例达到55.56%；有8家采用不相容岗位相互分离，所占比例达到44.44%；另外，分别有5家采用财产保护控制和信息内部公开，所占比例各达27.78%（表5）。

表5　单位在制度建设方面采用的手段

单位在制度建设方面采用的手段	数量	占18家单位的比例（%）
不相容岗位相互分离	8	44.44
内部授权审批控制	11	61.11
归口管理	13	72.22
全面预算	16	88.89

续表

单位在制度建设方面采用的手段	数量	占18家单位的比例（%）
财产保护控制	5	27.78
会计控制	10	55.56
单据控制	11	61.11
信息内部公开	5	27.78

（6）被调查者认为本单位内部控制风险点的重要程度。本课题通过查阅《内部控制规范》及总结日常工作，筛选出12项常见的风险因素，让被调查对象对每个因素的重要程度进行选择。调查结果显示，被调查对象认为非常重要的比例超过50%的风险点依次为财政拨款专项资金（73.68%）、工程项目管理（73.68%）、业务收入管理（63.16%）、资产管理（63.16%）、合同管理（63.16%）和政府采购管理（57.89%），另外认为日常“三公经费”开支的重要和非常重要的比例之和为89.48%。使用加权平均法计算，重要性程度较高的风险点依次为工程项目管理（3.58分）、财政拨款专项资金（3.53分）、业务收入管理（3.47分）、合同管理（3.47分）、日常“三公经费”开支（3.37分）、资产管理（3.32分）和政府采购管理（3.32分）（表6）。

通过对风险点重要程度的调查结果分析可以看出，被调查对象认同的内部控制各环节中重要程度比较高的风险点主要包括财政拨款专项资金、工程项目管理、业务收入管理、资产管理、合同管理、政府采购管理和日常“三公经费”开支，这与财政部《内部控制规范》中关于风险评估重点关注的方面基本吻合。

表6 被调查者认为本单位内部控制风险点的重要程度

风险点	项目	不重要	一般重要	重要	非常重要	无此情况	合计	加权平均分数
财政拨款专项资金	数量	1	2	2	14	0	19	3.53
	比例	5.26%	10.53%	10.53%	73.68%	0.00%	100.00%	
训练经费的管理	数量	1	2	3	9	4	19	2.63
	比例	5.26%	10.53%	15.79%	47.37%	21.05%	100.00%	
日常“三公经费”开支	数量	0	2	8	9	0	19	3.37
	比例	0.00%	10.53%	42.11%	47.37%	0.00%	100.00%	
业务收入管理	数量	1	1	5	12	0	19	3.47
	比例	5.26%	5.26%	26.32%	63.16%	0.00%	100.00%	
资产管理	数量	1	4	2	12	0	19	3.32
	比例	5.26%	21.05%	10.53%	63.16%	0.00%	100.00%	
工程项目管理	数量	1	1	3	14	0	19	3.58
	比例	5.26%	5.26%	15.79%	73.68%	0.00%	100.00%	
科研课题经费管理	数量	2	5	4	8	0	19	2.95
	比例	10.53%	26.32%	21.05%	42.11%	0.00%	100.00%	
合同管理	数量	1	1	5	12	0	19	3.47
	比例	5.26%	5.26%	26.32%	63.16%	0.00%	100.00%	
会议费开支	数量	0	7	6	6	0	19	2.95
	比例	0.00%	36.84%	31.58%	31.58%	0.00%	100.00%	
培训费开支	数量	0	7	6	6	0	19	2.95
	比例	0.00%	36.84%	31.58%	31.58%	0.00%	100.00%	
政府采购管理	数量	1	3	4	11	0	19	3.32
	比例	5.26%	15.79%	21.05%	57.89%	0.00%	100.00%	

3. 内部控制评价监督的现状

（1）内部控制评价办法的建立情况。调查显示，4家单位有相应的内部控制评价办法，占比21.05%；6家单位未建立内部控制评价办法，占比31.58%；另有9家调查对象不清楚情况，占比47.37%（图15）。

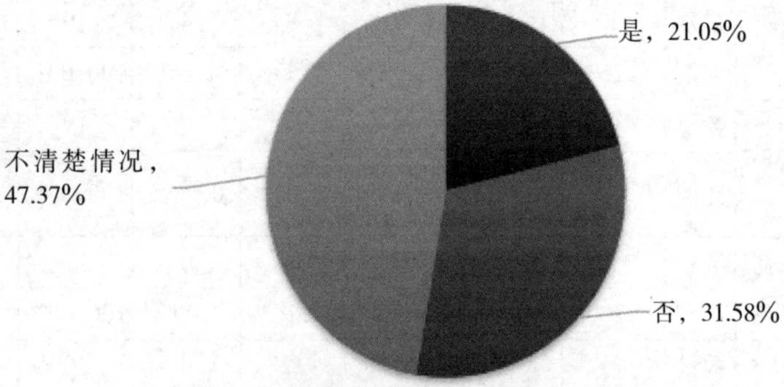

图15　单位是否有相应的内部控制评价办法

（2）内部控制评价结果分析利用和考核制度的建立情况。调查显示，4家单位已经建立了内部控制评价结果分析利用和考核制度，占比21.05%；5家单位未建立相关制度，占比26.32%；另有10家调查对象不清楚情况，占比52.63%（图16）。

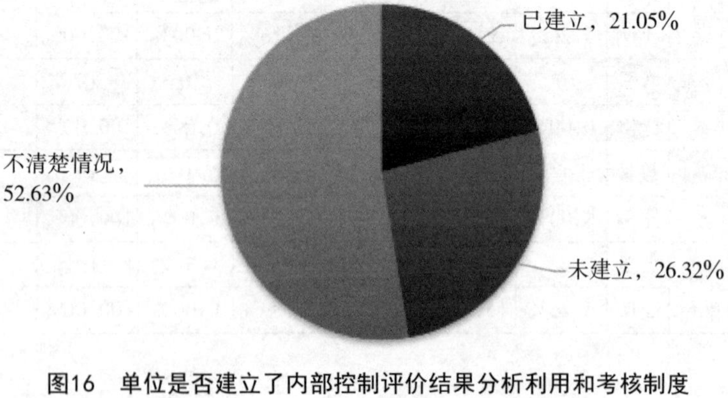

图16　单位是否建立了内部控制评价结果分析利用和考核制度

（3）单位是否建立了内部控制缺陷的报告和整改机制，并明确职责分工，以确保内部控制设计和运行中的主要问题和重大风险得到及时解决和有效控制。调查显示，6家单位已经建立了内部控制缺陷的报告和整改机制，并明确职责分工，占比31.58%；5家单位未建立相关机制，占比26.31%；另有8家调查对象不清楚情况，占比42.11%（图17）。

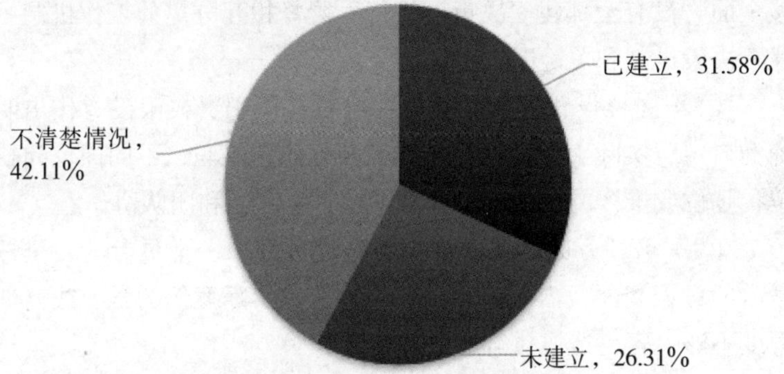

图17　单位是否建立了内部控制缺陷的报告和整改机制，并明确职责分工

（二）国家体育总局系统事业单位内部控制存在的问题

1. 单位层面内部控制存在的问题

（1）组织方面。首先，单位内部人员对单位工作情况比较熟悉，能更准确地查找风险点，但是由于人员自身及专业素养的局限性，单纯依靠自身力量建设内部控制机制，缺乏对内部控制全面框架的把控和专业理论的指导；而外部专家团队可以在风险点的防控方面从专业的角度加以指导，但是短时间内对单位的工作内容和程序的了解不够全面深入，会造成建立内部控制的效果不理想。其次，单位对风险评估工作的重视不够，部分单位未成

立风险评估工作小组，风险评估工作未覆盖全部岗位和人员，导致风险识别的基础薄弱，从而影响风险应对的工作制度和工作机制的建立。再次，内部控制的建立、实施、评价工作涉及所有业务，内部控制工作仅由财务部门牵头，其他业务部门不能充分参与，很难有效地推动工作的开展。

（2）工作机制方面。绝大多数单位的内部控制工作机制不够全面，没有全部建立决策、执行、监督相互分离的工作机制、议事决策机制和关键岗位责任制。

（3）岗位设置方面。部分单位对岗位职责权限没有作出明确的界定，实际工作中容易出现不相容职务兼职，不同岗位间缺位、越位或推诿的现象，不利于发挥个人才能和团队协作。

（4）培训方面。在内部控制建设过程中，全员参与、全员学习的意识淡薄，内部控制的理论知识和实际案例的学习或培训力度不够，容易造成执行的偏差。

（5）信息化建设方面。《内部控制规范》第十八条规定："单位应当充分运用现代科学技术手段加强内部控制。对信息系统建设实施归口管理，将经济活动及其内部控制流程嵌入单位信息系统中，减少或消除人为操纵因素，保护信息安全。"大部分单位的内部控制工作还仅限于制度的制定、工作流程的设计等，没有将整个内部控制工作形成一套完整的信息化管理系统。

2. 业务层面内部控制存在的问题

大多数单位自我评价内部控制制度的可操作性一般，没有完全将内部控制的要求落实、贯穿于实际工作中；部分单位在预算业务、收支业务、政府采购业务、资产管理、建设项目管理和合同管理这六大重点业务的内部控制制度和工作流程的建立健全方面仍存在漏洞，具体实施方面也存在一些问题。

（1）预算业务。首先，预算编制方法比较简单，很多单位采用历史基础加弹性空间的传统基数法模式，参照过去的预算编制内容进行新一年度预算编制，虽然在操作上比较简单，能够在一定程度上确保已有工作的有序开展，但对单位实际情况和年度工作重点的考虑不够，对未来发展无法进行重点预测，导致预算不完全符合实际情况。尽管目前已经建立支出预算项目库，实行三年滚动编制，但是在预测未来年度，特别是第二年、第三年的支出时，存在前瞻性不够、考虑不够周全、前期基础工作不够完备的问题。预算支出定额标准体系不完善，部分项目没有明确的定额编制标准。其次，预算管理存在认识不到位、重视不够、预算执行不严谨、预算管理缺乏刚性的问题，具体表现在：单位更侧重于申请经费，对预算执行的关注不够，已纳入预算的支出因工作进度滞后或预算编制不够科学，导致预算执行进度缓慢；预算执行过程中预算调整比较普遍。最后，预算绩效评价尚未形成科学体系，绩效目标的设计及指标值的设定不够科学、合理、贴近实际；绩效目标自我评价的过程不够严谨，对绩效评价结果的有效应用还有待探索。

（2）收支业务。收支业务的日常规范管理有待进一步加强，突出表现在：印章管理规范性不足，票据管理需要进一步完善启用、核销、使用和销毁等手续；个别支出未严格按照审批权限和审批流程支付资金，缺少必要手续；没有严格执行公务卡强制结算目录，人为或客观原因导致个别支出未按要求使用公务卡或银行转账方式进行支付。

（3）政府采购业务。个别项目漏报政府采购预算；部分单位的政府采购标准以下的采购活动缺少制度规定。

（4）资产管理。对资产管理的重视程度不够，一定程度上存在“重钱轻物”“重使用轻管理”的现象。固定资产的购置不符合单位资产购置标准；部分资产闲置或利用不充分，使用效率有待提高；未建立健全无形资产的管理制度，日常管理不够规范；对外投资的日常管理有待加强。

（5）建设项目管理。工程项目的招标过程较长，存在流标风险，影响工程进度；竣工决算环节，组织竣工验收不够及时，竣工财务决算编制不及时；单位未及时根据批复的竣工决算及有关规定办理移交、资产入账的工作。

（6）合同管理。对合同签订、执行、监督的全流程管理有待加强；合同执行的监管力度不够，应收款项的催收与管理力度不强，合同收入不及时到账；经济合同文本未及时提交财务部门作为账务处理依据。

3. 评价监督方面存在的问题

大部分单位尚未建立（或不清楚）内部控制评价办法、内部控制评价结果分析利用和考核制度以及内部控制缺陷和整改机制等。

四、改进建议

（一）单位层面内部控制的改进建议

1. 领导重视、全员参与，树立内部控制意识

内部控制工作是一项“全员、全方面、全过程”的工程，需要加强单位职工对内部控制重要性的认识，培养内部控制意识。加强思想重视程度，特别是根据《内部控制规范》的要求，由单位主要负责人对本单位内部控制的建立健全和有效实施负责，突出“一把手”的作用。树立全员参与的观念，建立联席工作机制，除牵头部门外，业务部门也应该参与内部控制的建设。加强单位内部的部门及岗位间的信息沟通，形成内部控制合力。

2. 加强内部控制的宣传培训

加强内部控制的宣传培训，单位层面要重视和支持内部控制工作，培训工作应覆盖全员、突出重点，对关键岗位人员加强培

训。引导全员树立忧患意识，转变观念，使内部控制工作成为全体员工的责任，而不局限于某个部门和某些工作人员。对关键岗位的人员加强业务培训和职业道德教育。

3. 建立健全工作机制，合理设置机构岗位

建立健全单位的内部控制工作机制，实行决策、执行、监督相互分离的工作机制，完善议事决策机制和关键岗位责任制。完善单位内部组织机构，注重对内部控制的责任和权力的分配，合理设置机构和岗位，不相容的职务相互分离，关键岗位定期轮岗，避免机构的冗杂和岗位的交叉。选取外部专家与单位人员共同组成内部控制团队来优化财务管理模式。

4. 成立风险评估小组，完善风险评估机制

成立风险评估小组，对单位的工作内容和程序进行全面梳理，确定关键风险点，建立健全内部控制制度和业务流程；随着事业的发展和社会环境、国家政策的变化，定期或不定期地进行风险再评估，及时修订完善制度和流程，以适应环境、提高效率。

5. 信息系统建设

利用内部控制信息系统，对单位财务数据进行集成，对六大业务模块进行内在逻辑梳理和流程匹配。根据内部控制体系将经济业务和权力运行的决策、执行和监督相互分离，通过数据信息系统化和表单化，履行严格的事前预算编制和事中预算执行审核审批程序。根据经济活动的风险程度，自动提示预警，将审核嵌入业务工作的全流程。自动采集数据，形成管理报告，应用于预算执行分析、内部控制评价等，实现辅助决策。

（二）业务层面内部控制的改进建议

1. 关于预算业务的改进方法

建立健全全面预算管理体系，成立预算管理委员会等相关机构，相关职能部门共同参与、明确分工，加强预算的统一管理和各部门、各层级间的协调沟通。采用更为科学的零基预算与增量预算有机结合的预算编制方法，探索部分预算项目的编制标准。设置更为科学的绩效评价指标体系，注重对绩效评价结果的应用。加强对决算数据的分析和应用。

2. 关于收支业务的改进方法

规范票据领购、使用、保管、核销、监督检查的全过程；通过建立经费支出管控规则，实现财务与业务一体化；通过设计审批权限及审批程序，实现财权与事权的有效匹配；通过控制手段标准化和程序化，防范业务信息失真，保证财务收支真实、合法。

3. 关于政府采购业务的改进方法

建立健全采购制度，特别是对政府采购标准以下的采购行为，明确采购规定和工作流程；合理确定采购需求，加强政府采购预算的审核，确保采购项目应编尽编、内容真实必要；合理选择政府采购方式，规范政府采购程序。

4. 关于资产管理的改进方法

建立健全资产管理制度，按照“谁使用，谁保管，谁负责”的原则明确资产的使用和保管责任，确保资产的安全完整。严格按照资产配置标准和预算购置资产，加强资产的日常管理，注重维护保养；建立单位内部各部门间及国家体育总局系统各单位间的闲置资产共享机制，提高资产使用效率。明确无形资产的业务流程，授权具体部门或专人负责无形资产的日常管理和保全管理，定期进行评估并及时更新。授权专门部门负责对外投资的管理，加强追踪管理，及时足额收取投资收益，确保对外投资的保值增值。

5. 关于建设项目管理的改进方法

加强单位内部基建部门、财务部门、审计部门之间的沟通协调；按计划及时做好项目立项、审批等前期工作，提高科学性和准确性；及时完成竣工决算的编制和审核工作，及时进行会计处理和档案、资产的移交工作。

6. 关于合同管理的改进方法

在签订重要合同之前，除经业务部门审核之外，还要有财务部门、审计部门和法律顾问参与审核；合同签订后及时交给财务部门归档；建立合同管理登记台账，充分利用信息化手段，跟踪合同履行情况，确保按合同约定及时进行结算；强化对合同执行情况的检查、分析和验收，确保合同全面有效履行。

（三）评价监督内部控制的改进建议

从自我评价的科学性、自我评价小组成员的合理性、内部控制评价结果的应用性三个方面入手，逐步完善内部评价体系，及时发现内部控制执行中的问题、漏洞，可以采取自我评价与引入第三方评价相结合的方式，对内部控制的制度建设、流程设计、实施效果等进行评价。建立健全内部控制整改制度，针对评价结果，形成整改方案并建立奖惩机制，不断完善补充内部控制制度，使内部控制建设由最初的合规，逐步达到有效运行，最终实现高效运转。

参考文献

[1] 蒋小兰.体育事业单位预算绩效管理与内部控制探究[J].会计师，2015（23）：53–54.

[2] 咸雯.财政资金支持下体育场馆的内部控制[J].北方经贸，2013（12）：102.

[3] 惠弋.体育事业机构内部控制的瓶颈与对策研究[J].劳动保障世界，2016（8）：47–48.

[4] 李妮娜.基于财务风险的文博事业单位内部控制研究——以故宫博物院为例[D].北京：财政部财政科学研究所，2013：19.

[5] 张文辉，崔玉良.企业内部控制与事业单位内部控制差异分析[J].商业经

济，2014（12）：39-40，63.

[6] 唐大鹏，孙晓靓，王璐璐.内控视角下行政事业单位财政财务管理模式优化探析[J].财务与会计，2017（2）：62-64.

[7] 张庆龙.新编行政事业单位内部控制建设原理与操作实务[M].北京：电子工业出版社，2017：299.

在健康中国战略框架下全民健身价值激励机制的创新研究

执笔人：周　俊　胡　彪

摘要： 本文采用文献资料法、访谈法、逻辑分析法等方法，在推动全民健身与全民健康深度融合的现实需求下，通过对体育在实现人的全面发展过程中不可替代的作用的分析，以人的生命运动为基点思考全民健身、全民健康和人的全面发展之间的逻辑递进关系，在理论上实现从全民健身到全民健康的认识飞跃，同时探索在“互联网+”和大数据技术平台上，创新构建全民健身与全民健康深度融合的新体制机制——健身价值激励机制，并通过新机制的实施，有效促进群众的健身积极性、主动性和创造性的焕发和提升，为实现人的自由和全面发展服务。

关键词： 健康中国；全民健身；健身价值；激励机制

一、选题依据

（一）问题的提出

2016年8月19日，习近平总书记在全国卫生与健康大会上指出，没有全民健康，就没有全面小康。这是因为，健康是促进人的全面发展的必然要求，是经济社会发展的基础条件，是民族昌盛和国家富强的重要标志，也是广大人民群众的共同追求。全民健身是全体人民增强体魄、健康生活的基础和保障。体育在提高人民身体素质和健康水平，促进人的全面发展，丰富人们精神文化生活，激励人民弘扬追求卓越、突破自我的精神等方面都有着十分重要的作用。要广泛开展全民健身运动，促进重点人群体育活动，推动全民健身和全民健康深度融合，创新全民健身体制机制，普及科学健身知识和方法，完善全民健身公共服务体系，统筹建设全民健身公共设施，推进公共体育设施开放，发展群众健身休闲活动，推进全民健身生活化。

“理想很丰满，现实却骨感”，我们知道体育在中国现实社会中的真实地位主要来自奥运金牌辉煌光芒的映照，而在关乎人的全面发展的最高追求上却表现出无为、无力、无趣的被动局面和尴尬境地。因此，本课题拟在马克思主义关于人的全面发展理论视角下，进行全民健身在健康中国战略框架中的价值分析判断，讨论如何实现从全民健身到全民健康的认识飞跃；探索创新构建实现全民健身与全民健康深度融合的体制机制，并就今后一段时期的发展提出可行性方案和建议。

（二）选题意义

毛泽东同志曾经在《体育之研究》中写道：“体育之效，至于强筋骨，因而增知识，因而调感情，因而强意志。”“体育一道，配德育与智育，而德智皆寄于体。无体实无德知也。”讲的就是体育在关于人的全面发展这一伟大实践中的重要性。

以马克思主义为指导思想的共产党人坚信自己的奋斗目标：实现人的自由而全面的发展——共产主义。正如恩格斯的阐述：“社会的每一个成员都能完全自由地发展和发挥他的全部才能和力量，并且不会因此而危及这个社会的基本条件。”“他们的体力和智力获得充分的自由的发展和运用。”最终，“人终于成为自己与社会结合的主人，从而也就成为自然界的主人，成为自身的主人——自由的人”。在这个实践过程中，我们可以看到，体育是实现人的自由和全面发展的组成部分，也是实现人的自由和全面发展的方法和手段。

马克思主义理论告诉我们，探究客观世界发展的规律，不单是为了解释世界，真正可贵并伟大之处在于为了人类的真正解放，运用规律去改造世界。明确了在“人的全面发展”到“完整的人”过程中体育的逻辑原点，才能讲清楚促进人的全面发展是体育的终极目标。

（三）文献综述

1. 马克思关于人的自由全面发展的内涵和实现途径

1848年，马克思在《共产党宣言》中明确指出，未来社会是自由人联合体。“代替那存在着阶级和阶级对立的资产阶级旧社会的，将是这样一个联合体，在那里，每个人的自由发展是一切人的自由发展的条件。”实现人的解放、人的自由、人的自由和全面发展是贯穿于马克思主义整个理论的根本思想和始终如一的目标。1894年1月9日，恩格斯在致意大利友人朱·卡内帕的信中，引述了《共产党宣言》中这句话作为对未来社会的一个基本看法。他说，除了从《共产党宣言》中摘出这段话外，再也找不出合适的词句了。由此可见，未来社会的本质规定是在自由人的联合体中实现人的自由和全面发展。

实现人的自由和全面发展是马克思主义一以贯之的根本立场、价值所在、理论主旨和基本思想，是我们建设社会主义、共产主义的根本价值追求，同时也是指导我们开展马克思主义中国化伟大实践的一个基本准绳。

2. 近百年来，中国共产党人关于促进人的全面发展的理论探索和伟大实践

以马克思主义为指导思想的中国共产党在进行中国特色社会主义建设和发展中，始终体现出我们一切工作的目的就是促进人的自由和全面发展这一刚性价值追求。党的路线方针政策的制定与执行都是基于如何激发人的本质力量、提升人的主体地位、伸展人的自由个性，由此开创出了具有中国特色的人的自由和全面发展的理论和道路。

回顾我党近百年的奋斗历程，为实现人的自由和全面发展的最高追求和以人民为中心的思想始终如一。毛泽东同志提出“人民群众是历史的创造者”；邓小平同志提出“以经济建设为中心”等党在初级阶段的基本路线，明确提出加快改革开放和经济发展，目的是满足人民日益增长的物质文化需要；江泽民同志强调，中国共产党要始终代表最广大人民的根本利益；胡锦涛同志提出以人为本的科学发展观，重申全心全意为人民服务是党的根本宗旨；党的十八大以来，习近平总书记明确提出“以人民为中心的发展思想”。可以说，中国特色社会主义现代化进程中每一个伟大实践和重大进步，必然伴随党的理论的新发展，而实现人的全面发展是贯穿这些思想理论的一条“主线”。

3. 在新的伟大斗争中，健康中国战略的提出

党的十八大以来，基于对国情、世情、党情的深刻认识，以及对共产党执政规律、社会主义建设规律和人类社会发展规律的深化认识，以习近平总书记为核心的党中央始终把人民的根本利益放在第一位，也始终依靠人民推动历史前进，形成了一系列治国理政新理念、新思想、新战略。从“五位一体”全面发展、“五大发展理念”到“四个全面”等，“发展”“全面”和实现人的全面发展之间的关联不言自明。2016年1月18日，习近平总书记完整阐述了“以人民为中心的发展思想”，即将实现好、维

护好、发展好最广大人民根本利益作为发展的根本目的，必须把增进人民福祉、促进人的全面发展作为发展的出发点和落脚点。

人的全面发展的出发点和落脚点是在“人”这个生命体本身，没有本体的健康存在，其他一切归零。发展依靠人，发展为了人，人是发展的主体，又是发展的目的，而人的发展首先是健康的发展。习近平总书记在全国卫生与健康工作大会上明确指出：“没有全民健康，就没有全面小康。”“要把人民健康放在优先发展的战略地位。”

健康中国的内涵，是覆盖全体人民的健康身体、健康环境、健康经济、健康社会的“四位一体”的“大健康”，也是服务于全体人民和每个人的全面健康、服务于人的生命全周期、服务于健康全过程的全面健康。

4. 新时期，全民健身国家战略的内涵与发展思路

实施健康中国战略，关乎人民福祉、民族复兴和国家强盛。全民健身是健康中国建设的重要组成部分，是全体人民增强体魄、幸福生活的基础保障。

纵观人类社会发展过程，我们知道人类干预健康的历史已经历过“治疗医学”和“预防医学”两次卫生革命。现阶段，以“健康医学”为主题的第三次革命已经到来。世界卫生组织认为，健康应包含物质、精神和行为等多维度，涉及人的身体、心理、社交和生活方式等多个方面。健康不仅仅是疾病能够得到治愈，更重要的是创造更健康的生命状态，延长健康工作和生活的生命时间，提高生命质量，使整个社会围绕生命健康创造健康和谐的社会价值。

（1）以身体活动不足为主要特征的生活方式成为影响全民健康的突出问题。身体活动不足（或缺乏身体运动）已成为当今人类健康的主要威胁，是全球人类死亡的第四个危险因素（占全球死亡人数的6%），是当今慢性病发生的重要独立危险因素，是缺血性心脏病、糖尿病、乳腺癌、结肠癌的主要病因，已导致了严重的健康和社会问题。

随着经济社会发展、物质条件改善和生活方式的改变，在我国城乡居民中出现了身体活动明显减少的趋势。统计数据表明，我国城镇80%以上的成年人的工作方式以伏案或静坐为主；把步行作为交通方式的城乡居民占比不足50%。身体活动减少已导致我国城乡居民体质和健康状况明显下降。缺乏身体活动已直接影响我国儿童和青少年生长发育、国民体质与健康、劳动生产力和国防战斗力，成为影响我国经济社会可持续发展的重大问题。

（2）如今，人们对医疗卫生的需求越来越大，医疗机构、卫生技术人员的规模和数量与巨大就诊量远远不匹配。伴随着老龄化的到来，养老和医疗的财政负担越来越大。

据原国家卫计委的调查，我国国民中常见的“三高”等慢性病已成为危害广大人民健康的严重问题。我国仅有11.2%的居民能够保持健康的行为和生活方式，很多居民有吸烟酗酒、经常熬夜、久坐不动、长期缺乏体育锻炼、营养失衡等不良生活习惯，这些不良生活习惯成为诱发慢性病甚至猝死的主要危险因素。应对慢性病，采用以医疗为主的被动式、高成本、短收益的健康策略，收效甚微且难以为继。而全民健身作为主动式、低成本、长收益的健康策略，对健康的促进正在发挥着越来越重要的作用。

国外研究证实，1美元健身步道投入相当于2.94美元医疗投入；1美元体育活动投入相当于10美元疾病预防投入或100美元疾病治疗投入。通过体育活动干预（如每周3次，每次30分钟中等强度的体育运动），每年至少可以减少10%的人均医疗开支。因此，注重健康保障的前端投入，构建“主动、自助型健康干预”模式是保障我国全体人民健康的最积极、投入产出效益最高的手段。

（3）发达国家正在实施的全民健身战略介绍。从国际趋势看，发达国家都实行了全民健身战略。2015年，欧洲发布《欧洲2016—2025身体活动战略》，提出通过跨国家、跨部门、跨层次的同利益相关者合作，让所有公民的生命质量更高、寿命更长，形成经常进行身体活动的生活方式。《健康欧洲人2020》提出，身体活动对改善身体健康和心理健康、降低慢性病风险、提高全民健康水平、增加社交机会和社会归属感有重要作用。美国是全球较早实施健康战略的国家之一，其《健康公民1990》计划从1980年发布至今，已持续推行了多年，该计划注重通过体育健身促进国民健康，把身体活动作为促进健康的重要方式，在实践中协同《国民身体活动计划》构成了国家健康战略的重要内容，其目标是创造支持身体活动生活方式的国家文化，其终极目标是改善健康、预防疾病和残疾，提高生活质量。美国国家健康战略实施的历程带来众多经验与启示，尤其是美国《健康公民2020》计划，提出通过身体活动建立良好的生活方式，代表着当今美国国家健康战略的最新动态。《健康美国人2020》是美国卫生和公共服务部推出的健康国家战略目标，其中主要的10个健康指标中，体育活动排在第一位，提倡用体育来改变人们的行为方式，将体育融入社会的每一个方面中，使体育在预防疾病、提高人们的生活质量方面发挥最大的效能。可以说，当代体育是培养健康的体魄、塑造健全的人格、激励爱国的情怀、促进人全面发展的重要途径。（注：美国等国家的健康计划虽设定得比较科学合理，并在实施后取得一定效果，但是它的资本主义私有制性质决定了医保、社保、养老体系背后的私人资本是不会也不可能为人民的健康负责，体制制约了社会的发展，给予我们的启示是社会主义公有制具有有效整合配置资源为人民服务的制度优势，更加彰显我们的道路自信、理论自信、制度自信和文化自信。）

（4）健康中国国家战略中，其他相关行业的工作进展情况。“2016互联网+健康中国”大会的主题为“回归医疗本质、超越传统互联、融合所有力量”。大会提出，互联网和大数据为新时期解决全球卫生与健康问题提供了新的视角和思路。要借势互联网、大数据、人工智能等创新技术，探索其在卫生健康行业的深入应用，推进健康中国建设。国家卫计委正在组建健康服务大数据平台、健康促进专业委员会，借助大数据的理念和技术的东风，真正把健康政策落到实处。要动员全社会共同参与，充分利用互联网与新技术，把促进健康作为实现全民健康的抓手，建立健全有效机制。

二、研究对象与研究方法

研究对象：全民健身在健康中国战略框架中的作用机理和价值实现。

研究方法：文献资料法、比较研究法、访谈法、逻辑分析法。

三、分析与讨论

（一）分析：发展的本质属性和主要内涵

1. 发展的目的是实现人的全面发展

经济、社会、政治、文化、生态文明“五位一体”全面发展的着力点落在促进每个具体的人的全面发展上。

2. 发展的实质是人民的现代化

经济社会的发展实现的物质现代化是人的现代化的基础和保障。人的现代化是进步的核心，是发展的出发点、落脚点和核心点。

3. 发展的根本动力是调动人民的积极性、主动性和创造性

在以往的发展中，我们主要想的是调动人民的积极性；现在，更加强调调动人民的主动性和创造性。国家治理现代化的最

终目标，正是不断调动人民的积极性，不断解放人民的生产力、创新力、创造力。

（二）讨论：选择自主性、前置性健康干预策略，推动全民健身与全民健康深度融合

1. 总结成功经验，实现从全民健身到全民健康的理念改变和认识飞跃

中华人民共和国成立以来，我们实行的《准备劳动与卫国体育制度暂行条例和项目标准》《国家体育锻炼标准》《国家学生体质健康标准》等，在动员全民参与、增强国民体质、促进全民健康等方面做出了巨大贡献，同时积累了丰富的经验，其中国家主导构建体制机制至关重要。但因为我们对体育的认识受到发展阶段的限制，把全民健身工作限定在体育系统内布局和开展，使全民健身的社会功能和多元价值被淡化和忽视。

要突破固有局面，首要是提高认识、改变观念意识。在实施全民健身国家战略时，要充分认识体育的价值定位，从单一的健身功能提升为多元的社会功能和健康价值，始终把“以人民为中心”的价值取向放在首位，把满足人民健康需求作为工作的出发点和归宿。用“全面健康”的理念重新审视全民健身的工作定位，寻找与相关领域的工作衔接，跨越行业壁垒，互联互通，构建新的激励和评价体系。

2. 突破传统行政权力划分，用大健康的战略眼光，统筹谋划，探索有利于全民健身与全民健康深度融合的体制机制

全民健身和健康中国两大国家战略的目标一致，相互支撑，互相促进，有机结合，各有侧重。在国家层面探索建立全民健身与健康工作统筹协调的领导机制，在体育、教育、卫生、医疗、文化、养老等政府机构中，以推动百姓主动健康为方向的与百姓

全面健康直接相关的职能采用新机制进行整合，推动建立“健—卫—医—养”一体化的健康管理体系，引导大众从“依赖性健康”向“主动性健康”转变。充分发挥市场机制在全民健身中的作用，积极发展“健康—健身—体育经济”。

四、结论与建议

（一）结论

1. 用健身活动的可度量化，推导出健康主要素的可度量化

生命在于运动，人作为生命体存在，运动是人的本质属性。生命的过程存在于细胞内新陈代谢（能量代谢）活动中，是内在而隐性的，永不停歇。体育运动的过程表现为由肌肉、骨骼、中枢神经系统构成的躯体活动，是外在而显性的，同样永不停歇。两者的同一性是新陈代谢（能量代谢），前者为基础代谢，后者是运动消耗。虽然，已知的运动形式和方式有百千种之多，它们在强度、时间的组合上多种多样，但在能量消耗上是统一的。

人在生产劳动的过程中消耗了已摄入并储藏在体内的能量，制造了外在的物化的产品，从而创造了劳动价值，我们通过外化的物可以度量劳动创造的价值；同理，人在体育运动过程中同样消耗了已摄入并储藏在体内的能量，创造了可用于生产劳动的有机体本身而让运动的价值得以实现。可以说，人的体育运动和人的生产劳动一样创造了价值，度量的标准可以统一用能量消耗的数量来表示，两者之间可以存在流通和交换的关系。由此我们可以认为人在改造客观物质世界的过程中，也在改造人这个生命体本身的客观物质存在，两者都具有可以度量的同等价值。

体育运动的结果导致了生命体本身生命运动状态保持长期的功能稳定和有效，即我们认为的健康状态，继而推理出健康，这个原来只是表述为状态的、定性的存在，现在随运动的可量化而可以量化度量了。

2. 在“互联网+”和大数据技术基础上，构建健康价值激励机制

大数据技术及相应的基础研究已经成为科技界的研究热点。大数据科学作为一个横跨信息科学、社会科学、网络科学、系统科学、心理学、经济学等诸多领域的新兴交叉学科的方向正在逐步形成。因此，需要相关领域的科研人员密切合作，开发适合全民健身活动的大数据挖掘分析工具。目前，跨领域、跨行业海量数据收集，特别是关联领域的数据收集还存在很大挑战。但只有跨领域的数据分析才更有可能形成真正的知识和智能，产生更大的价值。从心理学、经济学、信息科学等不同学科领域共同探讨分析广大群众健身相关网络数据的产生、扩散、涌现的基本规律，是全民健身信息服务体系建设中的重大战略需求。

运用大数据平台和运算技术，跨越体育、教育、卫生、医疗、社保、信用等领域，突破传统体制的条块分割造成的体制屏障和数据孤岛，建立全民健身—健康价值激励机制，将人的身体活动可量化、价值化，在人的健康构建中实现诸要素间的积累、储蓄、流通、增值。每个个体可以通过私人终端实时记录运动，实时查询绩效评价结果和个性定制服务，从而真正调动起人的持续有效的积极性、主动性和创造性。在虚拟世界里，扩展生命数据，规划成长路径，引导现实锻炼。

让每个个体通过健身活动改造自己的身体（客观物质世界的重要组成部分）和主观世界，记录锻炼数据，积累健康价值，储存数据资本，实现诸要素间的流通交换，保证个体健康资本的保值增值，为实现人的自由和全面发展做准备。

同时，运用大数据运算技术、建模技术、关联数据技术等新技术手段在大数据系统中挖掘分析，及时发现趋势，快速预判，形成知识和观念，实时反馈辅导和激励每个个体的科学有效健身行为，同时积累国民健身、健康数据资本，为经济社会可持续发展储备战略资源，为社会治理体制能力创新提供有益内涵，为实现人的全面发展服务。

（二）建议

在大数据技术条件下，整合构成国民健康的诸要素，建立全新的评价体系，将体育、教育、卫生、医疗、文化、养老保险等要素通过数据量化搭建成有机整体，让诸要素之间互为关联，互相流通，丰富国民福祉、社会保障内涵。比如，你的健身价值积累达到全国平均水平时，你的医疗保险、人寿保险、财产保险等会按照换算工具进行优惠处理，并连带个人信用积分增加、未来的养老金额度提高等，让健康生活方式带来个人财富积累（将来个人的财富应当是多元的，由诸多要素综合构成的），让“改造和完善自己同样是劳动创造”的价值观深入人心，并内化为自觉行为，促进健康生活方式。推动人民进行主动健康的选择，让身心健康、生活幸福成为生命常态，让人民感受社会主义制度的优越性。

全民健身的数据资源终会转化为数据资本，它是国家的战略资源，必须由国家在完善社会保障体系中（只有国家才能保证个人信息和数据的安全）主持体制机制的建立和运转，并作为国民福利全面覆盖。通过大数据相关技术，分析、研究、判断全民健身、全民健康数据，发现规律，指导实践，服务人民。同时借鉴以往的宝贵经验，出台奖励表彰政策和启动激励机制，让人民在参与中体会获得感。

参考文献

[1] 崔乐泉.体育史话[M].北京：社会科学文献出版社，2011.
[2] 谷世权.中国体育史[M].北京：北京体育大学出版社，2003.

发展山西省体育旅游助推脱贫工作

执笔人：孙浩然　董大宁

摘要：扶贫工作是党中央、国务院的一项重要战略部署，到2020年将全面建成小康社会，我国扶贫工作转入新阶段。体育产业的全面推进是贯彻党的十九大精神、发展全民健身事业的重要举措，是供给侧结构性改革背景下发展体育产业的重要举措，也是脱贫攻坚背景下推动体育扶贫的重要举措。近几年，国家政策的引导、中国经济快速增长和社会对健康的认识，使旅游产品逐步向运动、观赛和休闲等方面发展，结合休闲泛化和休闲结构调整，城市旅游、红色旅游、文化旅游、体育旅游、生态旅游等具有特点的旅游产品逐渐受到旅游市场的追捧。体育旅游已经成为旅游行业的一个新亮点，对推动贫困地区经济社会的发展有着积极的意义。山西省历史文化悠久，人文资源丰沛，贫困地区的自然地理资源丰富且相对原始，随着全民健康与全民健身意识逐步提高、信息技术和知识产能的大力融入，以及其他有利条件的存在，我国体育旅游将推动脱贫工作加速发展。本文在解析我国体育旅游发展的基础上，探讨了我国体育旅游对脱贫攻坚战的作用。

关键词：体育旅游；体育产业；脱贫攻坚；可行性

2015年11月，中央召开全国扶贫工作会议，做出打赢脱贫攻坚战的决定，对脱贫攻坚进行了全面决策部署。要深入学习贯彻落实党的十九大精神，坚决打赢脱贫攻坚战，全力实施乡村振兴战略，以产业发展促进群众增收致富。到2020年，现行标准下山西省232万农村贫困人口全部脱贫，58个贫困县全部“摘帽”，实现全面建成小康社会目标。

贫困地区原始生态较完好，民俗文化完整，充分挖掘贫困乡村的生态价值、民俗价值、体育旅游价值，促进贫困地区体育与旅游融合联动发展，对推动扶贫地区经济发展有极大的促进作用。基于此，本文从山西省体育旅游资源的研究分析入手，理清体育旅游的发展脉络，达到推动体育旅游经济发展和促进经济增长的新目标。

一、体育旅游发展背景

旅游业是全球生态产业发展最快、最活跃、参与性最广的长盛不衰的产业之一。随着国人生活水平的提高、对健康和休闲的认知增强，体育旅游逐步成为国人热议的活动。体育旅游是指一切主动或者被动参与体育活动的形式，参与形式或是随意的或是有组织的，其目的可以是商业或非商业的，它是一种离开居住地或工作地的出游行为。体育旅游逐步向休闲、健身、康养、娱乐、极限等旅游文化多边产业融合，新的产业逐渐形成，这将成为现代经济发展的新活力和推动力。体育产业与民俗、饮食、地貌、人文、民族、医疗、康养等多领域的复合型融合，为体育产业强力发展创造新机遇，推动了地方的经济发展，增加了人均收入，更好地把人文、地貌、饮食、民族等文化有机结合，使“青山绿水就是金山银山”的口号彻底实现，成为山西省绿色经济新增长点。

（一）体育旅游的概念

体育旅游是体育与旅游的充分融合，是体育运动借助旅游条件实现的一种手段。它属于体育的一个产业分支，也是旅游行业的重要组成部分之一，是当今社会生活中一种新的旅游方式。其有广义和狭义之分，从广义上讲，体育旅游是指因运动活动而产生的旅游，在旅游中进行锻炼、竞技、观赏、休闲等活动；从狭义上讲，则是为了满足旅游者对体育方面的各种需求，选择具有运动项目特点的目的地，用旅游的形式提供包含健身、休闲、娱乐、交际等活动的综合性服务，使参与者的身心得到和谐发展，推动精神文明和社会文明建设，丰富社会文化生活的一种社会活动。

（二）体育旅游的内容

体育旅游的内容丰富，形式多种多样，参与度极广，黏合度强，自身有体育元素，可推动体育产业的良性发展。体育旅游从形式上可以划分为如下四种。

1. 体育休闲

体育休闲是指人们在闲暇时开展的，项目形式不拘一格，对场地和设施要求不高，主要强调娱乐休闲、运动乐趣、放松身心。

2. 体育竞赛

体育竞赛是有组织的、按照统一规则进行的较量，是体育与社会发生关联，并作用于社会的媒介。这里的赛事有一般性的全民赛事，也有相对专业的赛事。通过赛事把人群吸引到比赛城市，带动城市的旅游发展，提高其知名度。

3. 体育观赏

通过去现场观看或者参与知名赛事，表达对特定运动项目、运动队和运动员的兴趣与支持，从而满足内心功利和审美等精神上的多维需求的一种体育活动形式。

4. 体育服务

体育服务就是有关体育活动的组织以提供围绕体育各方面服务的形式来满足人们的需求而进行的有偿或者无偿的经济活动。具体来说，体育服务是指具有一定的体育知识、经验、技能的，能够从事体育服务生产的人，为生产体育服务这种特殊的使用价值而进行的有目的的活动。

（三）体育旅游政策

2014年10月，国务院颁布《关于加快发展体育产业促进体育消费的若干意见》。文件中提出未来发展目标：到2025年，体育产业总规模超过5万亿元，并成为推动经济社会持续发展的重要力量。2016年，国务院办公厅颁布《关于加快发展健身休闲产业的指导意见》和《关于进一步扩大旅游文化体育健康养老教育培训等领域消费的意见》。这些国家层面促进体育产业发展的政策文件为体育旅游产业发展提供了良好的环境。

2016年12月，国家旅游局、国家体育总局共同印发《关于大力发展体育旅游的指导意见》（以下简称《意见》）。这是国家层面首次专门提出针对体育旅游产业发展的政策性文件。《意见》中突出阐明发展体育旅游的重要意义。《意见》指出，体育是发展旅游产业的重要资源，旅游是推进体育产业的重要动力；大力发展体育旅游对于丰富旅游产品体系、拓展旅游消费空间、推动全民健身和全民健康深度融合、推动体育产业提质增效及培育经济发展新动能、拓展经济发展新空间具有十分重要的意义。

2015年8月，山西省人民政府印发了《山西省人民政府关于加快发展体育产业促进体育消费的实施意见》，文件中提出，要加强体育与其他产业的融合，特别是体育与旅游产业的融合。山西省要着力把文化旅游业培育成省战略性支柱产业，提供体育旅游产业融合政策性支持。

2017年9月，国务院颁布了《关于支持山西省进一步深化改革促进资源型经济转型发展的意见》，吹响了改革的号角，对山西省旅游产业实现战略性突破必将起到重要的推动作用，为把旅游业打造成山西省战略性支柱产业，建设富有特色和魅力的文化旅游强省奠定了扎实的基础。

2018年1月1日起施行《山西省旅游条例》（以下简称《条例》），《山西省促进旅游产业发展条例》同时废止。山西省旅游发展正在进入新时代、新阶段。《条例》的修订和颁布，确保了地方性法规与上位法的有效衔接，是落实国务院关于山西省进一步深化改革、促进资源型经济转型发展的要求，把山西省文化旅游业培育成战略性支柱产业的又一举措，标志着山西省依法治旅、依法兴旅进程又迈出了重要一步。

二、山西省旅游资源特点

山西省位于黄河中游、黄土高原的东部。丘陵纵横，山环水绕，地貌多样，地形复杂，气候适中，四季分明。山西又是中华民族文明的发祥地之一，历史悠久，源远流长，素有“中国古代艺术博物馆”“文献之邦”的美称，保留有全国70%的地面古代建筑，素有“五千年中国看山西”的说法。历史文明、自然美景、革命史迹和新时期建设成就，共同构成了山西得天独厚、古今兼备、多姿多彩的旅游资源。

三、山西省体育旅游产业发展现状

山西省是我国重要的能源基地和老工业基地，农村贫困问题依然严重。农村贫困人口主要存在人口数量大、贫困范围广、贫困程度深、具有明显的区域性特征、收入水平低等特点；致贫的主要因素在于自然条件恶劣、教育落后、疾病残疾、自然资源缺乏、基础设施和制度落后等。

随着北京成功申办2022年冬奥会，冰雪运动快速发展。偏关老牛湾景区充分利用冬季黄河冰层厚且冰面广的优势，成功申办全国大众速度滑冰马拉松系列赛，这是中华人民共和国成立以来山西省首次承办国家级冰上赛事，为山西省冰雪运动发展开了一个好头，起到了示范引领作用。山西省体育局、山西省体育总会将为本次大赛提供全方位的支持和帮助，把本次赛事办成一项全民参与、影响广泛、具有国际影响力的精品赛事。也希望社会各界多举办这样的活动，让更多大众走向户外，走向冰雪场，体验冰雪运动的快乐。

2017年6月28日，国家旅游局、国家体育总局官方网站公示"国家体育旅游示范基地"创建单位及"国家体育旅游精品赛事"名单。其中，运城市芮城圣天湖景区入选国家体育旅游示范基地，"大同环古城全民健步走活动"跻身国家体育旅游精品赛事。

2017年8月10日，国家体育总局发布了《体育总局办公厅关于公布第一批运动休闲特色小镇试点项目名单的通知》，决定将全国96个项目列为第一批运动休闲特色小镇试点项目。山西省有三个项目入列，分别是芮城县陌南圣天湖运动休闲特色小镇试点项目、大同市南郊区御河运动休闲特色小镇试点项目和榆社县云竹镇运动休闲特色小镇试点项目。

2017年9月，国务院印发了《关于支持山西省进一步深化改革促进资源型经济转型发展的意见》，使山西省经济发展进入新常态阶段，对资源型经济转型提出更高要求。当前，体育产业与旅游产业的融合已经成为山西经济转型的重要路径之一。发展体育产业不仅面临历史机遇，也存在严峻挑战。努力实现体育产业创新、协调、绿色、开放、共享发展，把山西省改革发展推向更加深入的新阶段，体育旅游的发展也到了一个新融合的阶段。

《条例》明确规定，山西省人民政府将旅游业作为本省国民经济和社会发展的战略性支柱产业，发展全域旅游，加大对旅游业的投入和扶持力度，促进旅游业与其他产业融合发展。这是旅游业在全省经济社会发展中的法律定位，是贯彻落实国务院颁布的《关于支持山西省进一步深化改革促进资源型经济转型发展的意见》文件精神的具体体现，符合旅游业新的产业定位要求，也有利于发挥旅游业在山西省经济发展、社会繁荣、民生改善、文化传承等方面的促进作用。

近年来，体育产业与文化产业、旅游产业深度融合，体育培训市场蓬勃发展，体现在体育健身休闲业规模扩大，竞赛表演市场初步形成。据统计，山西省体育产业生产总值以28%左右的速度高速增长，在体育产业发展方面取得了非常重大的进展。此外，还在航空体育产业、职业联赛、体育彩票市场、各项目单项竞赛、户外登山等方面取得了喜人的成绩，体育旅游对带动脱贫攻坚也起到了重要的作用。

四、阻碍山西省体育旅游产业发展的因素

山西省体育旅游产业的发展离不开相关政策的扶持，但现阶段的发展程度还落后于一线城市和沿海省市，体育旅游发展潜力巨大。与此同时，山西省西北贫困人口较多，产业结构更为单一，多元经济发展缺失，但西北地区地域宽广，自然资源丰富，发展潜力较大。

（一）社会发展与区域经济的不协调

山西省的经济结构和地区之间发展不平衡的矛盾十分严重，社会有效需求不足，经济实力较为薄弱。山西省矿产业的发展对自

然环境造成的极大污染，政府对旅游和体育基础性建设不充分，导致转型的不适，妨碍了体育旅游的发展，影响了招商引资。

（二）体育旅游市场制度不健全

体育旅游产业发展需要良好的环境和健全的制度，而山西省体育旅游市场发展不成熟，硬件上缺少体育设施设备的配套，软件上缺少专业的策划与定位。体育旅游的营销对策及促销手段落后，体育旅游产品开发不足，过于依赖普通旅游市场的推销，缺少知名体育大赛和群众身边的赛事活动。

（三）体育旅游缺乏统筹规划

山西省一级层面推行一系列体育旅游发展政策，但政策偏向宏观，指导思想不鲜明，缺少整体规划设计和依照地方实际情况的分类指导，难以引导不同地区拥有不同体育旅游发展特色，形成矩阵优势，发挥合力作用。地方层面虽然有脱贫任务和发展体育旅游的条件，但是缺少科学有效的规划和体育旅游方面的人才，对旅游资源和体育旅游如何科学结合缺少经验，所制定的规划视野稍显狭窄，处于旅游初级阶段。例如，山西省繁峙县、代县旅游主要依靠五台山和雁门关修建的步道，缺少依靠此类山地资源、当地红色文化、佛教文化发展具有特色的户外运动产业，培育辐射山西全省的旅游市场。

（四）制度建设不完善，运行机制固化

政府主导体育旅游产业发展，会出现多部门管理的问题，导致制度体制运行不畅，矛盾经常出现阻碍了市场运行的灵活性。有关各利益体之间协作和配合不足，不能形成有效的产业链条，导致旅游产业的整体发展走势不强。体育旅游开发统筹协调能力严重不足、没有长远规划。招商引资风险考虑不足，有些投资方

跑马圈地，夸大自己的投资能力，导致政府出现被动情况，也会出现因为一时的经济利益而破坏生态环境和自然环境的情况。

（五）体育旅游人才培养不足及服务保障机制不健全

体育旅游的发展趋势走强，但体育旅游人才培养方面的工作严重不足。山西省一直是我国的旅游大省，但民族、民间、民俗的传统体育知识，体育旅游赛事，休闲，拓展等活动的组织能力及项目策划能力方面较弱。体育旅游服务保障机制建设相对落后，投融资保障体系制度欠缺，服务环境与服务措施质量下降，对体育旅游的监督、管理与引导力度和方法缺失，这些因素均影响了体育旅游的良性发展。

五、山西省体育旅游发展的主要对策

体育产业的繁荣必将推动体育旅游的发展。根据《山西省“十三五”体育事业发展规划》，推进体育产业发展规划与布局发展，加紧落实相关配套政策，起草制定相关配套政策文件，设立体育产业的专项发展资金，引导社会资本进入体育产业领域。逐步健全体育产业的工作机制，体育产业相关内容要纳入经济发展和社会发展规划，要列入政府的重要日程。建立体育产业发展工作协调机制，培养建立体育部门体育产业工作机构队伍，加快发展体育行业协会建设，完善体育产业统计、体育标准化工作。在此基础上，重点发展七个体育产业领域。同时，结合扶贫规划和精准扶贫等具体政策，在推动体育旅游发展的基础上，带动具有山地资源、人文资源丰富的贫困城镇人口脱贫致富。

（1）加快体育旅游产品开发。旅游本身是一项绿色产业，尤其是体育旅游。山西省自然资源丰富，合理建设户外运动等体育休闲设施，不仅可以发展雪上运动项目等以冬季体育为主题的休闲基地，也可以开展徒步、露营、探险等户外活动；根据山势的特点可以开展以登山、攀岩为主题的体育旅游；在著名的景区内增设一些全国性的赛事，充分发挥旅游资源。打造体育旅游产品如徒步穿越，分设健身步道、滩涂古镇步道和森林原始步道三种不同的步道类别，难度亦由易至难，由南向北进入森林区域，纵横交错分布于整个森林小镇。利用美丽险峻的自然环境和历史景观，可以开展森林漫步、滩涂逆溪、竹林穿越、水库横渡、古镇探奇、古道探险等活动，既能在配以山水、农家风景的现代化健康步道里体验运动乐趣，又能在逆溪而上、翻山越岭、穿越丛林的过程中挑战自我，还能在原生态的森林古道上探索千年古镇的秘密。

（2）大力发展体育观赏业。随着中国经济的腾飞，更多的人认识到健康的重要性。国务院将全民健身定位为国家战略。全民的健身意识逐年增强，健康、时尚、文明的生活方式成为主流，体育消费方式多元化，也使体育观赏业的发展成为一种轻松的休闲方式，它能让更多的人参与其中，增加了体育人口的参与率。近年来，国内的体育观赏业发展势头强劲，有职业竞技比赛、体育非物质文化遗产表演、假日体育盛会等多种形式出现。

（3）推动体育职业俱乐部和协会俱乐部的发展。以足球、篮球、排球为重点，以乒乓球、网球、羽毛球、武术、跆拳道和棋牌类等体育项目为依托，大力推动体育俱乐部的发展。充分发挥山西省体育总会的职能，推动民间俱乐部赛事举办和提升组织能力。同时，给予贫困县相应场馆修建和维修政策，将省市青少年体育需求和消费逐步引导至县镇。

（4）积极培育和推动体育中介业。体育产业人才是体育产业发展的重要资源，必须将人才培养上升到战略高度，形成系统的体育人才选拔、引进、培养机制，为体育产业的长远发展提供可持续的有力支撑；发挥体育中介组织和体育经纪人在运动员经纪、赛事推广、体育保险、信息咨询等方面的作用；建立健全经纪人从业标准制度，规范经纪人行业规范。

（5）开拓登山、户外和冰雪运动的产业半径。借力冬奥会，大力开展山西省的冬季运动项目，努力增加冰雪运动人口，促进体育消费，发展体育产业；充分规划，开发利用山地资源引导培育户外旅游市场，借助高速公路、高铁等便利、快速的交通资源，培育覆盖北京、河北的体育旅游市场。

（6）加快体育特色运动小镇的建设，推进体育与医疗、健康、文化等相关产业的互动发展、融合发展，形成旅游矩阵。将小镇打造成体育旅游综合体，能够把体育和旅游融合起来，产生裂变效应，创造新供给，形成新产业链。建设运动休闲特色小镇，是促进脱贫攻坚和区域经济发展的重要举措，体育在服务脱贫攻坚方面具有独特优势。运动休闲特色小镇的建设可聚集先进生产要素，成为一个经济增长点，发展到一定程度后再将先进生产要素扩散开来，带动这个地区经济社会发展，增加就业岗位和居民收入。

（7）以体育产业为主体，积极推进体育与文化、教育、互联网、医疗、科技、餐饮、农业、制造业等产业融合发展，打通上下游产业链，最终将打造成集体、养、学、悟、吃、住、行、游、购、娱于一体的多产业融合发展的产业聚集区。

六、结论

体育旅游的发展离不开体育产业的繁荣，体育旅游不是简单的叠加，是多个领域齐头并进。本文通过对国家相关政策、山西省名山大川、民族传统体育项目、民间、民俗体育活动等资源现状进行分析，充分发现山西省体育旅游具有全域发展的前景，基本提出了山西省体育旅游资源的开发和发展的产业布局。进一步完善体育旅游产业，提质增效。加快发展体育旅游产业，是带动山西省区域经济发展和脱贫攻坚的重要举措。山西省体育旅游资源和贫困地区重合度高，体育旅游项目可以通过安排贫困人口就业、带动贫困人口发展乡村旅游、扩大贫困地区农产品销售等方式，帮助贫困户稳定脱贫，顺利完成脱贫攻坚工作。

参考文献

[1] 廖高会，严绍进.产业融合视域下山西体育旅游产业发展路径探析[J].山西经济管理干部学院学报，2016，24（4）：39–43.

[2] 肖洋.论我国体育旅游的兴起之路[J]. 中国商贸，2010（29）：178–179.

[3] 王辉.国家旅游局、国家体育总局共同印发《关于大力发展体育旅游的指导意见》[N]. 中国体育报，2016–12–23.

[4] 刘秀芳.论山西旅游文化[J]. 山西财经大学学报（高等教育版），2010（S2）：6.

新公共外交视角下的高尔夫球与“民心相通”建设

执笔人：韦庆峰　孟凡功

摘要：“民心相通”是“一带一路”倡议成功的社会根基，但在推进过程中却遭遇很多挑战。传统的公共外交无法有效应对这些挑战。体育是国家“软实力”的重要组成部分，是“柔软”中最“坚硬”的成分。高尔夫球运动包含新公共外交的元素，为在“一带一路”倡议参与国家开展“民心相通”建设工程，走好“群众路线”提供了世界“通用语言”选项。高尔夫球新公共外交能够使多元化的主客体各取所需，各得其所；能够充分利用新媒体、新技术带来的优势并实时评估实施效果；能够促进公共外交与公共事务实现协调补充，共同发展，最终达到促进“民心相通”的目的。高尔夫球运动在为国家战略服务的同时，能够为自身创造发展机遇，拓展发展空间，把握历史方位，为其他项目提供借鉴。

关键词：新公共外交；软实力；高尔夫球；“一带一路”；民心相通

一、选题依据

（一）问题的提出

2013年9月和10月，习近平总书记先后提出共建“丝绸之路经济带”和“21世纪海上丝绸之路”的重大倡议（以下简称“一带一路”倡议）。2015年3月，我国政府正式发布《推动共建丝绸之路经济带和21世纪海上丝绸之路的愿景与行动》。

“一带一路”倡议是我国顺应世界多极化、经济全球化、文化多样化、社会信息化的潮流，秉持和平合作、开放包容、互学互鉴、互利共赢的理念，促进参与国家打造共同发展、实现共同繁荣，增进理解信任、加强全方位交流的政治互信、经济融合、文化包容的利益共同体、命运共同体和责任共同体的重大创举与国家战略。

“一带一路”倡议的重点在于互联互通。在“五通”工程当中，政策沟通是关键，设施联通是前提，贸易畅通是核心，资金融通是手段，民心相通是根本。

“一带一路”倡议在推进过程中受到广大参与国家的高度认同，但同样也遇到了很多挑战，存在很多认知风险。

国家总体外交包括政府外交和公共外交两种形式，是开展国际交往的传统方式。随着全球进入世界多极化、经济全球化、文化多样化、社会信息化时代，政府、企业、社会组织、公众之间的相互联系达到了前所未有的紧密程度，仅仅依靠政府外交和传统公共外交已然不能有效应对上述挑战和风险。“一带一路”倡议主客体的多元化，信息传播手段和技术的更新，公共外交与公共事务之间的联系日益紧密，行为主体的目标趋于多元化，这些变化客观上要求国家总体外交做出与时俱进的调整，新公共外交的理念应运而生。

作为世界通用语言的体育运动，是一种独特的文化形式，在“民心相通”建设中具有得天独厚的优势，在新公共外交框架下能够发挥重要作用。然而，在“一带一路”倡议实现过程中，从官方到民间均未能充分重视体育的作用。作为世界第二位的职业体育运动，高尔夫球同样在“一带一路”倡议参与国家中广泛开展，以其“诚信、自律、利他”的运动精神及“绿地、氧气、阳光、友谊”的运动形式在“一带一路”参与国家中拥有坚实的群众基础，其独特的经济功能、社交功能、环境功能、教育功能和文化功能已经广受认可。然而作为“一带一路”倡议的发起国，我国并未主动开展高尔夫球公共外交，究其主因是对高尔夫球运动在“民心相通”建设中的独特作用尚有待深刻认识与挖掘。

（二）研究意义

体育运动在为国家战略服务方面，长期停滞在“为奥运争光”和为政府外交服务等单一、零散的层面，并未作为独立的主体发挥重要作用，“乒乓外交”、北京奥运“市民外交”是为数不多的体育“登台唱戏”的成功案例。与体育在西方发达国家所承担的任务和角色对比，我国对体育的多元价值尚未充分认识，体育的作用仍然非常有限。

我国高尔夫球运动发展历史较短，自身仍然处于发展的初级阶段，在“一带一路”倡议等国家战略面前尚未清晰认识自身所处的历史方位，进而未能在理论和实践方面准确把握自身面临的历史发展机遇，以及应当肩负的责无旁贷的历史使命。

本研究一方面将分析阐述“一带一路”倡议中“民心相通”建设方面遭遇的问题和挑战，以新公共外交理论为指导，探究高尔夫球运动在“民心相通”建设方面的独特作用，特别是为“民心相通”建设搭建平台、提供形式和内容方面的独特优势，在理论上明确高尔夫球在服务国家战略及“一带一路”

参与主体方面的多元价值；另一方面将分析阐述如何以高尔夫球运动作为一种文化载体，讲好中国故事，弘扬中国精神，传播中国主张，传递中国声音，展现中国形象，在为国家战略服务的同时，为自身的发展创造机遇，拓展更广阔的发展空间，提升自身地位，使包括高尔夫球运动在内的体育运动在国家战略层面承担更重要的角色。

（三）文献综述

1. 公共外交进入新公共外交阶段

公共外交的研究起源于1965年。时年，美国塔夫茨大学弗莱彻法律和外交学院成立了爱德华·默罗公共外交研究中心，埃德蒙·古利恩院长把“一国政府为争取他国民心而采取的公关行动”定义为公共外交。

赵启正认为，公共外交是国家总体外交的重要组成部分。参与公共外交的各方从各种角度向外国公众表达本国国情，说明本国政策，解释外国对本国的不解之处，同时在国际交流中了解对方的有关观点。开展公共外交的目的是提升本国的形象，改善外国公众对本国的态度，进而影响外国政府对本国的政策。为此目的而开展的活动就是公共外交。公共外交是对传统外交的补充和发展。

郑华认为，“9·11”事件是新公共外交发展历史上的标志性事件，引发了美国学者关于公共外交缺位及其复位后能否奏效的深层动因的考察，进而剖析全球化时代赋予公共外交的新内涵。

郑华认为，传统公共外交的认识存在以下四方面的不足：第一，强调政府在公共外交中的主体地位，忽视了非政府行为体的作用；第二，强调对他国公众施加影响，忽视了对精英阶层的培育；第三，忽视了全球化时代传播技术更新所引发的新媒体革命对公共外交的影响；第四，忽视了对公共外交实施效果的考量。

新公共外交是在传统公共外交概念基础上的发展。李华认为，新公共外交是一国政府与非政府行为体为了影响与改变外国公众观念、塑造自我良好国际形象而开展的信息、知识和价值传播活动。

郑华将新公共外交定义为在以社交媒体为代表的新媒体技术日趋活跃的信息传播环境中，由政府主导，由民间非政府组织和私人机构参与，旨在在他国公众中培植对本国的良好认知，以文化交流活动为主要载体的针对他国公众尤其是精英阶层的外交活动。其中，公共外交实施目标与外交政策相一致、国内政策与外交政策相一致将有助于提升公共外交的实施效果。

郑华和李华分别描述了新公共外交元素的变化。首先，在新公共外交时代，公共外交的行为主体出现多元化。其次，在新公共外交时代，信息传播手段和媒体技术在数字化信息时代改变了传统公共外交的信息传播方式，并改变了公共外交的效果评价机制。再次，在新公共外交时代，公共外交与公共事务之间的“两分机制”已经被打破。

综上所述，在新公共外交时代，除传统工作内容之外，公共外交还应当关注公共外交行为主体的多元化和立体化趋势，为多元化主体，为立体化关系，包括政府、公众、企业、社会组织和公民个体等提供有针对性的服务；注重采用新媒体、新技术，特别是对于社交媒体的应用；政府要注意协调公共外交与公共事务的关系，变威胁为机会，相互补充，相互促进。

2. 体育公共外交的实践与理论发展

美国是体育公共外交的开创者。在成功实践的基础上，1956年，美国国会通过了《国际文化交流与贸易参展法》。该法案明确指出：“通过向国外派遣美国体育、艺术等各界知名人士的方式，向国外民众展示生活在和平舒适的经济、社会制度下的美国人民所取得的文化成就，来加强美国与其他国家的国家关系。”

这一法案的通过，使美国对外体育文化交流项目由临时性的政策变为永久性的政策。

20世纪的“乒乓外交”使我国体育首次踏上了外交舞台，尽管属于政府外交的范畴，但体育从此进入了国家外交战略的视野。

作为中华文化的价值符号，中华武术在中华文化圈乃至世界拥有广泛的影响力，在公共外交方面具有很多优势。但是目前在理论上对于武术公共外交的研究仍然不足，在实践层面武术公共外交的成果也很少，武术公共外交一直处于被忽视的状态。

陈刚对“一带一路”倡议与我国体育文化国际传播策略进行了研究，认为“中国崛起是体育文化国际传播的战略动力，‘一带一路’是体育文化国际传播的突破口”。主张在传播主体上打造核心传播主体，在传播内容上挖掘特色运动项目，在传播对象上明确传播区域和受众，在传播媒介上拓展传播渠道。

我国在2008年举办奥运会时，通过大众文化交流项目开展“市民外交”，成功诠释了中国文化外交的“草根战略”，成为增强与他国公众之间交流与沟通的重要方式，向世界展示了一个和平发展、与世界融合的中国。这是我国首次在国家层面主动利用体育话题开展公共外交。

2014年举办南京青奥会后，我国政府对于体育公共外交的认识有所提高。我国于2015年申办2022年冬奥会并获得成功后，以体育为主题的政府外交实践丰富起来。2014年索契冬奥会期间，习近平总书记利用短、平、快的“点穴式”体育外交，首开我国国家元首出席境外大型国际体育赛事的先河，赋予中国体育外交新的内涵。体育元素已经成为习近平总书记展现外交风采的“新常态”。政府体育外交迎来重要机遇，但公共外交方面基本没有开展。

以高尔夫球为主题的公共外交在国际上屡见不鲜，但对我国来说还比较陌生。在2013年和2017年，习近平总书记曾分别受到奥巴马和特朗普的邀请，在美国西海岸加利福尼亚州的安纳伯格庄园和东海岸佛罗里达州的马阿拉哥庄园实现在高尔夫球场的元首会晤。

综上所述，我国的体育公共外交无论在理论上还是实践上均处于初级阶段，而对于高尔夫球公共外交来说，国内的研究尚处于起步阶段。

二、研究对象与研究方法

（一）研究对象

研究“一带一路”倡议中“民心相通”建设情况及其参与国家高尔夫球运动的发展情况，以及在新公共外交视角下，高尔夫球运动在“民心相通”建设方面的作用及机制。

（二）研究方法

综合运用文献资料法、专家访谈法、调查法、比较分析法和案例分析法。

三、“民心相通”建设需要“通用语言”

（一）“民心相通”是民意基础和内在动力

如果用一个词来概括“一带一路”就是互联互通。习近平总书记指出，我们要建设的互联互通，不仅是修路架桥，不光是平面化和单线条的联通，而更应该是基础设施、制度规章、人员交流三位一体，应该是政策沟通、设施联通、贸易畅通、资金融通、民心相通五大领域齐头并进。这是全方位、立体化、网络状的大联通，是生机勃勃、群策群力的开放系统。“一带一路”倡议实施的进度和程度不只取决于中方，还取决于沿线相关国家的认知和共同努力。“民心相通”是“一带一路”倡议建设的民意基础，为参与国家的双、多边合作提供内在动力。

“民心相通”是指“一带一路”倡议沿线国家和地区的人民在目标、理念、情感和文明方面的相互沟通、相互理解、相互认同。不同的国家有了共同的目标、相近的理念、深厚的情感和包容的文明，“民心相通”就可以实现。

（二）“民心相通”建设遇到挑战

随着中国从“中国之中国”变为“世界之中国”，中国的海外利益成为国家利益中不可或缺的有机组成部分。外界对中国的指责，恶化了中国崛起的舆论环境，既有“中国威胁论”等传统指责，也出现了“掠夺资源论”“占领市场论”“传播中国模式论”“新殖民主义论”等错误认知。

在对“一带一路”倡议的认知层面，存在“一带一路”倡议是中国版的“马歇尔计划”，“一带一路”倡议仅是中国的，“一带一路”倡议是现代版的“朝贡体系”，是“国际关系史上最大的烂尾工程”，“一带一路”倡议是输出过剩产能，“一带一路”是要以经济合作掩护军事扩张等多个方面的错误认知。

在企业层面，遭遇诸如“环境污染”、文化风俗差异、影响居民生活、中国企业不履行社会责任等各方面的市场性和社会性道德风险。

在“一带一路”倡议的推进手段方面，我国政府更多地强调设施联通、贸易畅通、资金融通、产能合作等推动经济增长的“硬实力”概念，而对文化、价值、信仰等“软实力”“正能量”的设计和实施缺乏认识和手段。

以上各个层面的认知，与我国政府对“一带一路”倡议的正面宣传存在很大差异，对“一带一路”倡议的推进造成了很大挑战。

（三）“民心相通”建设要走“群众路线”，实事求是

国之交在于民相亲，民相亲在于心相通。在新形势下，公众已经从传统外交的客体变成新公共外交的主体和客体。这种“同体”特质说明公共外交正式进入全民参与时代，人民群众成为公共外交的主要力量之一，“公共外交，匹夫有责”。“民心相通”建设要走“群众路线”，要按照马克思主义辩证唯物主义和历史唯物主义的要求，认识到人民群众是历史的创造者，认识到形势的变化对“民心相通”建设提出的新要求，坚持实践是检验真理的唯一标准，解放思想、实事求是地开展“民心相通”建设工作。

（四）“民心相通”建设需要“接地气”

“一带一路”倡议参与国家的国民是国家与国家、国民与国民相亲相通的主客体。当前，我国在推进“民心相通”建设过程中，政府仍然是绝对的主导。

在《推动共建丝绸之路经济带和21世纪海上丝绸之路的愿景与行动》中，“民心相通”建设共涉及七个方面的内容，除一条提及民间组织的合作外，其他六个方面均由政府主导。

从公共外交的实施效果看，政府主导有话语权威、信息全面的优势，但其“垂直化”模式总是难以逃脱“自我吹捧”的嫌疑，并且存在沟通范围过大、目标不够准确、沟通不够深入、信息不够真实可信的不足。对于同样是“一带一路”倡议建设参与主体的企业和社会组织来说，政府主导属于公共产品，仅仅为企业和社会组织“走出去”提供了宏观环境，但还不够“接地

气”，不能满足参与主体与目标群体直接沟通、方式灵活、方便有效、“全民外交”的个性化需求，不能满足“走进去”的需要。

（五）“民心相通”建设“接地气”需要“通用语言”

文化差异造成传播障碍。“民心相通”建设要落地，要“接地气”，就需要使用不同国家、不同民族、不同历史文化、不同风俗习惯的人民群众能够听得懂的语言，看得明白的方式，熟悉并认同的逻辑，从而获得人民群众的认可。但无论是世界上使用国家最多的语言——英语，还是世界上使用人口最多的语言——汉语，都不能在“一带一路”倡议参与国家中普遍适用。

赵启正认为，在舆论战略中尤其需要注意熟悉西方媒体的游戏规则，加强国际交往中的话语力。缩短文化上的距离，需要表达方式上的国际化和艺术性。做到中国立场，国际表达。

能够使人民群众听懂、看懂、认同的方式，也需要同时具备能够服务于从宏观到中观、微观的所有参与国家、企业和个人的能力，使“一带一路”倡议的所有参与主体共同受益。

因此，使用恰当的“通用语言”是开展新公共外交的技术关键。

（六）体育运动是“通用语言”的一个选项

已故国际奥委会终身名誉主席萨马兰奇先生曾经说过：“人类有五种通用语言：金钱、战争、艺术、性和体育，而体育能把前四者融合在一起。”南非前总统曼德拉也曾经说过：“体育，它能鼓舞人心，它能团结人们，它的力量无可取代。”

体育运动是一种无须解释而其意自明的为世界人民广泛使用并认可的“通用语言”。“一带一路”倡议已经明确提出：“积极开展体育交流活动，支持沿线国家申办重大国际体育赛事。”

体育运动是人类共同的语言，反映了人类的共同需求，老少咸宜，从庙堂到江湖，从“精英”到“草根”，普遍认同。在新的发展阶段，体育的多元社会价值正不断凸显。体育的“平台效应”从未像今天这样，既连接着不同人群，也打通了经济、社会、文化、生态、国际等诸多领域。

体育运动的规则全世界通用，不需要任何翻译就能不言自明，尽管偶有差异但并不妨碍理解。体育运动是一种“正能量”，拥有凝聚人心、改变世界的力量。体育运动不是政治，但是可以成为政治、文化的载体，具有强大的政治和文化功能。体育运动既是软实力，又是硬实力，是软实力当中最硬的实力。体育运动能够为新公共外交提供“接地气”的平台、形式和内容。

四、高尔夫球运动是新公共外交最有力的“通用语言”之一

（一）高尔夫球运动在“一带一路”倡议参与国家的开展情况

高尔夫球运动在全球开展广泛，历史悠久，其以诚信、自律、为他人着想的运动文化，充满绿地、阳光、氧气、友谊的运动环境，产业链长、价值链宽、生态圈完善的产业特点，美化环境、增加就业、提升公民素质的综合优势，在世界范围内广受欢迎。

高尔夫球运动的职业化、市场化、国际化、社会化程度高，在全球九大职业化项目中位居第二，是奥运会正式比赛项目，在“一带一路”倡议参与国家中的开展也较为普遍。

1. 高尔夫球运动在“一带一路”倡议参与国家中广泛开展

根据世界高尔夫球权威机构苏格兰皇家古老高尔夫球俱乐部（R&A）发布的《世界高尔夫2015年度报告》，截止到2014年底，全世界共有34011个高尔夫球场，分布在206个国家和地区。其中亚洲有4400余个，欧洲有7500余个，大洋洲有2000余个，非洲有900余个，即“一带一路”倡议沿线国家有14800余个球场，占全世界球场数量的近44%。

美国的球场数量占全球球场数量的45%。因此可以说，高尔夫球运动在“一带一路”沿线和相关国家中均广泛开展。

2. 亚太地区是世界高尔夫球发展增长最快的地区

根据2017年国际高尔夫球大会的调查报告，亚太地区是高尔夫球运动发展增长最为迅速的地区。亚太地区共有45亿人口，超过世界人口的60%；共有73个国家，拥有球场7000余个，高尔夫球人口超过2000万。在“一带一路”倡议的重点国家，日本目前有2233个球场，860万高尔夫球人口；韩国有470个球场，620万高尔夫球人口；澳大利亚有1500个球场，130万高尔夫球人口；新西兰有440个球场，45万高尔夫球人口。在新兴高尔夫球国家中，我国有496个球场，50万高尔夫球人口；泰国有237个球场；马来西亚有195个球场；印度有190个球场（图1）。东南亚的越南、缅甸、印度尼西亚、菲律宾、新加坡，南亚的巴基斯坦、斯里兰卡、孟加拉国，高尔夫球运动都开展得非常普遍。

近年来，高尔夫球在蒙古、哈萨克斯坦、俄罗斯、波兰、白俄罗斯等东北亚、中亚、中东欧国家的发展也很迅速。

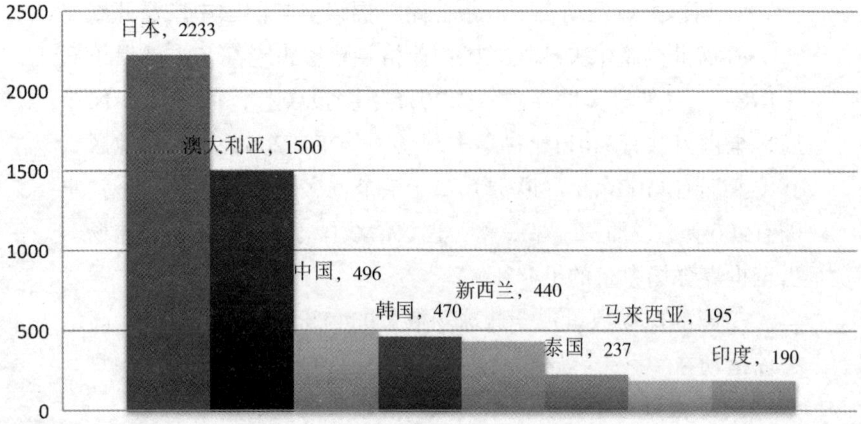

图1　亚太地区高尔夫球场分布情况

3. 欧洲及地中海沿岸国家的高尔夫球运动开展情况

在世界拥有球场最多的前20个国家中，欧洲占据8个席位。其中英国有2761个球场（仅次于美国），德国有717个球场，法国有605个球场，瑞典有488个球场，西班牙有391个球场，爱尔兰有353个球场，意大利有284个球场，荷兰有202个球场，合计5801个球场。

在地中海沿岸，土耳其、埃及、摩洛哥等国是热门的高尔夫球旅游目的地。

4. 高尔夫球赛事在“一带一路”倡议沿线国家影响广泛

（1）职业巡回赛遍布“一带一路”倡议沿线。高尔夫球是一项以职业高尔夫球巡回赛为标志的职业化运动。在“一带一路”倡议沿线国家，由近到远存在着男子中国巡回赛、韩国巡回赛、日本巡回赛、澳大利亚巡回赛、亚洲巡回赛、欧洲巡回赛、南非巡回赛共7个主要的巡回赛以及若干个低级别巡回赛；女子则有中国巡回赛、日本巡回赛、韩国巡回赛、亚洲巡回赛、欧洲巡回赛共5个主要的巡回赛以及若干个低级别巡回赛。这些巡回赛大多进行电视直播或网络直播。

（2）大型高尔夫球赛事遍布亚太地区，影响巨大。亚太地区、欧洲地区长期举办除美国之外的全世界最重要的高尔夫球赛事。例如，在上海举办的以高额奖金著称的汇丰男子世界锦标赛，其奖金高达850万美元，比赛周的现场观众超过6万人。中东地区最为著名的赛事是欧洲巡回赛阿布扎比锦标赛，欧洲巡回赛的奖金榜也以“冲刺迪拜”来命名。2016年，在皇家特隆高尔夫球场举办的英国公开赛期间，共有超过17万名观众现场观看了比赛。亚太地区最大的业余高尔夫球赛事——亚太业余高尔夫球锦标赛，每年举办一届，向全球150多个国家和地区进行直播。

（3）业余和青少年比赛不计其数。各个国家面向不同水平的高尔夫球爱好者举办的业余比赛和青少年比赛更是不计其数。根据世界业余积分排名组织（WAGR）的统计，全球每年仅纳入该组织的业余比赛就超过了4000场，分布在104个国家和地区。

（二）全球调查显示高尔夫球运动广受欢迎

2016年世界高尔夫球权威机构苏格兰皇家古老高尔夫球俱乐部（R&A）进行了一项名为“高尔夫球运动的未来”的全球范围内的调查。

该项调查面向全球144位各类高尔夫球协会的官员，其中57个国家的83位被调查者有效完成了调查，“一带一路”倡议沿线国家的被调查者达到76%。调查的结果非常好地支持了本项研究。

（1）59%的被调查者认为过去3年青少年高尔夫球人口增长最快。

（2）64%的被调查者认为初级高尔夫球设施将出现增长。

（3）72%的被调查者认为职业或精英运动员培养机制很好或非常好。

（4）被调查者高度认可高尔夫球运动的益处（图2）。

（5）家庭高尔夫受到广泛认可（图3）。

（6）77%的被调查者认为高尔夫球回归奥运后获得了更多的资金支持。

该项调查的结果充分说明高尔夫球运动在“一带一路”倡议参与国家中广受欢迎，在社会中受到认可，具有可持续增长的良好基础。

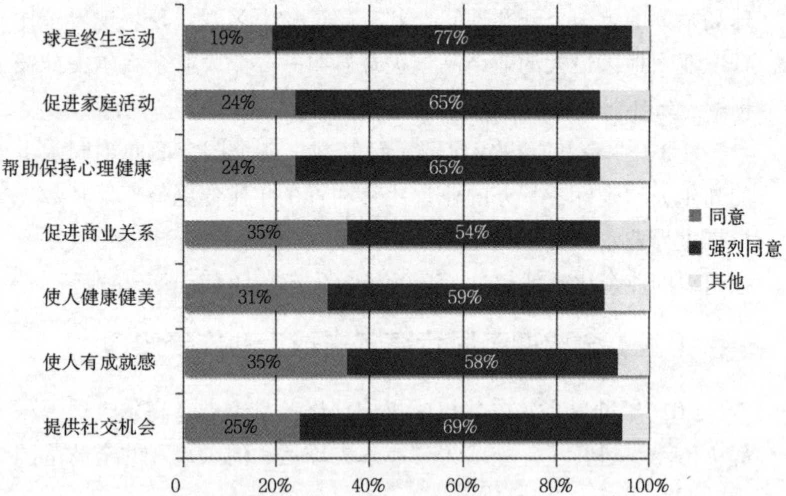

图2　高尔夫球运动的益处

（三）高尔夫球运动包含新公共外交元素

（1）高尔夫球运动起源于英国，发展于欧美，是世界流行的体育运动，是欧美引领的世界“通用语言”。“为我所用”时不会引起“文化侵略”的负面认知。

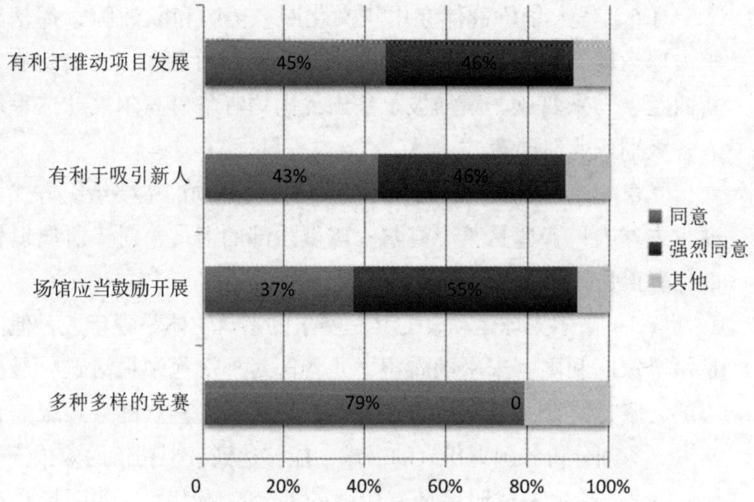

图3　家庭高尔夫球运动受到广泛认可

（2）“诚信、自律、为他人着想”的高尔夫球运动精神是高尔夫球人口的共同价值取向。此类价值取向积极、稳定、包容性大、责任感强，与我国传统文化中“言必信，行必果”“己所不欲，勿施于人”“穷则独善其身，达则兼济天下”等价值观高度契合，是我国公共外交最“喜欢”的类型之一。

（3）全球高尔夫球人口高达6000万，是各国社会中的“精英阶层”“高净值人群”，受教育程度较高，健康状况良好，消费能力较强，社会责任感强，社会活动能力大，社会声誉良好，在各国经济活动当中处于中坚地位，是“一带一路”倡议和“民心相通”建设的直接目标对象和“关键少数”群体。

（4）高尔夫球产业规模巨大，仅美国在2011年的产值即达到700亿美元，从业人口达到198万人，2016年募集慈善资金39亿美元。高尔夫球场、高尔夫球比赛能够为当地提供就业岗位，美化环境，提升土地价值，拉动经济增长，形象积极正面。

（5）华人华侨群体在中华文化圈、美国和欧洲国家都是高尔夫球运动的积极参与者。近年来，美国、加拿大、澳大利亚、新西兰、马来西亚、新加坡、法国等国均有华裔高尔夫球选手进入各级别职业巡回赛。

（6）“会员制”是高尔夫球人口参与运动的主要组织方式，高尔夫球人口普遍是某个高尔夫球俱乐部的会员，对于所属俱乐部拥有很强的归属感。

（7）高尔夫球运动，尤其是赛事的参与主体是青年人，他们是每个家庭和国家未来的希望，是各国对外交往中最活跃、最核心的元素，是公共外交的重点对象。以青年人喜欢的方式影响青年人，深刻分析各国青年人的需求，能够达到事半功倍的效果。

（8）高尔夫球明星拥有较强的社会影响力，一些明星是社交媒体上的“网红”甚至“意见领袖”，拥有大批的“粉丝”，其对事物的看法能够影响很多“铁杆粉丝”的观念。

（9）高尔夫球技能的学习过程同时也是教育过程，是价值观的培养过程。例如，美国“第一杆”组织将对诚实、正直、运动家精神、自信等九项涉及价值观与社交、情绪管理、身体健康习惯等九个方面的培养贯穿于高尔夫球技能的学习过程。通过学习高尔夫球运动技能，塑造青少年人格、提升生命价值和促进健康选择。

（10）高尔夫球赛事是新公共外交的优质平台。

①职业高尔夫球赛事是“事件外交”的平台。职业高尔夫球赛事前后的“职业—业余配对赛”既是赞助商招待客户的机会，也是开展新公共外交的平台。例如，2016年别克女子锦标赛在赛前组织了“职业—业余配对赛”的资格赛，成功地将传统的“赠予”形式的打球机会转变为一项竞争性参赛活动，在别克的客户中引起热烈反响。

②职业高尔夫球赛事能够吸引各行各业的精英人士前来参

加活动或观赛，这一特点为开展新公共外交提供了机会。可以通过组织文化论坛、青少年教学活动、欢迎欢送晚宴等，有效地达到公共外交目的。例如，2016年，在四大满贯比赛之一的英国高尔夫球公开赛举办期间，赞助商劳力士公司在第16洞的帐篷包厢内组织论坛，邀请南非81岁的传奇高尔夫球手“黑骑士”——加里·普莱耶先生分享他的人生经验，在广大高尔夫球爱好者当中引起强烈反响。普莱耶分享的人生经验和劝诫在英国公开赛上通过社交媒体广泛传播，掀起“黑骑士语录”热潮。

③职业高尔夫球赛事大多采用电视、网络直播，利用社交媒体、流媒体、VR和AR等新技术达到传播目的。2017年5月，世界上最成功的职业巡回赛美国男子职业巡回赛成功与赞助商联邦快递公司续约，新合约长达10年。“联邦快递杯”季后赛的奖金将在现有的3500万美元奖金总额、1000万美元冠军奖金的基础上实现“巨幅增长”。联邦快递公司将在新合约期着眼于增强数字营销战略，通过新媒体和数字权益达到品牌塑造和推广的目的。联邦快递公司在高尔夫球运动中投入如此巨资、签订长期合约，明显认为，借助数字媒体技术，高尔夫球运动将为其带来巨大商业价值。

④高尔夫球赞助是回报当地社会、与民众沟通的良好机会。以汇丰银行为例，汇丰银行在全球赞助了4项高尔夫球职业赛事，包括中国上海的世锦赛——汇丰冠军赛、新加坡的汇丰女子锦标赛、阿联酋的汇丰阿布扎比锦标赛、巴西的汇丰巴西精英赛。汇丰银行还赞助了青少年高尔夫球项目，受到高尔夫球爱好者的热烈欢迎，汇丰银行既借此回报了当地社会，又收获了巨大的商业利益和良好的声誉。

综上所述，高尔夫球包含新公共外交的各项元素。开展高尔夫球新公共外交，能够使多元化的主客体各取所需，各得其所；能够充分利用新媒体、新技术带来的优势并实时评估实施效果；

能够促进公共外交与公共事务实现协调补充，共同发展，最终达到促进“民心相通”的目的。

五、高尔夫球新公共外交推动“民心相通”建设

高尔夫球新公共外交主要通过“走出去”“走进去”“请进来”三种方式开展。

（一）“走出去”

高尔夫球赛事“走出去”，为国家、企业、社会组织、公民搭建新公共外交平台。

1. 跟随中国企业到“一带一路”沿线国家举办比赛

中国成熟的男女职业巡回赛跟随“走出去”的中国企业，到“一带一路”沿线国家举办比赛，发挥新公共外交平台作用。

中国女子巡回赛从2015年开始，在澳大利亚华人群体的帮助下，与澳大利亚女子职业高尔夫球协会联合，在悉尼成功举办了澳大利亚女子精英赛，在当地引起广泛反响。2017年，中国女子巡回赛继续“走出去”，与泰国女子高尔夫球协会联合举办泰国大师赛。

以澳大利亚女子精英赛为例，赛事赞助商既有当地的赞助商，也有华人华侨赞助商，还有跟随巡回赛走出国门的赞助商。巡回赛以赛事为平台，举办了文化交流活动、青少年教学活动、球员风采评选活动、“职业—业余配对赛”，以新媒体、新技术为手段，在澳大利亚的网络、报纸、电视、社交媒体上广泛传播，全方位展示了中国高尔夫球运动的发展成就。澳大利亚是经济发达国家，高尔夫球运动水平很高，但是由于人口较少，女子

职业球员数量不足。中国女子巡回赛来到澳大利亚，不但带来了中国运动员，而且带来了相应的办赛标准，最终中国球员获得冠军，这些都使澳大利亚高尔夫球爱好者感到很意外。该项赛事在澳大利亚民众中引发了轰动，不但为赞助商带来了丰厚的回报，而且宣传了中国积极正面的形象，使国家、企业、民众等各个主体均受益，可谓一举多得，是一次成功的公共外交事件。

2. 举办以“一带一路”为主题的青少年高尔夫球团体锦标赛

青少年高尔夫球比赛拥有较强的号召力，以“一带一路”倡议为主题在参与国家轮流举办青少年高尔夫球团体锦标赛能够吸引参与国家和民众的关注，体现“一带一路”倡议开放包容、互学互鉴、互利共赢的理念，使参与国家及企业等多元化主体获得平等受益的机会。

3. 量身打造赛事及活动

“一带一路”倡议参与国家文化各异，经济发展不同，对于赛事有不同的需求。我国的国家级协会、地方协会或企业、社会组织可以针对公共外交对象的需求，量身打造赛事及相关活动。

例如，中国高尔夫球协会与美国高尔夫球协会已经连续举办了三届中美青少年对抗赛。从2015年起，根据形势的发展，该项赛事升级为“中美高尔夫球协会联合主办跨太平洋青少年对抗赛”，中美高尔夫球协会的赞助商均非常重视这项传统赛事。

4. 积极加入国际组织，承担国际组织任务

相比国家协会，国际组织更具有公信力，更容易获得会员国的支持。我国应积极加入国际、洲际、区域高尔夫球组织，在其中任职，承担组织的工作，分担国际组织任务，支持会员国的主张和诉求，展现“负责任的大国”形象，以此获得会员国的信任和支持，从而更好地实现我国的主张，促进公共外交战略取得更好的效果。

5. 推动高尔夫球主题旅游

世界上新建的高尔夫球场超过60%与度假村或旅游项目相关，高尔夫球主题旅游受到高尔夫球爱好者的欢迎。推动高尔夫球主题旅游发展能够给相关国家带来实实在在的收益。

（二）“走进去”

相比“走出去”，“走进去”需要更加了解目标对象的情况及需求。“一带一路”倡议是多层次、开放、包容的多边合作机制，可使我国与“一带一路”倡议参与国家和地区的发展战略实现交会对接。当前，“一带一路”倡议已经与俄罗斯“欧亚经济联盟”、蒙古国“草原之路”战略、哈萨克斯坦“光明大道”、欧洲“容克投资计划”、越南“两廊一圈”、沙特“2030愿景”、英国“北部振兴”计划、土耳其“中间走廊”计划、澳大利亚“北部大开发”计划、老挝“变陆地锁国为陆联国”等多个国家和地区的战略规划形成对接。

在东南亚、南亚、中亚及中东欧等高尔夫球发展中国家和地区，我国可进一步拓展战略对接的深度和广度，充分发挥在高尔夫球人才培养方面积累的经验，帮助目标对象建立人才培养体系，开展青少年培养项目等。公共外交行为体可借助此类项目达到公共外交的目的。

（1）帮助培养教练员、经理人等专业人才，实现人才本土化，使目标对象国获得可持续发展能力。

（2）帮助培养职业运动员，提高竞技水平。

（3）开展青少年培养，将我国青少年培养体系引入目标对象国，同时在潜移默化中促使我国文化、主张和企业诉求得到认可。

（三）“请进来”

在“请进来”方面，我国已经有多年的实践经验。

1. 开放中国赛事

目前，我国的男女职业巡回赛、部分业余赛事和青少年赛事均对外开放，取得了显著的成效。一方面，国内赛事的国际化程度得以提高；另一方面，国外选手在参赛过程中了解了中国的文化，成为宣传中国的友好使者。近年来，中国女子巡回赛上出现了“韩流”“泰流”现象，2017年中国巡回赛还将到泰国举办比赛，是对外开放的显著成果。

2. 设立高尔夫球奖学金，吸引留学生

我国体育系统与教育系统尚未实现联动，如果能够在大学设立一些高尔夫球专业的留学生奖学金，将更加有利于高尔夫球公共外交的开展。

六、结论与建议

（1）在“一带一路”倡议参与国家开展“民心相通”建设，必须以马克思主义的立场、观点、方法为指导。在新形势下，“民心相通”建设要走“群众路线”。

（2）高尔夫球运动是世界“通用语言”，为新公共外交提供平台、形式和内容。

（3）在“一带一路”倡议参与国家开展高尔夫球新公共外交，能够满足各类行为主体的诉求。

（4）开展高尔夫球新公共外交的主要方式是“走出去”“走进去”“请进来”，既关注短期效果，又要滴水穿石，久久为功。

（5）高尔夫球运动在为“一带一路”倡议服务的过程中，在为公共外交搭建平台、提供形式和内容的过程中，创造发展机遇，拓展发展空间，提升自身地位。

（6）新公共外交主体在借助高尔夫球搭建的平台、提供的形式和内容的过程中，仍然需要主动将自身的诉求与平台紧密对接，充分发挥平台的作用，避免出现“有戏台没人唱戏”的情况。

（7）高尔夫球运动尽管开展广泛，但仍然只能覆盖一部分人口，在影响范围上存在局限。

（8）由于国情不同，我国仍然限制高尔夫球场的建设，但是对于高尔夫球运动并没有任何限制。高尔夫球从业者应准确把握国家政策，大胆走出国门。国家也应准确把握高尔夫球在“一带一路”倡议参与国家的开展情况，大胆开展高尔夫球新公共外交，为“一带一路”倡议乃至中华民族的伟大复兴服务。

参考文献

[1] 吴建民.G20与中国：中国特色大国外交与“一带一路”[M].北京：外文出版社，2016.

[2] 闵捷.以色列公共外交与软实力建设[M].北京：社会科学文献出版社，2017.

[3] 赵启正.公共外交与跨文化交流[M].北京：中国人民大学出版社，2011.

[4] 李华.世界新公共外交模式与趋势[M].北京：时事出版社，2017.

[5] 王义桅.世界是通的[M].北京：商务印书馆，2016.

[6] 王义桅.“一带一路”机遇与挑战[M].北京：人民出版社，2015.

[7] 曹卫东.外国人眼中的“一带一路”[M].北京：人民出版社，2016.

[8] 赵磊.“一带一路”——中国的文明型崛起[M].北京：中信出版集团，2015.

[9] 郑华.新公共外交内涵对中国公共外交的启示[J].世界经济与政治，2011（4）：143-153，160.

[10] 王一民.武术公共外交刍议[J].中华武术（研究），2015，4（4）：38-42.

[11] 陈刚.一带一路与我国体育文化国际传播策略研究[J].体育文化导刊，2016（7）：8-11.

[12] 郭宪纲，姜志达.“民心相通”：认知误区与推进思路——试论“一

带一路”建设之思想认识[J].和平与发展，2015（5）：1-11.
[13] 周文，赵方.中国“一带一路”倡议下的中非合作是“新殖民主义”吗？[J].马克思主义研究，2017（1）：129-142.
[14] 李佳.中国对非援助“新殖民主义论”的缘起、实质与影响[D].上海：华东师范大学，2012.
[15] 阮宗泽.“一带一路”开辟合作共赢新天地（英文）[J].中国国际问题研究，2017（4）：78-85.
[16] 万成才.“一带一路”内涵丰厚 意义深远[EB/OL].[2015-03-29]. http：//news.xinhuanet.com/world/2015-03/29/c_127632204.htm.
[17] 陈耀.“一带一路”战略的核心内涵与推进思路[EB/OL].[2015-01-29].http：//news.xinhuanet.com/politics/2015-01/29/c_127437192_2.htm.
[18] 习近平.联通引领发展　伙伴聚焦合作——在“加强互联互通伙伴关系”东道主伙伴对话会上的讲话[R]. 2014.
[19] 杨磊.习近平总书记的体育情怀[EB/OL].[2016-02-22]. http：//sports.people.com.cn/GB/n1/2016/0222/c14820-28140040.html.
[20] 侯智仁.联邦快递加码赞助高尔夫美巡赛十年[EB/OL].[2017-06-12]. https：//www.ecosports.cn/Home/Consultation/show/id/4233.html.
[21] 卫灵.维护国际秩序　推动世界发展　负责任大国形象的新诠释[EB/OL].[2015-10-23].http：//opinion.people.com.cn/n/2015/1023/c1003-27730366.html.
[22] 国家发展改革委，外交部，商务部.推动共建丝绸之路经济带和21世纪海上丝绸之路的愿景与行动[Z].2015.

运动休闲特色小镇建设新探

执笔人：张强强　刘雅洁

摘要： 建设运动休闲特色小镇，是贯彻党中央发展全民健身事业、发展体育产业的重要举措，是体育为全面建成小康社会进行扶贫工作的有效手段。

运动休闲特色小镇建设，应政府主导，抓好统筹协调；要坚持规划先行，充分体现全局性、综合性、战略性和前瞻性；解决资金筹措、土地利用、项目设定、人才培养等方面的难题；搭建平台进行资源整合；突出运动休闲体育小镇的特色，创建有影响力的品牌赛事；运动休闲特色小镇建设是一项系统工程，要层层落实责任；发现典型，加强96个特色小镇的联动；推出优惠条件，吸引社会资本和著名大企业加入小镇的各项建设；实事求是，防止好大喜功。

本课题运用了马克思主义的唯物论、方法论、辩证法中的观点：人类改造自然和改造世界的活动，必须以承认自然和社会的客观存在为前提；从实际出发，主观符合客观，是人们正确认识世界和有效改造世界的立足点；世界是普遍联系的。

建设运动休闲特色小镇是一项全新的工作，需要认真进行研究和探索，尝试为运动休闲特色小镇建设提供指导性意见。

关键词： 运动休闲；特色小镇；小镇建设

一、选题依据

为开展运动休闲特色小镇建设工作，2017年5月9日，国家体育总局办公厅下发了《关于推动运动休闲特色小镇建设工作的通知》；8月9日，决定将北京市房山区张坊运动休闲特色小镇等96个项目列为第一批运动休闲特色小镇试点项目。各入选的运动休闲特色小镇都开始进行项目的规划工作，正在全国各地掀起一股建设热潮。

二、研究目的

建设运动休闲特色小镇，是贯彻党中央发展全民健身事业、发展体育产业的重要举措，是体育为全面建成小康社会进行扶贫工作的有效手段。

建设运动休闲特色小镇，是一项全新的工作，需要认真进行研究和探索，尝试为运动休闲特色小镇建设提供指导性意见。

三、文献综述

国家体育总局指出，运动休闲特色小镇是为了全面建成小康社会，推进新型城镇化建设，加强健康中国建设，并为脱贫攻坚做出贡献而打造的运动休闲、健身、旅游、教育培训等融为一体的发展平台和体育产业基地。

国家发展和改革委员会城市和小城镇改革发展中心大数据所所长姜鹏认为，运动休闲小镇具有独特的魅力，即注重体验、循环消费、可复制。

北京大学国家发展研究院体育商学院院长易剑东认为，运动休闲特色小镇是一个塑造健康人体、增强意志、升华灵魂的地方，是“小而精”“小而特”“小而美”的人文生活基地。小镇的形成需要很多条件，特色小镇的建设是个长久的系统工程，要不断对外加强宣传，扩大影响力，认真打造小镇特色文化，形成独特优势。

体育BANK联合创始人宁猛认为，体育小镇可以带来长久的经济效益，提供文化创新动力，提高社会文化影响力。

浙江省发展规划研究院社会发展处处长董波认为，体育小镇应选在大城市周边，应有与周边城市便利往来的交通条件；应考虑小镇覆盖的人口数量。体育产业要实现盈利，必须推动行业融合发展，采取“体育+”模式。

四、研究对象与方法

（一）研究对象

本文以运动休闲小镇建设为研究对象。

（二）研究方法

本文运用文献资料法、逻辑分析法、专家访谈法，对运动休闲特色小镇建设进行分析，提出建设性建议。

五、结果与分析

（一）特色小镇建设的背景

1. 起步阶段（1979—1992年）：小城镇初步发展

小城镇是沟通城市和乡村的纽带、桥梁，是实现农村城镇化的必要途径，是解决“三农”问题的重要载体和统筹城乡发展的重要平台。

改革开放之初，随着农村工业兴起，小城镇问题被提上国家的议事日程。

1980年，胡耀邦同志开始关注小城镇问题；1987年，邓小平同志说："乡镇企业的发展解决了占农村剩余劳动力百分之五十的人的出路问题。农民不往城市跑，而是建设大批小型新型乡镇。"

著名社会学家费孝通提出了"小城镇、大问题"观点，通过积极发展小城镇，统筹城乡发展，推进农民市民化。

1983年，中共中央决定改革人民公社体制，把乡镇政府作为基层政权组织，突出了镇的城市特质。

中共中央提出重点发展中小城市和城镇，进一步调整与优化农村产业结构，推进小城镇建设进程，要求加强规划，引导乡镇企业适当集中，充分利用和改造现有小城镇，建设新的小城镇。

2. 引导阶段（1992—1999年）：小城镇快速发展

党的十四届三中全会确立了小城镇的发展方向：小城镇建设与乡镇企业发展相结合，小城镇建设要适应社会主义市场经济体制的要求。要求加强规划，充分利用和改造现有小城镇，建设新的小城镇。允许农民进入小城镇务工经商，发展农村第三产业，促进农村剩余劳动力的转移。

建设部（现为住房和城乡建设部）、国家计委（现为国家发展和改革委员会）等部委提出，要统一思想，提高认识，把小城镇建设作为一件大事来抓，全面规划，依法管理，促进小城镇建设的健康发展。以科技为先导，提高小城镇建设的科技水平。加强领导，抓好试点，推动小城镇建设整体水平的提高。根据本地区的经济发展水平，量力而行，逐步建设；积极引导，稳步发展，注重实效。

全国确定了57个综合改革试点镇。部分省（自治区、直辖市）也确定了一批省级综合改革试点镇，并出台了一些政策性文件，通过试点、树立典型，推进全国小城镇的健康发展。

江泽民同志指出，实施西部大开发和加快小城镇建设，都是关系到我国经济和社会发展的重大战略问题。

3. 协调发展阶段（2000—2013年）：小城镇和其他协调发展

2000年6月，中共中央发布了《关于促进小城镇健康发展的若干意见》。

中共中央指出，提高城镇化水平，转移农村人口，可以为经济发展提供广阔的市场和持久的动力，是优化城乡经济结构、促进国民经济良性循环和社会协调发展的重大措施。要不失时机地实施城镇化战略，而发展小城镇是推进我国城镇化的重要途径，要走中国特色的城镇化道路。

按照城乡统筹的原则，探索中小城市和小城镇又好又快发展的新途径。2005年，国家发展和改革委员会公布第一批全国发展改革试点小城镇；2008年，公布第二批全国发展改革试点小城镇；2012年3月8日，公布第三批试点城镇。

注重城乡协调和一体化发展，营造城乡一元体系。在此背景下小城镇重视特色发展，生态建设也在小城镇的发展建设中越来越受到重视。

2013年中央城镇化工作会议提出：要优化布局，根据资源环境承载能力构建科学合理的城镇化宏观布局，把城市群作为主体形态，促进大中小城市和小城镇合理分工、功能互补、协同发展。

4. 转型发展阶段（2014—2017年）：特色小镇大发展

2014年3月，《国家新型城镇化规划（2014—2020 年）》要求，促进各类城市协调发展，优化城镇规模结构，有重点地发展小城镇，促进大、中、小城市和小城镇协调发展。

“十三五”规划纲要提出，要因地制宜发展特色鲜明、产城融合、充满魅力的小城镇。2016年2月，国务院发布《关于深入推进新型城镇化建设的若干意见》，提出要加快培育中小城市和特色小城镇。“特色小城镇”第一次正式在文件中出现。

2016年4月，国土资源部提出用地计划向中、小城市和特色小城镇倾斜，向发展潜力大、吸纳人口多的县城和重点镇倾斜，保障设施农业、休闲农业、乡村旅游和农村第一、第二、第三产业融合发展用地需求，推动现代农业产业体系形成。

2016年7月，住房和城乡建设部、国家发展和改革委员会、财政部发布《关于开展特色小镇培育工作的通知》，要求到2020年，培育1000个左右各具特色、富有活力的休闲旅游、商贸物流、现代制造、教育科技、传统文化、美丽宜居的特色小镇，引领带动全国小城镇建设，不断提高建设水平和发展质量。

2016年10月，国家发展和改革委员会发出《关于加快美丽特色小（城）镇建设的指导意见》，对特色小镇和小城镇进行了界定。

2016年，国家发展和改革委员会与国家开发银行、中国光大银行、中国企业联合会、中国企业家协会、中国城镇化促进会联合实施“千企千镇工程”，旨在引导社会资本参与美丽特色小（城）镇建设，促进镇企融合发展、共同成长。开展“千企千镇工程”，被认为是政府引导、市场主导、多元化主体参与特色小（城）镇建设运行管理模式的新探索。

2016年10月，住房和城乡建设部、中国农业发展银行联合发出《关于推进政策性金融支持小城镇建设的通知》，要求发挥政策性信贷资金对小城镇建设发展的重要作用，做好中长期政策性贷款的申请和使用，不断加大小城镇建设的信贷支持力度，切实利用政策性金融支持，全面推动小城镇建设发展。

2017年1月，住房和城乡建设部、国家开发银行发布《关于推进开发性金融支持小城镇建设的通知》。

2017年2月，国家发展和改革委员会、国家开发银行出台《关于开发性金融支持特色小（城）镇建设促进脱贫攻坚的意见》，提出七大主要任务，包括加强规划引导、支持发展特色产业、积极开展试点示范、加大金融支持力度、建立长效合作机制等。其中，开发银行加大对特许经营、政府购买服务等模式的信贷支持力度，特别是通过探索多种类型的PPP模式，引入大型企业参与投资，引导社会资本广泛参与。

2017年4月，住房和城乡建设部、中国建设银行发布《关于商业金融支持小城镇建设的通知》。

5. 运动休闲小镇成为引领特色小镇发展的潮流

在特色小镇快速发展的过程中，有一类小镇悄然兴起，特别引人注目，并成为未来特色小镇发展的旗舰或标杆，这就是运动休闲小镇。

2015年底，《体育发展“十三五”规划》发布，提出要加快国家体育产业基地建设，统筹协调不同类型、不同区域、不同领域的体育产业基地发展，构建特色鲜明、类型多样、结构合理的国家体育产业基地布局，加快冰雪等项目国家体育产业基地建设。基地作为体育小镇的雏形得到了国家的认可。

2016年，《全民健身计划（2016—2020年）》《“健康中国2030规划”纲要》发布，为体育产业、体育小镇的发展创造了良好条件。

2016年10月，国务院办公厅发布《关于加快发展健身休闲产业的意见》，提出实施健身服务精品工程，打造一批优秀健身休闲俱乐部、场所和品牌活动。结合各级体育产业基地建设，培育一批以健身休闲服务为核心的体育产业示范基地、单位和项目。发挥重大体育旅游项目的引领作用，发展一批体育旅游示范基地。

2016年12月，国家旅游局、国家体育总局发布《关于大力发展体育旅游的指导意见》，要求加强体育旅游与文化、教育、健康、养老、农业、水利、林业、通用航空等产业的融合发展，培育一批复合型、特色化体育旅游产品。完善空间布局，优先推动重点区域体育旅游发展，打造一批具有重要影响力的体育旅游目的地。

在上述文件指引下，全国各地的体育小镇有了极大的发展。此时，有着积极探索精神的浙江、江苏等省抓住发展良机，纷纷积极通过足球、篮球、冰雪、山地户外、水上、航空等运动项目布局小镇，掀起国内体育小镇发展热潮。

2017年5月，国家体育总局办公厅发布《关于推动运动休闲特色小镇建设工作的通知》。

上述文件为促进我国体育小镇的大发展奠定了良好基础，也必将推动我国体育小镇健康、快速、可持续发展。

（二）运动休闲特色小镇建设应加强顶层设计

（1）习近平总书记指出，体育强国梦与中华民族伟大复兴的“中国梦”息息相关。体育要着眼于提高人民的健康水平和生活品质，实现人民对美好幸福生活的追求这一体育发展的战略方针。竞技体育和群众体育要全面协调发展，全民健身和全民健康要深度融合。推动运动休闲特色小镇建设，就是落实习近平总书记的体育战略思想、发展以人民为中心的体育的生动实践。

（2）建设运动休闲特色小镇是促进新型城镇化的重要举措，解决我国农民的就地城镇化和城市人的逆城市化问题，强化特色小镇所具有的生活功能，疏解城市发展压力，促进农村地区经济社会快速发展，缩小城乡二元差距，破解城乡二元结构难题。

（3）建设运动休闲特色小镇，是促进全民健身国家战略实施的重要举措。运动休闲特色小镇是全民健身新平台，它以体育为主题，具备30个以上的体育运动休闲项目，满足各类人群的切身需求，让体育全方位融入人民群众的日常生活，使全民健身成为人们的生活方式和自觉行动。建设运动休闲特色小镇，能够调动各级政府、社会力量广泛参与，加速推动形成全社会参与的全民健身工作格局；能够进一步彰显全民健身在引导形成健康生活方式、提高人民健康水平方面的功能与价值，提升广大群众的获得感和幸福感。

（4）建设运动休闲特色小镇，是促进体育产业发展和体育供给侧结构性改革的重要举措。

（5）运动休闲特色小镇就是体育旅游综合体，能够把体育和旅游融合起来，产生裂变效应，创造新供给，形成新产业链。

（6）建设运动休闲特色小镇，是促进脱贫攻坚和区域经济发展的重要举措。体育在服务脱贫攻坚方面具有独特优势。运动休闲特色小镇的建设可聚集先进生产要素，成为一个经济增长极，发展到一定程度后再将先进生产要素扩散开来，带动这个地区经济社会发展，增加就业岗位和居民收入。

（三）确立运动休闲特色小镇的优势

1. 区位优势

确定特色小镇与周边重要城市的位置，把特色小镇融入周边重点城市的“2小时生活圈”。选在有影响力的景区周边，便于城乡居民就近健身休闲，满足城市人群逆城市化需求和家庭便利出行。

2. 交通优势

把特色小镇选在交通干线周边，邻近高速公路、高铁站、机场，做到民航、铁路、公路、水运齐全，交通发达，为小镇的发展提供强有力的支撑。

3. 地貌优势

突出特色小镇独特的地貌性特征，如河谷平原、缓坡岗地、低中丘陵、山地、森林、湖泊、海洋等。让秀美山川、多姿地貌、荡漾水波、茂密森林、清澈泉水、丰富物种、天然氧吧，成为人们运动、休闲度假、康养理疗的天堂。

4. 文化优势

挖掘当地悠久的历史文化名城、文物、名山、名庙、重要史迹及代表性建筑，把国家级、省级重点文物保护单位，及列入国家级、省级的非物质文化遗产公示名录、非物质文化遗产传承基地融入小镇建设中，将当地悠久而丰富的文化元素与时尚而充满活力的体育小镇融合，展现小镇独特的文化魅力。

5. 美食优势

中国人崇尚“民以食为天”，当地每一道小吃都带着浓郁的地方特色，发掘著名小吃背后的动人故事，打造风味食品系列产品，把当地的茶叶、水果、肉品、河鲜、山珍等作为客人必选的产品，让客人因为小镇的美食而流连忘返。

（四）确定功能定位

1. 提供专业的户外运动场地

特色小镇要发挥其运动功能。运动小镇的建成，可以提供更多专业的、综合性的户外运动场地，特别是体验独特的在森林、湖泊、草地等环境中进行的运动项目，消费者在休闲运动的最佳环境中，达到提高身体素质、愉悦身心的目的。

2. 推广当地文化的重要窗口

特色小镇是城市体育运动的对外窗口，文化必然成为小镇的“内核”，特色小镇的“特色”需要通过文化来彰显。特色小镇可以将当地所特有的历史文化积淀在各个项目中，通过体育的方式进行传承，实现文体的完美结合。

3. 青少年的户外教育课堂

把特色小镇变为课堂，让孩子们走出教室，走进大自然，在挑战自我的同时，学会与自然相处、与团队相处。这种户外体验式教育，不仅可以增强孩子们的体质，更能培养孩子们的情商，引导他们去体悟人与人、人与社会、人与自然的关系。

4. 以体育为主题的深度旅游

吸引外来游客以带动当地的经济发展，是运动休闲特色小镇的主要功能之一，“体育+旅游”模式更是小镇的特色之一。除了饱览山水风光、地形地貌、风俗风味、古村古居、人文历史的传统小镇旅游外，更要将体育项目、体育赛事、竞赛表演、体育培训等体育元素融入旅游产品，作为深度旅游的重要内容。这种以体育为主题、深度体验式的旅游业态，必将吸引更多优质的游客。特色小镇都具有得天独厚的生态资源，森林覆盖率高，青山叠翠，千岩竞秀，环境迷人，水资源丰富，是天然的氧吧。在这样良好的生态环境和气候条件下，不仅可以发展户外运动，而且可以推动体育与养老养生业态的深度融合发展。配套相应的医疗设施设备，实现集健康医疗、养生养老、休闲度假于一体的小镇功能。

5. 产业定位

完成小镇整体产业结构的优化升级，小镇要以体育产业为主体，注重与文化、教育、医疗、互联网、科技、农业、餐饮、制造业等产业融合发展，打通上、下游产业链，最终将小镇打造成集体、养、学、悟、吃、住、行、游、购、娱于一体的多产业融合发展的产业聚集区和跨界产业项目孵化器。

小镇的体育产业结构要优先布局，形成以体育旅游为发展主体，以体育赛事为带动手段，以休闲运动和健康地产为延伸，以体育竞赛表演、体育健康养生、体育培训教育为辅助的新型体育产业结构，将小镇打造成休闲主导型和赛事驱动型并存的运动休闲胜地。

6. 客户定位

小镇的初期主体客户群一定来自当地及周边经济发达地区的中高端消费人群，随着小镇知名度的不断提升，逐步辐射全国市场乃至国际市场。

小镇依靠自身项目的设定及相关赛事的运作，吸引大批徒步、垂钓、露营、射击、极限运动等专项爱好者。

（五）发展战略

1. 赛事带动战略

围绕小镇主题打造“汽车越野巡回赛”“中国·划骑跑公开赛”“全国极限运动会”等运动小镇特色品牌赛事，充分发挥体育赛事聚焦度强、曝光率高、人群集中的优势，以品牌赛事的短期爆发式效应带动体育旅游的长效转化，进而带动酒店、餐饮、娱乐、农产品、加工制造等产业的兴起，逐步实现运动小镇全产业链的蓬勃发展。

2. 多元产业融合发展战略

把特色小镇丰富的森林、山地、溪流、水库等地貌资源与文化资源等结合起来。不能孤立地发展体育产业，在运动小镇内要将体育产业与既有的优势产业相融合，与旅游业、教育业、农业、制造业、餐饮业、酒店业、娱乐业、健康产业和房地产业相结合，打造全域产业链，进而建立独具运动小镇特色的新型体育产业结构。

3. 人才培养战略

体育产业人才是体育产业发展的重要资源，必须将运动小镇的人才培养上升到战略高度，形成系统的体育人才选拔、引进、培养机制，为运动小镇的长远发展提供可持续的有力支撑。

创新引才、引智渠道。立足建设顶尖特色运动小镇的标准定位，壮大高层次小镇管理人才队伍，搭建引才平台，创新引才载体。创建人才引进方式，实行“特职特聘、特岗特薪”聘任机制，大力引进懂经济、善管理、懂体育、会运作的复合型人才，应用现代企业营销薪酬管理方式，充分调动人员积极性，弥补发展短板；同时实行以人才带项目、项目带人才，招商引资与招才引智深度融合，为小镇的建设“助跑”。

搭建育才、成才平台。实施人才培养工程，加强对重点骨干高层经营管理人才的外出培训锻炼，着重培养现代管理理念、战略开拓能力，提高经营管理水平，加快提升小镇管理人才队伍职业化水平。特别是要加强对退役运动员的上岗教育培训，使之成为小镇专业人才队伍的重要组成部分。

健全用才、留才机制。建立以能力和业绩为导向的社会化的人才评价机制，建立科学的人才使用机制，通过实践检验人才，充分利用人、岗两种资源，推进“适才适用”“人岗相适”，为人尽其才、才尽其用创造良好条件。同时注重运动小镇软硬件配套，提高产业吸附能力，以独特竞争力留住人才。

（六）设计好总体空间布局

1. 主题广场

广场为运动小镇的入口，广场中央建造标志性建筑物，周围分别设置几大区域，包括游客集散区（包括游客中心和大型停车场）、小镇服务区和儿童游乐区，同时配套建设星级运动主题酒店。广场将为游客提供集旅游咨询、住宿、餐饮、健身娱乐、商品售卖于一体的综合性服务。体育大数据运营中心设置运营区和展示区。通过现代移动科技手段及对大数据的深入分析，监控并管理森林小镇游客的即时信息，包括游客分布、人群动向、运动数据、健康状况等。将现代化的物联网技术和体育大数据分析技术应用到小镇的管理运营中，既可以完善客户管理，实现对小镇游客的实时管理，又可以精准定位客户市场，把控客户流向。

2. 主题基地

基地是运动小镇的核心运动项目区，包括徒步穿越基地、汽车穿越运动文化基地、国家极限运动体验基地、射击射箭基地、水域休闲运动基地等。

如徒步穿越基地是运动小镇的主体项目之一，分为健身步道、滩涂古镇步道和森林原始步道三种不同的步道，难度亦由易至难，由南向北进入森林区域，纵横交错，遍布整个森林小镇。沿途景观丰富，有橘林漫步、滩涂逆溪、竹林穿越、水库横渡、古镇探奇、古道探险，既能在配以山水、农家风景的现代化健康步道里体验运动乐趣，又能在逆溪而上、翻山越岭、穿越丛林的过程中挑战自我，还能在原生态的森林古道上探索千年古镇的秘密。

3. 主题园区

园区是小镇特色活动项目的集聚区。

如森林挑战乐园，是集运动、冒险、挑战、刺激于一体的户外运动项目，是参与者运用跨、跳、爬、滑、荡等动作，通过桥梁、步道、索道、秋千等路径到达终点的项目。

如自然岩壁场，以精挑细选的纯天然岩壁为支撑，为参与者提供不同于人造攀岩岩壁的立体感受，让攀爬过程充满不确定性和乐趣，包括天然岩壁攀岩、飞拉达、岩降等项目。

4. 系列品牌赛事布局

特色小镇系列赛事，要从时间和空间上布局，充分考虑赛事本身的可持续发展。在时间方面，要将各项赛事特别是重点赛事从时间上区分开，尽量避免赛事重叠，做到全年赛事不断，小镇持续升温，重点赛事要优先布局；在空间方面，要优先选取覆盖区域大、参与人数多的赛事，便于小镇的整体宣传、推广；在资金投入方面，要集中资金打造1~2个影响力大、拉动消费能力强的精品赛事品牌，要保证赛事的持续发展，随着赛事品牌市场价值的增加，可逐年减少对赛事的资金投入。

（七）融资机制及回报模式

要充分发挥政府资金的杠杆作用和社会资金的主导作用，

要充分考虑各投资主体的回报权益，只有各方达成共识、实现共赢，才能可持续发展。

1. PPP 融资模式

政府在特色小镇的建设中，与社会资本签署《PPP合作协议》，组建特殊目的公司（SPV），该公司享有特许经营权，提供特色小镇建设运营一体化服务方案。PPP合作模式可以缓解政府的资金压力，社会资本参与PPP项目的投资运作，在特色小镇建成后，最终通过股权转让的方式，退出股权实现收益。社会资本与金融机构也可以直接为PPP项目提供资金，最后获得资金的收益。

2. 联合基金模式

由投资方、政府方和运营方三方联合设立运动休闲小镇的建设及运营基金，用于小镇的建设和运营推广。该基金由投资方主导，投资方作为重要发起人，承担投资风险等。小镇建成后，三方联合成立运营管理公司，进行小镇的运营。

（八）管理模式

1. 核心运营主体的转变

从政府主导转变为市场主导，政府与投资方、运营方联动发展，政府负责小镇的定位、规划、基础设施和审批，并通过市场化方式，引进社会资本投资建设；投资方可以通过政府回购、二级房产开发和小镇主体产业运营等渠道收回投资成本并获利；小镇还要由专业的运营方来主导运营，才能盘活，运营方主要通过政府补助和小镇主体产业运营获利，而政府更多的是起到管理和监督的作用。

2. 从土地收益转变为综合收益

在新形势下，土地的一级、二级开发仍是小镇收益的主要来源，但不再是唯一来源，且随着体育产业大环境的发展，其比重会越来越低。在现代化的体育小镇运营模式下，小镇的收益除了来自土地之外，还来自体育产业、旅游产业、教育产业、餐饮住宿业、休闲农业以及制造业等多种产业，多产业的融合发展形成完整的多元化的产业链。

（九）市场分析及客户精准定位

1. 确定客户

在小镇运营初期，是否有足够的游客将成为小镇成功的关键因素之一。通过大数据运营平台，体育小镇可以准确无误地找到全国范围内的目标客户群，并且可以全面详尽地获知客户群的各类信息，从而在最短时间以最高效率和最佳途径将体育小镇的相关信息传递给目标群体，确保体育小镇可以在大数据的支持下获得足够的游客量。同时通过对客户数据的精准分析，评估项目设置的准确性以及未来的盈利空间，从而指导小镇规划的整体布局，并及时调整具体项目布局，真正做到依据数据说话，根据市场需求设项目，保证小镇规划的精准性和可执行性。

2. 每个区域的数据统计内容

数据统计内容包括消费者数量——本市加其他城市；消费者停留时间分布；消费者进入场所时间（整小时）分布；消费者多次前往的比例；消费者的工作地点——提供占比前15位的工作区域分布；消费者的居住地——提供占比前15位的居住区域分布；消费者的周末外出频率——只计算外出距离超过15千米的消费者分布；场地活动消费者的周末外出时间分布；场地活动消费者的周末外出点与家的最远距离分布；场地活动消费者的标签——年龄、性别、收入、App使用。

（十）品牌推广

推出森林运动小镇吉祥物，打造小镇的形象IP，使小镇品牌文化的建设更加直观，便于传播。

拍摄小镇宣传片，视频传播无疑是最好的传播方式和手段。历史古城与现代运动的激情碰撞，从城市氧吧到特色运动专区，从休闲娱乐到国际化赛事，都是视频的亮点和可挖掘点。

借助体育赛事和高峰论坛，推广小镇品牌。要充分利用体育赛事和论坛媒体关注度高、曝光率高的特点，推广小镇的品牌形象。

运用新媒体手段打造小镇形象。建立专属于小镇的新媒体传播矩阵，发挥主动二次传播的力量进行传播裂变，是主要的传播方法。同时发挥传统媒体渠道的官方权威性，以政府的名义牵头为特色小镇的形象背书，形成“新媒体+传统媒体”的立体式传播矩阵。

运用感性营销。其最典型的方式是通过电影、电视剧、综艺节目的植入广告，来快速增加小镇的知名度和影响力。

选定推广线路。前期以周边经济发达的城市为重点市场进行集中式推广，进而辐射全国市场，乃至国际市场。

（十一）建立体育大数据平台

大数据运营平台基于运营商数据的智慧人群分析系统，通过运营商数据分析的模式，可以对用户行为实现完全自动化的实时统计，监控可实现100%的覆盖率。系统自动生成分析图表、人群动态趋势、旅行轨迹等，为小镇提供精确、科学、详细、实用的游客数据和信息服务，提升小镇的管理水平和服务水平。

利用大数据平台架构对旅游行业基础、旅游业态、互联网、运营商等相关数据进行采集、整合、分析和预测，从而为小镇提供多维度的精准分析及有效预测，为宣传营销提供有效决策依据，为游客合理安排出行提供有效参考。

运动小镇大数据运营平台可以实时采集游客量、客源地、车源地、消费金额、游览喜好、评价等与全域文化旅游相关的大数据，进行统计分析，为营销、管理、服务决策提供大数据支持，为小镇提供客源分布、车辆监控、小镇实时人流量、旅游团队统计、电子商务数据、旅游行业发展预测等多维度的精准分析及有效预测，使小镇管理部门全面把握旅游行业的运行态势，实现对小镇科学、安全、智能化的管理，为小镇的营销宣传提供有效的决策依据。旅游大数据分析，不仅可以使管理者全面掌握旅游行业运行态势，还可以为小镇提供客流量预测预警，为运营管理和安全保障提供有力的数据支撑。

六、结论和建议

（一）结论

政府主导，抓好统筹协调。运动休闲特色小镇的资源配置涉及方方面面，项目所在地政府要健全完善运动休闲特色小镇建设工作推进机制，建立政府领导“挂帅”的工作领导小组，体育、住建、发改、财政等相关部门齐抓共管。用好运动休闲特色小镇建设工作领导协调机制，统筹协调各方关系，完善小镇建设工作顶层设计，明确责任部门，完善运动休闲特色小镇建设政策规划，形成工作合力。

做好规划设计。建设运动休闲特色小镇要坚持规划先行，充分体现全局性、综合性、战略性和前瞻性，与当地国民经济和社会发展规划、土地利用总体规划、环境保护规划、产业发展规划有机衔接，统筹考虑当地人口分布、产业布局、国土空间利用、生态环境保护及公共服务配套等要素。

解决制约建设的难题。运动休闲特色小镇建设在资金筹措、土地利用、项目设定、人才培养等方面存在问题，需要各级政府、企业共同努力，认真进行探索，寻求突破。

搭建平台进行资源整合。专业设计单位针对小镇体育设施建设及赛事活动需求，为小镇提供体育设施规划建设、运营管理等方面的技术指导和咨询服务。地方政府要做好公共基础设施建设，改善公共服务环境，吸引有实力的企业参与设计和建设。

突出运动休闲体育小镇的特色。根据当地独特的人文、地貌、经济发展等情况打造小镇特有的风格，创建有影响力的品牌赛事，营造浓郁的地方风情，给人们带来与众不同的深刻体验。

（二）建议

运动休闲特色小镇建设是一项系统工程，要层层落实责任，创造良好环境，吸引战略投资者，落实土地、税收、财政等政策。运动休闲特色小镇建设专家智库要到小镇实地调研，针对存在的问题提出意见和建议。

发现典型，加强96个特色小镇的联动。国家体育总局、地方政府及社会媒体等，在运动休闲特色小镇建设中要发现表现突出的典型，及时总结经验，及时向全国各个特色小镇推广。

推出优惠的条件，吸引社会资本和著名大企业加入小镇的各项建设，有条件的地方还可以积极引导国际资本投入小镇建设。

实事求是，防止好大喜功。小镇建设一定要从当地的实际情况出发，切忌违背经济、社会、体育规律，盲目扩大规模，盲目追求速度和档次。

参考文献

[1] 王辉.“体育小镇”热力难挡　内容创新聚人气[N].中国体育报，2017-06-05.

加强运动员文化教育
推进体育强国建设

执笔人：罗建彬　崔钰杰

摘要：党的十九大提出“加快推进体育强国建设”的战略目标，实现该目标需要我们培养大量复合型体育人才。体育人才是我国体育事业发展的关键。我国职业体育联赛发展，竞赛市场进一步规范，职业体育中的专项和综合俱乐部不断增加，社会体育培训机构不断健全，高校体育高水平运动队建设不断完善等，都对体育专业人才提出了更高的要求。因此，培养具备综合能力的运动员关乎我国体育全面、协调、可持续发展，对于体育强国建设具有深远意义。但是，我国目前的运动员训练体制，学训矛盾较为严重，运动员面临着学历与能力不匹配、文化知识基础薄弱、学习的方法手段落后等现实问题，加之管理机构对文化教育重视程度不高，运动员的全面发展和素质提高受到制约。

本文从运动员全面发展的长远意义考虑，采用文献资料法和逻辑分析法，对运动员文化教育现状进行详细分析，提出加强运动员文化教育、推进体育强国建设的建议。

关键词：运动员；文化教育；体育强国

党的十九大报告中强调“加快推进体育强国建设”，习近平总书记曾说过“体育强则中国强”，体育的兴盛关系国家的全面兴盛。目前，我国竞技体育取得了很好的成绩，但随着体育改革的深入和社会经济的转型，竞技体育过度追求运动成绩与社会发展对复合型体育人才的需求不相适应。同时，运动员的个人文化素养直接影响着训练效果，影响着退役后的就业渠道，影响着个人的人生价值。体育工作如何贯彻落实党的十九大精神，如何加强运动员文化教育，提升运动员文化素质，推进我国由体育大国向体育强国迈进，是推进体育事业全面、可持续发展的基础和根本，是目前体育体制改革过程中亟待解决的问题。

2010年3月，国务院办公厅转发了国家体育总局等多个部门发布的《关于进一步加强运动员文化教育和运动员保障工作的指导意见》（以下简称《指导意见》）。国务委员刘延东同志就《指导意见》的贯彻落实工作多次召开会议，作出重要批示。国家体育总局按照中央领导的批示精神，认真贯彻落实《指导意见》，制定了一系列措施和方法，推动运动员文化教育工作和运动员就业保障工作，取得积极成效。

但由于长年突出的学训矛盾没有得到有效解决，目前依然存在着部分运动员学历与学识水平不相匹配，学习的方法、手段落后及管理机构对文化教育重视程度不高等问题，这些问题严重制约着运动员的文化学习、学识增长和素质提高等全面发展需求。

鉴于目前我国的政治经济形势，以及体育全面深化改革的需求，从建设体育强国的角度出发，切实加强运动员文化教育，提高运动员文化素质，促进运动员全面发展势在必行。

本文运用文献资料法和逻辑分析法，对运动员文化教育现状进行分析，提出改革的对策和建议。

一、运动员文化教育工作的现状

（一）运动员的基本情况

传统定义的运动员是指专业运动员和后备运动员，依据训练方式分别属于三个等级体系：以中小学体育运动队和传统体育运动学校为代表的初级运动员群体，以地市级体育运动学校和地方业余体校为代表的中级运动员群体，以国家队和省级专业队为代表的高级运动员群体。运动员的文化教育工作根据这三种群体分级实施，确定相应学龄段运动员的学习方式，制定相关的入学政策。这种方式的主体为体育系统运动队管理的运动员群体，不包括目前中国足球协会超级联赛俱乐部、中国男子篮球职业联赛俱乐部等职业俱乐部培养的职业运动员，也不包含少数网球、高尔夫球等项目“单飞”的个人运动员。

目前，省级及省级以上的专业队运动员约3万人，其中国家集训队运动员有3000名左右。省级以下专业队的后备运动员包括公办体育运动学校、青少年业余体校、业余体校、国家高水平后备人才基地的运动员，由于该部分运动员流动性大，未详细统计人数，其中获得国家二级运动员称号的运动员有近30万人。

运动员基本构成如图1所示。

（二）运动员文化教育工作的管理模式

1. 国家集训队运动员文化教育管理模式

国家集训队运动员文化教育工作由国家体育总局科教司总体协调，相关的运动项目管理中心、项目协会及其下属国家队管理机构具体组织实施。2010年2月，国家体育总局在原训练局职工体育运动学校的基础上成立国家队运动员文化教育中心，负责国家队运动员文化教育工作。

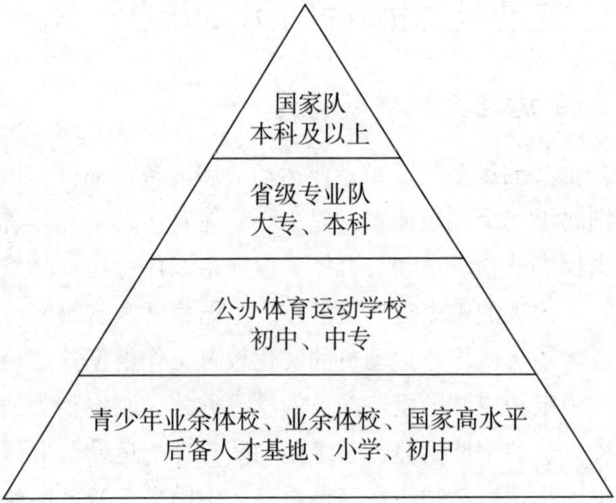

图1　运动员基本构成

国家集训队学历教育以初中、高中基础教育为主，配合高等院校下队开展本科学历教学活动；素质教育采用“4+X”教学模式：“4”主要指与运动训练相关的训练基础知识，体能训练、损伤预防和伤病康复，励志、文明礼仪和就业指导方面的教学内容，“X”指的是运动队其他文化教育方面的需求，如英语、音乐欣赏、艺术舞蹈等。

从实际情况看，国家队运动员的学历以本科及以上学历为主，运动员入学的院校主要集中在15所独立设置的体育院校和其他部分招收运动训练、武术与民族传统体育专业的院校，本科学历运动员的文化学习，原则上由招生院校负责。各院校主要采用“送教下队”、比赛期间辅以网络教学的模式对运动员进行学历教育。

2. 省级专业队运动员文化教育管理模式

省级专业队运动员文化教育工作由省级体育局负责，国家体育总局科教司进行业务指导。省级体育局主要通过建设直属大中专院校“高等体育运动职业技术学院”（以下简称“体职院”）来开展专业队运动员的文化教育工作，同时开展运动员日常文化学习工作。国家体育总局科教司通过全国体育职业教育教学指导委员会对省级专业队运动员文化教育工作和体职院的发展进行行业指导。目前，采用体职院模式管理省级专业队文化教育的有来自北京、天津、上海、福建和广东等的18个省级机构，相应建立了18所省级体育部门主管的高等职业学院。

3. 其他后备段运动员的文化教育管理模式

后备段运动员学龄主要处于义务教育阶段，这一阶段的运动员以在校学生为主，主要集中在体育运动学校和传统运动学校。这些运动员的教育组织机构主要是学籍所在学校，按照学校教学安排实施文化教育。

（三）运动员文化教育的政策保障情况

多年来，国家高度重视运动员的文化教育工作，通过积极协调，为运动员制定了一系列入学的特殊保障政策。

1. 完善的体育单招政策

体育单招，全称为普通高等学校运动训练、武术与民族传统体育专业招生，是我国运动员进入高等学校学习的主要途径，目前专业运动员有80%以上通过此项政策进入高校就学。

体育单招政策起源于1985年全国招生工作会议，当时的国家体委（现为国家体育总局）向国家教委（现为中华人民共和国教育部）提出：高校运动训练专业招收的学生运动技术水平相对较低，毕业后无法满足高水平教练员执教要求；另外，大量退役的高水平运动员，由于长期从事体育训练竞赛，没有足够的文化学习时间，无法通过高考进入高校运动训练专业学习。为了解决这个矛盾，两部委商定，采用单独组织文化和体育考试模式，从具备二级及以上运动技术等级的运动员中进行招生，这样不但解决了高校运动训练专业培养问题，同时消除了在役运动员训练的后顾之忧。1986年，首届招生工作在当时国家体委直属的北京体育学院（现为北京体育大学）等6所体育学院中进行。

1989年，为进一步规范体育单招工作，两部委联合印发了《普通高等学校体育专业招生工作暂行规定》，制定了体育单招工作的第一个规范性文件，以后的招生管理办法都是依据此文件进行修订的。1991年，为了弘扬我国传统体育精神，发展传统体育，两部委联合发文，将武术专业纳入体育单招范畴，考试录取方式与运动训练专业一致，都由国家体委负责组织实施。此后，逐步形成了现行的体育单招政策。

2. 成人高校运动训练专业单独招生政策的有效补充

1986年，开设全日制本科体育单招后，为了满足部分老运动员和教练员的学习需求，国家教委、国家体委联合制定了成人运动训练专业单独招生政策，为运动员和教练员开设了成人高中（中专）起点升大专、大专起点升本科的特殊类型成人招生模式。这个招生模式有效满足了大量在役运动员对学习的需求，使他们能在训练比赛过程中，通过自身努力，完成学历教育的学时要求，获得学历。

3. 优秀运动员免试入学政策

2002年，国家体育总局等六部委联合下发《关于进一步做好退役运动员就业安置工作的意见》，其中第七条明确规定："鼓励运动员进入高等院校学习并通过高校毕业生就业渠道就业。获得全国体育比赛前三名、亚洲体育比赛前六名、世界体育比赛前八名和获得球类集体项目运动健将、田径项目运动健将、武术项目武英级和其他项目国际级运动健将称号的运动员，可以免试进入各级各类高等院校学习，各级各类高等院校还可以通过单独组织入学考试、开办预科班等形式招收运动员入学。"这项政策彻底解决了国家集训队运动员入学问题，成为国家队文化教育工作的主要入学政策，为我国高水平运动员打通了入学渠道，使他们在安心训练、比赛的同时，能够获得更好的高等教育资源。

4. 优秀运动员和教练员免试攻读硕士学位研究生（研究生冠军班）政策

为支持我国体育事业发展，提高体育科研的科学理论水平和运动队的文化素质，加快体育高层次人才的培养，2003年国家体育总局向教育部发函，申请在其直属的北京体育大学招收部分优秀运动员和教练员免试攻读体育专业硕士研究生。同年3月，教育部批复同意北京体育大学招收近2-3届奥运会、世界锦标赛及世界杯赛中获得单项冠军和集体项目冠军的运动员，以及担任冠军运动员单项教练和主教练的教练员免试进入北京体育大学冠军班攻读硕士学位。随着政策的延伸发展，上海体育学院、天津体育学院也加入了研究生冠军班的招生队伍，以培养国际化、专业化体育人才为目的，逐步形成高水平运动员继续深造的有效途径。

5. 研究发布指导文件，创新运动员文化教育模式

2007年4月，时任全国人大常委副委员长韩启德就体教结合工作问题致信时任国务委员陈至立，陈至立对此作出批示，要求国家体育总局和教育部进一步加强对体教结合工作的研究力度。为此，国家体育总局组织了国务院办公厅、教育部、财政部、人力资源和社会保障部等相关部门参与多次调研，起草了《指导意见》。2010年3月，国务院办公厅正式下发了该《指导意见》。《指导意见》对运动员文化教育工作提出了多项具有突破性的新政策、新措施，系统地提出了运动员文化教育工作的组织机构、实施措施等。此后，财政部依据此意见批复国家体育总局设立专项经费用于运动员文化教育相关工作。

（四）运动员文化教育主要实施措施

2010年国务院办公厅下发《指导意见》以来，全国体育系统认真贯彻落实《指导意见》中的各项政策，通过不懈努力，不断提高运动员文化教育的质量和水平。

（1）加强组织领导，完善配套措施。全国各省结合实际，强化组织领导，制定本省的贯彻落实政策和配套措施，为省级运动队和各后备段运动员文化教育工作提供了有力的组织和制度保障。

（2）发挥各国家队训练基地的作用。国家体育总局依托原训练局职工体育运动学校成立了国家队运动员文化教育中心，开展驻训国家队运动员素质教育、文化教育工作。为发挥国家队运动员文化教育的示范和引导作用，在8支国家队中开展了运动员文化教育示范队试点工作。

（3）开展运动员网络教育教学系统建设。根据国家队运动员外出集训、比赛时间较长，缺课现象严重的实际情况，国家体育总局开展了运动员网络教育教学系统建设。2017年正式启动初中、高中网络课程教学工作，并与高等教育出版社签订合作协议，设计制作本科运动训练专业网络课程。

（4）进行国家队和省市优秀运动队入队文化测试试点工作。在国家乒乓球队、江苏省队、山东省队等开展入队文化测试，未达到成绩要求的运动员不得选拔入队。通过这种倒逼机制，激励运动员加强文化学习，取得了较好的成效。

（5）进一步推进体育单招的招生考试改革，推行多志愿和全国统考改革，改进和完善考试办法和评分标准，使招生工作更加规范化、科学化。

（五）运动员文化教育取得的成绩

随着2010年国务院办公厅《指导意见》的下发，各省级体育系统对运动员文化教育重视程度不断提升，采取了一定的措施，运动员文化教育工作有了不同程度的开展，取得了一定的成绩。省级以上专业队运动员文化水平不断提高，本科入学率基本达到了100%，从中学到本科的学历教育需求基本得到满足。以2017年数据为例，共有2.4万名二级以上运动员报名参加体育单招本科入学考试，有2万名以上运动员文化考试成绩达到最低入学标准，其中1.5万名运动员成功被高等院校录取；通过免试政策，有668名优秀运动员达到高等院校的要求，免试进入高校学习。

二、当前我国运动员文化教育存在的主要问题

（一）重训练比赛，轻文化教育，学训矛盾突出

多年来，运动员们在竞技领域所取得的成绩，为国家赢得的荣誉，大家有目共睹。肯定成绩的同时我们也不能忽视了制约运动员发展的瓶颈和隐患。当前我国各级运动员中学训矛盾依然突出，长期以来固定的“唯金牌观”造成了运动队中“重武轻文”的现状。进入专业队后，运动员的主要时间和精力都放于训练比赛中，训练课时间与文化课时间的比例极不协调，很难保证每周12小时的学习时间。同时，每天高强度的训练使运动员身体较为疲倦，在文化课上很难集中精力，时常表现为学习兴趣不高。加之经常转训和去各地参赛，运动员文化知识断层、基础知识不连贯，久而久之出现了厌学情绪，不想学、学不会成为运动员的通病。

目前，优秀运动员基本能够通过学习和入学政策，获得本科学历，部分优秀运动员还能获得研究生学历，成为“运动员大学

生”，但是他们的实际文化水平与学历并不匹配。

（二）体育系统管理人员重视不足，理念有待提升

目前，各项目中心、项目协会和各运动队管理层仍然没能从根本上重视运动员文化教育工作。对运动队进行的调查显示，有近30%的教练员和管理人员主要关注运动成绩的提高，不太关心甚至不关心运动员的文化学习。根据运动员端所做的调查，随着训练水平的提高和学习水平以及学历的增长，运动员认为教练员和管理人员对他们的文化教育更加不关心，文化学习关注度与他们的年龄和运动技术水平成反比：处于义务教育阶段的运动员感觉教练员和管理人员对他们文化教育相对比较重视，调查显示关心程度能达到81%；高于义务教育阶段的运动员感觉教练员和管理人员对他们的文化教育重视度明显下降，调查显示关心程度下降到69%。

同时，各级各类体育管理部门对“文化教育”内涵的把握也有一定偏差，把“文化教育”仅仅理解为“文化教学”。事实上，文化教育也应包括环境和氛围的营造。

（三）文化教育管理机构缺位，没有建立考评机制

目前，国家队和省级专业队领导、领队和相关教练员的工作考评主要依据运动成绩，虽有文化教育工作政策和制度，但没有相应的工作检查和考评，直接导致各队伍对文化教育工作的重视程度不够。

（四）教学条件简陋，师资队伍堪忧

根据调查，各非学校内运动队对所在训练基地的文化教育教学设施的评价多为不满意，32.9%的单位认为远低于当地同

类学校水平，30.6%的单位认为低于当地同类学校水平。近2/3（66.3%）的训练基地没有网络，这在计算机全面普及的网络信息时代是难以想象的。

教师的师资水平和专业配置令人担忧。调查显示，大部分训练基地没有教师，甚至没有专职文化教育管理人员，已有的师资队伍也是知识老化、常年未经过正规培训的。训练基地对师资管理不重视，基本没有专项经费。对190个教学单位的调查显示，2003—2005年间，每年教师培训经费平均不足2万元。训练基地中师资力量有限，存在跨学科、跨学年教学的情况，甚至出现一个教师进行全科教学的现象，根本无法保证教学质量。

（五）学习方法、手段滞后，国家队运动员文化教育中心的作用未充分发挥

2010年，国家体育总局成立国家队运动员文化教育中心，主要目的是对3000名常年在训的国家队运动员进行基础教育和学历教育。为解决相对分散且经常转训和比赛的运动员的学习问题，国家投入专项经费建设远程网络教育系统。由于机构编制未落实、教学组织方式不科学、网络教学的课程课件不完善等，文化教育中心的教学服务没有辐射所有国家队，网络远程教学系统硬件建设完成后试点开通的效果不佳。

（六）学习内容的针对性不够强

由于运动训练的特殊性，运动员无法像普通学生那样进行系统学习，大部分队伍均委托周边教学机构进行基础教育，聘请一些专家学者开展讲座，作为必要的素质普及教育。此类教育方式随意性大、无规律、不系统，很难达到国家基础教育水平的要求，素质教育讲座存在为满足学时要求“走过场”的现象。

省级及以上专业队运动员的主体是大专（高职）以上学历的学生，主要来自运动训练等体育相关专业。课程标准、学习内容主要按照全日制运动训练专业的课程标准实施，与运动员今后的就业和职业发展的实际需求脱节，这些学习内容缺乏针对性、科学性和实用性，已不符合现有的运动员管理和培养体系。大部分运动员很难完成一些有难度的理论知识学习，没有达到因材施教、学以致用的目标。

三、加强运动员文化教育工作的对策和措施

（一）转变观念，从思想上提高对运动员文化教育工作的认识

（1）中国体育的管理层要通过制度落实对运动员文化教育的重视，并将其贯穿于教练员选聘、运动员选材等各个环节。

（2）日常训练中要加强对运动员接受文化教育作用的宣传。让运动员明白，提高文化水平能够帮助他们更好地理解教练意图，能够促进运动成绩的提升。

（3）通过思想教育改变运动员以往只重运动成绩的认识，增强他们学习的主观积极性，提高学习的自觉性，从“要我学”转变为“我要学”，从被动灌输转为主动汲取。

（二）加强制度建设，不断完善各项保障政策

（1）进一步完善运动员文化教育工作相关管理制度，提高国家队文化教育的规范性、可操作性。对运动员文化学时进行制度保护，对运动员学习要求进行制度规定，对管理人员的运动员文化教育工作进行制度考核，全方位通过制度推进运动员文化教育教学相关工作。

（2）根据国家招生考试改革的总体要求，进一步改革、规范运动员的招生考试工作，促进公平公正，以术科考试的规范性为重点，修订《普通高等学校运动训练、武术与民族传统体育专业招生管理办法》；以服务运动员、简化入学程序为重点，制定《成人高等教育运动训练专业招生管理办法》和《优秀运动员免试入学管理办法》。

（三）加强信息化建设，利用互联网做好教学服务

（1）继续完善中国运动文化教育网，建设集运动员文化教育、学历考试信息、对外宣传我国运动员文化教育的成果、国家队和省级体育局相互交流学习的运动员文化教育于一体的官方信息平台。适应科技发展新需求，开发建设网站的移动多媒体APP，满足运动员对移动媒体的需求。

（2）开发运动员文化教育注册系统、运动员网络远程教育管理系统、成人招生管理系统，完善体育单招考试管理系统、优秀运动员免试入学管理系统等，为运动员和管理部门提供及时的、便捷的、人性化的信息服务，满足用系统管理运动员文化教育工作的需求。

（四）加强学习工作落实与督导，建立教学与督导制度

成立以运动员文化教育为核心的教学机构联盟，组建专家指导委员会，建立相应的教学与督导制度。通过层层分工，促进教学机构与运动队的有机结合，共同促进运动员文化教育教学工作落实。同时建立督导机构，督促运动项目管理中心、国家队和省级体育局落实相关文化教育制度，切实保障运动员的学习权利，处理好学训矛盾问题，尤其是涉及处于义务教育阶段的运动员，需明确专人负责文化教育工作。在义务教育阶段上明确职责，下

大功夫，必须加强义务教育阶段的学习督导，逐步形成规范。为运动队开展的文化课要确定教学内容，强化师资配备，加强教师管理，明确监督制度，加大经费投入，确保每个运动员每周完成不少于规定的学时，力求运动员在义务教育基础阶段能够顺利达成文化知识要求。此阶段是人生中的“黄金期”，是人格形成的关键期，若运动员在此阶段没有进行基础的文化学习，那么其今后的学习也将难以为继。

（五）逐步建立新型文化教育模式

整合社会资源，开发远程网络学习的课件，逐步形成在役运动员网络学习体系。运动员文化教育注册系统，充分利用互联网优势，根据运动员学习的特点，推送针对性、实用性、灵活性较强的网络课程，建立新型运动员远程网络学习模式，切实保证运动员有良好的学习条件，满足其学习需求。充分利用现代科技，让运动员在训练和比赛期间，无论何时、何地，都能顺利地进行文化学习，都能够通过网络接受有效的文化教学。

（六）修订运动员学习的部分专业的教学标准

围绕学以致用、因材施教的目标，根据运动员退役后职业发展的需要，修订部分运动员入学专业的教学标准。结合教育部对高等职业教育的要求，依托体育院校进行修订，以充分满足运动员就业的职业技能需求；协调教育部全国高等学校体育教学指导委员会，对本科运动训练、武术与民族传统体育专业的教学内容和教学标准进行修订，使之符合国家队教学条件和学习需求，不断提高运动员学习课程的针对性、科学性和实用性。

（七）将运动员文化学习与领队、教练员实绩挂钩

2003年，国家体育总局、教育部联合发布的《关于进一步

加强运动员文化教育工作的意见》明确指出：要将运动员文化教育工作纳入各级领导的考核范围，与教练员、教师和管理人员的实绩挂钩。虽然文件早有明确规定，但在具体的落实中却大打折扣，规定只是停留在文字上，多数教练员、领队、管理人员并未真正负起一定的责任。因此，应针对运动员的文化学习水平及态度，多措并举，多管齐下，严格按照文件规定进行考核。探讨学训结合一条龙模式，推动体育与教育的深度融合，全面推进运动员文化教育工作。

文化教育是个人成长的根本，是民族兴盛的根基。要真正做好运动员的文化教育工作，绝非一蹴而就，朝夕之功，而是任重而道远，需久久为功。

参考文献

[1] 虞重干，刘炜，匡淑平，等.我国优秀运动员文化教育现状调查报告[J].体育科学，2008，28（7）：26–36.

[2] 李杰凯. 我国优秀运动员文化教育现实问题及改革的建议[J].沈阳体育学院，2002（3）：1–4.

[3] 张红涛.提高青少年运动员文化素质的对策与研究[D].郑州：郑州大学，2015.

[4] 习近平. 决胜全面建成小康社会　夺取新时代中国特色社会主义伟大胜利[M].北京：人民出版社，2017.

新时代国家队思想政治工作问题探析

执笔人：郭　涛　张永尚

摘要：思想政治工作是一切工作的生命线。国家队思想政治工作是国家队建设的重要内容。随着环境变化和经济社会发展，社会意识和思想观念也变得多样，对运动员、教练员产生了深刻影响，国家队思想政治工作与过去相比，在内容、形式、手段上已经有很大的不同，面临着诸多问题和挑战。对国家队思想政治工作传统模式进行改革不仅势在必行，而且紧迫。同时，党的十九大作出中国特色社会主义进入新时代的重要论断，并对新时代体育强国建设提出了新要求。面对新时代体育发展的新目标，国家队建设应有新的定位。本文对新时代国家队开展思想政治工作的重要性、主要内容、存在的主要问题等进行了分析，对新时代国家队思想政治建设进行了思考，提出了建议。

关键词：国家队；思想政治工作；运动员；教练员

国家队思想政治工作是国家队建设的重要组成部分，是对国家队运动员、教练员队伍实施思想政治领导的重要途径，是国家队建设特有的政治优势，对鼓舞和激励广大运动员、教练员团结一心、刻苦训练、顽强拼搏、为国争光具有重要价值和作用。进入新时代，国家队建设面临新的形势和任务，对思想政治工作也提出了新的要求、增加了新的内涵，需要在继续发扬优良传统的基础上，积极改革创新，不断增强思想政治工作的针对性和实效性。

一、从国家队三重属性看思想政治工作的必要性

首先，加强思想政治工作是国家队政治属性的必然要求。国家队承担着为国争光的特殊使命，承载着国家荣誉和人民期望。为国争光是国家队的首要职责，是组建国家队的根本所在。这是国家队的政治属性，也是国家队不同于一般运动队的根本所在。中华人民共和国体育的奠基人贺龙元帅曾指出，优秀的运动员不仅是技术骨干，还应该具有较高的政治、思想素养，成为政治上的骨干。国家队的运动员、教练员必须坚持国家利益至上的价值标准，把讲政治摆在第一位，这是由国家队的政治属性所决定的。国家队要追求更快、更高、更强、更团结，但绝不仅仅限于竞技水平的提升，还要在爱党、爱国方面成为体育行业的模范代表。国家队的运动员、教练员必须以最高的标准来要求自己，以最严格的纪律来约束自己，不仅要业务水平过硬，而且要做到政治素质过硬、思想作风过硬、组织纪律过硬、道德品行过硬，这才符合国家队的标准。这就要求国家队不仅要重视业务领导，同时也要重视思想领导，做到业务、思想两手抓，两手都要硬。

其次，加强思想政治工作是国家队职业属性的必然要求。国家队作为竞技体育领域最高水平的代表，其职业属性表现为不断追求更高水平的运动成绩，而这离不开思想政治工作的坚强保障。进一步加强和改进国家队思想政治工作，对于激发运动员为国争光的使命感、荣誉感，顽强拼搏的奋斗精神以及锤炼运动员的精神、意志、心理和作风等都具有不可替代的作用；坚强有力

的思想政治工作是增强国家队竞赛软实力，塑造思想过硬、作风顽强、技战术精湛的队伍，在国际赛场上展现钢铁之师、威武之师、文明之师、礼仪之师风范的重要基础。我国竞技体育取得辉煌成绩的经验之一，就是把思想政治工作与技战术训练作为同等重要的环节来抓，把思想政治工作融入日常训练、比赛、生活中，着力打造一支思想作风过硬、纪律严明、斗志昂扬的国家队。因此，继承和发扬国家队思想政治工作的优良传统，对于不断提高竞技体育运动水平具有特殊的价值和功能。

再次，加强思想政治工作是国家队社会属性的必然要求。随着网络信息技术的飞速发展，社会各个领域的联系越来越紧密。国家队也不再是封闭在训练场、比赛场，而是通过各种方式与社会产生着千丝万缕的联系。国家队聚集着竞技体育领域最顶尖的人才，因此社会关注度高、影响力大，对人民群众特别是青少年具有较强的引领示范作用，是体育对外的窗口，代表着体育行业的形象。因此，国家队运动员、教练员承担着带头弘扬和践行社会主义核心价值观、向社会传递正能量的社会道德责任，这是国家队的社会属性。国家队的社会属性要求必须加强思想政治工作，引导运动员、教练员切实加强自身的道德修养、履行好社会责任。同时要深刻认识到社会的多元发展也影响着国家队的建设，特别是一些社会不良思想对运动员、教练员产生了不良影响，致使个别运动员、教练员在思想和行为上表现出极端追求物质利益、追求个人享乐等不良倾向。近年来，发生在个别国家队运动员、教练员身上的道德失范问题，败坏了体育形象，对社会造成了恶劣影响，这进一步凸显了加强国家队思想政治工作的重要性。

综上所述，国家队的政治属性、职业属性和社会属性，都凸显了加强思想政治工作的重要性。思想政治工作说到底是人的工作。在新时代迈向体育强国的进程中，竞技体育发展要契合国家发展战略，自觉融入国家发展大局，就离不开扎实的思想政治工作。如何帮助国家队运动员、教练员树立正确的世界观、人生观、价值观，牢固树立国家利益至上的价值追求，秉持爱国奉献、刻苦训练、顽强拼搏、勇攀高峰的职业精神，正确处理担当为国争光历史使命与追求个人发展、维护国家荣誉与实现个人利益的关系，是新时代国家队思想政治工作面临的新课题和新挑战。

二、新时代国家队思想政治工作主要功能

（一）定向功能

体育事业是党的事业，各项体育工作必须服从、服务于党的中心工作。从这个意识上讲，国家队的思想政治工作也必须紧紧围绕党和国家的中心工作开展，认真贯彻执行党的路线、方针、政策，这就要求国家队思想政治工作要突出政治属性，发挥政治定向功能。这是国家队思想政治工作不同于一般的思想工作的本质所在。要坚持在国家队开展理想信念教育，坚持用习近平新时代中国特色社会主义思想武装运动员的头脑，用“两个一百年”“中国梦”引领运动员的拼搏奋斗。要教育引导国家队的运动员热爱祖国、热爱中国共产党，使他们不仅业务素质过硬，政治素质也过硬，而且无论何时，在何种情况下，都能保持政治清醒，坚定不移地坚持社会主义方向和坚持共产党领导。这应该成为国家队的必修课。国家队的运动员、教练员首先要爱国爱党，愿意奉献，做不到这点就不是一名合格的国家队运动员。要强化祖国培养意识、感恩意识，要让运动员深刻认识到成绩的取得固然是个人努力拼搏的结果，但是没有国家的培养，没有团队的强大保障，只靠个人是不行的。其次，还要加

强运动员的行为规范，要引导运动员深刻认识到自己在赛场上和赛场下的一言一行都不只是个人的事，而是体现着国家队的形象，关乎着国家的荣誉。要明礼仪，懂廉耻，言行举止要合乎规范。

（二）育人功能

国家队思想政治工作要围绕比赛和训练开展，为提高运动成绩提供坚强保障。这是国家队思想政治工作的重要职责之一，但不是唯一职责。不能把思想政治工作的价值和功能只局限于保障运动成绩这个单一的价值目标上，只关注成绩、金牌，而忽略了更为宝贵的人的全面发展。新时代，国家队思想政治工作要向关注运动员的全面发展回归，要把以运动员为中心的要求落到实处。引导运动员在刻苦训练、顽强拼搏、勇攀高峰、为国争光的奋斗中实现人生价值，促进其全面成长，这才是思想政治工作的出发点和落脚点。要把严格管理与人文关怀结合起来，在关注运动员竞技成绩的同时，还要关注运动员思想道德、文化知识、身心健康等方面的成长进步。要秉持以人为本、全面育人的原则，着力培养全面发展的竞技人才。

（三）聚魂功能

坚持为训练、备战、比赛服务，将运动员的力量凝聚到训练备战、为国争光的奋斗目标上来，就必须通过强有力的思想政治工作提升国家队的凝聚力。通过开展思想政治工作，促使运动员认清当今体育改革的形势及面临的机遇和挑战，深刻认识到在新时代国家发展大局中体育的地位和独特价值，从而增强运动员的使命感和荣誉感，激发拼搏精神，提振队伍士气，把运动员的力量集合起来，促使其自觉投身训练备战，切实发挥国家队思想政治工作的凝聚力作用。

（四）励志功能

运动员每天重复着严格、枯燥的大负荷运动训练，承受着伤病、比赛带来的巨大压力，必须提供强大的精神力量支撑，才能保证运动员圆满地完成比赛和训练。建立这样的精神支柱，关键是要把运动员个人的价值追求与国家队的使命紧密结合，让个人价值目标与为国争光的目标自然地结合，引导运动员由“让我练”转变为“我要练”。思想政治工作从某种意义上说，就是帮助运动员正确地选择实现自我价值的奋斗目标，并为之创造实现的条件。采用目标激励、物质激励、荣誉激励、榜样激励、竞赛激励、感情激励及信任激励等手段，并创造公开、公正、公平的团队环境，来调动运动员训练、参赛的热情和积极性，使得每位运动员在为国争光的同时，也都能够实现自己的人生价值，从而变得有干劲、有奔头。

三、国家队思想政治工作存在的主要问题

当前，由于受到管理体制、社会环境等方面因素的影响，国家队思想政治工作面临众多的困难和挑战，思想政治工作呈现弱化、虚化、边缘化倾向。

（一）工作机制不健全导致国家队思想政治工作虚化

目前，国家队思想政治工作主要围绕国家体育总局、运动项目管理中心、国家队三个层面展开。国家体育总局机关党委负责总体规划指导，各运动项目管理中心负责推进落实，具体工作则多是由国家队领队和教练承担。三个层面的工作各有侧重，厘清三者的关系是优化工作机制的关键。当前的问题主要集中在运动项目管理中心的工作机制不健全上。这突出表现在以下方面：一

是运动项目管理中心对思想政治工作重视不够。运动项目管理中心对运动员的训练、比赛非常重视，但对运动员的思想政治教育重视不足，对如何开展思想政治工作缺乏认真的研究思考。领导不重视，导致工作人员缺乏做好国家队思想政治工作的积极性。二是运动项目管理中心基本没有专门的政工机构负责该项工作，导致国家队的思想政治工作缺乏整体的谋划、设计，具体工作也无法系统化、规范化，常常表现为随机的、片段式的工作形式，同时存在滞后性、救火式的特点，平时不重视，出了问题才集中公关。三是国家队思想政治工作的测评体系和奖惩机制不健全，甚至缺失，不利于调动工作积极性。四是国家队党建工作薄弱，大多数国家队没有建立正式的党组织，没有开展经常性的党建工作。个别成立了临时党支部的国家队，其工作主要服从于训练、比赛，基本上没有独立开展有效的工作，党支部的战斗堡垒作用没有得到充分发挥。

（二）领队、教练员自身的局限性导致思想政治工作弱化

一是领队职责偏离造成一线工作力量弱化。在国家队设领队，主要目的就是加强队伍的思想政治建设，领队是具体承担国家队思想政治工作的骨干力量。但是在现实中，领队却很难将主要精力放于思想政治工作，而是忙于处理队伍里大量的事务性工作。领队的工作性质逐渐转变为后勤服务保障，偏离了思想政治工作这个主责主业。这样一来，在人手本就不足的情况下，领队职责的偏离直接造成一线工作力量减弱。

二是教练员、领队受实际问题的困扰，开展思想政治工作的积极性难以调动。教练员和领队常常需要担心运动员出现伤病、不能完成竞技备战任务、和运动员关系不好处理、长期封闭训练

带来的与家人两地分居、经济收入和个人发展等问题，影响训练和思想工作。由于缺少检查评估机制和有效的奖惩机制，教练员和领队等工作人员进行思想政治工作的积极性和主动性也很难被调动起来。

三是领队和教练员缺乏专业培训。教育者要先受教育，自身的思想政治素质必须过硬。领队、教练员作为运动员思想政治工作的具体承担者，一言一行都会对运动员产生潜移默化的影响，因此，其自身的政治、思想、文化素质直接影响着思想政治工作水平。但是，领队和教练员的主要精力都在训练、比赛中，难以抽出时间进行专业学习和系统的培训，这影响了领队、教练员素质的提升。其开展思想政治工作的方法简单、僵化、陈旧，往往习惯于师父带徒弟、命令式的管教方式，不擅于做细致、耐心的思想政治工作。另外，针对领队、教练员的思想政治工作专业培训也明显不足，虽然国家体育总局机关党委定期举办培训班，但相对于现实需要显得杯水车薪。同时，也缺少相互交流学习的平台。这些都不利于提高国家队思想政治工作的水平。

（三）社会环境导致运动员思想具有复杂性，增加了思想政治工作的难度

目前，中国正处于快速发展时期，经济、社会日新月异，人们的生活方式也发生了显著变化，这些显著的变化对国家队运动员的行为、价值观、道德和心理等各方面都产生了很大的影响。许多年轻运动员受家庭或其他因素影响，在处理问题时，往往希望通过自身的努力和能力来解决问题，同时在解决问题的过程中也彰显出张扬的个性和以自我为中心的个人主义。随着生活水平的不断提高，运动员的消费观念发生了明显的变化，主要表现为思想上的前卫和消费上的追求品牌、盲目攀比、炫富，艰苦奋斗

的传统日渐式微，拼搏奉献精神减弱。同时，年轻运动员更加注重现实生活的满足和实际利益的获得，功利性明显增强，市场交换原则日渐渗入运动员的思想，遇事首先考虑个人利益，不能正确处理个人利益与国家利益、集体利益的矛盾。由于网络信息技术的快速发展，运动员获取信息更加便捷，这一方面使教练员、领队在运动员心中的权威地位下降；另一方面使运动员的思想更加活跃，平等、民主、自由的观念日渐增强，对教练员和领队的管理表现出一定的抵触和逆反情绪。利益分配的多元和竞争的激烈，又使运动员的敏感性增强。生活压力产生的焦虑和对未来的不确定性，不断增加自身心理尚不成熟的年轻运动员的多变性。这些对运动队基层思想政治工作的开展都产生了很大的影响，增加了工作的难度。

四、做好新时代国家队思想政治工作的几点思考

第一，提高政治站位，切实从讲政治的高度加强国家队思想政治工作的组织领导。各运动项目管理中心要切实提高政治站位，充分认识思想政治工作的重要性，切实发挥好组织领导作用，进一步加强国家队思想政治工作的领导与指导。坚持一手抓技战术训练，一手抓思想政治工作，做到思想政治工作与技战术训练同向同步，同部署同落实。运动项目管理中心领导要带头做思想政治工作，要多下队、勤下队，走到运动员、教练员中间去，学会用他们的语言跟他们交流，面对面地做思想工作。要坚持问题导向，重视思想政治工作中存在的问题，认真研究解决措施，建立健全工作制度，推动国家队思想政治工作制度化、规范化。要结合本单位实际和项目特点，将国家队思想政治工作内容细化、责任到人。各运动项目管理中心主任、党委书记是第一责

任人，对国家队思想政治工作负主体责任；领队和教练员是直接责任人，主要负责把思想政治工作各项要求落实到位。要发挥好领队的作用，保证运动队形成团结协作、共同拼搏的良好作风；教练员要对队伍建设、训练比赛、思想教育工作全面负责，与领队密切配合，把思想政治工作与训练、比赛和日常生活管理紧密结合，做到有的放矢。要着力建设一支思想政治工作者队伍。一方面，创造条件加强领队、教练员的学习培训，帮助他们不断提高自身的思想、文化素质，进一步增强其做思想政治工作的能力和本领。另一方面，要调动国家队管理人员、科研人员、后勤服务保障人员等更多人的积极性，共同做好思想政治工作。

当前，随着协会实体化改革的推进，国家队的管理模式也正在发生变化，有的国家队的管理转移到协会。对此，要高度重视改革过程中国家队的思想政治工作，在国家队组建过程中，协会要同步考虑安排思想政治工作，确保思想政治工作不断得到加强。

第二，强化组织力量，完善国家队思想政治工作机制。要打破当前国家队思想政治工作主要依靠领队、教练员等个人力量开展的状况，要更多地发挥组织的作用，推动这项工作由依靠个人向依靠组织转变。一是充分发挥队委会的作用。队委会要将国家队思想政治工作作为一项重要工作内容进行研究并监督检查落实。各运动项目管理中心要为开展运动队思想教育活动提供必要的经费保障。二是充分发挥国家队党组织的作用。国家队都应建立正式的党组织，即便是临时组建的集训队也可以依托运动项目管理中心主管处室建立正式党组织，确保党的建设的连续性。要让国家队党组织成为思想政治工作的主力军，领队、教练员可进入支委会，把党的建设工作和思想政治工作有机地结合起来。要做好在优秀运动员、教练员中发展党员的工作；要结合训练竞赛工作需要，开展具有教育意义的主题实践活动。通过开展活动，增强党组织的凝聚力和吸引力，进一步增强运动员、教练员党员的组织观念，充分发挥国家队党组织的战斗堡垒作用和党员、团员在训练竞赛中的先锋模范带头作用。三是建立国家队思想政治工作目标管理机制。各国家队要结合训练、比赛工作和项目特点，找准薄弱环节，确定国家队思想政治工作目标，制订全年工作计划，列出工作重点。四是建立和完善国家队思想政治工作考评激励机制。将思想政治工作纳入干部考核指标体系，表彰奖励完成训练和比赛任务、国家队思想政治工作开展得好的先进集体和先进个人，达到树立典型、表彰先进、鞭策落后，推动运动队思想政治工作全面落实的目的。

第三，教育与管理并重，把思想政治工作融入日常，抓在平常，夯实思想基础。运动员训练任务重、强度大，心理易波动，思想政治工作必须密切结合训练工作实际，紧紧围绕运动员所担负的任务和责任，认真分析训练过程中出现的难点问题，了解运动员最关心的问题；要善于在实践中发现问题、分析问题、解决问题，帮助运动员正确面对苦与累、挫折与失败、伤残与疾病、金钱与荣誉等各种考验，树立在国际大赛中取得优异成绩的信心；制订各阶段运动队训练计划、任务时，既要明确提出训练工作要求，又要明确提出思想政治工作要求；要认真分析每一个阶段运动员可能出现的思想问题，加强思想政治工作的计划性、预见性和针对性；把思想政治工作渗透到运动队训练和日常管理之中，教育运动员、教练员要坚持从难、从严、从实战出发，注重效益和质量的科学训练原则，严格执行日常管理制度，做到制度面前人人平等、赏罚分明。要围绕比赛开展思想政治工作，为取得优异成绩提供保证。要教育运动员以热爱祖国为荣，克服个人患得患失的思想，一切从祖国利益和集体利益出发，正确处理主力和非主力以及上下场的关系；要教育运动员在比赛中发扬勇敢顽强、奋力拼搏的精神，减少比赛中萎靡不振、麻痹轻敌、意志薄弱等现象；要及时了解运动员赛前的思想动态，因势利导，应用科学的方式方法，在第一时间做好思想转化工作。

第四，把思想政治工作融入国家队文化建设。根据训练比赛任务和形势发展的需要，在积极开展国家队政治建设、思想建设、组织建设基础上，大力加强文化建设，把思想政治工作融入文化建设，不断提升国家队软实力。一是加强政治文化建设。坚持用习近平新时代中国特色社会主义思想武装运动员头脑，指导国家队的建设，特别是要组织国家队运动员、教练员深入学习宣传贯彻习近平总书记关于体育工作的重要论述精神，以习近平总书记重要论述为遵循，进一步加强国家队理想信念教育，树立正确的世界观、人生观、价值观，解决好人生的“总开关”问题。二是要继承和发扬国家队的优良传统和作风，用队风队魂凝聚人，用优良传统教育人，用好的作风涵养人，激励运动员不忘初心、牢记使命，刻苦训练、顽强拼搏、勇攀高峰。三是注重学习，营造浓厚的学习氛围。引导运动员在训练、比赛之余，积极学习社会科学理论知识，用知识充实自己、提升自己，努力开拓眼界，陶冶情操，提升自己的境界。

第五，坚持以人为本，建立以运动员为中心的思想政治工作模式。一是根据运动员自身特点，创新思想政治工作形式，搭建贴近训练、贴近生活的沟通交流平台，让运动员在受教育过程中得到关怀、重视、信任和尊重，力求使运动员个人才能、智慧得到充分展示，个性得到张扬，思想观点得以倾诉，个人价值得以实现，注重培养运动员自立、自强、自信的独立意识和创造意识。正确处理国家队中教与学的矛盾，要遵循运动员与教练员在共同目标下的认同原则、在人格上的相互尊重原则，运动员在群体中的个人价值原则、在统一标准和要求下的区别对待原则、在利益关系上的公平原则。二是切实关心和解决运动员的实际问题。把思想政治工作与人文关怀结合起来，积极研究、妥善处理运动员关心的工资、奖金、津贴等方面的问题；关心大龄运动员的婚姻状况和家庭问题；处理好训练和节假日探亲问题；解决好运动员退役出路问题及训练比赛过程中的医疗保障等问题；帮助运动员处理好成长过程中择业交友、健康生活等方面的具体问题，把对运动员的关怀落到实处，让运动员切实感受到组织的关怀和温暖。三是重视榜样的示范教育作用。要重视学习宣传当今运动队训练比赛中涌现的先进人物和先进事迹，用身边的人和事教育运动员，增强凝聚力和感召力；学习宣传各条战线涌现的英雄人物和先进模范事迹；根据国家队和运动员的特点，学习宣传古今中外的优秀历史人物、经典事件及生动的故事，使运动员从中受到启迪和教育。

参考文献

[1] 贺晓明，谢武申，王鼎华.共和国体育的奠基人：贺龙[M].上海：上海锦绣文章出版社，2014.
[2] 许佳佳.改革开放以来国家队思想政治工作的经验与启示[D].北京：北京体育大学，2010.
[3] 王军.我国优秀运动队思想政治工作的现状与对策研究[J].辽宁体育科技，2005，27（5）：98-99.
[4] 雷厉，尚迎秋，徐翔鸿，等.创新国家队思想政治工作体制，推进竞技体育事业可持续发展[A].//我国竞技体育可持续发展的科学思考[C].中国科协年会，2009.
[5] 赵炳璞，曹士云，薛炼，等.新中国优秀运动队思想政治工作轨迹与走向的研究[J].体育科学，2003，23（4）：40-44，51.
[6] 张继蓉. 坚持以人为本创新军队思想政治工作[J].政工学刊，2009（3）：30-31.

新时代全国运动会的功能定位

执笔人：沈　惠　何一群

摘要：体育是社会发展和人类文明进步的重要标志，是综合国力和社会文明程度的重要体现。以全国运动会为代表的国内综合性体育比赛在弘扬体育精神、发挥体育综合功能方面有着先天的政治、社会、文化、经济、外交的优势。全国运动会以体育为平台，发挥其宣传、引导和教育的作用，鼓舞了几代人，激励了几代人，教育了几代人。

然而，不知从何时何届开始，全国运动会被戴上了“小圈子”“精英主义”“阳春白雪”“劳民伤财”的帽子，甚至近几届与“不择手段”“暗箱操作”“黑幕交易”“唯金牌论”“贪污腐败”等画上了关联号。在功利主义的金牌观驱使下，全国运动会从全民盛事到褒贬不一，再到社会上一度对取消全国运动会的呼声很高，全国运动会存在的意义似乎荡然无存。

举办全国运动会的初衷是什么？全国运动会的功能是什么？全国运动会该如何改革以走出困境？本文在对全国运动会历史概况及其功能演变进行梳理的基础上，以新时代建设体育强国为切入点，对新时代全国运动会的功能定位进行思考，并提出一些改革和完善的建议。

关键词：新时代；全国运动会；功能

第十三届全国运动会（以下简称“全运会”）闭幕，这是党的十九大胜利召开前举办的国内水平最高、规模最大的综合性体育盛会，也是北京申办冬奥成功、全民健身成为国家战略后的全国性体育活动。本届全运会坚持以人民为中心，新增群众比赛项目，允许专业与业余运动员同场竞技，邀请高水平华人华侨运动员参赛，取消金牌榜、奖牌榜，实行跨地区、跨单位联合组队，获奖运动员和教练员同台领奖等多项创新举措，取得了运动成绩与精神文明的双丰收，为全国人民奉献了一场精彩的体育盛会，让广大群众共享全运会带来的快乐、健康、激情和成果，翻开了新时代全民全运、全运惠民的新篇章。

然而将历史向前翻，不知从何时何届开始，全运会被戴上了“小圈子”“山头主义”“精英主义”“阳春白雪”“劳民伤财”的帽子，甚至近几届与“暗箱操作”“黑幕交易”“不择手段”“贪污腐败”等画上了关联号。在功利主义的唯金牌观驱使下，全运会从全民期盼到褒贬不一，再到社会上一度对取消全运会的呼声很高，全运会存在的意义似乎荡然无存。我们不禁要问：举办全运会的初衷是什么？全运会有哪些功能？全运会该如何走出困境？这些也是本文思考和探讨的。

一、全运会历史概况及其功能演变

全运会是中华人民共和国体育发展到一定阶段的必然产物，是体育作为党和国家事业重要组成部分的代表，是广大人民群众需求和期盼的体育盛会和社会活动。中华人民共和国体育事业迅猛发展，得益于中共中央大力提倡体育运动，得益于人民群众自发参与体育运动的热情和积极性，这是体育发展最大、最强、最根本的动力。事实上，从组织的形式、承载的意义、发挥的作用而言，全运会已经远远超越了体育范畴，其功能定位越来越多元化。

（一）政治功能

中华人民共和国成立之初，西方国家在国际事务上对新中国采取全面封锁的政策。1958年，中国同国际奥委会断绝关系，退出绝大多数国际单项体育组织。这个背景下举办的一运会，既是全国体育界对中华人民共和国成立十周年的献礼，也是凝聚民心民力、振奋民族精神的一次盛会，更是向世界展示自立自信、热爱体育、热爱生活“中国态度”的一次全民聚会。1975年举办的三运会展示了在毛泽东主席的革命路线指引下，体育战线发生的深刻变化，向全国人民汇报了广大体育工作者和运动员阶级斗争、路线斗争和继续革命的思想觉悟和精神面貌，“为革命而练”“为革命而教”“体育为工农兵服务”成为这届全运会和当时体育事业的主旋律。

党的十一届三中全会拉开了国家改革开放的序幕。1979年，中国恢复了在国际奥委会的合法席位。同年举办的四运会适逢中华人民共和国成立30周年，是“文化大革命”后的首个全国性运动会，是一届新旧交替、拨乱反正的全运会。开幕式团体操《新的长征》，坚定地表达了人民群众向新生活奋进的决心和期盼。1983年举办的五运会提出了国内练兵、一致对外、备战洛杉矶奥运会的口号，全运会从偏重于政治功能转向政治功能与体育功能并重。2001年，北京申办奥运会成功，同年举办的九运会成为新世纪中国体育的首要大事，不仅展示了我国改革开放和现代化建设的成就，还展示了中国不断强大的综合国力以及日益提高的人民生活水平。

（二）社会功能

一运会的“发展体育运动，增强人民体质”是毛泽东主席对人民群众的殷切关怀和谆谆教导，让全国人民通过体育强身健体、锤炼品质、完善人格、自立自强。二运会的“敢于胜利、善于斗争”，鼓励经历“三年困难时期”的人民群众在体育比赛中敢于胜利，在艰难险阻前更要敢于胜利。这一历史阶段的全运会主要展现了增强人民体质，为生产劳动、革命斗争和国防建设服务的体育理念。

改革开放后，国家各项事业的恢复、发展都离不开人民群众，全国人民在党的坚强领导下，凝心聚气、奋发图强，不仅做好了门内自家的事，更是开门对外展示了健康向上、勤劳智慧的民族精神和中国自信。“锻炼身体、锻炼意志、为实现四个现代化贡献力量”“提高水平、为国争光”“冲出亚洲、走向世界”“提高体育运动水平、振奋中华民族精神”等，都集中体现了时代精神。

1995年，国务院颁布实施的《全民健身计划纲要》是国家发展社会体育事业的一项重大决策。“体育的盛会、人民的节日”“全民健身、共享全运”“全民全运、全运惠民”，既表明全民健身上升为国家战略后，体育事业的中心由竞技体育转向群众体育；也表明随着社会文明的进步，广大人民群众健身观念的增强、公民意识的觉醒，以及对参与全运会等社会公共事务、共享体育发展红利的诉求。这一时期，全运会成为政府倡导全民健康生活、惠及广大群众的社会活动。

（三）体育功能

前四届全运会不仅有群众基础好且大家喜闻乐见的武术、摩托车、围棋、中国象棋等传统项目，也有飞机跳伞、航空航海模型、无线电收发报等军体项目，而当时国际上普遍开展的柔道、拳击等则并未进入全运会。这一阶段的全运会项目设置，基本着眼于中国特色、民族传统、自我需要，这与当时中国退出国际奥委会、国家对外交流还未全面展开有关，也与当时人们受“冷战”思维影响有一定关系。

从“文化大革命”到改革开放，为了摆脱“落后就要挨打”的局面，体育成为增强中国在国际社会影响力最好的平台和媒介。兵败汉城奥运会后，全运会从奥运会前一年举办调整到奥运会后一年举办。从七运会起，项目设置逐步与奥运会对接，几乎所有的非奥运动项目都正式退出了全运会的舞台，仅存的武术也是因为中国正在争取让武术项目早日进入奥运会。这一阶段全运会实质上已经成为奥运会的选拔、摸底和预演，采取的一系列措施都是为“冲出亚洲、走向世界”的奥运战略服务。

十三运会在竞赛领域发生重大变革，项目设置不再简单地以奥运会项目和非奥运会项目划分。新增的群众项目中，既有龙舟、太极、健身气功等民族体育项目，也有现代时尚、备受年轻人喜爱的滑板、轮滑、攀岩等项目；既有航空航海模型等科技感十足的军体类项目，也有乒乓球、羽毛球等老少皆宜的普及项目，笼式足球、柔力球、气排球等新兴项目也首次出现在全运会上。十三运会还实施了少数民族地区少数民族运动员交流、军队和地方共同培养运动员、业余运动员参加全运会比赛等措施，全民全运成为这届全运会的一大亮点。

（四）科技功能

八运会首次启用计算机信息服务系统，向全球实时发布全运会赛况，成为高科技与体育赛事完美结合的成功范例。九运会则首次进行了网上火炬传递活动。

十三运会更是一届与科技息息相融的全运会。开幕式上吉祥物与智能机器人完成跨时空对话，文体表演中整个“水滴”体育场的地面就是一个屏幕，3D效果与演员表演相得益彰，最大限度地节约了人力资源和成本。大数据平台实时监控反馈场地的人口密度、历史热力变化等，为公共安全、管理调度、趋势预警、志愿者服务点设置等提供强有力的数据支持。人脸识别系统首次应用于全运会的安保工作，让以往最容易引发摩擦的安检变得快速、准确、人性化。此外，BIM模拟施工技术、悬浮式运动木地板铺装工艺等最新科学技术被运用在场馆建设中。科技不但改变生活，科技也改变体育、改变全运会。

（五）文化功能

三运会的“友谊第一、比赛第二”口号展现的是重在参与、彼此尊重的人性光辉。之后几届的“振奋中华民族精神”“展中华风采”凸显了凝心聚气、振奋精神、激励向上的价值导向。十三运会的“全运惠民，健康中国”是对新时代体育的价值和全运会功能的精髓阐述。此外，每一届全运会开、闭幕式的文体演出，不仅展示了体育精神、体育文化，更展示了多彩的中华文化、中华传统以及承办地的特色文化。

全运会已经不是单纯的运动场上的输赢争夺，而是倡导全民健康、体育惠及大众的社会活动，是推动积极的生活态度和生活方式的健康中国建设，是社会主义精神文明建设的重要窗口和舞台，是热情豪迈、创新向上民族精神的象征。

（六）产业功能

七运会起，全运会开始设置分赛区，这既减轻了政府的财政负担，又推动了承办省（自治区、直辖市）各地市的场馆建设。全运会将有形资产和无形资源统一整合包装，通过合作伙伴、赞助商、特许商品等形式满足不同企业的营销需求。全运会在自身减负的同时，已经从政府的单一拨款进化到市场机制运作。

此外，全运会带动了举办地的基础设施建设和综合整治工程，举办地环境大为改进、面貌大为改观。在全运会组织筹办过程中展现的良好地方形象、形成的良好口碑，无疑都加大了投资吸引力和信心，进而带来城建、交通、旅游、文化等多产业的连锁式外溢效益。全运会成为我国体育独特的经营品牌，且市场价值不断提升，可以直接促进承办地经济结构调整，拉动经济平稳较快增长，全运经济已经成为体育产业的一个重头戏。

二、全运会功能定位与广大人民群众需求的矛盾

全运会的规模越来越大，组织机构不断扩容，比赛项目繁多且设置缺乏标准、赛程冗长拖沓，让承办地承受了巨大的财政压力。全运会的举办理念总是很好，可由于种种原因往往无法完全贯彻落实。“全运会是政府的事”“不是我们要办的，可花了我们这么多钱”“比赛前修路，比赛时限行；比赛前修场馆，比赛后又不让用”。诸如此类的声音和想法不在少数，全运会在老百姓眼里成了某些官员的政绩会。中国体育的项目结构依然不合理，迄今为止，奥运会所获得的100多枚金牌中，老百姓能说得出的寥寥无几。与此同时，唯金牌论的体育政绩观让全运会变了味，打假球、服禁药、短期“雇佣军”、赛场争议等乱象不仅亵渎了全运会，更是亵渎了中国体育及中华体育精神。

（一）与初心偏离，忽视了人民群众的需要

全运会的初心是什么？早在一运会之初，毛泽东主席就已经指出——“发展体育运动，增强人民体质”，这不仅是全运会的初心，也是体育事业的初心。100年前，青年毛泽东发表了《体育之研究》，振聋发聩的呐喊，让戴着“东亚病夫”帽子的国人自醒自强；如黑夜中的明灯，让积贫积弱的旧中国自尊自强。“野蛮其体魄，文明其精神”“强筋骨、增知识、调感情、强意

志”，伟人对体育的认识深刻又高远。“发展体育运动，增强人民体质”是从体育的最本质特征出发所确定的全民体育思想。发展体育是提高人的身体素质、建设精神文明的重要途径、方法和手段，增强人民体质、促进全民健康是体育的出发点和落脚点，是体育发展必须持之以恒、一以贯之的最终方向。我国体育事业必须向着这个大方向发展，全运会也必须牢记这个初心。

1995年《全民健身计划纲要》颁布，2009年《全民健身条例》颁布，国家一再强调全民健身的重要性，全运会却从五运会起实施奥运战略，之后奥运会项目在全运会上所占比重越来越大。实施奥运战略固然有历史的必然和国家的需要，但是随着国家社会的发展，全运会并未及时找准定位进行调整。中国式摔跤、围棋、中国象棋等中国传统项目退出了全运会，无线电收发报、航空航海模型、跳伞等国民军事项目也退出了全运会，龙舟、太极拳、桥牌等群众参与度较高的项目也是想进全运会却不得其门。全运会呈现小众化、精英化的趋势。用“走得太快，忘记了为何出发”来形容全运会再恰当不过。

（二）与时俱进不够，轻视了人民群众的期盼

对于全运会存在的问题，人民的眼睛是雪亮的；对于全运会的偏差，人民是有呼声的；对于全运会的改革，人民是有期盼的。客观而言，全运会也进行了改进、调整、完善，只是其程度始终没有跟上人民群众需求的发展节奏，也就谈不上满足人民群众的需求了。

小进则满，忧患意识不浓、目标定位不高，欠缺敢想敢干的闯劲和敢为人先的气魄。高高在上、接触群众少，对于群众的意见从思想上未充分重视，对关系群众切身需求的问题解决得较少。政绩观有偏差，花大力气、全力气搞开闭幕式、搞形象工程、搞政绩工程，对全运会发展、全局谋划部署的思考不够深

入。主观臆断，凭经验决策的有之；急功近利，唯奥运战略的有之；墨守成规，与民融合发展思考少的有之；缺乏创新，措施推进不力的有之。没有牢固树立体育为民、全运为民的理念，只注重如何在全运会上多拿金牌、奖牌，只把如何安排领导出席各种活动放在主要议事日程上，只在意多建几个场馆、多修几条路，而忽略人民群众所关心的日常生活、交通出行、环境卫生、健身娱乐等。从这个意义上说，全运会缺乏与时俱进的政治智慧和脚踏实地的干事勇气。

（三）政治定力不够，唯金牌论的扭曲政绩观

唯金牌论就是把金牌当作衡量工作成效唯一的标尺。各级体育官员将全运会成绩作为获得嘉奖和升迁的重要砝码，教练员、运动员也将全运会成绩当作获得奖励和照顾的主要途径。

习近平总书记指出，我们不以胜负论英雄，同时英雄就要敢于争先、敢于争第一；拿到金牌、奖牌的值得尊敬和表扬，勇于战胜自我、超越自我同样值得尊敬和表扬。这是对体育精神的最形象、最本质的阐述。现代竞技体育不可能不讲输赢，但获得金牌只是手段，竞技体育追求的永远是“更快、更高、更强、更团结”的奥林匹克精神，是“友谊第一、比赛第二”的中国体育人文精神。然而，唯金牌论则把手段当成了目的，让争夺输赢的过程充斥着权力意志和功利目的；也把本应传递公平、文明、友好、团结的全运会，变成了成王败寇的残酷竞争。在金牌至上的政绩考核体系下，各级体育管理部门自然毕其功于一役，把所有的资源和精力全都投入拿全运会金牌中，而忽视了群众体育的开展；反之，一次次“历史最多”的全运会金牌，又掩盖了金牌至上政绩观的扭曲和短视。如此恶性循环不断伤害着全运会乃至中国体育的基础。

（四）理论研究不够，顶层设计、理论指导缺位

之前所提及的全运会的改进、调整、完善，采用的都是渐进式的方式，其初衷虽好，可以避免改革出现“震荡”，但“摸着石头过河”的改革效果却不尽如人意。

为了减负，全运会开始限制参赛单位、参赛人数，并实行了注册制度；为了集中资源、缩短战线，将与奥运会无关的项目全都排除出全运会；为了调动各省（自治区、直辖市）一同贯彻奥运战略，实施特殊计分政策和交流协议；为了防止出现赛风赛纪问题，签订多种责任书，加强巡查和监督；为了保证执裁公正，聘请外籍裁判执法关键或敏感场次；为了便于队伍管理，批钱批地建设全运村，让运动员同吃同住；为了维护赛场的安全，限制出售门票以控制人流。诸如此类，均折射出“按下葫芦浮起瓢”的全运会改革的被动性和应付性。缺乏顶层设计，没有自上而下的系统谋划，没有深入浅出的理论研究和指导，自然就会出现方向不明、人心不齐、凝聚力不够、执行力不足、部门间互相扯皮的问题。

（五）法治建设不够，不能一以贯之地承前启后

《中华人民共和国体育法》是体育事业的最高法律，于1995年颁布，这是体育事业开始进入依法行政、以法治体阶段的一座里程碑。然而，其中仅有“全国综合性运动会由国务院体育行政部门管理或者由国务院体育行政部门会同有关组织管理”一条有关全运会由谁主办的规定。直到2006年，《全国综合性运动会组织管理指南》才填补了我国大型综合性运动会组织管理领域的空白。全运会历经近50年才有了一本指南，这与全运会在体育事业中所起的重要作用是完全不对等的。全运会良好运作的基础是各个部门、各个参与者、各种利益间法律机制的构建。法治建设的

缺位、不到位，或是现有法律与全运会脱节和不相适应，很大程度上造成了全运会改革的随意性和突发性，让全运会无法一以贯之地承前启后。

（六）宣传引导不够，让体育有“体”无“育”

全运会本是一件关乎民生的政府大事，也是传递正能量、发挥以体施教功能的最好平台。然而，纵观全运会的宣传报道，要么是简单化地喊口号、提要求，要么是格式化地列成绩、摆数字，要么是片面化地提问题、找不足，要么是庸俗化地挖丑闻、描黑幕。没有宣传引导，人民群众自然就无法真正知道全运会到底在干什么、为了什么；出了问题更习惯于听了就信，不再去反复求证、了解真相，逐渐对全运会失去了兴趣、丧失了信心。做不好宣传引导，就无法掌握话语权，就无法向群众释疑解惑；做不好宣传引导，自然唱不响全运会的体育正能量，形不成全运会的健康文化氛围，自然也就无法凝聚共识、引领方向、鼓舞士气、激发力量。全运会变得只有金牌而无英雄，只有精英而无群众，只有政府而无人民，只有“体”而无“育”。

三、新时代建设体育强国视域下全运会功能定位的建议

在中国进入新时代之际，全运会必须自我改革、自我净化、自我完善，变“政府定制”为“百姓定制”，变“金牌体育”为“全民体育”，变“竞技输赢”为“群众比赛”。

（一）政治维度：体育强国的有机组成部分

习近平总书记在党的十九大报告中指出，广泛开展全民健身活动，加快推进体育强国建设。这是对体育战线的动员令、冲锋

号，既为新时代体育工作指明了方向，也为体育发展提供了强大的精神引领。把我国建设成为世界体育强国，是中国几代体育人梦寐以求的愿望，也是改革开放以来体育人一直为之奋斗的理想。正如习近平总书记所强调的，体育是社会发展和人类进步的重要标志，是综合国力和社会文明程度的重要体现。建设体育强国的重要标志之一，就是拥有一个可以促进人们身心健康、振奋民族精神、促进经济发展、丰富社会文化生活、展示国家社会文明和科技成就等多功能的体育综合活动。必须清醒地认识全运会在推动全民健身和竞技体育协调发展、解决地区城乡间的平衡发展、合理布局运动项目、提高场馆设施利用率、加快推动体育产业发展中承担的使命，要把全运会摆到中国特色社会主义体育强国建设的全局中去谋划、去推动、去落实、去担当。

（二）社会维度：满足广大人民群众对健康的需求

党的十九大报告指出，人民健康是民族昌盛和国家富强的重要标志。一个人身体健康才能有精气神，全国人民身体健康才能在新时代的新征程上深怀昂扬锐气，常存浩然正气，永葆蓬勃朝气。体育在提高人民身体素质和健康水平，促进人的全面发展，丰富人民精神文化生活，推动经济社会发展，激励全国各族人民追求卓越、突破自我、交流情感等方面，有着不可替代的重要作用。加快建设体育强国，就是要坚持以人民为中心的思想，把人民作为发展体育事业的主体，把满足人民健身需求、促进人的全面发展作为体育工作的出发点和落脚点，落实全民健身国家战略，不断提高人民健康水平。把群众体育纳入全运会，让喜欢各种运动项目的、具有各种运动水平的老百姓都能在全运会的大舞台上找到自己的位置，这才真正达到了举办全运会的初心。“没有全民健康，就没有全面小康”，没有中国体育的大发展，就没有中国人民的大健康；没有全运会的大发展，就没有中国体育的大繁荣。

（三）体育维度：为国家锻炼人才、选拔人才

毛泽东主席说过，所谓“体育者，人类自养其生之道，使身体平均发达，而有规则次序之可言者也”。发展至今，全运会已成为人民群众培养社会竞争意识、教育伦理道德、弘扬民族精神的重要社会文化活动。通过全运会进行正确体育观的引导，可以让人民群众树立锻炼的自觉性，“欲图体育之有效，非动其主观，促其对于体育之自觉不可。”通过全运会引领竞赛体系设计，可以让人民群众持之以恒地锻炼，“日以为常，使此运动之观念，相连而不绝。今日之运动，承乎昨日之运动，而又引起明日之运动”。通过全运会丰富体育运动的文化和人性化内涵，可以让人民群众在锻炼的同时享受兴趣和快乐，“兴味者，运动之始；快乐者，运动之终。兴味生于进行，快乐生于结果”。全运会提倡健康、趣味、向上、持久的生活态度和生活方式，对个人可以“养生”，对社会可以建设，对国家可以“卫国”。毛泽东主席主张通过发展体育走救国救民的道路，这也是全运会为国家锻炼人才、选拔人才之意义所在。

（四）文化维度：传承和弘扬中华文化和中华体育精神

重在参与、自强不息、顽强拼搏是全运会历来所提倡的体育精神。习近平总书记说过，重大赛事最令人感动的未必是夺金牌，而是体现奥运精神，这正是中国人讲的自强不息。这正是中华优秀传统文化培养出来的中华体育精神。弘扬中华体育精神，发挥好体育在激励全国各族人民追求卓越、突破自我精神方面的不可替代的重要作用，才能大力发展体育事业、健民强国。从“东亚病夫”到体育大国，再到体育强国，中国体育承载的不仅

是运动员的个人荣辱和体育事业的兴衰，更多的是人民健康的优劣、国家形象的好坏、民族精神的聚散。在其中，全运会负担着不可推卸和必须完成的光荣使命和历史担当。

目前，我们仍然以建设体育强国为目标。一方面，青少年近视率和肥胖率持续上升，国民体质堪忧，参与运动的人数和运动时间都在下降。另一方面，体育设施和场馆的建设严重滞后于民众的需求，高大上的设施和场馆让人民群众用不起，用得起的设施、场馆又寥寥可数。随着大众对体育的认识逐渐回归理性、竞技体育与全民健身的协调发展，把贯彻落实奥运战略和全民健身战略作为全运会重要内容的呼声也逐渐响起。全运会在完成为奥运战略服务的历史重任之后，也到了必须改革的关口。十三运会所采取的一系列改革举措，让人们对全运会的关注点由赛场外转回赛场内，很好地展现了新时代体育观念的转变，迈出了我国从体育大国向体育强国转变的坚实一步。

原国家体委于1993年颁布的《关于深化体育改革的意见》指出，深化体育改革要有利于调动社会各方面办体育的积极性，有利于促进体育事业的全面发展；有利于满足人民群众日益增长的体育需求；有利于经济和社会的发展。只有从积极维护和发展最广大人民群众根本利益的实际出发，满足人民群众不断增长的体育需求，才能让广大人民群众充分享有体育运动的权利、享受体育运动的快乐；只有不断促进体育事业的社会化、生活化、大众化的发展，并在全社会营造浓厚的体育运动氛围，增强大众体育健身意识，才能让人民群众在体育运动中活筋骨、增知识、调情感、强意志，增进身心健康。大力发展体育运动，有利于培养人们顽强拼搏、勇攀高峰的精神品质，有利于弘扬团结合作、公平竞争的社会风尚，有利于树立民族自尊心、自信心和自豪感，增强爱国主义、集体主义观念，有利于各国人民加深了解、增进友谊，有利于中华民族以新的姿态屹立于世界的东方。

党的十九大对新时代体育强国建设提出了新要求。面对新时代体育发展的新目标，在当前体育改革大潮汹涌澎湃之际，首先要树立大局意识、战略思维，从实现中华民族伟大复兴、从全面建成小康社会、从实现国家和社会治理现代化的格局上理解全运会改革的必然性和必要性。其次要以马克思主义的立场观点方法来衡量全运会改革，以人民拥护不拥护、赞成不赞成、高兴不高兴、答应不答应作为衡量改革是否成功的根本标准；以改革是否有利于为"一带一路"倡议等服务，是否有利于中国特色大国外交的开展，是否有利于加快发展体育产业，是否有利于推动健康中国建设，是否有利于增加人民群众福祉作为评判标准。此外，我们要主动跳出全运会看全运会、跳出体育看全运会，以辩证思维、系统思维、战略思维、创新思维看待全运会，将全运会与体育、国家、社会、经济的发展及世界格局的变动紧密结合起来，明确新时代全运会的历史方位，找准新时代全运会的功能定位，使全运会的定位更加明晰、功能更加突出，让全运会回归体育本质，为全运会的与时俱进和持续性发展提供正确的方向和路径，真正发挥引领中国竞技体育、群众体育、体育产业全面发展的核心作用，做好系统科学的顶层设计，延展多元化、综合化的功能内涵，在继承和弘扬优良传统的同时，积极主动改革创新，以新思路、新举措、新方法，努力开创新时代全运会的新局面。

参考文献

[1] 习近平. 决胜全面建成小康社会　夺取新时代中国特色社会主义伟大胜利[M].北京：人民出版社，2017.

[2] 钟秉枢，张健会、蒋家珍，等. 制度变迁、城市遴选、市场开发——我国综合性体育赛事改革研究[M].北京：北京体育大学出版社，2011.

[3] 邓永兴.全运会主题口号的历史演进及社会价值[J].辽宁体育科技，2015，37（1）：28-31.